SCHMIDT:
UNTERRICHTSBEISPIELE ZUR ERDKUNDE

UNTERRICHTSBEISPIELE ZUR ERDKUNDE

20 Modelle aus 2 Jahrhunderten

von

Alois Schmidt

1977

VERLAG JULIUS KLINKHARDT · BAD HEILBRUNN/OBB.

CIP-Kurztitelaufnahme der Deutschen Bibliothek

Schmidt, Alois
Unterrichtsbeispiele zur Erdkunde : 20 Modelle aus
2 Jh. – 1. Aufl. – Bad Heilbrunn/Obb : Klinkhardt,
1977.
  ISBN 3–7815–0314–3

1977. 3. Nn. Alle Rechte vorbehalten
Gesamtherstellung: Graphischer Großbetrieb Friedrich Pustet, Regensburg
Printed in Germany 1977
ISBN 3–7815–0314–3

Inhalt

0. Einleitung 7
1. Ständeschule des 18. Jahrhunderts: Undifferenzierte Realienkunde – systematische Enzyklopädie. Ch. G. Hauff: Systematisches Lehrbuch über die drei Reiche der Natur zum Gebrauch für Lehrer und Hofmeister bei dem Unterricht der Jugend 1777 ... 17
2. Stände- und Lernschule der ersten Hälfte des 19. Jahrhunderts: Topographie – Theologismus. W. C. Müller: Versuch einer allgemeinen pragmatischen Elementarschule für Kinder gebildeter Stände im freieren Geiste der Pestalozzischen Methode 1809 26
3. Lernschule der 2. Hälfte des 19. Jahrhunderts: Vaterlandskunde – Herbartsche Formalstufen. J. Tischendorf: Präparationen für den geographischen Unterricht an Volksschulen 1. Teil: Das Königreich Sachsen 1895 36
4. Reformpädagogik in der 1. Hälfte des 20. Jahrhunderts: Arbeitsschule nach Gaudig und Kerschensteiner am Beispiel Niederlande. P. Knospe: Erdkunde in der Arbeitsschule 1922 45
5. Reformpädagogik in der 1. Hälfte des 20. Jahrhunderts: Erlebnispädagogik am Beispiel Berni im Seebad. H. Scharrelmann: Berni im Seebad 1921 58
6. Reformpädagogik in der 1. Hälfte des 20. Jahrhunderts: Gruppenunterricht und Gruppenerziehung am Beispiel Asien. P. Petersen: Die Praxis der Schulen nach dem Jena-Plan 1934 70
7. Gegenwart: Differenzierung der Erdkunde nach anthropologischen Kategorien (Bildung, Pragmatismus, Progressivität) am Beispiel der Alpen 88
8. Gegenwart: Konzept der Erdkunde als futuristisch orientiertes Fach am Beispiel allgemeingeographischer und regionalgeographischer Kategorien 101
9. Gegenwart: Lehrplan und Curriculum am Beispiel der 6. Klasse aus der BRD und der DDR 115
10. Gegenwart: Hierarchisierung und Operationalisierung von Lernzielen am Beispiel: Die regionale Differenzierung der Wirtschafts- und Sozialstruktur der BRD 147
11. Gegenwart: Regionale Geographie: Didaktische Analyse und problemorientierte Erdkunde am Beispiel Japan 154
12. Gegenwart: Regionale Geographie: Interdisziplinäre Länderkunde und Transfer-Denken am Beispiel Ruhrgebiet 169
13. Gegenwart: Allgemeine Geographie: Didaktische und methodische Aufbereitung nach verschiedenen Klassenstufen am Beispiel: Entstehung und Bedeutung der Gezeiten für den Menschen 178
14. Gegenwart: Sozialgeographie: Möglichkeiten und Grenzen des programmierten Verfahrens am Beispiel: Das Gewinnstreben als Daseinsfunktion in der Stadt und ihrem Umland 188
15. Gegenwart: Angewandte Geographie: Planungsaufgaben in verschiedenen Klassenstufen am Beispiel eines Spielplatzes, eines Freizeitparkes, einer Trabantenstadt 205
16. Gegenwart: Geoökologie: Verschiedene erdkundliche Denkformen unter besonderer Berücksichtigung des Modell-Denkens am Beispiel Kreislauf des Wassers 211
17. Gegenwart: Konfliktorientierte Erdkunde: Plan- und Rollenspiel am Beispiel: Der Bau einer Flachglas-Fabrik in Gelsenkirchen-Feldmark 223

18. Gegenwart: Originale Erdkunde: Die Zahl als Hilfsmittel am Beispiel der Untersuchung der Effizienz von Individual- und Massenverkehr, meteorologischer und sozialgeographischer Fälle 238
19. Gegenwart: Hilfsmittel: Textanalyse und kritisches Denken am Beispiel ausgewählter Werbeanzeigen, Zeitungsartikel und anderer Informationen erdkundlicher Relevanz 251
20. Gegenwart: Vergleich der deutschen Erdkunde (BRD und DDR) mit der anderer Länder (USA und VR China) 271
Anmerkungen 280

0. Einleitung

Wer in der Lehrerausbildung steht, weiß, wie schwer es den Studenten und Junglehrern fällt, das Theoretische, das in den Vorlesungen Gehörte und aus den Büchern Erarbeitete der Didaktik und Methodik der Unterrichtsfächer mit Erfolg anzuwenden bei der praktischen Gestaltung der eigenen Unterrichtsstunden.

Diese *Diskrepanz zwischen Theorie und Praxis* ein wenig abbauen zu helfen, ist ein Anliegen des vorliegenden Buches. Anders formuliert, es soll der Versuch unternommen werden, eine Anzahl wichtiger didaktischer und methodischer Tatsachen des Erdkundeunterrichts an einigen ausgewählten Unterrichtsbeispielen aufzuzeigen. Didaktik- und Methodikveranstaltungen oder Lehrbücher bedürfen selbst wieder einer bestimmten Didaktik und Methodik, damit sie ihren eigentlichen Zweck erreichen, nämlich Hilfen für den Unterricht zu sein. So versucht das vorliegende Buch, zwischen dem Speziellen und Allgemeinen, zwischen dem Pragmatischen und Prinzipiellen, zwischen Unterrichtsbeispielen und den Richtlinien des Erdkundeunterrichts zu vermitteln.

Hinsichtlich des Vorgehens zur Didaktik eines Unterrichtsfachs kann man zwei verschiedene Wege unterscheiden:

1. Den *systematischen* Weg. Er schreitet vom Allgemeinen zum Speziellen, von einer Grundlegung über die Zielsetzungen, die Bildungsinhalte (Didaktik im engeren Sinne), Bildungsformen (Methodik im engeren Sinne) und Medien (Hilfsmittel) zur Unterrichtsvorbereitung bzw. Beurteilung von Unterrichtseinheiten.

Daraus resultiert etwa folgende Gliederung (Konzeption)[1]:

A. *Grundlegung*
   1. Die antinomische Struktur der Erdkunde
   2. Fachwissenschaftliche Orientierung
   3. Pädagogische Orientierung
   4. Psychologische Orientierung
   5. Soziologische Orientierung
   6. Politische Orientierung
   7. Ökonomische Orientierung
   8. Empirische Orientierung
   9. Zusammenfassung der Grundlegung der Didaktik der Erdkunde

B. *Zielsetzung*
   1. Herkömmliche Ziele der Erdkunde
   2. Allgemeines zur gegenwärtigen Lage der Erdkunde (Curricularismus)
   3. Reduktive Lösungen
   4. Fachwissenschaftliche Lösungen (Traditionalismus von Regionaler Geographie, Allgemeiner Geographie, Sozialgeographie)

    5. Anthropologische Lösungen
    6. Futuristische Lösungen (Humanisierung der Umwelt/Welt)
    7. Integrative Lösungen

C. *(Aus-)Bildungsinhalte*
    1. Allgemeines
    2. Erdkundliche Themenkreise
    3. Struktur erdkundlicher Themenkreise
    4. Auswahl der Bildungsinhalte
    5. Reihenfolge der Bildungsinhalte
    6. Querverbindungen zu anderen Fächern

D. *(Aus-)Bildungsformen*
    1. Allgemeines
    2. Der Einstieg in ein neues Gebiet (Motivation)
    3. Fachmethoden
    4. Unterrichtsformen
    5. Originale Erdkunde
    6. Sicherung erdkundlicher Ergebnisse
    7. Programmierter Unterricht in der Erdkunde

E. *(Aus-)Bildungsmittel*
    1. Allgemeines
    2. Herkömmliche Bildungsmittel
    3. Moderne Bildungsmittel

F. *Vor- und Nachbereitung einer Erdkundestunde*
    1. Vorbereitung einer Erdkundestunde
    2. Nachbereitung einer Erdkundestunde

    2. Den *exemplarischen* Weg. Er schreitet vom Speziellen zum Allgemeinen, geht von Einzelbeispielen aus (z. B. Unterrichtseinheiten, Lehrplänen, Studienordnungen . . .), an denen jeweils etwas Allgemeines hinsichtlich der Didaktik und Methodik aufzuhellen ist. Entscheidend für die Qualität der gewählten Beispiele ist also nicht die Möglichkeit einer blinden Kopie für den Unterricht, sondern das Aufsuchen und Auffinden des Allgemeinen, das dahintersteht, und der Transfer auf die Fülle der anderen Einzelbeispiele, die direkt nicht behandelt werden, die aber erst das Beispiel exemplarisch im didaktischen Sinne gestalten. So ist das vorliegende Buch konzipiert.

    Es wurde mit Absicht bei den alten Texten auch das alte Deutsch verwendet, weil Form und Inhalt (Sprache und Aussage) eine Einheit bilden und weil sie sich vom Deutsch her entsprechend auswerten lassen. Es wurden neben fachwissenschaftlichen Texten auch journalistische gewählt, weil die Massenmedien eine große und wohl noch zunehmende Bedeutung in der Wirklichkeit haben, weil sie bisweilen Informationen liefern, die die Fachwissenschaften nicht liefern, und weil ein allgemeines Unterrichtsziel die kritische Partizipation an den Massenmedien heißen könnte.

Insgesamt wurde versucht, ein möglichst breites Spektrum der verschiedenen didaktischen wie methodischen Möglichkeiten trotz einer beschränkten Zahl von Unterrichtsbeispielen und Buchseiten zu bieten:

1. Die Beispiele stammen aus 2 Jahrhunderten, 6 sind aus der Vergangenheit. Die Beschäftigung mit den Beispielen aus der Vergangenheit erfolgt hauptsächlich unter dem Gesichtspunkt, aus ihnen für die Gegenwart bzw. für die Zukunft zu lernen, also nicht um ihrer selbst willen. So ist auch die Auswertung angesetzt, das Vergangene für Gegenwart und Zukunft nutzbar zu machen.

Ein wichtiger Grund der Auswahl der Unterrichtsbeispiele aus der Lernschule des 19. Jahrhunderts mit ihrem Formalismus und Rationalismus ist die Tatsache, daß gegenwärtig sich eine ähnliche Tendenz im Curricularismus (Lernzieloperationalisierung und Lernzielhierarchisierung) zeigt. Nun hat aber die Lernschule des 19. Jahrhunderts nach der Jahrhundertwende zur Reformpädagogik geführt, zur Pädagogik vom Kinde aus. So gesehen gewinnen auch die Unterrichtsbeispiele der Reformpädagogik ein neues Gesicht, indem sie Möglichkeiten bieten, in der gegenwärtig schwierigen pädagogisch-didaktischen Situation neue Wege zu suchen und zu finden durch die Betonung von Sozialität (Gruppenunterricht), von Selbsttätigkeit (Arbeitsschule) und Emotionalität (Erlebnispädagogik), alles Kategorien jenseits des Intellektualismus, Rationalismus, Mechanismus im Curriculumkult.

2. Die Beispiele stammen in der Hauptsache aus Deutschland bzw. der BRD. Aber im 20. Kapitel wird der Vergleich mit der DDR bzw. USA bzw. China einbezogen, um aus der Andersartigkeit der verschiedenen didaktischen Konzeptionen gegebenenfalls für den eigenen Standpunkt neue Einsichten zu gewinnen, um auch aus ihnen für die Gegenwart und die Zukunft zu lernen.

3. Gewisse Beispiele beschäftigen sich mehr mit dem allgemeinen Rahmen, in dem sich Erdkundeunterricht vollzieht (Lehrplan, Curriculum, didaktische Konzeption[2]). Daraus resultiert zwangsläufig, daß das Detail zu kurz kommt. Gewisse Beispiele beschäftigen sich dagegen mit Einzelstunden, protokollieren sogar die einzelnen Reaktionen der Schüler[3]. Bei ihnen besteht die Gefahr, daß der Blick aufs Ganze, der Einbau in den Gesamtzusammenhang der didaktischen Konzeption, verlorengeht. Beide Ansätze sind also möglich, ja notwendig, aber auch problematisch.

4. Die 20 Kapitel sind nur vordergründig 20 Unterrichtseinheiten. In Wirklichkeit bringen sie nicht selten mehrere Unterrichtsbeispiele[4]. Oder aber sie regen an, den Transfer auf ähnlich gelagerte Fälle selbst zu vollziehen. So sind auch die ausgewählten Aufgaben am Ende eines jeden Kapitels zu verstehen, den Blick auszuweiten vom Speziellen zum Allgemeinen. Insofern versucht das vorliegende Buch, weit mehr als 20 Beispiele einzuschließen, statt auszuschließen.

5. Jedes Beispiel erfährt eine mehr oder weniger ausführliche Begründung, Auswertung, Analyse, einen Einbau in den allgemeinen didaktischen Zusammenhang, damit es nicht isoliert im Raum steht, sondern sein Stellenwert im Gesamtgebäude der Didaktik, der Pädagogik, der Geographie deutlich wird. Ein anderer Teil der ausgewählten Aufgaben am Ende der einzelnen Kapitel versucht, den durch die einfüh-

renden Bemerkungen in Bewegung gesetzten Gedankengang weiter fortzuführen, wobei der Leser den Weg selbst finden mag, nachdem Voraussetzungen dazu geschaffen worden sind.

6. Die eigene Standortbestimmung soll durch ein möglichst breites Spektrum verschiedener didaktischer Ansätze (Vergangenheit und Gegenwart, Reformpädagogik und Lernschule, Curriculum und Lehrplan, fachwissenschaftlich-geographische und anthropologisch-pädagogische Lösungen, Originale Erdkunde und Erdkunde in der Klasse, Heimat und Welt, Erdkunde im Inland und im Ausland . . .) gefördert werden, methodisch zusätzlich durch die Gegenüberstellung von These und Antithese, die auszudiskutieren sind. So bieten die ausgewählten Aufgaben am Ende der jeweiligen Beispiele Grundlagen für Diskussion, Referat, Examensarbeit.

7. Die Beispiele wurden im Geiste interdisziplinärer Arbeit konzipiert. Erdkunde wird nicht isoliert als Fach-Didaktik gesehen, sondern im engen Kontext mit der Pädagogik, mit der sozialen-ökonomischen-politischen Wirklichkeit, mit den Querverbindungen zum Kanon anderer Fächer (Deutsch: Text-Analyse, Mathematik: Statistik, Arbeitslehre bzw. Gemeinschaftskunde und Sozialkunde), ferner mit der Futurologie, denn es gilt, die Zukunft zu bewältigen, und mit der Geschichte, soweit aus ihr für die Zukunft zu lernen ist. Dieser interdisziplinäre Akzent belastet quantitativ wie qualitativ die Lektüre vordergründig, aber er sollte sie hintergründig auch bereichern. Und erst im Spannungsfeld dieser heterogenen Ausrichtung läßt sich die Eigenständigkeit[5] der Didaktik der Erdkunde begründen, sonst droht Gefahr, daß die Fachdidaktik Anhängsel der Fachwissenschaft Geographie oder eine angewandte Disziplin der Politik wird.

Priorität eines jeden didaktischen Tuns müßte die Verantwortung für das Kind bzw. für den Jugendlichen haben, nicht für einen abstrakten Fetisch wie Geographie oder Gesellschaft. Mit anderen Worten: Die Hegemonie von Geographie und Soziologie in der Didaktik der Erdkunde wird in Frage gestellt. Mag in der Gegenwart auch die Fachwissenschaft bzw. die Gesellschaft im Curricularismus eine dominierende Rolle spielen: Studierende und Lehrer sind nicht nur und nicht so sehr für die Gegenwart sondern für die Zukunft auszubilden. Daraus resultiert die Notwendigkeit, ein möglichst breites Spektrum didaktisch-methodischer Möglichkeiten vorzuführen und nicht nur das Curriculum, mit der Maßgabe, daß sich jeder einzelne in der Auseinandersetzung mit den verschiedenen Möglichkeiten selbst entscheiden kann im Zusammenhang mit den Situationen der Pädagogik und Didaktik, die auf ihn zukommen.

Außerordentlich wichtig scheint dem Verfasser der Hinweis zu sein, daß in Prüfungsstunden und auch bei anderen Gelegenheiten die im vorliegenden Buch dargestellten Beispiele blind kopiert werden und daß dann die Stunden oft enttäuschend verlaufen, verlaufen müssen, denn jede Unterrichtsstunde ist eine einmalige Veranstaltung, bedingt durch die Klasse und durch den Lehrer und noch manche andere Faktoren, unwiederholbar, nicht noch einmal zu reproduzieren. Wir warnen also davor, das vorliegende Buch als eine Art Rezeptbuch für Prüfungslektionen aufzufassen.

Unser Anliegen ist vielmehr ein Augenöffnen für die komplizierten Phänomene im erdkundlichen Raum und Anregungen für die eigenen Erdkundestunden zu geben. Noch anders ausgedrückt: Die vorliegenden Entwürfe und Protokolle sind keine Ideallösungen in bezug auf das Kopieren, wohl aber möchten sie Ideallösungen in bezug auf das Konditionieren sein, wie man aus ihnen lernen kann, es noch besser zu machen.

Ähnlich schrieb H. Scharrelmann in der Reformpädagogik[6]: »Heuchlerisch und verlogen aber ist die umfangreiche Literatur der Sammlungen von Musterlektionen, sie spiegeln nur jungen unerfahrenen Kollegen eine Vollendung vor, die es gar nicht geben kann, sie wollen Muster für andere sein und bieten in Wirklichkeit nichts als – mehr oder weniger elegante Kartonage. Sie wollen anregen und wirken lähmend auf die eigene Schaffenskraft des Lehrers ... Daher sind Musterlektionen barer Unsinn.«

Jeder Lehrer hat Recht auf schlechte Unterrichtsstunden. Schlechte Unterrichtsstunden sind doch gut, wenn man aus ihnen lernt. Schlechte Unterrichtsstunden sind dann wirklich schlecht, wenn man nicht aus ihnen lernt.

Es gibt eine größere Anzahl von *verschiedenen Modellen zur Vorbereitung und Nachbereitung von Unterrichtsstunden*, zumeist sehr differenziert, weil sie bemüht sind, die Fülle der verschiedenen Gesichtspunkte zu berücksichtigen. Das ist sicherlich ihr Vorteil. Zugleich ist es aber auch ein Nachteil. Denn wer richtet sich schon danach, ausgenommen es handelt sich um eine Prüfungs-Lektion. Schließlich soll der zeitliche Aufwand von Vorbereitung und Durchführung in einem sinnvollen Verhältnis stehen. Falls aber ein detaillierter Fragenkatalog zugrunde gelegt wird, besteht zumindest für den Anfänger noch die Gefahr, daß er den Wald vor lauter Bäumen nicht mehr sieht, daß er sich durch die Fülle der Fragen verwirren statt leiten läßt. In diesem Sinne sind die folgenden 6 Fragen zur Vorbereitung einer Erdkundestunde zu verstehen, die im vollen Bewußtsein ihrer Begrenztheit konzipiert sind.

1. Welches sind die wichtigsten *seelischen Merkmale der Jungen bzw. Mädchen dieses Alters* auf Grund der kinder- und jugendpsychologischen Fachliteratur? Wie ist die Klasse bisher in der Schule bzw. außerhalb der Schule konditioniert (geprägt, beeinflußt) worden? Welche Bedeutung könnten diese Tatsachen für die Erdkunde im allgemeinen und für die spezielle Erdkundestunde haben?

2. Welche *Ziele* sollen erreicht werden? Unterrichtlich-erziehlich, an Kenntnissen (Wissen) und an Fähigkeiten (Können), Einsichten oder Haltungen. Formulieren Sie sie kurz und genau. Lohnt es sich eigentlich, die Stunde darauf zu verwenden?
Wozu dient der Unterricht?

3. An welchen *Inhalten (Themen)* sollen diese Ziele verwirklicht werden. Welche Stoffe kommen in Frage (Regionale Geographie, Allgemeine Geographie, Sozialgeographie, Angewandte Geographie, Interdisziplinäres, Aktuelles, Futuristisches, Geologisches, Astronomisches, Völkerkundliches, Entdeckungsgeschichtliches ...)
Was soll im Unterricht behandelt werden?

4. Mit welcher *Methodik* sollen die Unterrichtsziele bewältigt werden: Welche Motivation, welche Gliederung, welcher Abschluß ...
Wie soll der Unterricht aufgebaut werden?
5. Mit welchen *Unterrichtsformen* soll gearbeitet werden (Frontal-Unterricht, Gruppen-Unterricht, Einzelarbeit oder Partnerschaft, gebundenes oder freies Gespräch, Lehrerdarbietung oder Schülerreferat, Diskussion oder Rollen-Simulation ...)
Wer soll den Unterricht im einzelnen gestalten?
6. Welche *Medien (Hilfsmittel)* sind an welchen Stellen einzusetzen (Tafel, Kreide, Karte, Atlas, Zeigestock, Buch, Text, Zeitungsartikel, Dias, Projektor, Film, Zahl, Statistiken, Modelle, mitgebrachte Gegenstände, Experimente ...)
Womit soll der Unterricht verwirklicht werden?

Zu den Fähigkeiten bei der Zielsetzung zählen verschiedene Denkformen wie räumliches, logisches, kausales, systematisches, kritisches, kreatives Denken, aber auch Umgang mit den erdkundlichen Hilfsmitteln wie Kartenlesen, Bildanalyse, Text-Interpretation, Auswertung von Statistiken, Experimentieren ...

Es soll noch auf die besondere *Bedeutung der Nachbereitung* hingewiesen werden, denn sie ist doch nichts anderes als *der erste Schritt zur Vorbereitung einer neuen und besseren Stunde*! Und dieser erste Schritt hat den großen Vorteil, daß auf Grund der gerade gewonnenen Erfahrungen in der Praxis manches in einem anderen Licht erscheint, als wenn man es nur theoretisch im Fragenkatalog durchdenkt.

Folgende *Abkürzungen* wurden gewählt: L – Lehrer, Sch – Schüler. Verschiedene Schülerantworten sind durch – getrennt.

Mein Dank gilt den Schulen, die die Klassen für den Unterricht zur Verfügung stellten, gilt den Studenten und Junglehrern, die durch kritische Beiträge und eigene Entwürfe manche Anregungen gaben.

Das Manuskript wurde im Sommer 1976 abgeschlossen.

Alois Schmidt

Ausgewählte Literatur zur Didaktik der Erdkunde

J. Adelmann: Methodik des Erdkundeunterrichts, München 1962
H. Balk/D. Hirt: Der Erdkundeunterricht in der Volksschule, Geretsried 1969
L. Barth/W. Schlimme: Methodik Geographie-Unterricht, Berlin (Ost) 1976
L. Bauer: Erdkunde im Gymnasium, Darmstadt 1968
L. Bauer: Einführung in die Didaktik der Geographie, Darmstadt 1976
J. Birkenhauer: Erdkunde 1 und 2 (Didaktik f. d. Sekundarstufe), Düsseldorf 1975
H. Ebinger: Erdkunde in der Volksschule, Lübeck 1966
H. Ebinger: Einführung in die Didaktik der Geographie, Freiburg 1971
K. Eggert: Der Erdkundeunterricht, Method. Handbuch f. Lehrer, Berlin (Ost) 1961
J. Engel: Von der Erdkunde zur raumwissenschaftlichen Bildung, Bad Heilbrunn 1976
R. Geipel: Erdkunde–Sozialgeographie–Sozialkunde, Frankfurt 1960

S. Gerlach: Erdkunde in der Sekundarstufe I, Darmstadt 1976
F. Jonas: Erdkunde u. pol. Weltkunde, Bochum o. J.
O. Lehovec: Erdkunde als Geschehen, Remagen 1953
E. Meyer-Willudda: Der neue Erdkundeunterricht, Frankfurt 1953
K. Overmeyer/G. Hillebrand: Praxis des exempl. Ek.unterrichts, Ratingen 1975
P. Schäfer: Grundriß des Erdkundeunterrichts, Bochum o. J.
A. Schmidt: Der Erdkundeunterricht, Bad Heilbrunn 1976
F. Schnaß: Der Erdkundeunterricht, Bonn 1957
A. Schultze: 30 Texte zur Didaktik der Geographie, Braunschweig 1976
H. Sperber: Erdkunde–Didaktik–Methodik, Regensburg 1973
B. Treu/W. Schneider: Geographie, Handbuch zum Unterricht (Grundschule–Hauptschule), Starnberg 1973
R. Völkel: Erdkunde heute, Frankfurt 1961
A. Vogel: Der Bildungswert des Erdkundeunterrichts in der Volksschule, Ratingen 1967
J. Wagner: Der erdkundliche Unterricht, Hannover 1955
M. F. Wocke: Heimatkunde und Erdkunde, Hannover 1962

Denkschrift des Verbandes Deutscher Schulgeographen: Bedeutung und Aufgaben des Erdkundeunterrichts an den höheren Schulen, Geograph. Rundschau 1959
Moderne Geographie in Forschung und Unterricht, Auswahl B 39/40, Hannover 1970
Wege zu veränderten Bildungszielen im Schulfach Erdkunde, Sonderheft Der Erdkundeunterricht 1, Stuttgart 1971
E. Ernst: Arbeitsmaterialien zu einem neuen Curriculum, Beiheft Geographische Rundschau 1, 1971
J. Birkenhauer: Lernzielorientierter Unterricht an geographischen Beispielen für die Sekundarstufe I, Beiheft Geographische Rundschau 2, 1972
Raumwissenschaftliches Curriculum – Forschungsprojekt des Zentralverbandes der deutschen Geographen: Materialien zu einer neuen Didaktik der Geographie, München 1974
R. Walford: Neue Wege im Erdkundeunterricht, Der Erdkundeunterricht 22, Stuttgart 1976

Neue Konzeption der Erdkunde (in Zeitschriften)
L. Bauer: Das Wesen der Geographie u. ihr Beitrag z. Existenz- u. Weltverständnis, Bundeszentrale f. pol. Bildung 75, Bonn 1967
L. Bauer: Thesen zur Reform der erdkundl. Bildungspläne, Geogr. Rundschau 1969
K. Fick: Der Bildungauftrag der Geographie, Geogr. Rundschau 1966
H. Friese: Zur Didaktik der Geographie, Geogr. Rundschau 1969
R. Geipel: Die Geographie im Fächerkanon der Schule, Geogr. Rundschau 1968
H. Newe: Die Neugeburt der Erdk. als Bildungsfach, Geogr. Rundschau 1962
H. Newe: Der Bildungsauftrag der Schulerdkunde und ihr Verhältnis zur Hochschulgeographie, Kiel 1961
P. Schneider: Zum Problem des Bildungswerts im Ek.unterricht der Volksschule, Päd. Rundschau 1967
A. Schultze: Allgemeine Geographie statt Länderkunde, Geogr. Rundschau 1970
E. Schwegler: Eine neue Konzeption für den Erdkundeunterricht, Geogr. Rundschau 1968
E. Schwegler: Gedanken zu einer Umgestaltung der Lehrpläne f. d. Erdkundeunterricht, Geogr. Rundschau 1969

W. Sperling: Die Stellung und Aufgabe der Didaktik der Geographie im System der geogr. Wissenschaft, Geogr. Rundschau 1969
M. F. Wocke: Ziel und Stil erdkundlicher Unterrichtsarbeit, Blätter für Lehrerfortbildung 1964
H. Hendinger: Ansätze zur Neuorientierung der Geographie im Curriculum aller Schularten, Geogr. Rundsch. 1970
E. Ernst: Lernziele in der Erdkunde, Geogr. Rundschau. 1970
P. Schöller: Gedanken zum Geographieunterricht der Schule aus der Sicht der Universität, Geogr. Rundsch. 1970
W. W. Puls: Gedanken zum Geographieunterricht aus der Sicht der Schule, Geogr. Rundsch. 1970
E. Hinrichs: Dreierlei muß der Erdkundelehrer in Einklang bringen, Geogr. Rundsch. 1971
B. Vogel: Die Schule in der Reform ihrer Ziele und Inhalte, Geogr. Rundsch. 1972
E. Sobotha: Umweltverständnis – Erdkunde – Weltkunde. Ein Beitrag zur Stellung der Erdkunde, Geogr. Rundsch. 1973
A. H. Dawson: Begriffsentwicklung – der Beitrag der Geographie in der Erziehung, Geogr. Rundsch. 1974
R. Geipel: Erdkundeunterricht in neuer Sicht, Pädagogische Welt 1971
J. Birkenhauer: Aufgaben und Stand fachdidaktischer Forschung, in: G. Kreuzer: Didaktik der Geographie in der Universität, München 1974

Ausgewählte Literatur zur Vorbereitung einer Unterrichtsstunde

G. Bachmair: Unterrichtsanalyse, Weinheim 1974
Berliner Arbeitskreis Didaktik: Zur Unterrichtsplanung, Didaktische Informationen 4/5, Berlin 1963
B. Casper: Die Vorbereitung des Unterrichts, Teil 2, Bad Heilbrunn 1973
H. Chiout/W. Steffens: Unterrichtsvorbereitung und Unterrichtsbeurteilung, Frankfurt 1971
P. Heimann/Otto/Schultz: Unterricht – Analyse u. Planung, Auswahl B, Hannover 1965
W. Klafki: Studien zur Bildungstheorie u. Didaktik, Weinheim 1965
H. Bach: Die Unterrichtsvorbereitung, Hannover 1963
F. Huber: Der Unterrichtsentwurf, Bd. Heilbrunn 1965
W. Jeziorsky: Praxis u. Theorie d. Unt.vorbereitung, Braunschweig 1968
H. Kober/L. Rössner: Anleitungen z. Unterrichtsvorbereitung, Frankfurt 1969
W. Kramp: Hinweise zur Unterrichtsvorbereitung f. Anfänger, Auswahl A 1, Hannover 1964
E. Meyer: Unterrichtsvorbereitung in Beispielen, Bochum o. J.
K. Mohr: Methodische Gestaltung des Unterrichts, München 1966
H. Roth: Die Kunst der Vorbereitung, Die Sammlung 1950

Ausgewählte Literatur zur Vorbereitung von Erdkundestunden

J. Altmann/W. Taubmann: Unterrichtsmodelle zur Stadtgeographie Sekundarstufe I, Stuttgart 1975
L. Barth/A. Sowade: Unt.hilfen f. d. Geographieunterricht in der 5. und 6. Klasse, Berlin (Ost) 1966

L. Bauer: Lehrerhandbücher f. d. Erdkundeunterricht, München 1955 f.
L. Bauer: Die erdkundliche Unterrichtsstunde, Geogr. Rundschau 1965
P. Breunig: Der Erdkundeunterricht I, Ansbach 1964
G. Findeisen: Unterrichtshilfen für den Geographieunterricht in der 8. Klasse, Berlin-Ost 1970
H. Gröschel u. a.: Erdkunde im Unterricht, München 1965
H. Haubrich: Sich erholen, Westermann-Programm, Braunschweig 1970
S. Herrmann/W. Jahn: Unterrichtshilfen Erdkunde 9. Klasse, Berlin (Ost) 1966
E. Heyn: Lehren und Lernen im Geographieunterricht, Paderborn 1973
E. Hinrichs: Erdkundliche Lehrbeispiele f. d. 5. und 6. Schuljahr, Braunschweig 1953
G. Höhler: Erdkunde (Lehrplan, Vorbereitung, Unterricht), Weinheim 1967
W. Jahn: Unterrichtshilfen für den Geographieunterricht in der 9. Klasse, Berlin-Ost 1970
H. Kinzel: Unterrichtshilfen für den Geographieunterricht in der 6. Klasse, Berlin-Ost 1968
S. Möbius: Unterrichtshilfen Erdkunde 7. Klasse, Berlin (Ost) 1966
L. Müller: Der Erdkundeunterricht II, Ansbach 1962
H. Riediger u. a.: Handbücherei des exemplar. Lehrens, Frankfurt 1963 f.
F. Richter/H. Münchow: Lehrmittel f. d. Erdkundeunterricht I und II, Berlin (Ost) 1962
H. Roth u. a.: Unterrichtsgestaltung in der Volksschule I, Geographie, Aarau 1967
L. Rother u. a.: Sich-Erholen, Unterrichtsmodelle f. d. Orientierungsstufe, Stuttgart 1974
C. Schietzel u. a.: Die Vorbereitung 2 (Erdkunde), Braunschweig 1963 f.
A. Schmidt: Die Erdkundestunde, Wuppertal 1970
F. Schnaß: Stundenbilder aus Heimat- und Erdkunde, Bonn 1951
H. Schrettenbrunner u. a.: Westermann-Programm, Sozialgeographie – Stadt, Braunschweig 1970 f.

Diverse Beihefte Geographische Rundschau
Beiheft 1, 1971: Arbeitsmaterialien zu einem neuen Curriculum
Beiheft 2, 1972: Lernzielorientierter Unterricht an geographischen Beispielen
Beiheft 2, 1974: Sozialgeographie
Beiheft 3, 1974: Wirtschaftsgeographie
Beiheft 1, 1975: Neue Wege im Geographieunterricht
Beiheft 2, 1975: Umweltgefahren als Themen des Geographieunterrichts
Beiheft 3, 1975: Modelle im geogr. Unterricht
Beiheft 4, 1975: Umweltgestaltung als Thema des Geographieunterrichts
Beiheft 1, 1976: Innovationen in der Didaktik der Geographie
Beiheft 2, 1976: Planspiele
Beiheft 3, 1976: Landschaftsökologie

1. Ständeschule des 18. Jahrhunderts: Undifferenzierte Realienkunde – systematische Enzyklopädie. Ch. G. Hauff: Systematisches Lehrbuch über die drei Reiche der Natur zum Gebrauch für Lehrer und Hofmeister bei dem Unterricht der Jugend 1777

Das erste Unterrichtsbeispiel ist 200 Jahre alt. Es entstammt einer Zeit der Ständeschule. Unterricht, Erziehung, Bildung waren vielfach noch ein Privileg besonderer Schichten. Der Untertitel des Buches, aus dem das Beispiel gewählt wurde: Zum Gebrauch für Lehrer und Hofmeister, deutet diesen Tatbestand an. Für breite Schichten der Bevölkerung kamen diese Möglichkeiten nicht in Frage.

Das 17. und 18. Jahrhundert zeichnen sich geistesgeschichtlich durch Rationalismus aus. In diesem Sinne ist die Didaktik der Sachkunde-Disziplinen durch Enzyklopädie und Systematik charakterisiert. Enzyklopädie bedeutet, möglichst vollständig das Wissen der damaligen Zeit in Lehrbüchern darzustellen bzw. an die Kinder heranzubringen. Systematik war die Methode der Ordnung der Stoffülle, damit ihre Bewältigung und Aneignung leichter gelang. Andererseits darf nicht übersehen werden, daß der Rationalismus der damaligen Zeit noch mit einer theologischen Orientierung ohne größere Konflikte einherging.

Geographie und Erdkunde im modernen Sinne gab es noch nicht. Geographie als moderne Fachwissenschaft entwickelte sich etwa ab 1800 unter Humboldt und Ritter. Analog entwickelte sich Erdkunde als Unterrichtsfach auch erst im vorigen Jahrhundert. Das gesamte Buch, aus dem das vorliegende Beispiel entnommen wurde, repräsentiert eine undifferenzierte Sachkunde, wo sich Naturwissenschaftliches, Botanisches, Zoologisches, Mineralogisches, Geologisches, Geographisches mischen. Aus diesem Zusammenhang wurde aus naheliegenden Gründen Geographisches ausgewählt. Während einerseits Enzyklopädie und Systematik dominierten, gab es bisweilen auch Hinweise auf Kuriositäten der Erdoberfläche. Im vorliegenden Fall ist es die Fingals-Höhle in Schottland, die im 18. Jahrhundert und noch in der Romantik des 19. Jahrhunderts als eine Art Weltwunder bestaunt und behandelt wurde, während sie gegenwärtig in der Didaktik praktisch keine Rolle mehr spielt.

Die undifferenzierte Sachkunde des 18. Jahrhunderts, in der die Welt der Realien noch als eine Einheit gesehen wird, weist gewisse Parallelen mit dem Gesamtunterricht der Reformpädagogik in der ersten Hälfte dieses Jahrhunderts auf, wo bewußt die durch die Fächerzersplitterung verlorengegangene Einheit der Welt wiederhergestellt werden sollte, und mit der Interdisziplinarität der Gegenwart mit dem ähnlichen Anliegen der Überwindung der Gefahren der Spezialisierung durch immer stärkere Differenzierung von Wissenschaften und Schulfächern.

Interessant am vorliegenden Beispiel sind die Fragen zum Gebrauch für den Lehrer und Hofmeister, die teilweise der Leistungskontrolle dienen, teilweise Ratefragen darstellen, teilweise aber auch als Kausal- und Finalfragen das entsprechende Denken schulen sollen.

Aus dem bisher gesagten erhellet, daß ein unbegreiflich grosser Raum hierzu erforderlich sey, worinnen diese Sterne schweben. Damit nun aber dieser Raum nicht leer sey, so hat ihn der weise Schöpfer, mit dem Aether, oder der sogenannten reinen Himmelsluft erfüllet, so wie er auch einen jeden Planeten mit einer Athmosphäre oder Luftkreis umgeben hat. Die Luft welche unsere Erde umgiebt, und ohne die sie in ein Chaos zurückgehen würde, hat verschiedene Eigenschaften und aus deren Wirkung entstehen die Winde, welche man insgemein in 32 Arten einzutheilen pflegt, nämlich in 4 Cardinalwinde, in 4 Eckwinde, und in 24 Nebenwinde. Ferner theilet man auch die Winde in die ordentliche und unregelmäßige Winde ein, die erstern halten eine gewisse Zeit wenn sie wehen, auch wehen sie allezeit von einem Orte her; die andern aber sind Sturmwinde, und entstehen von einigen Zufällen oder Veranlassungen in der Natur, die keine Ordnung haben. Es kommt aber auch aus der Luft noch weiter die Witterung, welche entweder durch die Winde über die Länder gebracht wird, oder auch durch die Erhitzung oder Erkältung der Luft entstehet; so wie auch die Luft blos allein die Klima unterscheidet, denn obgleich die Lage der Länder gegen den mehr oder weniger senkelrechten Sonnenstralen die Hauptursache des Unterschieds zu seyn scheinet, so hat doch die Luft das meiste dabey zu thun, indem sie dieselben am ersten empfänget, und folglich kann sie solche schwächen, wenn sie von kalten Winden verdicket worden ist, und man kann sie ganz wohl als eine Ursache annehmen, welche die Klima unterscheidet.

Ist dieser Raum, worinnen die Planeten schweben, leer? – Mit was ist er denn erfüllet? – Reichet dieser Aether bis auf unsere Erde? – Was umgiebt denn die Planeten? – Was entstehet aus den Eigenschaften der Luft? – Wie viel Winde haben wir? – Wie werden sie eingetheilet?

Haben Sie sonst keine Eintheilung mehr? – Warum heissen sie ordentliche Winde? – Was verstehet man unter unregelmäßigen? – Was entstehet aus der Luft noch mehr? – Können auch die Klima aus derselben hergeleitet werden? – Ist die Sonne denn nicht allein die Ursache der Verschiedenheit der Klima? –

Es ist eigentlich hier die Rede von der Erde ihrem Körper nach, und dieser bestehet aus trockenem Land und Wasser, von welchem leztern wir zuerst handeln wollen, denn das Wasser bedecket den grösten Theil des Erdbodens, und dieses ist eine weise Einrichtung Gottes. Denn aus dem Meer steigen die meisten Dünste auf, welche Wolken ausmachen, und nicht alle wieder ins Meer zurück, sondern gröstentheils von dem Winde nach dem trocknen Lande getrieben werden, auf dasselbige als Regen und Schnee niederfallen, die Erde fruchtbar machen, und die Quellen und Flüsse unterhalten. Wenn das Meer nicht so stark ausdünstete, so würden auf dem trocknen Lande die Gewächse, Thiere und Menschen bald untergehen: käme aber nicht das Wasser vermittelst der Ströme und des Regens in das Meer zurücke, so würde das Meer austrocknen. Nun aber erhält der unaufhörliche Umlauf des Wassers, welches aus dem Meer auf das trockne Land, und von diesem durch die Ströme wieder in das Meer kommt, die Erde in dem Zustande, daß sie fruchtbar seyn, und bewohnt werden kann. Auf dem Meer kann man in schwer beladenen Schiffen, aus einem Theil der Erde nach dem andern schiffen, und dazu ist die Salzigkeit des Meerwassers mit behülflich, denn wegen derselben kann es grössere und schwerere Schiffe tragen, als das gemeine Wasser. Diese Salzigkeit des Seewassers ist noch auf andre Weise nützlich, denn sie bewahret dasselbe vor der Fäulniß, macht daß es nicht so leicht als das gemeine Wasser gefrieret, und in unterschiedenen am Meer gelegenen Ländern wird aus dem Seewasser entweder durch die Sonnenhitze, oder durchs Kochen, ein Küchensalz bereitet. Wir haben auf unserm Erdboden fünf Meere, die den Namen als Weltmeere haben, nämlich die Ostsee, das mittländische Meer, das atlantische Meer, das Eismeer und das amerikanische Weltmeer: welches letztere sich wiederum in drey Meere zertheilet, als Mare del Nord, das stille Meer, das magellanische Meer. Ausser diesen aber sind noch folgende merkwürdig: das schwarze, das rothe, das caspische, (der gröste Landsee auf dem bekannten Erdboden) das arabische, das todte, das indianische, das tartarische Meer, und in diesen Meeren giebt es enge Pässe, welche unter dem Namen der Meerengen bekannt sind, und deren vornehmste folgende sind: die Konstantinopolitanische, oder der Bosphorus Thracius, die Gibraltarische, die Sicilische, und die Magellanische. Das Meer ist durch seine Bewegung eben so sonderbar, als durch die vielen Geschöpfe welche darinnen zu finden sind; und insonderheit verursachen diese allgemeine Bewegung des Meeres von Osten nach Westen die vielen Ströme, die im Ocean vorhanden sind; auch wird dasselbige durch die sogenannten Meerstrudel und Meerwirbel, welche unter dem Namen Charybdis bekannt, in eine sehr heftige Bewegung gebracht. Die Gefahr, welche einem jeden Schiff bevorstehet, welches in einen solchen Wirbel geräth, ist allezeit mit dessen Untergang verbunden; und man hat durch viel gewagte Versuche, endlich von ihnen entdecket, daß es ein unergründlicher, mit entsetzlichen Klippen umzingelter Abgrund sey, durch welchen das Wasser, in Gestalt eines mächtigen Flusses, mit solcher Ungestümmigkeit hinabfähret, daß es alles was es ergreift, mit sich in den Abgrund reißt. Das erstaunungswürdigste bey der Sache ist, daß die an einem Ort durch einen solchen Wirbel hinunter geführte Sachen von dem Meer an einem andern Ort wiederum herausgeworfen werden.

Welches von diesen beeden Theilen ist wohl der gröste auf der Oberfläche des Erdbodens? – Was mag wohl die Ursache seyn, daß mehr Wasser als Land geschaffen worden? – Was bringen diese Dünste der Erde für einen Nutzen? – Könnte bey einer geringern Ausdünstung des Meers unsere Erde wohl bestehen? – Hat das Meer sonst keinen Nutzen für uns? –

Was ist wohl die Ursache, daß das Meer so ungeheure Lasten von Schiffen tragen kann? – Hat die Salzigkeit sonst keinen Vortheil? – Wie viel Hauptmeere haben wir auf unserer Erde? – Sind keine andern mehr merkwürdig? –

Hat das Meer wohl eine eigenthümliche Bewegung? – Was ist die Ursache dieser Bewegung? – Giebt es sonst keine Ursache seiner Bewegung? – Worinnen bestehet ein solcher Meerwirbel? – Bringet das Meer keinen andern Nutzen mehr unserer Erde? –

Noch einen allgemein grossen Nutzen bringet das Meer unserer Erde, denn aus demselben entstehen alle die Quellen, Brunnen und Flüsse, deren Verschiedenheit, blos durch andere mitwirkende Ursachen hervorgebracht werden. Denn, obgleich das Wasser, welches seinem ersten Ursprung nach aus dem Meere kommet, auch einerley ist, so bekommt doch dasselbe durch die verschiedenen Gänge, welche es in dem Erdboden hindurch fliesset, bis es an das Licht, oder in die freye Luft kommet, auch seine verschiedenen Kräfte. Auf diese Weise entstehen die mineralischen Brunnen und Gewässer, welche insgemein in zehen Arten pflegen eingetheilt zu werden; nämlich: 1. in Brunnen, 2. Salpetrische, bitter Wasser, oder bittere Salzwasser, 3. Küchensalzwasser, 4. Cement oder kupferhaltige Wasser, 5. Schwefel oder sulphurische Wasser, 6. Erdöligte, 7. Seifenartige, 8. Eisen oder Stahl Wasser, 9. Alaunartige und 10. giftige Wasser. Das Wunderbarste hiebey sind wohl die heissen brennbaren und versteinernde Wasserquellen; wovon wir der Kürze wegen nur eine einzige anführen wollen: es ist kein Land auf dem ganzen Erdboden zu finden, das so reichhaltig an heissen Quellen wäre, als Island, ob es gleich sonsten der heftigsten Kälte ausgesetzt ist. Von den vielen Quellen sind daselbst nur drey die merkwürdigsten; Es liegen nahe bey einem Hofe Reykun genannt, die drey heissen Quellen, welche ohngefähr dreysig Klafter von einander entfernet sind. Das Wasser derselben kochet aus denselbigen wechselweise dergestalt herauf, daß, wenn die erste Quelle welche an dem einem Ende ist, Wasser ausgeworfen hat, sodann folget ihr die mittlere, und endlich wenn diese ausgeworfen, die letzte, und darauf wieder die erste. In dieser Ordnung fahren sie stets fort hervorzuquellen; jede ohngefähr dreymal in einer Viertelstunde. Das sonderbarste dabey ist, daß diese Quellen nicht auf einem Berge, sondern in einer grossen Ebene liegen, und der nächste Berg bey diesen heissen Quellen ist über 9 bis 10 Meilen weit entfernt. Sie sind alle in einem harten Steingrund, zwo derselben haben keine reine Oefnung, sondern treiben das Wasser zwischen den Steinen nur etwa eine Elle hoch über die Erde hervor. Die dritte aber hat ein ganz rundes Loch, Siehe Tab. I. Fig. I als wäre es durch die Kunst in eine harte Steinklippe gemachet, die von weitem wie ein Braukessel aussiehet. Aus selbiger fähret das Wasser wenn es an diese heisse Quelle kommet, fünf bis sechs Ellen in die Höhe, worauf es wieder in sein Behältniß zwo Ellen tief hinunter sinket. Man kann alsdann hinzutretten, und solche mit Bequemlichkeit betrachten, auch sich bey Zeiten wieder zurücke ziehen, wenn das Wasser wieder herausbrechen will, man wird durch drey Aufwallungen benachrichtiget. Durch die erste steigt das Wasser auf die Hälfte bis zum Rande; und durch die zwote vollends bis an den Rand; bey dritten springt es, wie gesagt fünf bis sechs Ellen hoch, und sinkt sodann auf einmal wieder zwo Ellen tief in sein Behältnis hinunter. Dieses Wasser ist so heiß, daß ein Stück Fleisch durch fünf oder sechs Aufwallungen, völlig weich gesotten wird.

Haben alle Flüsse, Brunnen, und Quellen einerley Wasser? – Was ist die Ursache ihrer verschiedenen Eigenschaften? – In wie viel Arten werden die Brunnen eingetheilt? – Welches sind dieselben? – Was ist wohl bey den Wasserquellen noch mehr merkwürdig?

Welche Gegend mag wohl die mehresten heissen Quellen haben? – Wie viel sind davon merkwürdig? – Sind solche weit von einander entfernet? – Quellen dieselbige zu gleicher Zeit? – Entspringen diese Quellen auf einem Berge? –

Wie ist die Oefnung beschaffen, daraus sie entspringen? – Wie hoch wird das Wasser dieser Quellen getrieben? – Wie nahe darf man sich zu diesen Quellen hinzu wagen? – Wie heiß mag wohl dies Wasser seyn?

Ein Fluß ist diejenige Wassersammlung, welche von einem erhabenen Orte in einer bald mehr, bald weniger geschwinden Bewegung, in einem von der Natur dazu gemachten Wege fortgehet, und sich hiernächst in Landseen sammelt oder in das Meer ergiesset. Derjenige Weg, worinnen der Fluß abläuft, wird sein Bette genennet. Der untere Theil dieses Bettes worauf das Wasser fortfließet, heißt der Grund oder Boden. Der Ursprung der Flüsse geschiehet durch verschiedenes Zusammenkommen der Quellen.

Was verstehet man unter der Benennung eines Flusses? – Wie wird der Weg, worinnen er fliesset, genennet? – Wie heisset der untere Theil des Bettes? – Woraus entstehet ein Fluß? –

Das feste oder trockne Land ist bald hoch, bald tief. Die erhabenen Theile der Erde, heissen Hügel, und die erhabensten werden Berge genennet. Die Berge zieren den Erdboden, indem sie die schönsten Aussichten geben. Inwendig in denselben findet man Gold Silber, Kupfer, Zinn, Bley, Eisen, kostbare und nützliche Steine, und andere brauchbare Materialien. Sie geben den Quellen und Flüssen ihren Ursprung. Auf denselben ist eine frische und gesunde Luft, und sie haben entweder gutes Gras, auch heilsame Kräuter, oder nützliche Bäume, und wenn sie von geringer Höhe sind, tragen sie die edlen Reben des Weinstocks. Also machen sie die Erde zu einer bequemen Wohnung für Menschen und Thiere. Diejenigen Berge welche nur eine mäßige Höhe, und oben auf ihren Gipfeln grosse Flächen haben, sind entweder mit Bäumen, oder mit trockner Weide bewachsen, und haben wenig Wasser. Die höchsten Berge steigen spitzig in die Höhe, und ihre Spitzen sind mehrentheils steile Felsen und Klippen, und entweder ganz kahl, oder doch nur mit weniger Erde bedecket, zwischen diesen Spitzen sind enge und tiefe Thäler. Und die höchsten Berge, welche weit höher sind, als die Wolken, sind in der Mitte der Erde. Auch sind unterschiedliche Berge, welche Feuer auswerfen, von denen wir wegen ihrer Merkwürdigkeit etwas mehrers anzeigen wollen. Vulkane oder feuerspeyende Berge nennt man demnach überhaupt diejenigen Schlünde, welche zu gewissen Zeiten mit einer ausserordentlichen Heftigkeit ganze Ströme von brennendem Erdharz, Schwefel und geschmolzenem Metall ausspeyen, welche Hagel von Steinen die theils calcinirt, theils Glas sind die umliegenden Gegenden verschütten, ganze Wirbel von Rauch und Dampf, und Wolken von Asche, auch Ströme von siedenden Wasser ausstoßen, und ungeheuere Felsenmassen durch die erhitzte Luft schleudern. Diese Schlünde befinden sich allezeit auf den Spitzen der Berge. – Die Gewalt, mit welcher diese Vulkane toben, und mit der sich das Feuer in ihnen wirksam beweiset, übertrift bey weitem die Kraft des Donners und des Schiespulvers. Die Glut eines solchen Feuerheerds ist so entsetzlich, und der Vorrath der aus selbigem ausgeworfenen brennenden und andern Materien so groß, daß nicht selten ganze Städte unter diesem Schutt vergraben, und ganze Fluren überschüttet, und wohl gar

Hügel und Berge durch diese auf einander gethürmte Materien gebildet worden. Sind die Ausbrüche dieser Vulkane selbst erschrecklich, so sind die Vorboten derselben nicht weniger fürchterlich. Man vernimmt, ehe sie auszuwerfen pflegen, ein unterirdisches Toben, gleich einem entfernten Donner, ein grausames Geheul und ängstliches Getöse erfüllet die Luft, die Erde fängt an zu zittern, so daß man glauben sollte, sie würde in ihrer Grundfeste erschüttert, die in der Mündung derselben enthaltene Materie scheinet zu kochen, und erhebt sich bisweilen so hoch, daß sie überläuft und den Berg herab fließt. Nichts läßt sich alsdenn mit der Wuth dieses eingeschlossenen Feuers vergleichen, welche zu gleicher Zeit die Erde erschüttern, das Meer aufrührisch machen, Berge einstürzen, und Städte mit den festesten Gebäuden über den Haufen werfen; und es ist ausgemacht, daß unter allen Naturbegebenheiten diese diejenige sey, welche auf unser Erstaunen den gerechtesten Anspruch machen kann. Der gegenwärtig abgebildete Berg Tab. II. fig. 1. ist der berühmte Cotopaxi in der Provinz Quito in Amerika, und es liegt derselbe ohngefähr fünf Meilen von dem Aßiento Latacunga gegen Norden, er raget gegen die übrigen gegen Nordwest und Süden hervor, als ob er den Raum zwischen den beyden Codilleras recht enge machen wollte. Da dieser Berg anfieng Feuer auszuspeyen, so hörte man einige Tage zuvor, in den Hölungen inwendig ein starkes Getöse, nachgehends entstund eine Oefnung oben auf der Spitze, und drey andere auf der Mitte des Berges, wo er beschneyet war, fast in gleicher Höhe; hierauf spie er eine grosse Menge Aschen aus, damit vermengte sich das viele Eis, welches von den fürchterlichen Flammen geschmolzen wurde, und herab stürzete, solchergestalt die weite Ebene von Collo bis nach Latacunga überschwemmete, und überall eine See von trüben Wasser bildete, worinnen unzählige Menschen umkamen: denn die Gewalt des reissenden Stromes ließ auch dem geschwindesten und furchtsamsten nicht Zeit genug, zu entfliehen. Alle Häuser der Indianer, und die armen Leute, worauf der Strom zukam, wurden von ihrem Orte weggerissen, und schwammen auf den dicken Wellen unzerbrochen fort. Der Fluß, der vor Latacunga vorbey strömet, nahm so viel davon ein, als er zwischen seinen beyden Ufern fassen konnte. Weil aber der Ort nicht tief genug war, wie zu diesem neuen Meere erfordert wurde: so tratt das Wasser, auf der Seite des Aßiento, über das Ufer heraus, und riß die Häuser, und alles was es antraf, mit sich fort. Die Einwohner zogen sich auf eine Anhöhe, die an den Felsen stößt, um ihr Leben zu retten, und die Verwüstung des übrigen vollends mit anzusehen. Hieraus erhellet, daß die den feuerspeyenden Bergen nahe gelegenen Gegenden Sammelplätze sind eines ungeheuern Vorraths von Asche und anderer ausgeworfenen Materien, welche die Wuth der Vulkane seit so langen Jahren daselbst verbreitet hat. Man findet allda verhärtete Lava, Schwefel, Alaun, Kieße, Bimsteine, Sand und dergleichen. Die mehresten Stellen geben, wenn man darauf reitet, einen Thon von sich, als ob sie hohl wären. Man findet hier auch viele Spalten und Risse in der Erde. Diese stellen Kamine vor, welche der durch die unterirrdische Hitze erweiternden Luft und den Dünsten einen freyen Ausgang verschaffen. Bey Tage siehet man aus ihnen einen dicken Dampf hervorquellen: des Nachts aber scheinen diese Dünste entzündet zu seyn. Ohne diese Oefnungen würde das Feuer noch grössere Verwüstungen anrichten; so wie überhaupt die Vulkane uns dafür schützen, daß das unter der Erdfläche glimmende Feuer nicht die größten Verheerungen bewirken, und ganze Länder umkehren kann, welches in Ermangelung dieser Luftlöcher unausbleiblich geschehen würde. Wir sehen, also, daß die Vulkane bey dem großen Verderben, welches sie anrichten, dennoch eine Wohlthat sind, welche der weise Schöpfer in alle Welttheile gleich vertheilet hat. Es haben dahero verschiedene Naturforscher gewünschet, daß unser Erdball mit mehr dergleichen Feueröfnungen versehen seyn möchte: damit dadurch dem unterirdischen Feuer ein Theil seiner zerstörenden Macht benommen würde. –

In welche Theile wird das trockne Land des Erdbodens eingetheilet? – Wodurch sind die Berge eine Zierde der Erde? – Welchen Nutzen bringen sie der Erde? – Wie sind dieselben beschaffen? –

In welcher Gegend sind die höchsten Berge zu finden? – Welche Berge sind die merkwürdigsten? – Wie werden diese genennet? –

Welche sind die Vulkane? – Wo ist der Aufenthalt dieser Schlünde zu finden? – Ist die Kraft dieser Vulkane stark? – Wie stark oder groß mag wohl die Masse eines solchen Feuerheerds seyn? –

Wie sind die Vorbothen derselben beschaffen? – Gehören wohl diese Ausbrüche unter die erstaunenden Naturbegebenheiten? – In welcher Gegend ist dieser abgebildete Berg zu finden? –

Ist er wohl höher, als die umliegennen Berge? – Trat sein Feuer aus einer Oeffnung alleine hervor? – Was verursachte das geschmolzene Eis für Zufälle? – Was erhellet aus dieser Beschreibung? –

Welche Materien werden daselbst gefunden? – Sind auch Risse in der Erde bey einem feuerspeyenden Berg zu finden? – Was siehet man bey denselbigen? – Haben diese Löcher auch einen Nutzen? –

Welcher Nutzen entstehet hierdurch dem Erdboden? – Sind diese Vulkane zur Strafe, oder Nutzen des Erdbodens geschaffen worden? – Was für einen Nutzen haben die feuerspeyenden Berge überhaupt? –

Welche Merkwürdigkeit der Natur des trockenen Landes rechnet man nach den feuerspeyenden Bergen? –

Die den Vulkanen nächstfolgende Naturmerkwürdigkeit des trocknen Erdbodens, sind die unterirdischen Höhlen, deren Daseyn mehr als einer Ursache zuzuschreiben ist. Insgemein rechnet man drey Hauptursachen zu ihrer Entstehung: nämlich, entweder das Feuer bewirkt ihre Erzeugung, oder das Wasser bildet sie aus, oder sie entstehen durch das Einsinken der innern Erdschichten. Es ist leicht zu begreifen, daß das unterirrdische Feuer und die dadurch verursachten Erdbeben die Erdtheile, aus ihrer natürlichen Lage heben, und über einander werfen müssen. Hierdurch entstehen grössere und kleinere Oefnungen, nachdem etwa die Gewalt des Feuers heftig gewesen ist, oder nicht. Höhlen dieser Art trift man gemeiniglich in der Nachbarschaft brennender oder schon verlöschter Vulkane an. Die zwote Art geschiehet auf folgende Weise: Die dichtern sowohl als lockern Erdschichten haben eine Menge Spalten und Ritzen, wodurch das Regen und anderes Wasser hindurch dringt, sich Ausgänge verschaft, und die Erdtheilchen nach ihrer Beschaffenheit langsamer oder geschwinder auflöst, und mit sich fortführt. Hierdurch entstehen unterirrdische Gewölbe von mancherley Grösse; und eine gute Anzahl Höhlen in unserer Erde ist auch dieser Ursache ihr Daseyn schuldig. Da die kalkartigen Berge, in Ansehung ihrer lockern Zusammenfügung und Weichheit der Bestandtheile, einer Auflösung dieser Art vorzüglich fähig sind; so trift man in denselben auch weit häufigere Höhlen an, als in harten Felsen. Das Wasser nimmt auf seinem Wege öfters solche Materien mit auf, durch deren Beymischung seine fressende Kraft vermehrt wird. Endlich haben wir das Einsinken der innern Erdschichten als die dritte Ursache des Ursprungs der Höhlen angegeben. Man beobachtet täglich, daß an manchen Stellen die obere Rinde der Erde nachsinkt; eben dies geschiehet auch in Absicht der innern Theile. Trift es sich, daß die Erde in einer gewissen Tiefe sich auf eine solche Weise setzet, ohne daß die obere Rinde nachfällt; so entsteht dadurch ein leerer Raum und es werden Höhlen gebildet. Das ist die Entstehungsart der sogenannten alten Höhlen. Da die Materie der Erde noch weich war, so mußten die obern Theile derselben, welche der Luft und Sonne ausgesetzt waren, früher erhärten. Wenn nun in der Folge auch die innern trockneten und sich setzten, so hatten die erstern schon so viel Festigkeit und Härte, daß sie sich halten konnten. Unter denen viel bekannten merkwürdigen Höhlen, haben wir hier die sogenannte Fingals Höhle, Tab. II. fig. 2. abbilden lassen. Es ist solche auf der Insel Staffa in Schottland; und ist eines der merkwürdigsten Schauspielen der Natur. Der Raum dieser Höhle ist an beyden Seiten mit Reihen basaltsteinernen Säulen eingefasset, und das Dach aus den abgestumpften Enden derselben zusammengesetzt. Zwischen ihren Winkeln ist eine gelbe stalaktitische Materie ausgeschwitzt, die die Winkel recht sichtbar zu machen hilft, und zugleich ihre Farbe auf die angenehmste Art abändert. Was am meisten zur Verschönerung der Höhle beyträgt, ist, daß sie von aussen erleuchtet wird, und die von der einströmenden Ebbe und Flut des Meeres bewegte Luft trocken, gesund und ganz frey von den feuchten Dünsten ist, die solche Höhlen gewöhnlich zu erfüllen pflegen...

Aus welcher Ursache entstehen die Höhlen? –
Wie viel Hauptursachen dieser Entstehung giebt es? – Wie wirket das Feuer ihre Entstehung? – Auf welche Weise bringet das Wasser die Höhlen hervor? –
Wie kann durch die dritte Ursache solches geschehen? – Welche Höhle finden wir hier abgebildet? – Wo lieget dieselbige? – Was dienet dieser Fingals Höhle zur Verschönerung?[7]

Ausgewählte Aufgaben

Wo finden sich im vorliegenden Beispiel Stellen einer theologischen Orientierung?
Inwieweit zeigt sich Enzyklopädie?
Inwieweit zeigt sich Systematik?
Inwieweit zeigt sich die Undifferenziertheit der Sachkunde?
Wo findet sich Meereskunde, Gewässerkunde, Klimatologie, Geomorphologie?

Wo liegen sachliche Fehler vor?
Bedeutung des Beispiels für die Gegenwart:
Ist das Problem der Ständeschulen nur noch historisch?
Wie steht es mit der theologischen Orientierung in der Didaktik der Erdkunde der Gegenwart (einschließlich der Zeit nach dem Zweiten Weltkrieg)? Lehrpläne, Lehrbücher.
Wie steht es mit der Enzyklopädie in der Erdkunde der Gegenwart? Hinweis auf das Prinzip des Exemplarischen.
Wie steht es mit der Systematik in der Erdkunde der Gegenwart? Hinweis auf die Operationalisierung von Lernzielen, die nicht selten den Weg der Wissenschafts-Systematik geht.
Wie steht es mit Kuriositäten und Singularitäten in der Erdkunde der Gegenwart (z. B. Fingals-Höhle, Giants-Causeway, Grand-Canyon, Iguassu-Fälle, Old-Faithful im Yellowstone-Park ...)
Entspricht der Undifferenziertheit der Sachkunde im 18. Jahrhundert die Tendenz zur Integration, also der fächerübergreifende Unterricht in der Reformpädagogik der ersten Hälfte dieses Jahrhunderts, die interdisziplinäre Aktivität in der Gegenwart, die Querverbindung zu anderen Fächern, das Prinzip der Konzentration?
Kritische Analyse der Fragen im Text. Welches sind Fragen zur Leistungskontrolle, welches sind Ratefragen, welches sind Kausalfragen, welches sind Finalfragen (Fragen nach dem Zweck oder Nutzen)?
Der vorliegende Text für eine Erdkunde- oder Deutschstunde der Gegenwart.
Parallelen zwischen dem Rationalismus des 18. Jahrhunderts und der Intellektualisierung der modernen verwissenschaftlichten Schule.

Ausgewählte Literatur

A. Reble: Geschichte der Pädagogik, Stuttgart 1971
A. Hettner: Die Geographie, ihre Geschichte, ihr Wesen und ihre Methoden, Breslau 1927
H. Lautensach: Wesen u. Methoden der geogr. Wissenschaft, in: Handbuch d. Geogr. Wiss. I. Potsdam 1933
W. Storkebaum: Zum Gegenstand und zur Methode der Geographie, Darmstadt 1967
J. Schmithüsen: Geschichte der geographischen Wissenschaft, Mannheim 1970
H. Beck: Zeittafel der Geographie von den Anfängen bis 1750, Geogr. Taschenbuch 1962/63, Wiesbaden 1962, Zeittafel der präklassischen u. klassischen Geographie, Geogr. Taschenbuch 1958/59, Zeittafel der Geographie von 1850–1905, Geogr. Taschenbuch 1960/61, Zeittafel der Geographie v. 1905–1945, Geogr. Taschenbuch 1964/65
R. Hübner: Die Schulgeographie, in: E. Banse: Entwicklung und Aufgabe der Geographie, Stuttgart 1953
M. F. Wocke: Erdkunde, Handbuch f. Lehrer II, Gütersloh 1961

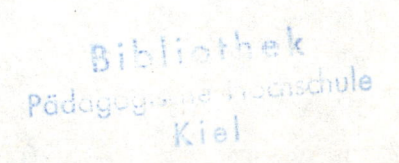

2. Stände- und Lernschule der ersten Hälfte des 19. Jahrhunderts: Topographie – Theologismus. W. C. Müller: Versuch einer allgemeinen pragmatischen Allgemeinschule für Kinder gebildeter Stände im freieren Geiste der Pestalozzischen Methode 1809

Auch das zweite Unterrichtsbeispiel entstammt noch einer Zeit der Ständeschulen. Unterricht, Erziehung, Bildung, besonders wenn sie sich von elementaren Praktiken wie Lesen, Rechnen, Schreiben entfernten, waren noch vielfach Privileg bestimmter Schichten. Der Untertitel deutet diesen Tatbestand an, in dem er formuliert: Elementarschule für Kinder gebildeter Stände.

Neu im Vergleich zum vorangegangenen Beispiel ist zunächst einmal die Tatsache, daß auch Schülerantworten protokolliert sind, ein sehr früher Ansatz dieser Möglichkeit empirischer Unterrichts-Analyse.

Zum besseren Verständnis des Beispiels soll an die geistesgeschichtlich-weltpolitische Situation der damaligen Zeit erinnert werden: Napoleons Kriege und Besatzungsverhältnisse, Ausbreitung des Gedankenguts der französischen Revolution einerseits und Pietismus als besondere Variante der damaligen protestantischen Theologie andererseits.

Der erste Teil des Beispiels hat mit Erdkunde scheinbar kaum etwas zu tun. Dennoch ist er eindrucksvoll wegen der Art der Auseinandersetzung mit den Mißständen der damaligen Zeit, zu denen Krieg, Hunger, Seuchen und soziale Unterschiede zählten. Sie werden als gottgewollt angesehen. Didaktische Maßnahmen sind Dankgebete an Gott, daß man diesen Unbillen nicht so sehr ausgesetzt ist, Bittgebete, daß sie einen in Zukunft verschonen mögen. So ist es ein Beispiel des Einbaus der Didaktik in eine theologische Orientierung, in einen frömmelnden, selbstgerechten, konservativen Pietismus. Eine Bewußtseinserhellung für Mißstände erfolgt durchaus, auch für die Notwendigkeit der Hilfe und Änderung, aber ihre didaktische Lösung erfolgt anders als in der Gegenwart (vgl. Beispiel 17), indem Gott Bezugspunkt ist, indem keine eigenen Aktivitäten entfaltet werden, es sei denn Gebet und Lobgesang. Ein Hauch des Calvinismus und Puritanismus weht im vorliegenden Beispiel, wenn Privilegierung in der Welt als Gottessegen interpretiert wird.

Der erdkundliche Teil umfaßt Topographie, den ältesten didaktischen Ansatz der Erdkunde überhaupt. Die Topographie beschäftigt sich mit der Verbreitung der dinglichen Erfüllung der Erdräume, was wo vorkommt, mit der Verteilung der Kontinente und Ozeane über die Erde, mit der Lage von Gebirgen, Flüssen und Seen, mit der von Ländern, Staaten und Städten, mit dem Verlauf und dem Aussehen von Grenzen und Küsten, auch mit den Größenverhältnissen der Erdräume und mit ihren Entfernungen. Die Karte ist damit das unentbehrliche Hilfsmittel der Topographie. Beide bedingen einander.

In vergangenen Zeiten bestand die Erdkunde zu einem überwiegenden Teil nur aus Topographie, wobei also unter Zuhilfenahme der Karte gewisse Begriffe (Erdteile, Staaten, Städte usw.) lokalisiert wurden. Daß dieser Erdkundeunterricht auf die Dauer langweilig wirkte, liegt auf der Hand, das um so mehr, als oft nur Begriffe, nur Vokabeln lokalisiert wurden, die ohne Vorstellungen blieben.

In der neueren Zeit kann man gelegentlich feststellen, daß die Topographie fast völlig aus dem Erdkundeunterricht verschwunden ist, eine Gegenbewegung gegen die Überbetonung von früher. Jedoch gibt es auch noch besonders ältere Erdkundelehrer, die diesen methodischen Ansatz vergangener Zeiten als einzigen ihres Unterrichts bis in die zweite Hälfte des 20. Jahrhunderts tradiert haben. Auch viele Erdkundelehrer, die keine Fachlehrer sind, setzen Erdkunde mit Topographie gleich und damit Erdkundeunterricht mit Kartenarbeit.

Aber beide Extreme sind abzulehnen. So, wie die Erdkunde nicht nur aus Topographie besteht, sondern in ihrem Kernanliegen andere Themen darzustellen sucht, so bedarf sie aber auch der Topographie, der Lokalisierung des behandelten Stoffs auf der Erde, und sie bedarf der Orienterung auf der Karte, um Lageverhältnisse, Größenordnungen und Entfernungen zu erkennen und gegebenenfalls sogar etwas aus ihnen abzuleiten. Schließlich sollte ein Kanon topographischen Grundwissens zum bleibenden Besitz der Kinder werden.

Interessant ist auch, daß die Kinder die Topographie, besonders in niederen Klassenstufen (bis etwa zur 5. Klasse), allerdings sofern sie nicht zu sehr betont wird, zunächst nicht ablehnen, sondern recht eifrig bei der Sache sind, bei der Atlasarbeit, beim Zeigen an der Wandkarte. Das mag zu einem nicht geringen Teil am Eifer dieses Alters liegen. Jeder kann mitarbeiten, ohne geistig besonders gefordert zu werden. Zugleich prägen sich in diesem Lernalter die topographischen Daten noch am besten ein. Später wird es in der Pubertät schwieriger.

Gegenwärtig vollzieht sich also in der Didaktik der Erdkunde und in den Atlanten ein Rückzug der Topographie und der topographischen Karten. Parallel verläuft eine Zunahme der thematischen Karten wie Bodengüte, Niederschlagsverteilung, Bevölkerungsdichte, BSP (Bruttosozialprodukt pro Kopf der Bevölkerung . . .), analog wie in der Fachwissenschaft. Die didaktische Begründung dieser neuen Tendenz wäre allerdings erst noch beizubringen.

Topographie ist im vorliegenden Fall aber mit Geschichte kombiniert und zeigt die topographischen Wandlungen im Verlaufe der Zeit. Ferner stellt sie durch den Vergleich die topographischen (territorialen) Änderungen im Zuge der Napoleonischen Kriege gegenüber. Naturgeographische Verhältnisse sind nicht einem derart raschen Wandel unterworfen wie die im Bereich des Menschen.

Topographie vollzog sich im vorigen Jahrhundert meist so, daß sie wie Vokabeln gelernt und auf der Karte lokalisiert wurde. Mehr noch, die Reihenfolge der topographischen Vokabeln wurde genau festgelegt, wiewohl es erdkundlich unbedeutend ist, ob man Flüsse oder Gebirge vom Westen zum Osten oder vom Norden zum Süden aufzählt, desgleichen Städte oder Staaten. Auch Pestalozzi soll so vorgegangen sein.

Das war Formalismus in Reinkultur. Hinzu kam noch, daß die topographischen Vokabeln meist ohne Anschauung waren, also blutleere Begriffe. Erst seit 1900, also rund 100 Jahre später, versuchte man im Geiste der Reformpädagogik, den Begriff mit Anschauung zu füllen, denn schon Kant sagte: Begriffe ohne Anschauung sind leer. Bei diesem sturen Lernen und Abfragen der topographischen Vokabeln, obendrein noch in willkürlicher Reihenfolge, kann zugleich von einem Musterbeispiel der Lernschule des vorigen Jahrhunderts gesprochen werden, gegen die sich die Reformpädagogik um 1900 wandte.

Lieben Kinder, freut euch mit mir, daß wir nach einem *afrikanischen* Sommer, und nach einem so angenehmen Herbst, einen so milden Winteranfang erleben. Wie traurig war das vorletzte Jahr für die Kinderwelt! da starben an Fiebern, Masern, Frieseln so viele Kinder. Einmal sah ich drei Särge dreier Geschwister in Ein Grab senken. Freilich waren es Kinder armer Eltern. Diese sind immer in größerer Lebensgefahr als die Kinder vermögender Eltern. Was mag die Ursache seyn?
J. Daß die Armen nicht so gut den Arzt und die Arznei bezahlen können.
E. Oder, daß sie nicht früh genug nach Hülfe gehen.
Th. Es fehlt ihnen an Bequemlichkeit und Reinlichkeit.
E. Hauptsächlich an guten Nahrungsmitteln, wenn sie wieder gesund werden.
L. Zu diesen wichtigen Ursachen, kömmt noch, daß *gebildete* Eltern schon die Kinder vor vielen Ursachen der Krankheiten bewahren, und sie früh lehren und lehren lassen, vernünftig zu handeln, und das Böse zu fliehn. Darum seid ja immer von Herzen dankbar gegen Gott, daß er euch von diesen vernünftigeren und vermögenderen Eltern hat gebohren werden lassen.
K. O! Wir sind glückliche Kinder!
L. Um diese Empfindung öfter zu erneuern, lernet folgendes Liedchen; die Melodie werdet ihr beim Lesen errathen.
Chor der glücklichen Kinder.
Schön ist das Leben,
Herrlich ist der Kinder Loos –
Gott, der's gegeben,
Ist so gut als groß.
Gott gab uns Eltern aus der Zunft
Der Reichen, die uns mit Vernunft
Ernähren, sanft zum Guten ziehn,
Uns lehren, Böses fliehn.
Chor: Schön ist das Leben etc.
Einzelne. Gott gab uns ungezählte Lust,
Ein fühlend Herz in unsrer Brust,
Dem Geiste denkenden Verstand,
Geschicklichkeit der Hand.
Chor: Schön ist etc.

Einzelne: Gott gab uns den gesunden Leib,
Belehrung, Arbeit, Zeitvertreib;
Die Arbeit lohnet Spiel und Tanz,
Den Fleiß der Ehrenkranz.
Chor: Schön ist etc.
Einzelne: Schickt Gott den Eltern bang und schwer
Einmal der schwarzen Sorgen Heer:
So schmiegen wir uns an ihr Herz,
Zu mindern ihren Schmerz.
Chor: Schön ist etc.
Einzelne: Die Liebe beut uns stets die Hand;
Sie weinet einst, wenn kühler Sand
Des guten Kindes Asche deckt,
Und Gott den Geist erweckt.
Chor: Schön ist etc.
Einzelne: Bis spät der Vorhang niederfällt,
Und drüben in der bessern Welt
Uns Liebe, Freundschaft neu umblüht,
Habt stets ein froh' Gemüth!
Chor: Schön ist das Leben etc.
L. Lieben Kinder, am Anfang eines neuen Jahres können wir nichts Besseres thun, als uns an alle Wohlthaten Gottes erinnern, die wir im verwichenen genossen haben. Denkt einmal darüber nach; was haltet ihr für Wohlthat des guten Gottes?
D. Daß wir im Sommer so schönes Wetter hatten.
C. Daß wir so oft aufs Land fahren, so viel spazieren gehen konnten.
E. Daß so guter Rocken und Weizen geärndtet ist zu Brod und Kuchen.
O. Daß so viele Pflaumen und Aepfel gewachsen sind.
X. Aber wir können doch dem lieben Gott nicht danken, daß noch immer Krieg ist. Da sind ja die Menschen von der Einquartirung geplagt.
L. Aber wir können Gott danken, daß dennoch die unentbehrlichsten Lebensmittel wohlfeil sind. Man muß überall das Beste aus dem Schlimmen heraus suchen. Wenn sich die Fürsten unter einander zu Grunde richten, daß sie nicht mehr Krieg führen können, oder wenn Einer alle besiegt – was muß die Folge seyn?
K. Daß die Kriege aufhören.
L. Daß es dann aufhören muß, das Menschenmorden, welches die Fürsten ihren Heeren *gebieten*. O es ist ein schrecklicher *Widerspruch* im Menschen, wenn man bedenkt, daß die *schönsten, vernünftigsten genußreichsten* Geschöpfe, welche sich alle Produkte *der drei Naturreiche* zugeeignet haben, um tausendfältige Freude zu genießen; wer sollte es glauben, daß diese Gott ähnlichen Geschöpfe oft wie blutgierige Tieger, wie Hechte und wie hungrige Ratten, ohne wahre Noth, sich einander erwürgen. Denkt, so lang ihr lebt, hat das gräßliche Morden schon gedauert! Bei Honschouten in Flandern 1796 erlag die ganze Hannövrische Armee; bei Austerlitz in Mähren kamen 1805, 80000

Franzosen, Oestreicher und Russen; bei Weimar und Auerstädt in Thüringen wurde den 14. Okt. 1806 fast die ganze preußische Armee vernichtet; bei Eilau und Friedland in Preußen blieben vorm Jahre über 100000 Franzosen, Russen und Preußen. – Stellt euch vor, da lagen auf Feldern stundenlang und breit, verstümmelte Menschen übereinander her in Pfützen von geronnenem Blut, worin man an manchen Stellen bis an die Knie wadete; – dieser ohne Kopf, jener ohne Beine, – da arbeiten sich noch mehrere stöhnend und gräßlich schreiend unter den Leichen hervor, die die Beute machenden Sieger ausgezogen haben. Es verbreitet sich nach einigen Tagen ein scheuslicher Gestank; die Todten können nicht geschwind und tief genug begraben werden; die Luft wird *verpestet*, es entstehen ansteckende Krankheiten. Die Städte und Dörfer umher werden von wüthenden oder betrunkenen Siegern geplündert und in Brand gesteckt; – die unschuldigen Einwohner werden beraubt, gemißhandelt. Tausende verarmen, weil ihnen Geld, Vieh, Getraide, Bekleidung weggenommen worden ist. Tausende entfernte Verwandte trauren über die Gebliebenen oder noch lebenden Verstümmelten. Tausende ihrer Mütter, ihrer Frauen, ihrer Bräute, ihrer Schwestern beweinen den unersetzlichen Verlust. Tausende ängstigen sich viele Wochen, ehe sie erfahren, was aus ihren Freunden geworden ist.

O, was hätten diese Getödteten, Verstümmelten, Verarmten für Glück und Freude noch auf Erden schaffen können! – Und es ist dahin – was von so vielen Tausenden so viele Jahre mit so viel Liebe gepflegt worden ist, ehe es zu dieser Kraft, zu dieser Schönheit gediehen ist . . .

Wie wir den Zustand der Musik vor 1000 Jahren und izt verglichen haben, so wollen wir nach Anleitung unsers Kärtchens Deutschlands Bewohner vergleichen zu *Carl* M.* und zu *Napoleon* M. Zeiten.

Was ist das Bleibende auf der Erde, was durch keinen Welteroberer versetzt oder bedeutend verändert werden kann?

E. Das sind Berge, Flüsse und Meere.

L. Von den Bergen entstehen Quellen und Flüsse, und nehmen ihren Lauf abwärts nach den Meeren. Wo muß es also in Deutschland am höchsten seyn?

M. Auf der Südseite.

D. Weil die 5 größten Flüsse nach NW, N. und O. laufen.

L. An den Alpen, welche die Schweiz und Italien trennen, und wo der Gothard der höchste ist, entspringt der Rhein. Vom Schwarzwald und den Tyroler Alpen wächst die Donau an; vom Fichtelberg und dem Thüringer Wald erhält die Weser ihren Zufluß; vom Riesengebirg kömmt die Elbe, von diesem und den Karpathen die Oder. Drei davon ergießen sich in die Nordsee, einer in die Ostsee, und einer, der hier nicht ganz zu übersehn ist, in das Schwarze Meer. Welche sinds? –

Nun laßt uns die Flüsse von ihrem Ursprung verfolgen und bemerken, was für Völker ehemals und izt, an ihren Ufern hausen. NB. Ich führe zwar die Namen von mehreren

---

* Carolus Magnus (Karl d. Gr.)

Städten zu Carl M. Zeiten an, allein nur die Städte am Rhein waren wirklich schon da, weil sie ihre Entstehung den Römern verdankten. Die meisten andern entstanden erst damals dadurch, daß Carl M. Bischöffe, Grafen und Herzöge in die Provinzen vertheilte. Die Länder selbst erhalten oft andere Namen; manchmal durch die Völker selbst, indem die Einwohner eines Theils sich zum Hauptvolk machen, oder indem ein Volk das andere überwindet, oder daß der Sieger die Einwohner verpflanzt und ihnen andere Namen beilegt. Mit Deutschland ist seit 1000 Jahren manche Veränderung vorgegangen. Darum bemerkt noch vorläufig!

Da in Deutschland seit 10 Jahren die Länder und Städte ganz anders vertheilt worden, viele andere Namen, und dadurch die Landkarten ein ganz anderes Ansehn erhalten: so können wir nicht sicherer die Geographie Deutschlands lernen, als wenn wir uns blos an die Flüsse, an die Städte daran, und an die Namen der Stammvölkerschaften halten, die sie bewohnen. Churfürsten, Erzbischöffe, regierende Grafen giebts nicht mehr. Es *existiren in diesem Moment* noch 13 regierende Fürsten, die etwas bedeuten: der *Kaiser von Oestreich*, die Könige von *Preusen, Sachsen, Baiern, Würtenberg* und *Westpalen*; die Größherzöge von *Baden, Darmstadt, Würzburg, Berg*; die gebliebenen Herzöge von *Meklenburg, Sachsen, Oldenburg*.

Einige alte *Fürsten*, z. E. *Anhalt, Nassau, Lippe* haben sich ihrer Kleinheit wegen im *politischen Sturm* erhalten[8].

(Anmerkung: Die folgenden Tabellen I–V sind mit Absicht auf neue Seiten gesetzt worden, weil im Original auch so verfahren wurde[8].)

1810 und ehmals 810.

I. Am Rhein, Rhenus der von den Alpen entspringt.

links		rechts	
jezt	ehmals	jezt	ehmals
Schweiz	*Burgundia*	*Schwaben*	*Suevia*
Zürich am		Würtenberg	
Zürcher See		Stutgart	
Costniz am		*Baden*	
Bodensee		Carlsruh	
Bern an der Aar		Manheim	
Basel	Basilium	Heidelberg	
Elsas	*Lothringia*	*Franken*	*Franconia*
Straßburg	Argentina	Bamberg	
Speier	Spiria	Würzburg am	
Mainz	Moguntia	Main	
Köln	Colonia	*Oberrhein*	
Aachen	Aquae grani	Fulda	Fulda
Niederlande	*Belgia*	Frankfurt	Francofurtum
Brüssel		*Niederrhein*	*Westphalia*
		Großh. Berg	*Saxonia*
		Düsseldorf	
		Münster	
		Holland	*Frisia*
		Amsterdam	
		Gröningen.	

II. An der *Weser,* Vifurgis – vom *Fichtelberg* und *Röhn.*

	links		rechts	
jezt	ehmals	jezt	ehmals
Franken	*Franconia*	*Thüringen*	*Thuringia*
der Röhn		Weimar an der	
Würzburg am		Ilm	
Main		Erfurt	
Hessen	*Thuringia*	Gotha	
Fuld	Fulda	*Niedersachen*	
Cassel	Castelli	Göttingen an	
Westphalen	*Westphali*	der Leine	
Paderborn	Paderborna	Goslar	Goslar
Osnabrück	(Fontes Paderae)	Hannover an	
Minden		der Leine	
Oldenburg		Verden an d. Aller	
Friesland	*Frisia*	Lüneburg	*Ostphali*
Emden	Amisium	Herz-Bremen	Brema

III. An der *Elbe,* Albis – vom Riesengebürg, Böhmerwald und Erzgebürg.

	links		rechts	
jezt	ehmals	jezt	ehmals
Böhmen	*Behemi*	*Böhmen*	*Lechi*
Prag an der		Lausitz	*Slavi*
Moldau		Mark	*Morabi*
Obersachsen	*Lechi*	Brandenburg	*Haveli*
Dresden		Berlin	
Leipzig an der		Meklenburg	*Obotriti*
Pleise		Schwerin, Strelitz	
Wittenberg		Holstein	*Albingia*
Halle an der Saal		Hamburg	Hohenburg
Niedersachsen	*Thuringia*	Altona	
Magdeburg		Glückstadt.	
Braunschweig an			
der Ocker			
Salzwedel	Soltwedel		
Lüneburg	*Ostphali*		
Harburg			
Stade			

IV. An der *Oder* von den Karpaten und dem Riesengebirg.

links		rechts	
jezt	ehmals	jezt	ehmals
Schlesien	*Silesii*	*Schlesien*	*Poloni*
Breslau		Warschau an der	
Brandenburg	*Haveli*, Venedi	Weichsel	
Berlin		*Pommern*	*Fomerani*
Pommern	*Obotriti*	Stetin	
Stralsund		Colberg.	
die Insel Rügen			
Meklenburg	*Michelenburg*		

V. An der *Donau* vom *Schwarzwald* und den Tyroler Alpen.

links		rechts	
jezt	ehmals	jezt	ehmals
Schwaben	*Suevi*	*Schwaben*	*Suevi*
Stutgard		Augsburg am	
Ulm		Lech	
Franken	*Franconia*	*Baiern*	*Bavaria*
Nürnberg	*Noricum*	München an der	
Regensburg		Iser	
Passau		Inspruck am Inn	
Mähren	*Moravia*	Salzburg	
Ungarn	*Hunnia*	*Oestreich*	
Presburg		Wien	
		Ofen	Buda.

Ausgewählte Aufgaben

Was bedeutet am vorliegenden Beispiel wohl die Formulierung »im freieren Geiste der Pestalozzischen Methode«?
Textstellen, an denen die Mißstände der damaligen Zeit bewußt gemacht werden
Textstellen, an denen sich die didaktische Auseinandersetzung mit den Mißständen im Sinne eines frömmelnden, selbstgerechten, konservativen Pietismus zeigt
Analyse der Schülerantworten
Die Stellung der Topographie in der Gegenwart. Thesen zur Diskussion:

a) Soll man auf sie ganz verzichten, weil es gar nicht selten der Fall ist?

b) Soll man sie als notwendiges Übel ansehen, so wie Vokabeln in den Fremdsprachen, ohne die man nicht auskommt, um sich auf der Erde zu orientieren?

c) Sollen sie nur als Vokabeln gelernt oder aber mit Anschaulichkeit erfüllt werden, was viel Zeit und Hilfsmittel (Bilder, Texte) erfordert?

d) Welche Karten in neuen Atlanten sind von größerer didaktischer Würdigkeit, die topographischen oder die thematischen Karten?

Vergleich moderner und alter Atlanten bezüglich der Verteilung topographischer und thematischer Karten

Welche methodischen Möglichkeiten bestehen bezüglich der Topographie? Welche sind abzulehnen? Warum? Welche nicht? Warum?

a) Benennen, Aufsuchen im Atlas, Zeigen auf der Wandkarte, Anschreiben der Orthographie an die Tafel

b) Oder Kartenzeichnen oder Eintragen in Kartenumrisse oder Ausfüllen von stummen Karten

c) Oder Quiz-Veranstaltungen mit Topographie

d) Oder nur Lokalisierung eines jeden erdkundlichen Themas auf der Karte

e) Oder am Ende einer Stunde, wenn nur noch wenig Zeit zur Verfügung steht, etwas Topographie, so daß nie die Sorge besteht, zu schnell mit dem Stoff fertig zu werden, quasi als Füllsel der Stunde.

Stellungnahme zur folgenden Tatsache: Eine Absolventin der Realschule tritt bei einem Reisebüro in die Ausbildung ein. Sie sucht bei der Bedienung eines Kunden die Holsteinische Schweiz in der Schweiz, Bangkok in Amerika ...

Der vorliegende Text für eine Erdkunde-, Geschichts-, Religions-, Gemeinschaftskunde-, Deutschstunde der Gegenwart.

Ausgewählte Literatur

A. Reble: Geschichte der Pädagogik, Stuttgart 1971
F. Gansberg: Vom Götzendienst der Geographie, Erdkundlicher Unterricht u. Schule, Hannover 1912
R. Fox: Zur Frage der Topographie im erdkundlichen Unterricht, Geogr. Rundschau 1953
A. Götz: Die Förderung der topographischen Kenntnisse, Geogr. Rundschau 1952
H. Förster: Das Vermitteln u. Aneignen topograph. Wissens, Berlin (Ost) 1963
H. Harms: 5 Thesen zur Reform des geographischen Unterrichts, Harms' pädag. Reihe 76, Harms' gesammelte Schriften, München 1961
E. Hinrichs: Der Atlas im Erdkundeunterricht, Stuttgart 1970
J. Wagner: Der Atlas im Unterricht, in L. Bauer: Erdkunde im Gymnasium, Darmstadt 1968
Weitere Literatur am Ende des 1. Beispiels

3. Lernschule der 2. Hälfte des 19. Jahrhunderts: Vaterlandskunde – Herbartsche Formalstufen. J. Tischendorf: Präparationen für den geographischen Unterricht an Volksschulen 1. Teil: Das Königreich Sachsen 1895

Das vorliegende Unterrichtsbeispiel wurde aus zwei Gründen ausgewählt:
1. Es ist ein Beispiel für die Anwendung der Herbartschen Formalstufen. Herbart, der um 1800 lebte, hat die Pädagogik des 19. Jahrhunderts durch seine Psychologie entscheidend beeinflußt. Menschliches Denken vollzieht sich nach dem Rhythmus von Vertiefung und Besinnung. Vertiefung bedeutet eine neue Wahrnehmung, ein neuer Gedanke, ein neuer Eindruck, ein neues Erlebnis. Besinnung bedeutet den Einbau des Neuen und Vereinzelten in den Gesamtzusammenhang, und zwar in den objektiven der jeweiligen Wissenschaft, des jeweiligen Unterrichtsfachs, und in den subjektiven des einzelnen Menschen, in seine Erfahrungs-, Denk- und Geisteswelt, wobei sich beide, objektive wie subjektive, entsprechen sollen. Aus diesem Zweierschritt haben Herbarts Nachfolger (Ziller, Rein, Tischendorf) vier Schritte des Aufbaus einer jeden Unterrichtseinheit entwickelt:
1. Klarheit (entspricht der Vertiefung) durch einen anschaulichen Einzelfall, durch anschauliche Einzeltatsachen
2. Assoziation (Vergleich des Neuen mit bereits Bekanntem, Bedeutung der Methode des Vergleichs)
3. System (entspricht der Besinnung) Einbau in den Gesamtzusammenhang, hier System genannt, oder Zusammenfassung
4. Methode (Anwendung des Wissens, des Könnens oder der Einsicht auf andere Fälle)

Tischendorf nennt Stufe 2 = Vergleich, 3 = Ergebnis, 4 = Anwendung.

Zu kritisieren wäre an diesem Ansatz einmal der Formalismus des Aufbaus vieler verschiedener Unterrichtseinheiten nach einem ähnlichen Schema, ferner der Rationalismus, der wie im 18. Jahrhundert als dominanter Faktor der Lernschule anzusehen ist. Vordergründig scheinen die Herbartschen Formalstufen gegenwärtig fast 100 Jahre zurückzuliegen. Hintergründig vollzieht sich im gegenwärtigen Curriculum bisweilen ein analoger Formalismus und Rationalismus.

2. Mehr auf die Erdkunde zugeschnitten ist das Konzept der Vaterlandskunde, wiewohl auch andere Fächer (Deutsch und Geschichte) ihren Beitrag dazu lieferten. Zugleich spielt bei der Vaterlandskunde die Emotionalisierung eine nicht unerhebliche Rolle. Tischendorf und andere sahen den stofflichen Aufbau der Erdkunde in konzentrischen Kreisen, Heimat, Vaterland, Welt. Er schreibt[9], »daß wir alles Unterrichtliche wurzeln lassen in der Heimat ... Der Unterricht stütze sich soviel als möglich auf Anschauung.« Darauf baut die Vaterlandskunde auf, bei der Dankbarkeit und

Pflichtgefühl[10] entscheidende affektive Unterrichtsziele sind. Eine solche Vaterlandskunde gipfelte dann später im Hurra-Patriotismus und im Geiste des Deutschland, Deutschland über alles, über alles in der Welt . . . und im Desaster des Ersten Weltkriegs.

Zugleich zeigt das Beispiel noch den Geist des Feudalismus im vorigen Jahrhundert, des Obrigkeitsstaats, des Gottesgnadentums, eine Art prästabilierter Harmonie im Sinne von Leibniz, wo Problem- bzw. Konflikt-Strukturen, die sicherlich vorhanden waren, verschleiert wurden. Anders heute (vgl. Beispiel 17).

Aufgabe der Vaterlandskunde.

Bei der Vaterlandskunde handelt es sich – das klingt ja schon aus dem Namen des Unterrichtsfaches heraus, – darum, *daß der Zögling ausführliche Kunde erhält von seinem Vaterlande*, also von dem Stück Erde, auf dem er geboren und erzogen ward, das ihn und uns alle trägt und nährt. Ihm soll Kenntnis werden, daß hinter den heimatlichen Bergen auch Leute wohnen, sei es in volkreichen, geschäftigen Städten, sei es in einsamen, waldumrauschten Gebirgsdörfern. Er soll erfahren, wie im Süden die Tannen lustig grünen im duftenden Gebirgswalde, wie das Erz wächst im dunklen Schoße der Erde, wie die Traube reift am sonnigen Elbstrome und der Landmann in fruchtbarer Ebene hinter dem Pfluge geht. Er soll sie sehen in Wort und Bild die alten Burgen und Schlösser, die von waldiger Höhe niederschauen ins grüne Thal, wo das Dampfroß braust, der Gebirgsstrom Mühlen und Fabriken treibt und freundliche Städte, gewerbreiche Dörfer sich ausbreiten am rauschenden Wasser.

Dabei soll der Zögling aber nicht verständnislos versinken in die dargebotenen Thatsachen. Er ist vielmehr schon frühe anzuleiten, *sich über die bloßen Thatsachen zu erheben zu einem seiner Altersstufe entsprechenden Verständnis für die Bedingungen der betrachteten Erscheinungen, insbesondere für die Wechselbeziehungen zwischen Boden und Bodenbewohnern.* So würde z. B. eine Betrachtung der erzgebirgischen Wälder nur dann eine wirklich fruchtbringende genannt werden können, wenn sie dem Schüler nicht allein anschaulich vorführt, wie es sich so herrlich wandern läßt durch den rauschenden, grünen Tannenwald, wo die Heidel- und Preiselbeere reift, weiches Moos wie ein grünes Polster die vorstehenden Baumwurzeln überzieht und das Klopfen des Waldzimmermannes, des Spechts, den Takt angibt im lustigen Konzert der Finken, Meisen und Zeisige – sondern auch darüber belehrt, wie dieser Wald, der seinen grünen Mantel um Thal und Höhe schlingt, mannigfaltigen, eigenartigen Verdienst gewährt, wie er ferner das Wasser zurückhält am Bergabhange, damit es nicht im tollen Laufe verderbenbringend niederstürzt zum Thal und wie er endlich die geschäftigen Wasser speist, die murmelnd über Felsblöcke, durch Farrenkraut und Fichtendickicht hinabrinnen, Segen zu spenden.

Und dieses Verständnis, welches so der Schüler gewinnt von Boden und Bodenbewohnern seines Vaterlandes, soll ein gemütvolles sein, d. h. es soll Wert besitzen für

das Ent- und Bestehen des Charakters. Soll doch der Unterricht dem Zögling auch zum Bewußtsein bringen, wie tausend Fäden ihn mit dem Lande verknüpfen, in dem seine Wiege gestanden, wie er mit seinem gesamten Sein und Streben wurzelt im heiligen Boden des Vaterlandes und darum in Dankbarkeit und Pflichtgefühl treu und fest in guten und bösen Tagen zu seiner Heimat stehen soll, im Sinne des Dichterworts:
»Ans Vaterland, ans treue, schließ dich an,
das halte fest mit deinem ganzen Herzen.«[11]

Zehnte methodische Einheit

A. Klarheitsstufe

Die Verwaltung Sachsens.*

Ziel: *Wir reden heute davon, wie König Albert unser Vaterland ähnlich regiert wie der Gemeindevorstand unser Dorf.*
Vorbereitung:
Sie greift zurück auf das, was die Heimatskunde bot, reproduziert, klärt und ordnet – unter steter Beziehung auf konkrete Beispiele – den diesbezüglichen Stoff im Anschluß an drei Fragen.
I. Frage: *Was hat denn unser Gemeindevorstand zu thun?*
1. Er schützt Eigentum und Leben der Dorfbewohner und sorgt für Ruhe und Frieden. (Diebstahl, Betrug, Schlägereien, Zank und Streit auf den Gassen!)
2. Er sorgt dafür, daß die Wege und Straßen unseres Ortes in Ordnung sind. (Schmutz und Schnee. – Sandstreuen bei Glatteis. – Pflastern der Hauptstraßen. – Schleußenbau.)
3. Er hält darauf, daß es in Kirche und Schule an nichts fehlt. (Neue Orgel in der Kirche. – Schulplatz mit Bäumen bepflanzt. – Karten und Bilder in der Schule.)
4. Er sorgt mit dafür, daß Kranke und Arme nicht verlassen sind. (Fortschaffen des kranken X. ins Leipziger Krankenhaus. – Armenhaus. – Bescherung für Arme.)
5. Er sorgt dafür, daß die Leute, welche für unser Dorf arbeiten, ihren Lohn erhalten. (Maurer am Schulbau. – Lehrer.)
II. Frage: *Kann denn unser Gemeindevorstand dies alles allein machen?*
Nein!
1. Er kommt oft mit zehn anderen Männern aus dem Dorfe zusammen (z. B. mit Herrn B. oder Herrn C.). Mit diesen bespricht er das, was geschehen soll. (Welche Straße muß neu gepflastert werden? Welche Armen sollen Geld bekommen? Sollen noch mehr Lehrer angestellt werden?) Ohne die Zustimmung dieser Männer darf der Gemeindevorstand wichtige Sachen nicht ausführen lassen. (Schulbau!) – *Gemeinderat.*

---

* Dieses Gebiet gehört zu den schwierigsten, welche an die Kinder der Unterstufe herantreten. Die Vorbereitung muß darum eine um so gründlichere sein. Die alten Vorstellungen, welche das Apperzeptionsmaterial für das neue schwerverständliche Materal bilden, sind aufs sorgfältigste zu sammeln, zu erklären und zu ordnen.

2. Er hat ein großes Buch. In diesem steht genau und ausführlich geschrieben, wie es in jedem ordentlichen Dorfe oder in jeder Stadt zugehen soll. Es steht z. B. darinnen, wie eine Schule eingerichtet sein muß. (Zimmer, Bänke, Aborte!) Nach diesem Buche muß sich der Gemeindevorstand und auch der Gemeinderat richten. Der Gemeindevorstand darf nichts erlauben, was in dem Buche verboten ist, (Jeden Sonntag Tanzmusik!) und nichts Verbieten, was gestattet ist. (Haus verkaufen.) Dieses Buch heißt das *Gesetzbuch*.

3. Er hat *Beamte* unter sich, die ihm bei seiner Arbeit helfen. Solche Beamte sind z. B. Gemeindekassierer, die zwei Schreiber auf dem Gemeindeamt, die drei Schutzleute, der Straßenmeister. (Es wird ausführlich dargestellt, was sie zu thun haben.)

III. Frage: *Woher aber kommt das viele Geld, welches man nötig hat, um Straßen und Schulen zu bauen oder Arme zu unterstützen?*

Ein *kleiner Teil* des Geldes wird durch das *Pachtgeld* aufgebracht, das z. B. Herr N. oder Herr M. an unser Dorf zu zahlen hat (Sandgrube, Birnenallee, Wiese).

Der größte Teil muß von den Dorfbewohnern gezahlt werden (Steuerzettel – Gemeindeabgaben). Die reichen Leute im Dorfe müssen mehr zahlen als die armen.*

Darbietung.

Sie stellt unter steter Beziehung auf die als Grundlage dienenden örtlichen Verhältnisse in gemeinsamer Arbeit fest:

I. *Was König Albert zu thun hat.*

1. Er sorgt dafür, daß *Eigentum und Leben* der Bewohner des *Landes* sicher sind. Er setzt die Richter ein, welche die Diebe und Betrüger bestrafen, die z. B. unser Gemeindevorstand festnehmen läßt. Er bestimmt die Gendarmen, die mit ihren blanken Helmen manchmal durch unser Dorf gehen. (Brigadier!) Er ordnet an, wie die Gefängnisse und Zuchthäuser (Waldheim) eingerichtet sein sollen.

2. Er hält darauf, daß *die großen Straßen und Eisenbahnen*, die durch unser Vaterland führen, immer in guter Ordnung sind. (Otto der Reiche!)

3. Er bekümmert sich um die *Kirchen und Schulen*. Er giebt etwas dazu, wenn eine arme Gemeinde eine neue Schule oder Kirche bauen muß. (Zu unserer Schule.) Er läßt schlechte Beamte, die ihre Pflicht nicht thun, absetzen. Er schickt Männer im Lande umher, die nachsehen, ob die Lehrer die Kinder auch wirklich zu guten und fleißigen Menschen machen, und ob die Kinder gerne lernen und schön folgen. (Schulrat X.**!) – Lehrerbildungsanstalten. – Realschulen und Gymnasien (Vorbereitungsschulen für die Universität) – Forstschule (Vergl. S. 92), Bergschule (Vergl. S. 73). –

4. Er sorgt für die *Armen und Kranken*. Er (und auch seine Gemahlin, die Königin Ca-

---

* Hierbei können im Interesse der schwächeren Schüler noch die Fragen gestellt werden.
1. Könnte denn nicht der Vorstand alles aus seiner Tasche bezahlen?
2. Ginge es denn nicht ohne Steuern? (Ausführlicher Nachweis: Die Armen bekommen nichts mehr, die Diebe können nicht mehr eingesteckt werden, weil die Schutzleute fehlen, die Lehrer unterrichten nicht mehr, der Pfarrer predigt nicht mehr u. s. w. – Man kann nicht anschaulich genug werden!)
** Hier kann auch die Kirchenvisitation herangezogen werden, wenn die Kinder eine solche mit erlebt haben.

rola) hat schon manchem aus der Not geholfen oder unverhofft Freude bereitet. (Weihnachten. – Goldene Hochzeit eines armen, aber rechtschaffenen Ehepaars in M.) Er hält auch darauf, daß überall Armenhäuser und Krankenhäuser gebaut und in gutem Zustande erhalten werden. Er läßt Anstalten für Blinde und Taube errichten. (Dresden und Leipzig!) Auch für Geisteskranke läßt er Sorge tragen. (Anstalten in Pirna und Colditz!)

5. Er läßt denen, die für das ganze Land arbeiten, ihren Lohn auszahlen und belohnt die besonders, die sich durch Fleiß, treue Arbeit oder Mut ausgezeichnet haben. (Der Knecht R., der vierzig Jahre auf dem Gute des Herrn G. gearbeitet hat, bekam einen Orden, damit er und alle Leute wissen sollten, daß sich der König über den treuen Arbeiter freut. – Lebensrettung. – Die Orden, die unser Schutzmann am Sonntag an der Uniform trägt.)

Außerdem

6. bekümmert er sich um das *Militär*. Er hält darauf, daß es den Soldaten an nichts fehlt (Kasernen, Waffen, Löhnung, Essen), und daß sie alles das lernen, was sie brauchen, wenn sie gegen die Feinde (Franzosen!) kämpfen müssen. (Schießen, Fechten, Marschieren, Reiten. – Erinnerung an das Mannöver!) Bricht Krieg aus, so zieht er an der Spitze der Soldaten ins Feld, wie er es 1870 gethan hat, (Erinnerung an den Sedantag!)

7. Er giebt darauf acht, daß die Gemeindevorstände und Bürgermeister ihr Amt gut verwalten. Also?

Zusammenfassung und Einprägung.

II. *Wie König Albert unterstützt wird bei seiner Arbeit.*

1. Dann und wann (Aller zwei Jahre einmal) versammelt der König eine große Anzahl Männer um sich aus den verschiedenen Teilen des Landes (z. B.?) Mit ihnen beratet er, wie alles am besten eingerichtet werden kann. (*Landtag.*) – Gesetzgebung.

2. Er hat sechs vornehme Beamte. (*Minister.*) – Besondere Aufgaben eines jeden. (Gerichtswesen, Geld, Wege, Eisenbahnen, Bergbau, Waldbau, Handel, Soldaten, Kirchen und Schulen, Schutz der Sachsen in fremden Ländern.*) – Berichterstattung, Unterschrift des Königs (Todesurteile!).

3. Das gesamte Sachsenland ist in vier große Teile geteilt *(Kreise).* Die Karte zeigt sie uns. Zeige sie! Erkläre ihre Namen! Bestimme ihre Lage! Über jeden Teil hat König Albert einen Mann gesetzt. *(Kreishauptmann.)* Er muß darauf halten, daß in der gesamten Kreishauptmannschaft Ordnung und Friede herrscht. (Beispiele!) – Berichterstattung an die Minister. Freilich kann er auch nicht überall sein. Darum ist jede Kreishauptmannschaft wieder in kleinere Teile zerlegt worden. *(Amtshauptmannschaften).* Unsere

---

* Bezeichnungen wie: Minister des Innern, Minister des Äußern, Kriegsminister können von den Kindern selbst gefunden werden oder wenigstens mit Leichtigkeit erklärt werden. Für Kultusminister ließ Verfasser Unterrichtsminister, für Finanzminister – Geldminister, für Justizminister – Minister für Gerechtigkeit sagen. Die fremden Bezeichnungen können später (Geschichtsunterricht) hinzukommen. Daß der Minister des Äußeren auch die Stellung Sachsens zum Reiche zu wahren hat, wird – wie so manches andere – auf der Oberstufe (Besprechung der Reichsverfassung z. B.) hinzugefügt.

Kreishauptmannschaft (Zeigen!) hat z. B. sechs solcher Teile oder Amtshauptmannschaften. Über jede Amtshauptmannschaft ist ein Amtshauptmann gesetzt. Was hat er wohl zu thun? (Bürgermeister und Gemeindevorstände! – Beispiel: Wegbesserung veranlaßt!)

Zusammenfassung und Einprägung. (Dabei immer wieder Beispiele heranziehen.) – Klare Darstellung an der Wandtafel.

Wie König Albert bei seiner Arbeit unterstützt wird. Ihn unterstützen
1. Der Landtag (Gesetze).
2. Die sechs Minister.
3. Die Kreishauptleute (Amtshauptleute, Bürgermeister, Gemeindevorstände).

III. *Woher das Geld kommt, welches nötig ist, um die vielen Soldaten auszurüsten, um die Beamten zu bezahlen, die Eisenbahnen zu bauen u.s.w.*

1. Viele *Eisenbahnen, Wälder, Bergwerke* und *Güter* gehören nicht einzelnen Personen, sondern dem ganzen Lande (Staat). Was diese Eisenbahnen, Wälder und Bergwerke einbringen, fließt in die Kasse, welche der Geldminister verwaltet.

2. Für die Waren, welche aus dem südlichen Grenzlande (Böhmen) nach Sachsen gebracht werden, müssen besondere Steuern gezahlt werden (Zölle). Diese Zölle werden auch der Staatskasse zugeführt. – Zollhäuser an der Grenze. – Grenzjäger (Paschen!) – Halten der Eisenbahnzüge an der Grenze (Fragen der Zollbeamten!).

3. Jeder Einwohner, welcher jährlich mehr als 300 M. verdient, muß *Steuern* an die Staatskasse bezahlen (Steuerzettel!). Wer ein großes Einkommen hat, (Fabrikbesitzer!) muß eine größere Summe bezahlen als der, welcher nur wenig erwirbt (Arbeiter). – Beispiele (500 M. = 1 M., 1000 M. = 8 M., 2000 M. = 29 M., 8000 M. = über 200 M.). – Zusammenfassung:

Die Einnahmen unseres Vaterlandes.
1. Ertrag der Eisenbahnen, Wälder, Bergwerke und Güter.
2. Zölle.
3. Einkommensteuer.

B. Vergleichung.

Zur weiteren Klärung und Befestigung des Stoffes werden nun noch einmal Gemeinde und Vaterland (Staat) nebeneinander gestellt. Es wird festgesetzt:
1. *Beide haben ein Oberhaupt.*
Das Oberhaupt der Gemeinde wird gewählt.
Das Oberhaupt des Vaterlandes hat seine Würde geerbt. (Seit Konrad I. Zeit!)
2. *In beiden kann das Oberhaupt nicht allein regieren.*
Das Oberhaupt der Gemeinde wird unterstützt vom *Gemeinderat* und von den Gemeindebeamten.
Das Oberhaupt des Vaterlandes (Staates) wird unterstützt vom *Landtage* und den *Staatsbeamten.*

3. *Beide brauchen Geld, um ihre Beamten zu bezahlen, um zu bauen, zu unterstützen u.s.w.*
Dieses Geld wird bei beiden aufgebracht:
   a. Durch *Besitzungen* (Eisenbahnen, Bergwerke, Wälder, Güter des Staates – Sandgrube, Obstbäume unserer Gemeinde),
   b. durch *Steuern* (Einkommensteuer – Gemeindeabgaben).

C. Ergebnisse.

I. *Verwaltung des Vaterlandes.*
   a. Unser Vaterland wird von einem Könige regiert. (Albert von Wettin.) Die Königswürde ist erblich.
   b. Der König regiert nicht allein. Er wird vom Landtage und von den Staatsbeamten unterstützt. Die höchsten Staatsbeamten sind die Minister, z. B. der Kriegsminister, der Minister des Innern.
   c. Zur Verwaltung des Vaterlandes (Staates) gehört viel Geld. Dieses muß teilweise durch Steuern aufgebracht werden.

II. *Einteilung des Vaterlandes.*
   1. Unser Vaterland wird eingeteilt in vier Kreishauptmannschaften:
     a. Kreishauptmannschaft Leipzig (NW. des Landes).
     b. Kreishauptmannschaft Zwickau (SW. des Landes).
     c. Kreishauptmannschaft Dresden (Mitte des Landes).
     d. Kreishauptmannschaft Bautzen (O. des Landes).
   2. Jede Kreishauptmannschaft zerfällt wieder in Amtshauptmannschaften, jede Amtshauptmannschaft in Gemeinden (Stadt- und Landgemeinden).

D. Anwendung.

1. Erkläre: Königreich, Kreishauptmannschaft, Amtshauptmannschaft – Gemeindeabgaben, Einkommensteuer – Gemeindevorstand, Bürgermeister, Amtshauptmann, Kreishauptmann, Minister des Innern, des Äußeren, Kriegsminister, Staatsbeamter, Staatsbahn, Staatswaldung.
2. Minister heißt eigentlich Diener. Paßt denn diese Bezeichnung für die hohen Beamten des Königs?
3. Warum heißen die Einkommensteuern auch *Staats*steuern?
4. Welcher Unterschied besteht zwischen Staatssteuern und Gemeindeabgaben?
5. Thörichte Leute meinen, es sei unnötig, Steuern zu zahlen. Was meinst du?
6. Manche Leute zahlen viel, andere wenig Steuern. Wie kommt dies?
7. Welchen Nutzen hat es für die Einwohner, wenn der Wohnort Wälder, Wiesen, oder Felder besitzt? (Gemeindeabgaben!)

8. Nenne königliche Beamte! Nenne solche, die du gesehen hast!
9. Vergleiche die vier Kreishauptmannschaften nach Lage (Elbe!) und Größe.
10. Schreibt mit Hilfe der Karte die Orte auf, welche in der Leipziger Kreishauptmannschaft liegen und uns bekannt sind. (Hausaufgabe!)
11. Was für Schulen giebt es in unserem Vaterlande?
12. Welche Schule muß jemand besuchen, der Lehrer, Geistlicher, Arzt, Richter, Förster, Bergwerksdirektor werden will?

Zur Konzentration.

1. Lesen und Besprechen.
    a. *Jütting und Weber*, Heimat: Die drei Stände – Thörichtes Murren – Der Herr ist König – Der Kronprinz von Preußen.*
    b. *Muttersprache* B IV: Das sächsische Königspaar – Dem König Albert – König Johann – Unterthanentreue.
2. Gesang: Den König segne Gott.

* Im Anschluß an dieses Lesestück erzählt der Lehrer einige ähnliche Züge aus dem Leben unseres Königs und seiner Gemahlin. – Landes*vater* und Landes*mutter*.)[12]

Ausgewählte Aufgaben

Eigene Erarbeitung eines modernen erdkundlichen Unterrichtsbeispieles nach den Herbartschen Formalstufen (1–4).

Parallelen zwischen Herbarts Formalstufen und moderner Lernzieloperationalisierung im Curriculum.

Parallelen zwischen Herbarts Rationalismus und modernem Intellektualismus in der verwissenschaftlichten Schule.

Parallelen zwischen Herbarts Formalstufen und dem exemplarischen Verfahren einschließlich seines Transfer-Denkens.

Parallelen zwischen Herbarts Besinnung (Assoziation) und der Vernetzung moderner Lernpsychologie.

Kritische Analyse des Textes (Aufgaben der Vaterlandskunde), des Unterrichtsbeispiels. An welchen Stellen zeigt sich der Geist des Feudalismus, des Obrigkeitsstaates und Gottesgnadentums im Unterrichtsbeispiel?

Kritische Analyse des folgenden Textes aus Harms[13].

Deutschland hat den verhältnismäßig bedeutendsten Ackerbau Europas; es steht unter den europäischen Staaten in einigen Bergbauerzeugnissen an erster, in den meisten anderen an zweiter Stelle, hat in den letzten Jahrzehnten in vielen Industriezweigen und auf den meisten Gebieten des Welthandels einen viel größeren Aufschwung genommen, als jedes andere Land, so daß es im Welthandel nur noch von einem einzigen Volk der Erde übertroffen wird und in seiner Industrie in Europa die zweite, in der Welt die dritte behauptet; es hat das mustergültigste Postwesen der Erde, hat unter allen europäischen Staaten die meisten Eisenbahnen und das großartigste Fernsprechwesen, verfügt über die größte Landmacht und über eine achtungheischende Kriegsflotte, hat dazu ein Volkseinkommen, das das französische um zwei Milliarden übersteigt und hinter dem englischen nur um zwei Milliarden zurückbleibt (26, 24, 28), und einen Sparkassenbestand von 11 bis zwölf Milliarden gegen 4–5 Milliarden M in Frankreich – welchen Grund haben wir da, unser Land als ein »armes«, gegen andere zurückstehendes anzusehen?

... Unerfreulicher noch ist ein anderer nationaler Fehler, der nicht scharf genug gerügt werden kann: die übertriebene Wertschätzung allen Fremdländischen. Wohl ist es lobenswert, wenn wir nicht von dem Dünkel erfaßt sind, daß bei uns alles vortrefflich sei, wenn wir uns nicht in eitler Überhebung für »die große Nation« halten, aber es bedeutet doch eine schwächliche Selbstverkleinerung, wenn wir in ausländischen Erzeugnissen, Einrichtungen und Sitten immer das Bessere zu schauen meinen, wenn wir mit Vorliebe ausländische Waren (besonders englische) kaufen, wenn wir in unwürdiger Nachäfferei ausländischen Moden – der weltberühmten »Mode de Paris« – huldigen, seien sie so sinnlos wie sie wollen, wenn wir unsere edle Sprache mit zahlreichen französischen und anderen fremdländischen Ausdrücken verunzieren, um möglichst »gebildet« zu erscheinen.

Andere Beispiele für Vaterlandskunde der Kaiser- und der NS-Zeit.

Vaterlandskunde in der BRD und DDR der Gegenwart (vgl. Beispiel 20).

Sind Dankbarkeit, Pflichtgefühl, Liebe zum Vaterland Kategorien jenseits moderner Erdkunde? Jenseits moderner Didaktik?

Die polare Spannung zwischen Heimatverbundenheit und Weltoffenheit in der Erdkunde.

Diskussion von M. Heidegger[14]: »Daß die Technik die Menschen immer mehr von der Erde losreißt und entwurzelt ... Die Entwurzelung des Menschen ist schon da ... Wir haben nur noch rein-technische Verhältnisse ...«

Der Text über die Aufgabe der Vaterlandskunde als Vorlage für eine moderne Erdkundestunde.

Ausgewählte Literatur

A. Reble: Geschichte der Pädagogik, Stuttgart 1971
H. F. Herbart: Vollständige Darstellung der Lehre Herbarts, Langensalza 1907
W. Rein: Theorie u. Praxis des Volksschulunterrichts nach den Herbartischen Grundsätzen, Leipzig 1878
T. Ziller: Grundlegung zur Lehre vom erziehenden Unterricht, Leipzig 1865
H. Nohl: Der lebendige Herbart, Die Sammlung 3, 1948
Weitere Literatur am Ende des 1. Beispiels

4. Reformpädagogik in der 1. Hälfte des 20. Jahrhunderts: Arbeitsschule nach Gaudig und Kerschensteiner am Beispiel Niederlande. P. Knospe: Erdkunde in der Arbeitsschule 1922

Um 1900 vollzogen sich in der Pädagogik wie in der Geographie entscheidende Wandlungen:

A. In der Pädagogik begann man, das Kind in seiner Eigengesetzmäßigkeit zu entdecken, statt es durch die Lernschule des 19. Jahrhunderts permanent zu überfordern. Die Reformpädagogik unter Betonung der Priorität des Kindes anstelle des Stoffes, des Faches, der Wissenschaft setzte ein. Anstelle bloßer Rezeptivität des Kindes in der Lernschule sollte seine Spontaneität didaktisch und methodisch mehr berücksichtigt werden. Hierhin gehört als eine bedeutende Strömung der Reformpädagogik die Arbeitsschule.

Zu unterscheiden sind zwei verschiedene Richtungen, die sich bisweilen bekämpften, aber ohne sachliche Notwendigkeit.

1. Die naturwissenschaftliche Richtung unter Führung von G. Kerschensteiner. Bei ihm spielte das Praktisch-Manuelle eine wichtige Rolle. Beispiel: Der Bau eines Starenkastens (im Werkunterricht) oder das Experiment (in Physik bzw. Chemie). Aber das Praktisch-Manuelle wird nicht um seiner selbst willen betrieben oder als Beschäftigungstherapie, sondern pädagogisch entscheidend wird es erst durch die geistige Arbeit, die damit verbunden ist. Beim Starenkasten steht vor jedem praktischen Tun die Aufgabenstellung: Was ist dabei alles zu bedenken, daß er funktionsgerecht ist? Beim Experiment steht vor jedem praktischen Tun die Hypothese (Vermutung) und der Gedankengang, durch welches Experiment die Hypothese zu verifizieren oder zu falsifizieren ist.

2. Die geisteswissenschaftliche Richtung unter Führung von H. Gaudig, wo bei Textinterpretationen (in Deutsch oder Latein), bei Problemstellungen und anschließender Diskussion das praktisch-manuelle Tun entfällt. Entscheidend ist hier das freie geistige Gespräch unter Schülern über einen dafür geeigneten Sachverhalt, so daß die Person des Lehrers möglichst zurücktritt.

Im Mittelpunkt steht also in beiden Fällen die Selbsttätigkeit der Kinder, die freie geistige Auseinandersetzung, sei sie mit manueller Tätigkeit verbunden oder nicht, statt einer einseitig intellektuellen und repressiven Forderung.

B. In der Geographie begann man etwa zur gleichen Zeit, sich auf das Kernanliegen der Wissenschaft zu besinnen, auf die Beschäftigung mit Erdräumen, mit Ländern und Landschaften, während vorher Geographie eine enzyklopädisch ausgerichtete Erdwissenschaft bzw. eine allgemeine Verbreitungslehre darstellte.

Im vorliegenden Unterrichtsbeispiel laufen beide Richtungen zusammen, die Reformpädagogik in Form der Arbeitsschule, die von Kerschensteiner und die von Gaudig, und der neue geographische Ansatz der Beschäftigung mit Ländern und Landschaften (hier mit einem Staat), den Niederlanden:

a) Allerdings stellt das vorliegende Beispiel das Muster einer extensiven länderkundlichen Behandlung dar. D. h. indem man die einzyklopädische Richtung in der Geographie durch die Besinnung auf Erdräume als Kernanliegen beschränkte, wurde aber bei der Beschäftigung mit diesen Erdräumen wieder die Gefahr des Enzyklopädismus durch die Hintertür einbezogen, damit die Gefahr, extensiver statt intensiver, oberflächlicher statt gründlicher Arbeit. Denn wie soll man alle Länder Europas, gar die Welt so behandeln wie die Niederlande?

b) Ferner zeigt sich eine andere Gefahr damaliger Erdkunde, der Kausalismus, die Ableitung menschlichen Verhaltens aus natürlichen Gegebenheiten: Der Einfluß der Landesnatur auf den Volkscharakter der Holländer[15].

c) Ferner zeigt sich, obgleich oder weil der Erste Weltkrieg gerade verloren war, Nationalismus: Die Holländer sind deutscher Abkunft[16].

DIE NIEDERLANDE*

Zeigen an der Karte! – Lage zu Deutschland. – Lage zu den andern Ländern Europas. Warum das Land wohl Niederlande heißen mag?

I.

1. Es ist eine Fortsetzung des Norddeutschen Tieflandes. Dann könnte man doch dieses Land auch die Niederlande nennen! Die Karte (Farbentönung!) sagt es uns: Etwas mehr als die Hälfte der Gesamtfläche liegt unter dem Flutspiegel der Nordsee, $1/4$ des Landes bis 5 m unter dem Meeresspiegel. Die Niederlande sind das tiefstgelegene Land Europas.
Wie kann denn aber ein Land tiefer als der Meeresspiegel liegen? Dann müßte sich doch das Meer über das Land ergießen!

Man hat Schutzwälle, Dämme oder Deiche gebaut. Skizze: Nach der Seeseite allmählicher, nach der Landseite steiler Abfall. Warum so? Um die Dämme festzumachen, hat man Pfähle eingerammt und Bäume angepflanzt (Wie können die Bäume den Damm befestigen?). Oben gepflastert: Daher nicht nur Schutzmittel, sondern auch gleichzeitig Verkehrsweg. (Wenn ein Damm in der Nähe ist, natürlich daran zuerst anknüpfen.)

An manchen Stellen brauchte der Niederländer keinen Schutzwall gegen das Meer zu bauen. Hier hat das Meer selbst einen Damm, an manchen Stellen bis zu 60 m (Vergleich mit den Dünen der Ostsee!), geschaffen. Es hat einen Dünensaum aufgeweht. Wo? Von der Karte ablesen: Hellere Farbentönung (zwischen Maas und Zuider See).
– Wiederholen, was die Kinder von Dünen wissen. Ergänzen!

---

* Aus: Paul Knospe: Erdkunde in der Arbeitsschule. Verlag Julius Beltz, Langensalza 1922, p. 33–42.

Wie mag das tiefgelegene Land wohl entstanden sein?
Im Mündungsgebiet des Rheins (beschreibe es nach der Karte, Skizze!) werden ungeheure Mengen Schlamm (durch den Rhein alljährlich 30 Mill. kg) abgesetzt. Dadurch wird neues Land gewonnen (Podelta; Ravenna lag ehemals am Meer!). Auch das Meer wirft bei großen Stürmen neues Land aus dem Meeresgrunde an die Küste (Leuwarden im Norden lag früher an der Küste!). Das Bett der Flüsse liegt meist höher als das Land (Vergleich mit Po!). An solchen Stellen sind die Flußläufe von Dämmen eingesäumt. In dem Mündungsgebiet von Rhein, Maas und Schelde wurden zwischen den vielen kleinen Inseln Dämme errichtet und das Wasser ausgepumpt. Für den Abfluß sind die Deiche mit Schleusen versehen, die durch Ebbe und Flut selbsttätig geöffnet und geschlossen werden (durch Skizze zu verdeutlichen!). Ebenso wurden im Innern des Landes große Seen mit Deichen umgeben und die Seen leergepumpt, wie z. B. das *Haarlemer Meer*. Auf diesem neugewonnenen Boden wohnen jetzt 20000 Menschen (Vergleich!). Weiter hat man Meerbusen durch Dämme abgeschnürt und dann trockengelegt. Der Meerbusen, an dem *Amsterdam* liegt, war früher viel größer, der *Dollart* war früher viermal so groß wie heute. Jetzt ist man daran gegangen, auch die Zuidersee (Zuidersee = Südsee, im Gegensatz zur Nordsee) trocken zu legen. Man sperrt diesen großen Meerbusen (von der Insel Wieringen nach dem gegenüberliegenden Vorsprung Frieslands) durch einen 40 km langen (Vergleich mit dem heimatlichen Grundmaß!) und 5½ m hohen Damm ab, dann werden einzelne Buchten abgeschnürt und trockengelegt (Landgewinn etwa 2000 qkm = Größe des Freistaates Anhalt). Karte, Skizze!
So hat der Niederländer in den letzten 40–50 Jahren gegen 3600 qkm (= Freistaat Braunschweig) neues Land durch »Einpolderung« gewonnen. Das angeschwemmte und eingedeichte Land (Polder) heißt *Marschland.*
Der Niederländer mußte aber auch bedacht darauf sein, neues Land zu gewinnen, denn das Meer hatte in früheren Jahrhunderten durch gewaltige Sturmfluten große Stücke Landes weggerissen. Reichlich ¼ ihres ehemaligen Gebietes haben die Niederlande durch Einbruch der Fluten verloren. So entstand die Südsee durch einen Meereseinbruch (daher die geringe Tiefe, 3,6 m mittlere Tiefe; Amsterdam mußte mit dem Meere durch den Nordholländischen und den Nordseekanal verbunden werden); die westfriesischen Inseln wurden vom Lande abgetrennt und voneinander gerissen, auch der Dollart ist durch einen Meereseinbruch entstanden. Durch solche Fluten kommen oft Tausende von Menschen ums Leben. Im 15. Jahrhundert sollen sogar 70 Ortschaften durch eine große Sturmflut vernichtet worden sein, wobei 100000 Menschen ihr Leben einbüßten. Damals wurde die Nordküste Hollands in viele kleine Inseln aufgelöst. Karte!
Das Leben des Holländers ist ein steter Kampf mit dem Meere. Hat ihm das Meer Land weggenommen, so sucht er es jetzt wiederzugewinnen: »Hol' Land her, sagt er. Daher der Name Holland. Mit Stolz sagt der Holländer: »Gott hat das Meer, der Holländer die Küstenländer gemacht.«
Wie hat der Holländer das Schwemmland und das eingepolderte Land trocken gelegt? Wie entwässert man bei uns das Land? Durch Kanäle. – Kein Land hat soviel Ka-

näle wie Holland. Man bezeichnet daher Holland auch als das Land der Kanäle. Die Kanäle dienen gleichzeitig als Wasserstraßen dem Verkehr. Wie kann denn aber das Wasser durch die Kanäle ins Meer fließen, ein großer Teil des Landes liegt doch niedriger als das Meer? Man muß das Wasser hinaufpumpen. – Womit könnte das geschehen? Mit Maschinen. – Woraus sind die Maschinen hergestellt? Was braucht man, um Maschinen in Bewegung zu setzen? Holland hat sehr wenig Eisen und sehr wenig Steinkohlen (im Bezirk Limburg. Warum gerade hier? Karte!). – Man hat sich auf andere Weise zu helfen gewußt: Hauptsächlich durch Windmühlen, die zum Teil auch als Getreidemühlen und Holzsägereien Verwendung finden. (Skizze: Holländer Mühle, Bockwindmühle – Unterschied!). Lage des Landes (am Meer) und Natur des Landes (Ebene) kommen dem Holländer zu Hilfe. Regelmäßig wehende Land- und Seewinde. Erklären! Kein Land hat soviel Windmühlen wie Holland. Man nennt es daher auch das Land der Windmühlen. Mühlenmuster auf Wand- und Ofenfliesen, auf Porzellansachen! Herstellungsort *Delft* (Porzellanerde).

Wie ist das Marschland beschaffen?

Weil Schwemmland: Große Fruchtbarkeit, die durch das feuchte und neblige Seeklima (reiche Niederschläge) noch erhöht wird. Daher

a) *Ackerbau:* Getreide, hauptsächlich Weizen (Schwerer Boden, Hinweis auf die Bruchgegenden Deutschlands), Kartoffeln, Zuckerrüben, Flachs, Tabak, Zichorien.
b) *Gartenbau:* Gemüse, Blumen (Zwiebelgewächse: Hyazinthen, Tulpen, Narzissen). – *Haarlem.*
c) *Viehzucht:* Fette Wiesen. Schwarzbunte Rinder. Ausfuhr (besonders nach Deutschland): Rindvieh, Fleisch, Milch, Butter, Käse (Edamer). Am Rande des getreide- und viehreichen Marschlandes: *Groningen*, Handelsstadt für Getreide und Vieh.
d) *Bodenständige Industrie:* Brennerei, Zuckerfabrikation, Tabakverarbeitung, Gerberei, Molkereibetrieb.

Zusammenfassung:

Entwirf ein Landschaftsbild des Marschgebietes!

2. Der Nordosten und Osten des Landes liegen höher. Kein Schwemmland, daher unfruchtbar: Heiden und Moore. *Geestland* (Lüneburger Heide!). Heide-Schafzucht, Weberei; Moore = Torfgewinnung. Einfluß auf die Besiedelung: spärlich besiedelt, große Städte fehlen. Im Gegensatz zum Marschgebiet aber mehr Industrie (Kohle aus Deutschland, Belgien, England. Inwiefern günstige Verkehrsbedingungen?), besonders solche Industrie, die mit Fischfang und Schiffahrt (Schiffbau; Tau- und Segeltuchherstellung) in Verbindung steht, denn:

3. *Holland steht in inniger Berührung mit dem Meere. Es ist ein Seestaat.*

a) Es hat eine lange Küste. Vergleich mit Belgien!
b) Zuidersee und Dollart schneiden tief (über $1/3$) ins Land ein.
c) Selbst die südlichste Stadt, *Maastricht*, ist nicht gar zu weit vom Meere entfernt.
d) Es ist das Mündungsgebiet wasserreicher Flüsse. (Welcher?)
e) Es hat ein vielverzweigtes Fluß- und Kanalnetz im Binnenlande.

Darum sind die Bewohner Hollands in ihrer Erwerbstätigkeit auf das Meer hingewiesen. Ein großer Teil beschäftigt sich mit der Fischerei, besonders mit der Heringsfischerei. Im Mittelalter hatte Holland die bedeutendste Heringsfischerei von allen Staaten Europas (Wilh. *Bökel*, der Erfinder des Einsalzens der Heringe. Was ist aus dem Namen abgeleitet?). Holland führt bedeutende Mengen von Heringen und anderen Seefischen (besonders auch nach Deutschland) aus. Erster Heringsfischereihafen *Scheveningen*, Weltbad.

Schon frühzeitig wurden die Holländer ein *Kolonialvolk*. Der Kolonialbesitz übertraf 1914 das Mutterland nach der Fläche um das Sechzigfache (bei Deutschland um das $5^1/_2$fache), nach der Einwohnerzahl um das $7^1/_2$fache. (Deutschlands Bevölkerung in den Kolonien betrug nur $1/_5$ des Mutterlandes). Gib nach der Karte die holländischen Kolonialgebiete an!

Landesnatur und Kolonialbesitz machten die Holländer zu einem *Handelsvolk*. Im Verhältnis zur Größe des Landes und zu seiner Bevölkerungszahl ist Holland das erste Handelsvolk der Erde (begünstigt durch Wasserverkehrsstraßen – weitverzweigtes Flußnetz, Kanäle – Lage zu den benachbarten Kulturländern Deutschland, Belgien, England).

Im Zusammenhang mit dem bedeutenden Handel steht die Entwicklung großer Handelsstädte: *Amsterdam* an tiefeinschneidender Bucht, 670000 Einw. (Vergleich mit deutschen Städten), auf einer mächtigen Torfschicht auf Pfählen erbaut, fünf Kanäle, Grachten, oft alleiniger Ersatz der Fahrstraße, umziehen konzentrisch die Stadt, etwa 90 inselartige Stadtteile, durch mehr als 300 Brücken verbunden, »das nordische Venedig« (Unterschied: Prachtpaläste – Kaufhäuser; zierliche Gondeln – schwerfällige Frachtkähne). – Warenverkehr, Industrie (Schiffbau und seine Nebengewerbe, Zucker-, Likör-, Zigarrenherstellung, Diamantschleifereien). Reichsmuseum (Rembrandt). – Verbindungswege zum Meere: 1. Der *Nordholländische Kanal*, der die Verbindung mit dem Kriegshafen *Helder* herstellt, 2. der *Nordseekanal*, an seiner Mündung der Nordseehafen von Amsterdam, 3. der *»Neue Wasserweg«* zum Mündungsgebiet des Rheins über *Rotterdam*, 520000 Einw. (Vergleich!), Riesenverkehrshafen mit großen Reedereien und einem Hauptmarkt für Kohlen, Vieh, Häute, Petroleum, Getreide, Tee, Baumwolle, Rohrzucker. *Leiden*, am Alten Rhein, war früher eine blühende Hafenstadt, hat jetzt geringe Bedeutung, da der Rheinarm versandet ist. *Vlissingen* an der Scheldemündung ist Kriegshafen. Den Mittelpunkt des Binnenverkehrs bildet das stark befestigte *Utrecht*.

II. *Verfassung.*

Die Niederlande bilden ein Königreich. Andere Königreiche! – Gegensatz: Republik (Freistaat). Nenne Freistaaten in Europa! Wieviel Freistaaten und wieviel Monarchien hat jetzt Europa?

Die Regierung kann auch auf die weibliche Linie übergehen, wenn beim Tode des Herrschers weder Söhne, noch Brüder, noch Brudersöhne vorhanden sind. Jetzige Königin? Vergleich mit England! Wie war es früher im Deutschen Reiche?

49

Volksvertretungen: Erste und zweite Kammer, zusammen: Generalstaaten. Vergleich mit Deutschland!
Regierungssitz: *Haag.*

III. *Volkstum.*

Die Holländer sind deutscher Abkunft. Die holländische Sprache war ehemals nur eine niederdeutsche Mundart. Darum verstehen sich die Niederdeutschen zu beiden Seiten der holländischen Grenze sehr gut. Der Konfession nach sind sie überwiegend evangelisch.

In den Nirderlanden leben etwa 32000 Reichsdeutsche. In Amsterdam, Rotterdam und im Haag befinden sich deutsche Schulen und deutsch-evangelische Gemeinden. Der Holländer ist von großem, starkem Körperbau, in seinem Wesen still und ruhig. Er ist bedächtig und besonnen, zähe, behäbig und voll Würde, gegen Fremde zunächst gleichgültig, ja kalt, im näheren Verkehr von Herzlichkeit und Aufrichtigkeit, duldsam gegen Verfolgte. Er besitzt ein starkes Freiheits- und Unabhängigkeitsgefühl. Die Sauberkeit des Holländers ist sprichwörtlich geworden. Ehe ein Besucher in das Haus tritt, zieht er über seine Schuhe Filzpantoffeln, die an der Tür eines jeden Hauses stehen. Die Gartenbeete sind mit Muscheln und Steinen ausgelegt. In den Viehställen herrscht die peinlichste Sauberkeit, so daß man sagt, daß sie eine Prinzessin getrost mit ihren Schleppkleidern betreten kann. Der Holländer besitzt eine große Vorliebe für bunte Farben. Die Häuser sind mit einem freundlichen, hellen Anstrich versehen. Wände, Möbel, Hausgeräte sind mit bunten, hellen Farben bemalt. Buntblühende Blumen (Hyazinthen, Tulpen, Narzissen) sind besonders beliebt.

Suche den Volkscharakter aus der Landesnatur zu erklären!

IV. *Zur Einprägung.*

Zuidersee, Dollart. – Rhein, Waal, Lek, Yssel, Alter Rhein; Maas, Schelde. – Texel.
Haag, Leiden, Amsterdam, Rotterdam, Vlissingen, Helder, Utrecht, Maastricht, Groningen, Scheveningen, Delft, Haarlem.
Was weißt du von den einzelnen Städten zu sagen?

Zur Vertiefung.

I. Zum Nachdenken.
1. Die Abhängigkeit des Kulturbildes von den natürlichen Verhältnissen (Wie ist in Holland die Erwerbstätigkeit und Besiedlung durch die Landesnatur bedingt?).
2. Der Einfluß der Landesnatur auf den Volkscharakter der Holländer.
3. Inwiefern kann der Holländer sagen: »Gott hat das Meer, der Holländer die Küstenländer gemacht?«
4. Warum könnte man Holland auch als das Land der Windmühlen und Kanäle bezeichnen?
5. Mit welchem Rechte hat man die Holländer »Frachtleute der Tropen« genannt?

6. Holland ein Seestaat.
7. Vergleich zwischen Holland und Belgien.

II. Handelsbeziehungen zwischen Holland und Deutschland.
1. Im Jahre 1913 betrug Deutschlands Einfuhr aus Holland u. a. (Wert in Millionen Mark):

Heringe, gesalzen	17,3	Schweineschmalz	1,7
Seefische, frisch	6,3	Möhren, Gemüsesamen	1,7
Sardellen, einfach zubereitet	1,7	Kakaopulver, entölt	2,0
Süßwasserfische, frisch	2,8	Grünfutter, Heu usw.	2,3
Pferde	12,4	Bohnen, Erbsen, frisch	2,9
Rindfleisch, frisch	11,2	Kleie	4,7
Schweinefleisch, frisch	10,1	Blumenkohl	4,9
Hühner aller Art	4,9	Blumenzwiebeln	5,0
Schlachtochsen	1,6	Reis	7,5
Milchbutter, Butterschmalz	42,4	Obst, frisch	7,9
Hartkäse	21,7	Kartoffeln	9,8
Eier	9,5	Gurken, Karotten, Salat usw.	11,6
Rindshäute, roh	8,5	Edelsteine, bearbeitet	2,9

2. Deutschland führte u. a. im Jahre 1913 nach Holland aus (Wert in Millionen Mark):

Abraumsalze	7,7	Braunpreßkohlen	3,8
Thomasphosphatmehl	6,2	Roheisen	3,8
Roggen	19,6	Schmiedbares Eisen in Stäben	20,0
Hafer	12,8	Steinpreßkohlen	4,7
Weizen	9,6	Steinkohlen	10,3
Weizenmehl	6,8	Grobbleche	16,9
Roggenmehl	3,2	Eiserne Röhren	5,3
Zement	5,8	Träger aus schmiedbarem Eisen	5,0
Margarine, pflanzl.		Kinderspielzeug	2,9
Talg zum Genusse	24,1	Mineralwasser	3,0
Koks	5,5	Eisenbahnschienen	4,1
Personenmotorwagen	3,0	Baumwolle, roh	4,1
Eisenbahngüterwagen	6,5	Rübenzucker, roher	4,2

Ordne einige Waren nach ihrem Werte! Was fällt dir auf? Suche es zu erklären!

III. Zum Rechnen.
1. Die Niederlande sind 33000 qkm groß und haben nahezu 7 Millionen Bewohner. – Berechne die Bevölkerungsdichte! Vergleiche sie mit der von deiner Heimatprovinz, von Deutschland!

2. Der Rhein bringt in jeder Stunde 9 Mill. cbm. Wasser über die Grenze nach Holland. – Wie hoch könnte man in einem Jahre das ganze Königreich unter Wasser setzen? (2¹/₃ m.)
3. Im Jahre 1913 betrug der Warendurchgangsverkehr (Generalhandel) auf den die Zollgrenze passierenden Schiffen rund 48 Mill. t*.
   a) Wieviel Güterwagen sind das (100 t = 67 bedeckte Güterwagen)?
   b) Wieviel Güterzüge mit je 40 Wagen könnte man daraus zusammenstellen?
4. Im Jahre 1912 betrug die Ernte (in 1000 t) in den Niederlanden: Weizen 142,2: Roggen 397,0; Gerste 71,1; Hafer 218,5; Kartoffeln 3006,5 (Runde ab!).
   a) Wieviel betrug die Gesamternte?
   b) Berechne für die einzelnen Ernten, für die Gesamternte die Anzahl der Güterwagen (Güterzüge), die zum Transport nötig wären?
   c) Wieviel kommt von den einzelnen Ernten auf den Kopf der Bevölkerung?
   d) Kann Holland von den einzelnen Ernten ausführen, oder muß es einführen? Lege hierzu die Zahlen von Deutschland zu Grunde: Für den Jahresverbrauch (nach dem Durchschnittsverbrauch der letzten 20 Friedensjahre) rechnete man auf den Kopf der Bevölkerung 91 kg Weizen, 147 kg Roggen, 78 kg Gerste, 116 kg Hafer, 594 kg Kartoffeln!

IV. Formen und Basteln
1. Forme eine Düne, eine Holländer Mühle, die Marschlandschaft, einen Deich! Bastele eine Holländer Mühle, eine Bockwindmühle, eine Deichschleuse!
2. Wer will sich zu einer Arbeitsgruppe zum Aufstellen eines Modellierbogens zusammentun: Holländische Fischerhäuser oder Holländisches Fischerdorf oder Marschendorf an der Nordsee (Schreibers volks- und heimatkundliche Bau- und Aufstellbogen, J. F. Schreiber in Eßlingen a. N. und München)? Wer übernimmt die Leitung?

V. Zeichnen *(Skizzieren und malendes Zeichnen).*
1. Zeichne einen Damm, eine Düne, eine Holländer Mühle, eine Deichschleuse!
2. Entwirf eine Skizze der Rheinmündung, der holländischen Küste, der Amsterdamer Bucht, der Zuidersee! Deute bei der letzten Skizze die Abschnürung für den Deichbau an!
3. Zeichne einen Höhenquerschnitt Hollands in westöstlicher Richtung. Wähle die Strecke Haag (Dünenküste) – Utrecht (−5 m) – deutsche Grenze (Geestland)!

VI. Statisches Zeichnen.
1. Der Außenhandel der Niederlande betrug im Spezialhandel
   Einfuhr (Wert der Waren in Millionen Mark):
        1904 = 4083,9;   1907 = 4486,0;   1910 = 5550,9:
        1905 = 4360,6;   1908 = 4776,8;   1911 = 5666,5:
        1906 = 4283,7;   1909 = 5283,8;   1912 = 6142,2.

* Dieser Durchgangshandel ist für uns ein größer wirtschaftlicher Verlust, darum ist vor kurzer Zeit der Rhein-Kanal (Düsseldorf–Emden) gebaut worden.

Ausfuhr:

    1904 = 3371,2;   1907 = 3738,4;   1910 = 4475,0;
    1905 = 3382,0;   1908 = 3691,7;   1911 = 4645,1;
    1906 = 3532,8;   1909 = 4162,9;   1912 = 5292,3.

  a) Stelle den Handelsverkehr (Ein- und Ausfuhr) in einer Kurve dar!
  b) Vergleiche!

2. Es gingen bei *Emmerich* durch die Zollgrenze:
1913 = 96198, 1914 = 52000, 1915 = 23500, 1916 = 26000 Schiffe.
Es betrug die

	Einfuhr	Ausfuhr
1913	17,63 Mill. t	19,82 Mill. t
1914	12,47 Mill. T	13,27 Mill. t
1915	2,82 Mill. t	5,75 Mill. t
1916	1,7 Mill. t	8,5 Mill. t
1917	0,65 Mill. t	6,78 Mill. t

  a) Stelle diese Angaben kurvenmäßig dar!
  b) Beobachte an ihnen die Wirkungen des Krieges!

3. Der Verkehr im Hafen von Rotterdam hatte einen Umfang:
1890 = 3 Mill. t, 1895 = 4,2 Mill. t, 1900 = 6,3 Mill. t, 1905 = 8,3 Mill. t, 1910 = 10,7 Mill. t.
  a) Stelle den Aufschwung des Rotterdamer Handels in diesen 20 Jahren in einer Kurve dar!
  b) Setze dieses Ergebnis in Beziehung zu folgender Angabe: Die Steigerung des Seeschiffsverkehrs in den drei Jahren 1908, 1909, 1910 hat in Hamburg um 3,8 v. H., in Rotterdam um 10,4 v. H. betragen.
  Welche Schlußfolgerung läßt sich daraus ziehen?

VII. Messen.

1. Miß die Entfernung der südlichsten Stadt Hollands, Maastricht, vom Meere (Rand der Zuidersee)! (Knapp 150 km.)
2. Miß die Entfernung an der schmalsten Stelle Hollands vom Meere! (45 km.)
3. Stelle durch Messen die Länge der holländischen Küste fest (750 km) und im Vergleich dazu die Länge der belgischen Küste! (67 km).
Was kannst du daraus schließen?

VIII. Kartenleseübungen.

1. Wie gelangen wir nach Holland? Anschlußstrecken: Osnabrück–Amsterdam; Wesel–Rotterdam; Krefeld–Vlissingen.
  a) Welche größere Stationen berührt die Bahn?
  b) Durch welche Staaten, Provinzen fährt die Bahn?
  c) Welche Gebirge quert die Bahn?
  d) Welche Flüsse überschreitet die Bahnlinie?

IX. Beobachtungen.
1. Beobachte, wenn der Müller die Windmühle dreht! Wie stellt er die Windmühlenflügel zum Winde?
2. Welche Kolonialwaren aus Holland findest du in den Schaufenstern deines Heimatortes?
3. Beobachte an einem Regentage kleine Rinnsale, wie sie lockere Erde, Sand, Steinchen forttragen! Was wird bald abgesetzt, was wird weit fortgetragen? Wende das Ergebnis deiner Beobachtung auf die Ablagerungen im Mündungsgebiet des Rheins an!

X. Versuche.
1. Stelle am Sandtisch einen Flußlauf dar, gieße Wasser hinein und bringe nacheinander den Sandtisch in verschieden schräge Stellung! Welche Wirkung hat das Gefälle auf den Flußlauf? Wende das Ergebnis deiner Beobachtung auf das Mündungsgebiet des Rheins an!
2. Siebt auf euren Sandtisch eine Dünenreihe auf. Blast gegen die Dünen! Was ist zu beobachten? (Wandern der Dünen.) – Steckt in die Düne kleine Tannenreiser und blast nun gegen die Düne! Was beobachtet ihr?

XI. Sammlungen.
1. Wer bringt aus seiner Bildersammlung mit: Bilder von Holland, Ansichtskarten usw.? Wer hat holländische Briefmarken? Wer kann mitbringen: Holländische Kolonialwaren, ein Stück Torf, holländisches Geld, eine Wandfliese oder eine Kakaobüchse oder ein Milchkännchen mit Mühlenmuster? Wer hat eine Käthe-Kruse-Puppe: Holländerin?
2. *Lehrmittelsammlung der Schule. Rausch*, Ländergaben, Holland mit 27 Nummern (Leipzig, Koehler).
   Erzeugnisse des Mineralreiches: Torf. Erzeugnisse des Pflanzenreiches: Flachs, Hanf, Tulpenzwiebel, Hyazinthenzwiebel, Rübsaat, Kümmel, Krapp, Futter, Kleehen. Erzeugnisse des Tierreiches: Heringe (Matjes), Holländer Käse, Butter, Margarine. Erzeugnisse des Gewerbes und der Industrie: Holländischer Holzschuh, Delfter Porzellan, Tonpfeife, Schiffe, Segeltuch, Seilerwaren, Leinöl, Leinwand, Holländer Tuch, Zichorien, Holländer Rauchtabak, Holländer Zigarre, Kautabak. Holländisches Geld: Münzkarte.
3. *Aus unserer Sammelmappe.* Eine Zeitungsnachricht vom 20. Juni 1921:
   Auswandern? Unter dieser Überschrift beschäftigte sich die »Deutsche Wochenschrift für die Niederlande« kürzlich mit dem Schicksal der vielen Auswanderer, die glauben, in Holland und Übersee das Glück zu finden und sich ein gesichertes Dasein schaffen zu können. »Holland«, so heißt es in dem Aufsatz, »erscheint manchem deutschen Arbeiter, manchem deutschen Mädchen als das ersehnte Paradies. Welch ein Irrtum! Auch hier sind die guten Zeiten vorbei. Nur ein Beispiel: Gegen dreißig deutsche Frauen und Mädchen waren von einer Konfektionsfabrik in Groningen angeworben

worden. Vier Wochen dauerte das »Glück«, dann wurden sie wieder entlassen, und seitdem suchen sie etwas anderes. Dieses andere ist aber nicht zu finden, denn überall werden Fabriken geschlossen. Schlosser und Schmiede kamen hierher, angelockt durch hohe Löhne. Aber diese hohen Löhne empfingen nur vereinzelte hervorragend Tüchtige; ihre enttäuschten Kameraden zogen um eine Hoffnung ärmer von einer Behörde zur anderen mit der Bitte um Unterstützung zur Rückreise, sie mußten selbst noch das teuere gute Handwerkszeug versetzen, um zu Frau und Kind zurückkehren zu können. Aus Columbien, Rosario, Argentinien kehrten Hunderte zurück, die mit tausend Masten hinausgesegelt waren, um dem Parteihader und dem Hunger auf heimatlichem Boden zu entgehen. Da sitzen sie nun alle in Amsterdam mit Weib und Kind, deren Elend sie in die Seele schneidet. Der letzte Spargroschen ist aufgezehrt. Sie müssen betteln gehen. Das deutsche Konsulat kann ihnen nicht helfen; der deutsche Hilfsverein tut es wohl, aber nicht in der ausgiebigen Weise, wie sie es sich vorgestellt haben. Verbittert, hadernd mit ihrem Schicksal, werden sie zur Plage für ihre dortigen Landsleute. Stets äußern sie eine und dieselbe Klage: Sie fanden drüben nicht die Arbeit, von der sie gehört hatten, und waren nicht geeignet für die Arbeit, die sich wohl fand. Freunde der Heimat, Männer, die stets bereit sind, zu helfen, bitten uns, unsere warnende Stimme zu erheben gegen die Neigung zum übereilten Auswandern nach Holland und nach Übersee. Ein solcher Schritt ins Blaue ist ein Verbrechen gegen Frau und Kind, gegen sich selbst. Wem nicht kontraktliche Stellung oder Arbeit zugesichert ist, der bleibe zu Hause, setze seine Hoffnungen so lange zur Seite, bis eine günstige Wirtschaftslage ihre Verwirklichung in sichere Aussicht stellt, und arbeite solange mit am Wiederaufbau des armen Vaterlandes, das dazu aller Kräfte bedarf. – Soweit die holländische Wochenschrift. Nach neueren Nachrichten sollen in den Niederlanden deutsche Baufacharbeiter Arbeitsgelegenheit finden, da die einheimischen Arbeiter zur Bewältigung der vorliegenden Arbeiten nicht ausreichen. Bewerbungen nimmt das Landesarbeitsamt in Düsseldorf, Ständehaus, entgegen.«

XII. Bildbetrachtung.

1. *Wandbilder.* a) *Boos*, Geographische Anschauungsbilder aus den Niederlanden. Daraus: Nr. 4, Ansicht von Amsterdam. Nr. 5, Die Maas bei Rotterdam. Nr. 8, Die Seeschleuse bei Ymuiden. Nr. 12, Der Haarlemer Meerpolder. Nr. 13, Hohes Ufer an der Yssel. Nr. 14, Tiefes Ufer an der Yssel. Nr. 15, Badestrand bei Scheveningen. Nr. 16, Zentralbahnhof in Amsterdam. Nr. 18, Torfkolonie in Veendam. Nr. 20, Der Eisenbahnhafen in Rotterdam. Nr. 24, Torfgewinnung in Drenthe. Nr. 25, Der Rembrandtplatz in Amsterdam. Nr. 26, Der Maashafen in Rotterdam. – b) *Lehmann*, Geographische Charakterbilder: Holländische Marschlandschaft. – c) *Henkler*, Geologische Bilder mit angehängten Profilen: Nr. 9, Wattenmeer, Ebbe und Flut. – d) *Dauelsberg,* Naturaufnahmen für den Geographieunterricht: 1. Ebbe. 2. Flut. – e) *Wünsche*, Land und Leben, Geographische Wandbilder (Dresden, Leuthert & Schneidewind): Aus Serie 5 (Deutsches Land): Nr. 2. Nordseedeich bei Sturmflut.

2. *Lichtbilder.* Benzingers Lichtbilder (Stuttgart): 1. Holländische Marschlandschaft

zwischen Delft und Rotterdam. 2. Amsterdam, Geldersche Gracht. 3. Rotterdam, Hafenbild. 4. Dorfstraße im Deichdorf Monnikendam. 5. Schafhütte auf der Veluwe. 6. Dordrecht.

3. *Laufbilder.* Bilder aus Holland, 57 m. Reisebilder aus Holland, 120 m. Amsterdam, 68 m (Gesellschaft für Verbreitung von Volksbildung in Berlin, Lüneburgerstr. 21).

XIII. Zur Kunsterziehung. Teubners farbige Künstlersteinzeichnungen: *Gentzel*, Mühlengehöft; *Hecker*, Am Meeresstrand; *Ders.*, Mühle am Weiher; *Herrmann*, Im Moor; *Hoch*, Fischerboote; *Matthaei*, In den Marschen; *Ders.*, Nordseeidyll; *Oßwald*, Auf der Heide; *Petzet*, Landendes Fischerboot; *Strich-Chapell*, Dorf in Dünen. – Voigtländers Künstlersteinzeichnungen: *Matthaei*, Blühende Heide; *Ders.*, Dämmerung im Watt; *Langhein*, Friesisches Küstenstädtchen; *Bäume*, Heideweg; *Hein*, Nordseestimmung.

XIV. Aufsätze. Eine Bildbeschreibung. Verwertung der obenstehenden Denkaufgaben (I). Amsterdam, »das nordische Venedig«. Was ich von Schleusen weiß. Strandleben. Der Bahnhofsverkehr. Vom Torf. Wie das Marschland entstanden ist. Ebbe und Flut[17].

Ausgewählte Aufgaben

Die Stellung der Regionalen Geographie (Länder, Landschaften, Staaten) in der modernen Erdkunde.

Was wäre am Beispiel der Niederlande heute didaktisch würdig.

Die vorliegende Unterrichtseinheit schreitet am Anfang von Denkaufgabe zu Denkaufgabe voran. Welche sind es? Beurteilung dieser Fragen.

Der Niederschlag der Reformpädagogik (Arbeitsschule) findet sich besonders im Abschnitt: Zur Vertiefung I–XIV, wo diverse Aktivitäten von Schülern angesprochen werden.

Welche von ihnen entspricht mehr dem Kerschensteinerschen Konzept, welche mehr dem Gaudigschen Konzept?

Welche könnte man heute noch übernehmen, welche nicht?

Welche sind in der Formulierung ungeschickt?

Die Bedeutung von Kerschensteiner und Gaudig für die moderne Erdkunde, die Bedeutung der Arbeitsschule für die moderne Erdkunde.

Der Unterschied von bloßer Stillarbeit ohne eigentliche geistige Leistung und Selbsttätigkeit (im Sinne von eigener geistiger Leistung) bei den Aufgaben des vorliegenden Beispiels. Aufsuchen ähnlicher Fälle.

Diskussion der Aktualität des Buchs von Gaudig: Schulreform? Gedanken zur Reform des Reformierens (1920).

Ausgewählte Literatur

H. Nohl: Die pädagogische Bewegung und ihre Theorie, Frankfurt 1949
G. Kerschensteiner: Wesen und Wert des naturwissenschaftlichen Unterrichts, Leipzig 1928
G. Kerschensteiner: Begriff der Arbeitsschule, München 1950
H. Gaudig: Die Schule im Dienste der werdenden Persönlichkeit 1–2, Leipzig 1917
H. Gaudig: Freie geistige Schularbeit in Theorie und Praxis, Breslau 1922
H. Gaudig: Schulreform? Gedanken zur Reform des Reformierens, Leipzig 1920
P. Härtig: Beispiele arbeitsunterrichtlicher Methodik im Geographieunterricht, Die Schule 1949
J. Petersen: Das arbeitsunterrichtl. Prinzip in d. Erdkunde, Geogr. Rundschau 1949
H.-H. Schäfer: Anwendbarkeit des Arbeitsunterrichts in der Erdkunde, Unsere Schule 1950
H. Breuer: Wie werde ich den Forderungen der Arbeitsschule im Ek.unt. gerecht? Lebend. Schule 1959
H. Breuer: Arbeitsschulprinzip im Ek.unt., Welt d. Schule 1960

5. Reformpädagogik in der 1. Hälfte des 20. Jahrhunderts: Erlebnispädagogik am Beispiel Berni im Seebad. H. Scharrelmann: Berni im Seebad 1921

Eine andere wichtige Richtung der Reformpädagogik in der ersten Hälfte des 20. Jahrhunderts stellt die Erlebnis-Pädagogik dar. War die Lernschule im vorigen Jahrhundert mehr stoffbezogen, so die Reformpädagogik mehr kindbezogen. War die Lernschule im vorigen Jahrhundert mehr intellektuell orientiert, so die Reformpädagogik mehr emotional konzipiert. Für diese emotionale Orientierung der Reformpädagogik kann besonders die Erlebnis-Pädagogik angeführt werden. Dazu einige Text-Beispiele von H. Scharrelmann unter der Überschrift: Aus meiner Werkstatt. Sie sollen zeigen:

1. Ausgangspunkt aller didaktischen Überlegungen ist das Kind, nicht die Gesellschaft, die Fachwissenschaft, nicht Lebenssituationen, Situationsfelder oder dergleichen wie gegenwärtig.

2. Es gilt zu prüfen: Welches Thema ist geeignet, das Kind so anzusprechen, daß es sich äußern möchte, was es erlebt hat. Und das ist besonders über eine emotionale Konditionierung möglich. So unterscheidet sich das Emotionale im vorliegenden Fall vom Emotionalen im Beispiel 3. Denn hier ist es Mittel zum Zweck. Dort ist es Endzweck (Dankbarkeit und Pflichtgefühl).

3. Ein weiteres Motiv zur Auswahl dieser Gedanken ist, daß schon vor über einem halben Jahrhundert gewisse Probleme und Konflikte im didaktischen Raum gleichermaßen aktuell wie heute waren und als solche gesehen und formuliert wurden:

> Aber dies Beamtentum! Unsere amtliche Stellung!! – Sie zwingt uns immer wieder durch Lehr- und Stundenpläne und tausend kleinliche Dienstvorschriften gerade das zu geben, wonach das Kind gar kein Verlangen hat.
> Wenn je ein Lehrer durch diesen Konflikt in Verzweiflung geraten ist, bin ich es. Eine tiefe Kluft trennt das Kind mit seinen Neigungen von der Schule mit ihren obrigkeitlichen Verordnungen...[19]
> Eine fast unmerkliche und stets zweifelhaft bleibende, sich vornehm zurückhaltende, göttliche Pädagogik lenkt die Lebensläufe aller Menschen.
> Wenn es uns Schulmeistern doch auch gelänge, etwas von dieser göttlichen Pädagogik abzugucken!
> Geht tausendmal in die Irre, wandelt immer neue Wege: Einem Ziele strebt Ihr Menschen groß und klein ja doch zu, trotz aller Hindernisse und fehlgeschlagene Hoffnungen!
> Je mehr Du dem Kinde entgegenkommst, auch seinen Torheiten und Irrtümern, und je mehr Du diese durch sich selbst sich korrigieren läßt, desto göttlicher wird Deine

Kunst. Diese wahrhaft göttliche Ruhe und Überlegenheit, die uns erzieht, von jeher erzogen hat, in seinem eigenen Leben erkennen und sie dann jener geheimnisvollen Macht abgucken, das heißt erst natürlich (der göttlichen Natur entsprechend!) unterrichten und erziehen.

Auch wir Berufserzieher sollten heimlich dem Kinde gegenüber denken: Lauf Du nur zu mit Deinen falschen Vorstellungen, mit all den vielen unrichtigen Meinungen, mit Deinen unklaren Empfindungen und törichten Wünschen, ich halte Dich doch fest! Trotz Deines freien Willens! Du glaubst zu schieben und Du wirst geschoben!![20]

Wie töricht ist es da, sich trotzig auf sein Idealprogramm zu versteifen und etwa zu sprechen: Ich gehe um keinen Preis von einer meiner Forderungen ab, bis der Zukunftsstaat geschaffen ist, der mir alle meine Wünsche erfüllen wird und erfüllen muß!

Utopien zu schaffen ist eine Kleinigkeit, die Welt von heute auf morgen auf ein Stücklein zu bessern ist tausendmal schwieriger, aber auch tausendmal wertvoller![21]

Und meine wichtigste Sorge um die Präparation für den morgigen Tag wird in der Frage Ausdruck suchen: Wie reiße ich die chinesische Mauer ein, die mich – den Fremden – noch von dieser Kinderschar trennt?

Wofür könnten sie Interesse haben? Wie bringe ich meine Klasse aus der festen Verschanzung heraus und locke sie, daß sie sich mir rückhaltlos offenbart? Wie bringe ich sie zum Sprechen, zum harmlosen Mitteilen? . . .

Welches Thema unter vielen da das geeignetste ist, das läßt sich wohl nicht im voraus entscheiden. Wahrscheinlich wird ein Teil der Klasse bei dem einen Thema lebendig werden und ein anderer Teil bei einem anderen[22].

Was also für mich zuerst nötig ist, das ist die Einleitung, die Motivierung einer solchen Aufgabe. Das Kind soll sich selbst gedrängt fühlen, mitzuteilen, was es erlebte. Aber ich komme da aus einem ewigen Zirkel nicht heraus: Dies freie und unbefangene Mitteilen setzt eben wieder Vertrauen voraus, und dies Vertrauen fehlt ja gerade noch gänzlich[23].

Je zufälliger diese Einleitung aber erscheint, desto zwangsloser wird sie auf die Mitteilungslust der Kinder wirken. Es kommt also darauf an, daß ich ihnen über etwas rein zufällig Erlebtes berichte, dann wird meine Mitteilung nicht den Eindruck des gewollten, des absichtlich Herbeigeführten machen.

Aber woher nun ein solch zufälliges Ereignis nehmen[24]?

Ich glaube, man muß da Zugeständnisse machen, sonst wirds nichts. Entweder lockere Disziplin und gute geistige Arbeit, oder umgekehrt. Beides vereinigen können selbst wir Erwachsene nicht[25].

Im Mittelpunkt steht also das Emotionale als Mittel zum Zweck, daß die Kinder sich wieder spontan und frei äußern, und zwar äußern im weitesten Sinne des Wortes, statt wie in der Lernschule und im Curricularismus einseitig intellektuell und repressiv gefordert zu werden.

So baute H. Scharrelmann eine Sachkunde-Didaktik auf der Basis ereignis- und erlebnisreicher Einzelgeschichten auf, die aber in einer Gesamtkonzeption stehen, derart, daß ein fiktiver Schüler im Alter des jeweiligen Klassendurchschnitts vieles erlebt, was die realen Kinder auch erleben bzw. erleben könnten. D. h. es besteht die Möglichkeit zur Identifizierung und damit zur besseren Artikulation: Denn alle Geschichten sind nur Mittel zum Zweck, sich selbst zu äußern und damit sich selbst zu entwickeln.

Topographie und Kartenarbeit (vergleiche Beispiel 2) wurde von der Reformpädagogik, besonders von der Erlebnis-Pädagogik, mit aller Schärfe abgelehnt. F. Gansberg sprach vom Götzendienst in der Geographie[18].

Die Berni-Bände beginnen mit der Umwelt (Heimat) des fiktiven jungen Berni. Im vorliegenden Band, Berni im Seebad, wird zum ersten Male eine Reise unternommen, wieder aus naheliegenden Gründen als Kur der kranken Mutter von Berni. Verbunden mit dieser Reise nach Wangerooge, wo es viel Neues zu erleben gibt, steht allerdings dann der Versuch, zum ersten Male einen Blick auf die ganze Welt zu werfen, erlebnisbetont-spannend, um die Kinder der Klasse zu veranlassen, selbst zu berichten, was sie schon über die Welt bzw. ihre verschiedenen Gebiete gehört haben.

Im Zusammenhang damit steht das *Prinzip vom Nahen zum Fernen*:

1. Im *analytischen Lehrgang* war der Ausgang der Kosmos, dann folgten die Welt, der einzelne Kontinent, das Vaterland, schließlich die Heimat. *Guts-Muths* war ein Vertreter dieser Richtung. Wer einen Blick in ältere Atlanten wirft, kann darin noch gelegentlich diese Reihenfolge feststellen.

2. Der *synthetische Lehrgang* dagegen geht vom Nahen zum Fernen, vom Bekannten zum Unbekannten, geht von der Heimat über das Vaterland, Europa, andere Erdteile zur Welt als Ganzem und betrachtet erst am Ende die Erde als Weltkörper. Vertreter dieser Richtung sind *Pestalozzi, Ritter, Herbart, Diesterweg*. In diesen Zusammenhang gehört auch der Begriff der konzentrisch sich erweiternden Kreise bei der Stoffanordnung, der psychologisch fundiert sein soll, während der analytische Lehrgang fachwissenschaftlich begründet war, vom Überblick ausging.

Seit der *Reformpädagogik* läßt sich aber schon die Tendenz verfolgen, das starre Prinzip der konzentrischen Kreise, vom Nahen zum Fernen, abzuwandeln bzw. aufzuheben. Wenn *H. Scharrelmann* als Vertreter der Erlebnispädagogik in seinem Berni-Band Nordwestdeutschland besonders die Nordsee und die ostfriesischen Inseln darstellt, dabei aber zugleich auch vom Walfang, von der Seefahrt, von fernen Meeren und Ländern berichtet, so bedeutet das nichts anderes, als daß schon vor über fünfzig Jahren nicht mehr streng nach dem Prinzip vom Nahen zum Fernen verfahren wurde. Nach dem 2. Weltkrieg meint *E. Hinrichs*[26], daß die Schüler des 5. und 6. Schuljahres schon von fremden Ländern und Völkern gehört haben und ihnen auch großes Interesse entgegenbringen. Daher lassen sich bei Themen aus der Heimat entsprechende Themen aus fernen Gebieten anschließen, so an die Hochseefischerei in Deutschland die entsprechende aus Norwegen, Japan, Nordamerika, oder an das Leben auf einem Bauernhof der Marsch, der Geest, des Moors, im Gebirge das entsprechende in Dänemark oder den Niederlanden, auch das Leben in den Huertas, in den Fruchtgärten Spaniens, in der Niloase Ägyptens, in der die Fellachen unter anderen

Bedingungen auch andere Güter anbauen können. W. *Groteluschen*[27] schlägt einen dreifachen Gang der Erdkunde über die Erde anstelle des Prinzips vom Nahen zum Fernen vor. Zuerst erdkundliche Einzelbilder, dann Erdteile und Länder, dann weltkundliche Übersichten.

VON EISBERGEN UND WALFISCHEN*

Es regnete und stürmte heute den ganzen Tag, und die Kurgäste blieben meistens zu Hause und langweilten sich. Dazu hatte die Luft sich sehr abgekühlt, so daß man aus dem Frösteln gar nicht herauskam.

»Das werden wohl die Eisberge machen«, sagte Herr Sandreuther, als er nachmittags auf die Veranda gekommen war, wo die Kinder spielten, »ich habe man in der Zeitung gelesen, daß die Schiffe auf ihrer Fahrt nach Neuyork große Eisberge getroffen haben.«

»Wo kommen denn die Eisberge her?« fragte ihn Berni.

»O, die kommen alle von Norden, von Grönland und daher herunter. Ich habe früher auf meinen Reisen oft Eisberge gesehen. Sie sind ja schön und großartig, wenn man ihnen so oft auf offenem Meere begegnet, aber sie sind auch sehr gefährlich und manches Schiff ist schon mit ihnen zusammengestoßen und kaputt gegangen.

Ich erzählte euch doch heute morgen von dem Haifisch, den wir auf unserer Reise nach Kapstadt gefangen hatten, nicht? – Na, auf derselben Reise, als wir von Kapstadt nach Australien weiterfuhren, da trafen wir eine Menge Eisberge, und wir hatten ordentlich zu tun, daß wir uns die Riesen vom Leibe hielten. Die werden nämlich 50 bis 60 Meter hoch, wenigstens was die größten sind. Und dann muß man bedenken, daß ja immer nur ein kleiner Teil von solchem Eisberge aus dem Wasser herausguckt. Der größte Teil ist aber unter Wasser. Ach, das sieht schön aus, wenn die Sonne scheint und solch ein Riese kommt so langsam herangeschwommen, und die Sonne glitzert darauf. Aber das Schönste ist die Brandung an solchen Eisbergen. Wenn die See unruhig ist, dann schäumen die Wellen gegen das Eis an, daß der Schaum bis oben hinaufspritzt. Wir haben es hin und wieder wohl mal versucht, mit einem Boote heranzukommen, aber da ist gar keine Möglichkeit. Man darf sich nicht heranwagen, sonst würde die Brandung das Boot kurz und klein schlagen.

Die meisten sind freilich wohl nicht 50 Meter hoch, das sind immer nur die ganz großen, in der Regel sind die so 20–30 Meter, und dann sieht man auch viele Schollen, riesige Eisfelder, oft ein paar englische Meilen lang. Die treiben alle den heißen Ländern zu, und dann schmelzen sie natürlich langsam weg.

Das Schmelzen macht hauptsächlich das Wasser. Die Wellen schlagen vom Meere aus immer gegen die Wände des Eisberges, und an der Stelle schmilzt der Berg dann langsam weg. An die höchsten Stellen der Eisberge aber können die Wellen nicht anschlagen, und so kommt es dann, daß der Berg an der Wassergrenze mehr und mehr

---

* Aus: Heinrich Scharrelmann: Berni im Seebad. Verlag Georg Westermann, Braunschweig 1921, p. 104–114.

wegschmilzt und der obere Teil weit übersteht. Ach, das sieht dann so wunderlich aus. Wild und zackig ragt dann der obere Teil über das Wasser, unten haben die Wellen den Berg ganz ausgehöhlt. Oft schlagen sie auch so tiefe Löcher hinein, daß große Torbogen entstehen, durch die ein kleines Schiff hindurchfahren kann. So nimmt die Strömung den Eisberg mit und bringt ihn in wärmere Gegenden, und da scheint die Sonne wieder stärker und hilft nun auch mit, ihn aufzutauen. Dann brechen oft große Stücke der Krone ab und stürzen ins Meer und schwimmen nun als kleine Eisberge neben dem großen weiter, bis dieser sich ganz allmählich auflöst und geschmolzen ist.«

»Gibt es denn heiße und kalte Länder?« fragte ihn Erna. »Gewiß, mein Kind, ich bin schon in Ländern gewesen, wo es immer Sommer ist, und auch in einem Lande, wo der Winter eigentlich nicht aufhört. Da ist es dann im Sommer immer noch viel kälter, als bei uns mitten im Winter. Und in diesen kalten Ländern gibt es auch hohe Berge, die sind dann ganz dick mit Schnee und Eis bedeckt. Im Sommer aber brechen große Stücke von dem Eise ab und rutschen die Berge langsam hinunter und treiben dann in das Meer hinaus. Und das Meer nimmt sie nun mit, immer weiter hinaus bis nach den heißen Ländern hin und bis sie geschmolzen sind.«

»Das tun alles die Wellen, nicht?« fragte ihn Berni. »Ja, die Wellen und die Strömungen. – Im Meere gibt es nämlich auch kalte und warme Strömungen. Und in den kalten Strömungen treiben die Eisberge nun dahin. Und wenn die kalte Strömung da draußen viele Eisberge mitschleppt, dann kühlt sich die Luft über dem Wasser auch tüchtig ab. Und diese kalte Luft kommt dann auch nach uns, und dann schlägt bei uns auf einmal das Wetter um. So wird es in diesen Tagen auch wohl gewesen sein. Ich glaube bestimmt, daß die Eisberge in der See es gemacht haben, daß es heute bei uns auf einmal so kühl geworden ist.«

»Ich möchte auch wohl mal in solch kaltes Land reisen!« rief Berni. »Da kann man das ganze Jahr Schlittschuhe laufen und Schlitten fahren.«

»Das wünsch dir man nicht, mein Junge«, entgegnete Herr Sandreuther, »das ist in Wirklichkeit viel schlimmer, als du denkst. Ich fuhr mal mit einem Walfischfänger nach Grönland hinauf, das war eine schlimme Fahrt, die ich so leicht nicht wieder vergesse. Bis Island hinauf ging's ganz gut. Da hatten wir noch mildes Wetter, aber dann steuerten wir auf Grönland zu, und da fing es an ungemütlich zu werden. O, was habe ich da für Schneegestöber erlebt! Und dann noch Sturm dazu. Ich sage dir, da konnte man nicht die nächsten Gegenstände mehr sehen. Und der eisige Wind und die harten Flocken, wenn einem die so stundenlang um die Ohren fliegen, das ist wirklich nicht mehr angenehm. Wir hatten uns ja gut für die Reise eingerichtet, und der Dampfer hatte schon ein paar Reisen da hinauf gemacht und war recht fest und sicher gebaut, aber dennoch – es wurde mir bald zuviel. Es war ein schwedischer Dampfer, wir waren von Stockholm aus gefahren und wollten Walfische jagen, und das ist immer harte und gefährliche Arbeit, und schmierig ist die Arbeit, einfach nicht zum sagen!

Als wir nun hinter Island waren und auf Grönland zusteuerten, da sahen wir gerade vor uns drei Wale auf dem Wasser liegen. Man kann sie immer von weitem schon erkennen an dem Wasserdampfe, den sie ausstoßen. Der Wal hat nämlich zwei Nasenlöcher, die ganz eng beieinanderstehen und oben auf dem Kopfe sitzen, und wenn die Tiere nun ausatmen, dann sieht das von weitem aus, als wenn sie in hohem Strahl – so ungefähr 5 oder 6 Meter hoch! – Wasser ausspritzen. Das ist aber ja kein Wasser, das ist nur die Luft, die sie ausatmen und die man in der kalten Luft sehen kann.

Die Tiere lagen ganz ruhig, nur hin und wieder sahen wir den einen oder anderen einmal wegtauchen.

Die Maschine wurde gleich gestoppt, und ganz vorsichtig fuhren wir noch etwas näher an die Tiere heran, um sie nicht zu verjagen. Und dann wurden die Boote klar gemacht und zu Wasser gelassen. Zwei Boote fuhren gleichzeitig ab. Na, das war da nun eine Aufregung, denn solche Walfischjagd ist immer gefährlich und aufregend. Die Boote schossen schnell über das Wasser hin, denn die See war ziemlich ruhig. Als wir so'n paar hundert Meter mit unserem Boote an eins der Tiere herangekommen waren, tauchte es gerade unter, das andere Boot fuhr nun seitab und näherte sich dem zweiten Wale. Wir mußten warten, denn so'n Wal kann 10–15 Minuten unter Wasser bleiben, ohne Luft zu holen. Dann muß er aber wieder herauf und atmen. Die Zeit wurde uns furchtbar lang. Vorn an der Spitze des Schiffes stand unser Bestmann. Der hatte schon oft Wale gefangen, und der bediente die Mörserbüchse. Ja so, das muß ich doch auch noch erzählen! Die Wale werden nämlich mit Harpunen aus Mörsern geschossen. Der Mörser sitzt ganz vorn an der Schiffsspitze und muß genau gerichtet werden. In dem Mörser ist natürlich Pulver, und davor sitzt die Harpune. Das ist ein Pfeil, der ein paar Widerhaken hat. An der Harpune aber sitzt eine ganz, ganz lange Leine, die ist auf einer Welle aufgerollt, und wenn die Harpune nun abgeschossen wird, dann zieht sie die Leine natürlich mit sich. Sowie aber ein Wal die Harpune im Leibe hat, dann taucht er unter oder schwimmt vor Schmerzen weit unter Wasser hin. Und wenn man dann nicht aufpaßt, dann zieht er das Boot mit in die Tiefe.

Deshalb liegt immer vorn im Boot eine ganz scharfe Axt, und sowie die Leine abgelaufen ist, wird sie gekappt, damit das Tier das Boot nicht mit in die Tiefe reißt.

Na, also wie wir so liegen und warten, taucht der Wal dicht vor uns wieder auf. Als wenn auf einmal eine große Insel aus dem Wasser heraufkommt, sah es aus. Unser Bestmann zielt rasch mit der Mörserbüchse und – bumm! – kracht der Schuß, und gleich hinterher schossen sie auch von dem anderen Boot auf den zweiten Wal. Aber wir hatten ja gar keine Zeit auf das zu achten, was die andern in ihrem Boote machten. Wir hatten genug mit unseren eigenen Sachen zu tun. Die Harpune traf den Wal gerade mitten in der Seite und drang bis an das Ende in den Leib. Sowie aber der Wal die Harpune im Körper hatte, machte er einen Kopfsprung, und weg war er. Rrrrrr . . . . ! rollte die Leine mit ab von der Welle. Unser Bestmann griff gleich nach der Axt, hob sie und stand nun wartend da, um sie gleich kappen zu können. Aber die Leine wird immer erst im allerletzten Augenblicke gekappt, wenn es nämlich gar nicht anders mehr geht. Wir standen alle mit aufgerissenen Augen hinter ihm, da – die Welle wurde leerer und leerer – gab es einen Ruck und unser Boot wurde mitgerissen, wir flogen nur so über das Wasser, daß die See vor uns aufzischte. So'n paar hundert Meter mochte der Wal uns über das Wasser gezogen haben, da auf einmal wurde die Leine schlaff und schlaffer. Das Ziehen hört auf, und der Wal, der seine Harpune nicht wieder loskriegen konnte, lag wieder oben auf dem Meere. Aber er krüselte im Wasser herum, lag bald auf dem Rücken und bald auf dem Bauche. Er patschte die See mit seinem Schwanze, daß die Spritzer hochauf schäumten. Unser Bestmann zog die Leine an, daß sie sich wieder halb auf die Welle aufrollte, und dann schoß er noch einmal. Aber der Wal hatte schon so viel Blut verloren und war schon so schwach geworden, daß er nicht einmal mehr ordentlich untertauchte. Er lag bald still auf dem Wasser und war tot.

Nun erst hatten wir Zeit, uns nach unseren Kameraden in dem anderen Boote umzusehen. Die hatten auch Glück gehabt wie wir. Der Wal mochte wohl nicht so gut getroffen sein, wie unserer. Er zog gleich nach dem ersten Schuß so in die Tiefe, daß die Leine gekappt werden mußte. Aber er kam nicht weit von der Stelle endlich wieder herauf und bekam auch eine zweite Harpune. Nun lagen die beiden großen Kolosse da auf dem Meere und waren tot. Wir zogen die Flagge auf, der Dampfer kam herangefahren, und wir mußten nun beide Wale längsseits des Schiffes bringen.

Ja, wenn wir nun gut Wetter behielten, daß wir alles bergen konnten! Dann mochte es gehen.

Na, es blieb ja auch gut. Aber nun gab's eine schauderhafte Arbeit. Die Boote hingen bald wieder in den Gaffeln. Nun wurden große Kessel auf Deck gestellt, die sind oben ganz offen, und unten brennt ein Feuer. Wie so ein Waschkessel, worin die Frauen Wäsche kochen, sahen sie aus. Drei von den Dingern wurden auf Deck gestellt, und nun sollten die Wale geschlachtet werden.

So'n Wal, der hat nämlich unter seiner dicken Haut, die wie Leder ist, eine Speckschicht, die wohl ungefähr ein halb Meter dick ist. Davon sollte Tran gekocht werden. Das eine von den Tieren war besonders groß, sicher über 20 Meter; das andere mochte 16 Meter lang sein. Die Tiere haben einen riesig großen Kopf. Das Maul allein ist etwa 5 oder 6 Meter lang, und darin sitzen die Barten. Zähne hat der Wal ja nicht, aber dafür 300 Barten, von denen die längsten wieder 5 Meter lang werden. Die sind sehr biegsam, aber auch fest; man muß sie mit der Axt heraushauen. Davon werden dann die echten Fischbeinstangen gemacht.

Der Kapitän war der einzige, der nicht mitarbeitete. Wir anderen aber bekamen alle Steigeisen an die Füße, damit wir uns auf der glatten Haut halten konnten.

Und nun ging's los. An Tauen ließen wir uns herunter auf den Wal, und nun wurde mit langen Messern die Haut aufgeschnitten und große Klumpen Speck abgelöst. Die warfen wir auf Bord, und sie kamen gleich in die Kessel, die inzwischen schon angeheizt waren. Nun fing der Speck an zu kochen und zu qualmen und zu stinken, das war schon nicht mehr schön!

Aus dem Laderaume wurden leere Tonnen heraufgeholt, die wurden mit dem ausgekochten Tran gefüllt, und die vollen, gut verschlossen, wieder nach unten gebracht. Andere schnitten immer neue Speckseiten heraus und brachten sie an Bord, und wieder andere standen an den Kesseln und rührten den Tran um, daß er sich nicht ansetzte.

Und auf der anderen Seite des Schiffes lag der andere Wal, und da waren die Leute ebenso an der Arbeit.

Wir sahen aus wie die Mordbrenner, so dreckig und schmierig und angeschwärzt, daß wir glaubten, wir würden überhaupt nicht wieder rein werden. Und alles stank nach Tran und Schmiere.

So'n Tier von 18 Meter Länge, das hat über 30000 Kilogramm Speck unter der Haut, und da kann man immer so 24000 Kilogramm Tran kochen. Nun könnt ihr euch denken, was wir für Fässer füllen konnten von den beiden Tieren. Na, unser Kapitän war freudenfroh, er hatte ja auch mächtiges Glück gehabt. Jedes Tier brachte ihm wohl so 4000 Mark ein, wenn er den ganzen Tran und das Fischbein verkaufte.

Es sollte gar nichts zurückbleiben. Sogar die Knochen haben wir mitgenommen, und die sind dann an ein Museum verkauft worden.

Ja, die Reise hätte ja auch ganz anders ausgehen können. Mancher Walfischfahrer fährt guten Mutes aus und fängt gar nichts, denn jetzt gibt's nicht viel Walfische mehr.

Früher war das noch anders. In alten Zeiten, was hat man da für eine Menge Walfische gejagt! Ich habe mal gelesen, daß vor ein paar Jahrhunderten noch von 55 hamburgischen Schiffen 504 Wale gefangen wurden. Denkt bloß mal an, was das für Geld gebracht haben muß!«

Da kam auf einmal Frau Sandreuther auf die Veranda herauf und sagte: »Hör mal, du vergißt ja wohl ganz, daß du noch frisches Seewasser holen mußt für Doktor Siemer.«

Da stand Herr Sandreuther schnell auf und ging in das Haus.

HERRN SANDREUTHERS SCHRANK

Das waren immer schöne Stunden für die Kinder, wenn sie bei Herrn Sandreuther sitzen und ihm zuhören konnten. Er war ja auf seinen Seefahrten viel herumgekommen, hatte alle Erdteile und Weltmeere gesehen und Menschen aus allen Fernen kennen gelernt.

Das Leben und Treiben am Strande war den Kindern allmählich langweilig geworden. Dazu kam noch, daß der Sturm ihre schöne Burg zerstört hatte, und die neue, die sie inzwischen wieder gebaut hatten, war längst nicht so schön wie die alte geworden.

Und Wangeroog war jetzt voll Fremder, übervoll. Nur in den großen Hotels waren noch Zimmer frei. In den Fischerhäusern aber war jede kleinste Stube vermietet. – Und am Strande standen Strandkörbe neben Strandkörben. Und immer weiter vom Dorfe entfernt mußten die Neuangekommenen ihre Burgen bauen und ihre Flaggen hissen. So waren Frau Becker und Frau Stengele auch stark eingeengt worden. Rechts und links und vorne und hinten waren andere Burgen entstanden. Hier hatte eine Berliner Familie gebaut und dort wieder eine aus München, hier tönte sächsischer Dialekt und dort hannoverscher.

Hier erzählte jemand von dem »skönen Skinken« seiner Heimat, und von der anderen Seite rief eine Stimme: »Da hamersch! – Das hättch, weeß Knebbchen, nich gedacht!« Hier erzählten ein paar Kinder von »son jroßet Biest, wat se im Wasser jesehen hatten un ufs Land jekrabbelt war«, und aus einem anderen Strandkorbe schalt wieder eine Stimme: »Dees is a Kreiz uf derar Woit! – Macht, daß ihr furtkummt, Lausbuabn, elendige!«

Die Insulaner freuten sich natürlich über den starken Fremdenverkehr, und auch Frau Becker hatte allen Grund, zufrieden zu sein, denn ihr kleines Geschäft ging vorzüglich. Sie war Frau Stengele für den guten Rat, den diese ihr gegeben hatte, sehr dankbar. Alle acht Tage mußte sie von Emmy neue Vorräte schicken lassen.

Und gesundheitlich ging es Frau Becker jetzt auch gut. Sie sah frisch und gebräunt aus, fühlte sich viel wohler, und ihr Gang war viel fester und sicherer geworden als früher in Bremen.

Die Hauptfreude der Kinder war und blieb das Baden. Sie wußten jeden Tag ganz genau, wann Badezeit war und wieviel Grad Wärme das Wasser hatte.

Jetzt warf natürlich keine Welle die Kinder mehr um, und mutig ließ sich selbst die kleine Erna die hohen Wellen auf den Rücken klatschen. Und je höher die Wogen waren, desto mehr jauchzten die Kinder.

Und kamen sie dann krebsrot wieder aus dem Wasser und hatten sich angezogen, dann machten sie einen ordentlichen Spaziergang, um sich gut durchzuwärmen, ehe sie sich in den Strandkorb setzten oder zu Mittag aßen. – – – Als die Kinder heute nachmittag, nachdem sie wieder ein paar Stunden am Strand gewesen, nach Hause zurückkehrten und in Sandreuthers Stube traten, sahen sie Herrn Sandreuther vor einem offenen Wandschranke stehen, in dem lauter Kasten standen. Herr Sandreuther machte sich an den vielen Kasten zu tun.

»Was ist denn in all den Kasten?« fragte Berni. »Lauter Andenken«, sprach Herr Sandreuther, »da sind Sachen in, die ich früher von meinen Reisen mitgebracht habe. Soll ich euch mal was davon zeigen?«

Die Kinder traten alle drei eifrig heran und sperrten vor Neugier Mund und Nase auf.

Herr Sandreuther nahm einen großen Pappkasten heraus, streifte ein wenig Staub mit dem Ärmel von dem Deckel und stellte dann den geöffneten Kasten auf den Tisch.

»Aber nichts anfassen, sonst schließe ich ihn wieder weg!« sprach er.

Da lagen in dem Kasten kreuz und quer kleine, weiße, steinerne Bäume, rote Zweige und Steine mit dünnen Röhren. »Das sind Korallen«, sprach er. »Die gibt es in den warmen Meeren. Da sitzen sie auf dem Meeresgrunde, und man kann sie, wenn das Schiff in den Hafen fährt, oft auf dem Grunde sitzen sehen.

Aber das sind nun alles keine Gewächse, sondern Tiere. Guckt mal dieses Stück an, das sieht wie ein dicker Schwamm aus und hat auch lauter ganz feine kleine Löcher. In jedem Löchlein hat ein Tier gewohnt. Diese Korallentiere, die schwitzen Kalk aus, und da machen sie sich ihre Wohnung wie die Schnecke. Und wenn die Tiere alt geworden sind, dann sterben sie, und ihre Jungen, die wohnen dann auf den Häusern ihrer Eltern. Und so geht das fort, und im Laufe der Zeit werden die Korallenstöcke immer größer und größer. Manche verzweigen sich auch, daß es aussieht, als ständen da unten im Wasser riesige Bäume ohne Blätter, aber mit lauter kleinen Zweigen.

Und dies hier ist wieder ein Stück von der Edelkoralle. Das ist nun schon geschliffen und zurechtgemacht. Solche Korallen werden viel in dem Mittelländischen Meer gefischt und zu Schmucksachen verarbeitet. Und das ist wieder ein Stück der Orgelkoralle, die nennt man so, weil die Röhren der Tierchen wie Orgelpfeifen nebeneinanderstehen. Aber hier habe ich noch etwas Schönes!« – Herr Sandreuther nahm einen zweiten Kasten aus dem Schranke und öffnete ihn –, »da habe ich einen großen Korallenstock, der sieht aus wie ein richtiger Badeschwamm, aber im Meere gibt es noch viel größere und schönere Stücke. Ja, die Korallen! – das sind nun so kleine Tierchen, und doch können sie große Dampfer zugrunderichten und ganze Länder bauen. Das kommt davon, daß sie so rasch bauen und sich überall im warmen Wasser ansiedeln, wo es nicht zu tief ist. Die meisten Korallen findet man an Stellen, wo das Wasser so ungefähr 30–50 Meter tief ist.

Bei Australien war einmal ein großer Dampfer gesunken, und den wollte man wieder heraufholen. Aber da vergingen noch $1\,1/2$ Jahre, und als man den Dampfer dann endlich wieder herauf hatte, da war er schon über und über $1/2$ Meter dick mit Korallen bedeckt. So rasch hatten sich die kleinen Tiere darauf angebaut.

Und wenn der Dampfer noch länger da unten im Wasser gelegen hätte, dann wäre er zuletzt gar nicht mehr zu heben gewesen, dann hätten die Korallen ihn ganz zugebaut. – Die Korallen wachsen nämlich immer höher und höher bis dicht unter die Oberfläche des Wassers bei Ebbezeit.

Ist aber ein Stock so hoch gewachsen, dann haben sich rechts und links von ihm schon längst wieder neue Stöcke gebildet, und so gibt es denn in den warmen Meeren Stellen, wo bis dicht unter die Oberfläche des Wassers Korallenstöcke neben Korallenstöcken stehen. Und wehe dem Schiff, das auf solche Korallenbänke aufrennt. Das ist meist verloren oder bekommt doch einen tüchtigen Leck. Weil aber die Korallen immer im niedrigen Wasser bauen und das niedrige Wasser meist dicht am Lande ist, so könnt ihr wohl begreifen, daß es große Inseln und weite Küstenstrecken gibt, die ganz von Korallenbänken umgeben sind. Solche Korallenbänke sind manchmal 80–90 Meter breit und bilden dann einen festen Saum, so ganz an der Küste entlang. Aber das wäre ja noch nicht so schlimm! – Viel schlimmer sind die Dammriffe, die weiter hinaus im Meere liegen, aber sich auch immer an der Küste entlangziehen.

Zwischen solchem Dammriffe, das oft viele Kilometer breit und manchmal 1500 Kilometer lang ist, und der Küste liegt dann ein Meereskanal. Dammriffe ziehen sich oft 30, 50, 80, ja sogar 140 Kilometer weit von der Küste entfernt an dieser entlang, und auf den Dammriffen ist schon manches Segelschiff sitzen geblieben und von dem nächsten Sturm kaputt geschlagen worden.

Nur die Eingeborenen jener Länder wissen genau die Stellen, wo solch ein Riff aufhört, und wo man mit dem Schiffe bis nahe an das Land heranfahren kann ohne aufzulaufen.

Und dann gibt's auch noch in den warmen Ländern Atolle- oder Lagunenriffe. Das sind richtige Inseln, die von Korallen gebaut sind. Wenn einmal die Korallenbauten bis ganz dicht unter die Oberfläche des Wassers gekommen sind, dann werfen die Wellen Sand und Schmutz hinauf, und allmählich guckt Land an der Stelle, wo die Korallen

67

unter dem Wasser sind, heraus. Wenn nun Sturm kommt, dann wirft das Meer aber auch Tangbüschel und Holzstücke und Zweige und allerlei Schmutz auf das Riff, hin und wieder auch mal eine Kokosnuß oder Samen von anderen Palmen. Und der Samen bleibt liegen und fängt an zu keimen, und im Laufe der Zeit wachsen Bäume und Gräser und Strauchwerk auf der Insel. Ich habe schon oft Atolle gesehen. Sie sehen ganz hübsch aus, aber sie sind auch sehr gefährlich für die Schiffe.

Die meisten Atolle sind oval oder kreisförmig und haben in der Mitte meist noch einen See, der an einer oder zwei Stellen mit dem Meere in Verbindung steht oder auch ganz von diesem abgetrennt ist.«

Herr Sandreuther nahm aus einer Schublade des Schrankes eine große Mappe, darin waren bunte Bilder aus fremden Ländern. Eins dieser Bilder zeigte auch ein Atoll. Die Mappe mit den Bildern hatte ein Freund von ihm alle gemalt und ihm zum Andenken geschenkt. »Seinem lieben Freund Sandreuther zum treuen Gedenken!« stand vorne auf dem ersten Blatte geschrieben.

Herr Sandreuther ging sehr vorsichtig mit dem Buche um und litt nicht, daß die Kinder es berührten. Er schlug selber die einzelnen Blätter um und zeigte und erklärte ihnen, was sie darstellen sollten. Da waren Häuser von Samoa, eine Straße aus Peking, Küsten und Landschaften von Java und Sumatra, eine Waldlandschaft von Ceylon usw. Am meisten Freude machte den Kindern aber ein Negerdorf mit wild aussehenden Schwarzen, die mit ihren Schilden und Lanzen einen Tanz aufführten.[28]

Ausgewählte Aufgaben

Das Problem der Reihenfolge der Stoffe (Themen) in der Erdkunde.

Das Prinzip vom Nahen zum Fernen in der modernen Didaktik der Erdkunde, besonders bei der Regionalen Geographie, Allgemeinen Geographie, Sozialgeographie ...

Das Emotionale in der modernen Didaktik und Methodik der Erdkunde, als Mittel zum Zweck, als Zweck (Zielsetzung).

Die Antinomie Pädagogik vom Kinde aus bzw. von der Gesellschaft bzw. von der Fachwissenschaft aus unter besonderer Berücksichtigung der Erdkunde.

Kritische Analyse des vorliegenden Textes aus dem Berni-Band (Inhalt, Sprache, Umfang, Spannung, Fehler ...).

Prüfung der Literatur bezüglich ähnlich gelagerter Texte für die Erdkunde.

Eigener Entwurf eines entsprechenden Textes.

Vergleich mit Beispiel 13 bezüglich der erlebnisbetonten Geschichte im Zusammenhang mit der Allgemeinen Geographie (Gezeiten).

Überflüssigkeit solcher Texte durch Massenmedien bzw. Reizüberflutung bzw. durch Verwissenschaftlichung des Unterrichts.

Kritische Analyse des Textes: Aus meiner Werkstatt.

Die moderne Bedeutung des Kapitels über Walfang für die Arbeitslehre bzw. den Naturschutz.

Aktualität des Buchtitels von Münch (1928): Freude ist alles (im Unterricht).

Ausgewählte Literatur

H. Nohl: Die pädag. Bewegung und ihre Theorie, Frankfurt 1949
P. G. Münch: Freude ist alles, Leipzig 1928
W. Lehmann: Der Erlebnisgedanke und seine pädagogische Auswertung, Osterwieck 1927
F. Gansberg: Streifzüge durch die Welt der Großstadtkinder, Leipzig 1912

6. Reformpädagogik in der 1. Hälfte des 20. Jahrhunderts: Gruppenunterricht und Gruppenerziehung am Beispiel Asien. P. Petersen: Die Praxis der Schulen nach dem Jena-Plan 1934

Der *Gruppenunterricht* wurde mit der Reformpädagogik eine tragende Säule der Unterrichtsgestaltung. Die Erdkunde bot für den Gruppenunterricht günstige Ansatzpunkte. *P. Petersen*[29] bringt verschiedene Beispiele über den erdkundlichen Gruppenunterricht: Eroberung der Erde durch den europäischen Menschen, Naturvölker, Asien. Auch nach dem 2. Weltkrieg wurde die Bedeutung des Gruppenunterrichts für die Erdkunde hervorgehoben. So formulierte der Bildungsplan von *Baden/Württemberg*[30]: »Der Erdkundeunterricht gibt reiche Gelegenheit, die Schüler einzeln oder in Gruppen selbständig arbeiten zu lassen.«

Andererseits lassen sich jene Stimmen nicht überhören, die von Grenzen des Gruppenunterrichts sprechen. *W. Klafki*[31] stellt heraus, daß »manche modernen methodischen Formen – der Gruppenunterricht, das Lernen mit Hilfe von Arbeitsmitteln u. ä. – hinter dem Anspruch, den sie selbst erheben, oft weit zurückbleiben; positiv formuliert: daß es notwendig wäre, sie . . . unter dem Gesichtspunkt des angedeuteten Verständnisses sinnbezogener Selbsttätigkeit kritisch zu untersuchen und fortzubilden«. Auch *M. F. Wocke*[32] hebt »Möglichkeiten und Grenzen des Gruppenunterrichts im Erdkundeunterricht« hervor.

Die Einschätzung des Gruppenunterrichts steht und fällt – um es in aller Deutlichkeit herauszustellen – mit der didaktischen Absicht.

a) Kommt es primär auf die Erziehung zu sozialem Verhalten an – Verantwortungsgefühl der Gruppe gegenüber, Einordnung in sie und gegenseitige Hilfsbereitschaft –, so ist der Gruppenunterricht wichtig und wertvoll. Nur, er sollte dann besser *Gruppenerziehung* heißen (Sozialität).

b) Kommt es primär auf die Vorbereitung eines später im Beruf oft anzutreffenden Teamworks auf arbeitsteiliger Basis an, so ist der Gruppenunterricht wichtig und wertvoll. Er sollte dann lieber Teamwork oder *Gruppenarbeit* genannt werden.

c) Nun ist jeder Gruppenunterricht zugleich an die Erarbeitung gewisser (erdkundlicher) Stoffe gebunden. Kommt es primär auf Orientierung in verschiedenen erdkundlichen Hilfsmitteln, damit auf *Orientierungsvermögen* und *Orientierungswissen* an, dann ist der Gruppenunterricht erst Unterricht und zugleich wertvoll.

d) Kommt es auf *schematische Gesichtspunkte* bei der Erarbeitung gewisser (erdkundlicher) Stoffe an, wie Grenzen, Nachbarn, Relief, Klima, Bodenschätze, Landwirtschaft, Industrie, Zahlen, dann ist der Gruppenunterricht wichtig und wertvoll.

e) Kommt es auf *Anwendungsaufgaben* an, die arbeitsteilig zu lösen sind, beispielsweise nach der Behandlung touristischer Sehenswürdigkeiten eines Gebietes auf die

Erstellung von Reiseprospekten, so kann der Gruppenunterricht gut durchgeführt werden.

f) Kommt es auf *Arbeitsaufgaben in Originaler Erdkunde* an, also in der freien Landschaft, auf Beobachtung, Kartierung, Beschreibung, Zeichnung, Messung, Zählung, Ausdeutung, so kann Gruppenunterricht gut durchgeführt werden (vgl. Beispiel 18), am besten in Arbeitsteiligkeit, weil sonst die Hilfsmittel nicht ausreichen, aber so, daß mehrere Gruppen an denselben Aufgaben arbeiten, so daß später bei der Auswertung verglichen, kritisiert, ergänzt werden kann.

g) Über den Gruppenunterricht in der *Fall-Methode* und im *Plan-Spiel* wird im Kapitel 17 gehandelt. Dort spielt er eine wichtige Rolle zur Herbeiführung von Entscheidungen.

h) Kommt es dagegen auf die *selbständige Erarbeitung neuer Einsichten und komplizierter Zusammenhänge* an, dann stößt der Gruppenunterricht oft auf deutliche Grenzen. Manches Schwierige bedarf anderer Unterrichtsformen. Neben erziehlichen Vorteilen stehen unterrichtliche Schwierigkeiten des Gruppenunterrichts.

Es lassen sich folgende Schritte beim Gruppenunterricht unterscheiden:
a) Motivation
b) Planung: Unterthemen, Arbeitsaufgaben, Verteilung auf die Gruppen
c) Durchführung
d) Berichte, Diskussion über die Berichte
e) Zusammenfassung

Worauf ist im Gruppenunterricht der Erdkunde zu achten? Zunächst ist es notwendig, den echten, arbeitsteiligen Gruppenunterricht durch eine größere Zahl von verschiedenen *Vorstufen* vorzubereiten. Oft scheitert er schon daran, daß seine Organisationsform ein solches Novum für die Schüler darstellt, daß sie ihn gar nicht bewältigen können. Diese Vorstufen sind in der Erdkunde:
a) Es ist die Fähigkeit im Umgang mit erdkundlichen Hilfsmitteln, mit Atlas und Karte, mit Büchern und anderen Quellen, mit Modellen und anderen Gegenständen. Dies ist besonders wichtig im Abschnitt der eigentlichen Durchführung des Gruppenunterrichts.
b) Ziemlich identisch hiermit dürfte die Gewöhnung an die Stillarbeit sein, in der die Auseinandersetzung mit den erdkundlichen Hilfsmitteln erfolgt. Durch häufigen Wechsel der Unterrichtsformen, der gerade auch Stillarbeit berücksichtigt, erfolgt eine langsame Hinführung.
c) Das soziale Moment des Gruppenunterrichts muß schrittweise entwickelt werden. So gibt es Vorstufen, die lediglich Alleinarbeit als Stillarbeit mit den erdkundlichen Hilfsmitteln umfassen, dann partnerschaftliche Arbeit auf derselben Basis, bei der also Nachbarn zusammenarbeiten. Schließlich gibt es den konkurrierenden Gruppenunterricht, bei dem die gleichen Aufgaben geboten werden, und erst dann den arbeitsteiligen, differenzierten, reifen Gruppenunterricht.

d) Wichtig ist auch die Fähigkeit, berichten zu können, wobei allerdings oft mit zunehmender Klassenstufe die Bereitschaft dazu abnimmt. Vorstufen in dieser Hinsicht sind Wiederholungsberichte, die die Schüler erst an ihrem Platz, dann vorne vortragen, und andere Berichte von erdkundlichen Dingen, die sie gelesen, gesehen, gehört haben und die in den Unterricht eingebaut werden. Hier stehen die Schüler in der Sache und gewöhnen sich daran, zusammenhängend vor der Klasse zu sprechen.

Weitere *Schwierigkeiten* ergeben sich aber beim Durchdenken des Gruppenunterrichts, seiner verschiedenen Stufen.

a) Im Idealfall sollen die Schüler das Thema des Gruppenunterrichts selbst finden, sollen die Unterthemen und die Arbeitsaugaben sich selbst stellen. Das ist aber nur bedingt möglich, denn für gewöhnlich kennen sie das neue Gebiet nicht oder kaum. Ein Problem sehen, eine Aufgabe stellen, eine Frage haben, bedeutet, daß man bereits einen Teil der Sache erkannt hat, vielleicht sogar einen wesentlichen Teil. Um also die Kinder zur Fähigkeit zu führen, selbst Unterthemen und Arbeitsaufgaben auch über ein fernes oder schwieriges Gebiet zu finden, bedarf es oft wieder eines einführenden Frontalunterrichts, bedarf es wieder einer Führung, die gerade nicht verwirklicht werden soll. Sonst aber nennen die Kinder Fragen, Überschriften, Probleme, Aufgaben, die an anderen Themen schon einmal aufgetaucht sind, von denen sie schon einmal gehört haben, mehr nicht.

b) Schwierig wird es auch dadurch, daß die Hilfsmittel, besonders die Literatur, zur Beantwortung der gestellten Fragen, zur Lösung der gestellten Arbeitsaufgaben begrenzt sind, denn diese Hilfsmittel sollen ja sachlich in Ordnung und quantitativ gerade ausreichend, kindertümlich formuliert und selbstverständlich auch verfügbar sein. Was nützen die besten Aufgaben, wenn sie nicht mit entsprechenden Hilfsmitteln bearbeitet werden können? Welche Hilfsmittel umfassen aber all diese Anforderungen? Meist beschränken sie sich auf das Erdkundebuch und den Atlas, da diese zumindest zur Verfügung stehen, und werden lediglich nur noch durch einige andere ergänzt, die aber meist nicht für Kinder, sondern für Erwachsene geschrieben sind und von dieser Seite her wieder Grenzen setzen.

c) Auch bei der eigentlichen Durchführung des Gruppenunterrichts, bei der Arbeit der Gruppen an den gestellten Aufgaben, treten verschiedene Schwierigkeiten auf, die nicht zu übersehen sind. Dazu zählt beispielsweise, daß anstelle einer Verarbeitung des Stoffes lediglich abgeschrieben, also mechanisch gearbeitet wird, oder daß der Gruppenunterricht in Wirklichkeit nur eine verkappte Alleinarbeit darstellt. Hier ist es Aufgabe des Lehrers, gegebenenfalls durch Kritik einzuspringen. Jedoch lassen sich manche Schwierigkeiten bereits durch die aufgeführten vorbereitenden Vorstufen des Gruppenunterrichts beseitigen.

d) Bei Hospitationen sieht man oft die Durchführung des eigentlichen Gruppenunterrichts und ist beeindruckt von der Tätigkeit der Kinder. Jedoch vorangehende und besonders nachfolgende Abschnitte sind oft weniger eindrucksvoll, besonders die Berichte, die die einzelnen Gruppen über ihr Thema zu geben haben. Da das Ablesen der Berichte lediglich ein mechanischer Vorgang und daher wieder zu verwerfen ist, bestehen nur noch die Möglichkeiten, frei vorzutragen, was nur in seltenen Fällen überzeugend gelingt, oder aber auswendig zu lernen, was die Kinder sehr belastet, nervös macht und zu hastigem Sprechen verleitet. Die Gruppenberichte sind sachlich wie formal oft unbefriedigende Leistungen, gestalten den Unterricht langweilig, stehen noch weit unter ensprechenden Lehrerdarbietungen. Hier gilt es zunächst einmal, die Berichte zu raffen, so daß die Berichtzeit nicht zu lange ausfällt. Weiterhin soll gegebenenfalls ruhig abgelesen werden, wenn es nicht anders geht. Besonders ist auch auf langsamen Vortrag zu achten, so daß die anderen Schüler die Tatsachen mitbekommen. Um überhaupt die Lebendigkeit zu erhöhen, sind Unterthemen und Arbeitsaufgaben zu stellen, die sich berühren oder überschneiden. Gibt es mehrere Gruppen, die an denselben oder ähnlichen Fragen arbeiten, dann besteht nach dem Einzelbericht immer die Möglichkeit zur Kritik, Ergänzung, Diskussion.

e) Eine weitere Schwierigkeit ergibt sich bei der Zensierung der Gruppenberichte, besonders der schriftlichen, wenn dieselbe Note auf alle Mitarbeiter der Gruppe verteilt wird, was bei einem einzigen Gruppenbericht ja nur möglich ist. Schwächere Schüler versuchen daher, in gute Gruppen zu kommen, gute Schüler klagen darüber, daß sie die ganze schriftliche Arbeit zu tun haben oder aber durch die schlechten Leistungen von anderen Schülern in ihrer Gruppe benachteiligt werden.

f) Betrachtet man den *erdkundlichen Stoff*, der durch den Gruppenunterricht *für den einzelnen Schüler* gewonnen wird, so hat er zwei wichtige Merkmale, quantitativ wie qualitativ. Einmal ist er ausgesprochen spezieller Natur, gemessen am Gesamtanliegen. Die Gefahr der Spezialisierung steckt im Verfahren. Das eine beherrscht der Schüler vertieft, das andere rauscht in den Berichten auf Grund der unter d) genannten Mängel an ihm vorbei. Zum anderen ist das Wissen, das die Schüler mit den erdkundlichen Hilfsmittel erworben haben, oft lediglich nur ein unverdautes Orientierungswissen, das beim Nachschlagen im Atlas oder im Lexikon gewonnen wird. Hieraus ergibt sich die dringende Notwendigkeit, am Ende des Gruppenunterrichts noch einmal eine Zusammenfassung vorzunehmen, schriftlich oder mündlich oder beides, das Wichtigste, das zum bleibenden Besitz der Schüler werden soll, aus der verwirrenden Fülle herauszuarbeiten, den Blick vom Speziellen zum Ganzen auszuweiten, das Orientierungswissen in einen größeren und wesentlicheren Zusammenhang einzubauen.

Schon Herbart betonte die *Einheit von Unterricht und Erziehung. Kein Unterricht ohne Erziehung, keine Erziehung ohne Unterricht.* Das ist richtig. Aber entscheidend ist die Frage nach der *Priorität*. Was steht im Vordergrund: Das Erziehliche, Pädagogische? Oder das Unterrichtliche, Geographische?

H. v. Hentig[33] betont für die Gegenwart, daß nicht primär etwas *Sachliches*, sondern etwas *Soziales* gelernt werden soll. Die *Unterrichtsziele und Unterrichtsinhalte sollen für soziale Lernprozesse* eingesetzt werden, denn ein Hauptmerkmal heutiger Schüler sei die erschreckend unterentwickelte Fähigkeit zur Sozialität. Im Mittelpunkt steht also das Erzieherische, die Sozialität, stehen die zwischenmenschlichen

Beziehungen, denen sich das Unterrichtliche und das Fachdidaktische unterzuordnen hat, statt intellektueller und repressiver Forderungen.

Ebenso stand schon im Jena-Plan bei Peter Petersen das Erziehliche und nicht das Unterrichtliche im Vordergrund. Der Unterricht war mehr Mittel zum Zweck als Endzweck. So gesehen fällt die Beurteilung des gewählten Unterrichtsbeispiels Asien sicherlich etwas anders aus.

Dennoch ist zu vermerken:

1. Ein solches Mammutthema dürfte zu extensiver, oberflächlicher statt zu intensiver, gründlicher Behandlung führen, also letztlich zu Oberflächlichkeit, ein Vorwurf, den man der Erdkunde oft gemacht hat.

2. Eigenart, Einmaligkeit, Probleme, Konflikte können bei einer solchen Behandlung nur schwer gewonnen werden. Das Unterrichtsbeispiel wirkt eher stoffsammelnd-kompilatorisch-enzyklopädisch und hat damit Gemeinsamkeiten mit dem ersten Unterrichtsbeispiel aus dem 18. Jahrhundert.

3. In der Wahl der Informationen zum vorliegenden Unterrichtsbeispiel ist kein roter Faden zu erkennen, im Gegenteil, es entsteht der Eindruck der Zufälligkeit bei der Medienwahl. Was zur Verfügung stand, wurde gewählt, ob Fachliteratur oder Zeitschriften. Diese Zufälligkeit überträgt sich aber auf das Asien-Bild, das beim vorliegenden Gruppenunterricht entstanden sein dürfte, willkürlich und nicht von didaktischen Sachkategorien geprägt, die auch die Wahl der eingesetzten Hilfsmittel bestimmen sollten.

4. Die Dauer des vorliegenden Gruppenunterrichts über 19 Wochen und damit (unter Berücksichtigung der Ferien) über etwa ein halbes Jahr dürfte gegenwärtig im Zeitalter der Reizüberflutung und der Betonung der Motivation recht problematisch sein.

5. Möglicherweise dürfte sich auch im vorliegenden Unterrichtsbeispiel Asien eine Diskrepanz zwischen dem Anspruch, der vorweg formuliert wird, heute Lernziel genannt, und Durchführung bzw. Verwirklichung ergeben, eine geradezu zeitlose Antinomie der Didaktik eines jeden Unterrichtsfachs.

Arbeitseinheit »Asien« in der Obergruppe W.S. 1932/33
Von Fritz Behrendt*

Jede Gruppenarbeit nach dem Jena-Plan ist Aktivierung des Einzelnen in der Spannung einer entwicklungsgemäßen Bildungsgemeinschaft. Obergruppenarbeit im besonderen bekommt ihren Charakter aus einem typischen Entwicklungsstadium des Kindes in der Vorpubertät: die naive Wirklichkeitserfassung ist verdrängt durch eine differenzierte und kritische Betrachtungsweise. Die Umwelt wird als starkes Gegenüber erkannt und gewertet; Ursache und Wirkung werden vielseitig bewußt. Der Übergang von einer vorwiegend sprunghaften zu einer betont zielbewußten Arbeitsweise ist mei-

---

* Aus: Peter Petersen: Die Praxis der Schulen nach dem Jena-Plan. Verlag Hermann Böhlaus Nachf., Weimar 1933, p. 273–287.

stens schon vollzogen. Eigene Arbeitserlebnisse der Kinder vertiefen ihre Fähigkeit, Zusammenhänge und Abhängigkeitsbeziehungen im menschlichen Dasein zu erfassen, die Gliedschaft des Einzelnen im Lebensstrom der Gesamtheit zu erkennen und Arbeit als Dienst am Ganzen zu würdigen.

Die Bildungseinheiten, die in den Mittelpunkt des Unterrichtslebens der Obergruppen zu stehen kommen, werden dieser entwicklungsgemäßen Wirklichkeitsbezogenheit entsprechen müssen, soll der Einzelne im Rahmen der Gemeinschaft an und mit ihnen organisch wachsen. Ihre Gesamtaufgaben werden also, zeitlich weiter gespannt als in den Mittelgruppen, eine stoffliche Ausdehnung bringen, in der sich jedes Gruppenglied freischaffend je nach Anlage und Neigung betätigen kann. Die Betonung des Verpflichtenden und Bindenden jeder Arbeit in dieser Weiträumigkeit ist das wesentlichste Stück zur Pädagogie der Gruppenarbeit. Hier steckt der eigentliche Kern für den Bildungserfolg der Gruppenarbeit: die freien Schaffenskräfte jedes Gruppengliedes, der Lehrer als Führer der Gruppe voll mit einbezogen, sind vor individualistischer Zersplitterung und anarchischem Auseinanderfließen bewahrt durch die Pflicht zur aufbauenden Arbeit in der Gemeinschaft.

Die Arbeitseinheit »Asien« beschäftigte meine Obergruppe während eines Winterhalbjahres. Vorausgegangen waren im Sommer die Einheiten »Handel und Verkehr« als Fortsetzung einer sehr weitgespannten Arbeit über den »Kreislauf der Wirtschaft« (Warenerzeugung, -verteilung, -verbrauch). »Asien« war also Anwendung und Vergleich von gegenwartsnahen, vor allem volkswirtschaftlichen und kulturkundlichen Erkenntnissen auf wesentlich andersartige Lebensformen bei östlichen Völkern.

Wochenplan

	Montag	Dienstag	Mittwoch	Donnerst.	Freitag	Sonnabd.
$8-8^{50}$	◯	Rechenkurs		Deutschkurs	Rechenkurs	
$9-10^{40}$	Gruppenunterricht					Gestaltungslehre
$11^{20}-1$	Turnen	Kurse (Nadelarb., Basteln, techn. Zeichnen, Kochen, Kurzschrift)		Freie Arbeit / Naturkunde	Musik	◯ Wochenschlußfeier

Die Stammgruppe umfaßte 48 Kinder: 26 Jungen (davon 7 im 8. Schuljahr) und 22 Mädel (davon 5 im 8. Schuljahr). Zur Durchführung der Gesamtaufgabe »Asien« waren im Wochenplan für die eigentliche Gruppenarbeit (freies Arbeiten in Gruppen und »Kreis«) 13 Stunden vorhanden; dazu kamen kursmäßige Ausstrahlungen dieser Arbeitseinheit (Gestaltungslehre, Basteln, Sprachlehre) mit 3–5 Wochenstunden – zusammengenommen also mehr als die Hälfte der amtlichen Wochenstunden.

Der Montag-Kreis (O) als Einleitung der Wochenarbeit brachte meistens in seinem Schluß eine Besprechung der Arbeitslage und war dadurch recht bedeutsam für den Verlauf des Arbeitsganges jeder Woche. Der Sonnabend-Kreis, vor dem Wochenschluß als Ordnungaussprache feststehend, bezog sich auch meistens in Art einer Rückschau auf das Arbeitsleben der Gruppe. Der Deutschkurs am Donnerstag knüpfte in seiner Sprachlehre ausschließlich an Fälle aus der Gruppenaufgabe an und gab Rechtschreibübungen aus ihrem Stoffgebiet. Auch die Gestaltungslehre (Sonnabend) brachte vorwiegend Anregungen aus dieser Arbeitseinheit. So stand ein fester Kernstoff in der Achse des Unterrichtslebens, gab ihm den einheitlichen Grundzug und die bindende Arbeitsspannung.

Der Anstoß, Asien in der Gruppe zu bearbeiten, lag schon einige Monate zurück und war entstanden aus mancherlei Besprechungen tagfälliger Ereignisse im japanisch-chinesischen Konflikt und über den Verlauf der Gandhi-Bewegung. Während dieser Zeit war auf meine Anregung hin schon allerlei Material (Bilder, Zeitungsaufsätze, Reiseberichte, Briefmarken usw.) gesammelt worden, so daß die Arbeit gleich nach den Herbstferien anfangen konnte.

Wir begannen mit der *Planung*. Alles Arbeitsmaterial wurde in der Mitte des »Kreises« ausgebreitet und besprochen. Dazu waren auch alle einschlägigen Bücher aus anderen Gruppenbüchereien besorgt worden (ich hatte sie selbstverständlich vorher gelesen). Bei diesen zielbetonten Aussprachen kam der vorhandene Vorstellungsschatz der Kinder von diesem Erdteil ziemlich sichtbar hervor, die Verschiedenartigkeit und Weiträumigkeit dieses großen Gebietes wurden erkannt. Die Kinder erarbeiteten sich dann in ihren Erdkundeheften mit Westermanns Umrißstempeln die politische, physikalische und wirtschaftliche Gliederung Asiens und Vorderasiens. (Nur Wesentliches wurde eingezeichnet – und gemerkt!) Zum dauernden Aushängen im Gruppenraum wurde mit der Anfertigung von Wandkarten begonnen.* Als Hinführung auf die vorhandenen Arbeitsmittel und als Anregung, weiteres Material zu sammeln, gab ich in dieser Planung auch einige stoffliche Beispiele:

1. Filmband: Altes und neues Indien (50 Aufnahmen aus dem Volks-, Religions- und Wirtschaftsleben).
2. Palästina: das alte Judenreich (religions- und kulturkundliche Darstellung).
3. Menschenrassen: Mongolen, Malayen, Kaukasier, Araber usw.

---

* Auf gutes Packpapier wird durch ein Episkop eine Asienkarte, z. B. aus den Weltkarten der Berl. Morgenpost 1927, geworfen; die Hauptlinien werden mit Bleistift nachgezeichnet, dann der Bogen betuscht und beschriftet. Holzleisten oben und unten ermöglichen ein zweckmäßiges Aufhängen. In dieser Art wurden bisher ca. 70 Wandkarten von Kindern hergestellt. Unsere Schule besitzt zudem nicht eine gekaufte Karte. Herstellungspreis 23–25 Pf.

4. Japanseide dringt vor! (wirtschaftspolitischer Aufsatz aus dem Handelsteil einer Zeitung).

Es wurden mit diesen Beispielen aber auch Möglichkeiten der Arbeitsweise im Gesamtthema aufgezeigt und verschiedene Darstellungsarten angeregt.

Ungefähr mit Beginn der 3. Woche war die stark von mir geführte Planung abgeschlossen; die Kinder nahmen das Material in Arbeit (teils frei gewählt, teils von mir angeregt) und das Thema kam in Gang. Mit Notwendigkeit setzte nun mehrere Tage lang nur *Stillbeschäftigung* ein, bis einige Kinder soweit voran waren, daß sie die ersten *Vorträge* anmelden konnten. Jeder Vortrag wurde im »Kreis« gehalten, der dazu von Fall zu Fall eingerichtet werden mußte (deshalb Anmeldung der Vorträge bei mir). Die anschließenden Aussprachen darüber trugen ganz wechselnden Charakter. Erfahrungsgemäß wissen wir, daß nicht jeder Stoff eine spannungsvolle Aussprache auslösen kann. Der Vortrag über »Buddha« beispielsweise regte eine sehr ertragreiche Besprechung über »Religionsstifter« an, während andere Berichte nur gehört wurden. Über jeden Arbeitstag wurde eine Niederschrift geführt. Ich nehme typische Berichte von zwei aufeinanderfolgenden Tagen aus unserm Klassenbuch:

Montag, den 9. 1. 33. Unser Schulvormittag begann mit Kreis. Nach dem Morgenlied wurden einige Bilder verteilt, die für unsere Arbeiten passen. Dann gliederten wir uns das Thema: Erdbeben. Also 1. Ursachen, das sind a) Höhlungen, die einstürzen, und b) die Vulkanausbrüche. 2. Wirkungen, das sind Erdstöße, Spalten und Verschiebungen. Der 3. Punkt heißt: Wie schützt sich der Japaner vor Erdbeben. Nach der kleinen Pause sprachen wir noch etwas darüber. Herr B. erzählte von Erdbebenwarten. Dann lösten wir den Kreis auf und machten unsere Gruppenarbeiten. Nach der großen Pause war Turnen.

Dienstag, den 10. 1. 33. In der ersten Stunde hatten wir Rechnen; jeder ging in seinen Rechenkurs. In der zweiten Stunde war Kreis. Nach dem Lied las An. Mi. den Tagesbericht von gestern vor. Dann erzählte Fr. Ha. von einer Fahrt nach Benares. Sie erzählte, wie es der Paula Becker in der Bahn erging, als sie nach Benares fuhr. Paula hat neben einem Fakir gesessen, der ihr unheimlich vorkam. Gegenüber von ihr saß eine Inderin, die mit viel Schmuck behängt war. Paula schaute aus dem Fenster und sah die Arbeit der Männer und Frauen. Dann kam sie in Benares an. Sie staunte, wie die Leute dort leben. Die Kaufleute haben ihre Läden offen auf der Straße. In einer Straße sind fast nur Bäcker, in der andern Obsthändler. Dann kam sie zum heiligen Ganges, wo täglich viele Inder baden. In einem Tempel war ein Götzenbild mit einem Elefantenkopf und einem dicken Menschenbauch. – Wir fragten noch manches. Dann erzählte Herr B. noch Verschiedenes von dieser Geschichte. Zur großen Pause erst lösten wir den Kreis auf. In der letzten Doppelstunde ging jeder in seinen Kurs.

Der gesamte *Arbeitsablauf* (in besonderer Aufstellung beigefügt) vollzog sich, äußerlich betrachtet, nicht gerade systematisch. Die Vorträge kamen in bunter Folge, teils vereinigten sich zwei oder drei Kinder zu einem Darbietungsganzen, teils standen die Vorträge allein. Weil aber die gesamte Arbeit auf »Asien« ausgerichtet war, blieb die Einheit trotz allem gewahrt. An welchen Punkten des Arbeitsganges die Planung zwangsläufig erweitert werden mußte, ist in der Zusammenstellung klar zu erkennen, auch welche Großfilme (zufällig) den Arbeitsablauf günstig beeinflußten. Einige Wochen vor Weihnachten mußte in die Gruppenarbeit eine Spielvorbereitung eingeschaltet werden. Das war eine gern übernommene Pflicht für die Schulgemeinde zur Ausgestaltung eines Elternabends. Diese gelegentliche Arbeit behinderte den Gang unseres Gesamtthemas nur insoweit, als in diesen Wochen nur wenig Besprechungen zum Arbeitsgebiet gehalten werden konnten. Es blieb aber immer noch Zeit für stille Gruppenbeschäftigung.

Die gemeinsamen Zusammenstellungen in der zweiten Hälfte des Arbeitsganges wurden von mir angeregt, um aus verschiedenen Quellen, die von Kindern bearbeitet waren, das Gesicht des Volkslebens noch eindringlicher sichtbar werden zu lassen. Es waren dies Aufgaben, die aber auch von andern Kindern gern aufgenommen wurden, zumal reichliches Bildmaterial und Zeitungsaufsätze dafür vorhanden waren. Der Abschluß wurde dann noch besonders betont durch die fünf von mir im Laufe der Arbeit aufgestellten *Arbeitsbogen*. Jedes Kind bekam in diesen letzten Wochen diese Bogen zur Bearbeitung und alle griffen sehr gern danach. Jeder Bogen enthielt kurze Wiederholungsaufgaben, über deren schriftliche Lösungen im »Kreis« dann sehr lebhaft gesprochen wurde. Als Beispiel gebe ich aus dem Bogen »Vorderasien« an:

1. Miß die Länge des Kaukasus und vergleiche sie mit den Alpen.
2. Verfolge den Bahn- und Schiffsweg von Hamburg nach Bagdad und miß die Länge. Hauptstationen?
3. Wie gelangen mohammedanische Pilger nach Mekka von Marokko, Konstantinopel, Persien, Indien aus?
4. Wie lange fährt ein Passagierdampfer durch das Rote Meer (25 km in der Stunde)?
5. Berlin–Damaskus im Flugzeug. Welchen Weg nimmt die Maschine? Reisedauer (120 km in der Stunde)?
6. Welche Städte durchzieht eine Karawane auf dem Wege von Bagdad bis Bombay (täglich 30 km)?
7. Länge der Erdölleitung von Baku nach Batum? Eine Vergleichsentfernung in Deutschland?

Von den freien Bastelarbeiten, die in der Gruppenarbeit der letzten Wochen angefertigt wurden, sind besonders die *Übungsspiele* zu erwähnen, weil sie sich gut bewährt haben. Da war ein selbstgeschriebenes »Asien-Quartett« im Gebrauch mit 40 schön bemalten Karten. Beispiel: *Heilige Stätten:* 1. Fujiyama in Japan. 2. Kaaba in Mekka. 3. Lhasa in Tibet. 4. Adamspick auf Ceylon.

Dann ist das »Asien-Lotto« zu nennen, das 6 Karten mit je 12 Deckfeldern hatte. Beispiel einer Kartenhälfte:

Decker (gelb)	Legekarte (grün)
Hedingebirge *oder*	Transhimalaja
Heimat des Orang-Utang	Borneo, Sumatra
Oberpriester in Tibet	Dalai Lama
Hafen auf Java	Batavia
Indischer Urwald	Dschungel
Unterste Kaste der Inder	Parias

Daß mit Ablauf dieser Arbeitseinheit ein reicher Ertrag von schriftlichen und zeichnerischen Arbeiten, Bildersammlungen, Bastelarbeiten und Wandkarten für die *Schulausstellung* am Schlusse des Halbjahres bereit war, ist aus dieser kurzen Darstellung wohl zu ermessen. Einen Teil der Arbeiten nahmen dann die Kinder mit nach Hause zum Besitz, einiges blieb aber auch im Inventar der Schule und kann somit andern Gruppen, die das gleiche Thema bearbeiten wollen, als Arbeitsmaterial zur Verfügung gestellt werden.

Ohne Anspruch auf Vollständigkeit werden folgend die Arbeitsmittel angeführt, die uns zur Verfügung standen. Handbücher für den Lehrer wurden auch von Kindern benutzt – und umgekehrt.

I. *Handbücher für den Lehrer:*
  1. Seydlitz: Handbuch der Geographie – Verlag Hirt, Breslau.
  2. Harms: Asien (Erdkunde III. Bd. 1. Teil) – List u. Bressendorf, Leipzig
  3. Drinneberg: Von Ceylon zum Himalaja – Volksverband der Bücherfreunde, Berlin.
  4. Berger: Mit Sv. Hedin durch Asiens Wüsten – desgleichen.
  5. Genin: Die ferne Insel (Bali) – desgleichen.
  6. Bongard: Durch Ceylon und Indien – Schwetschke u. Sohn, Berlin.

II. *Arbeitsmittel für die Kinder* (mit halbfetten Ziffern bezeichnete Bücher waren in mehreren Stücken vorhanden):
  1. Hirts Tatsachen- und Arbeitsheft (außereuropäische Erdteile).
  2. Lehmann: Erdkunde (2. Heft) – Teubner, Leipzig.

3. With: Indien
3.   Japan   Müller u. Kiepenheuer, Potsdam.
4. Schmitthenner: Chinesische Landschaften und Städte – Strecker u. Schröder, Stuttgart.
5. Iden-Zeller: Nomaden der Tundra
    In Urwald und Steppe Ostsibiriens } Beltz, Langensalza.
    Aus dem Leben eines Inders
6. Hesse-Wartegg: Wunder der Welt, 1. Bd. – Union Deutsche Verlagsgesellschaft, Berlin.
7. Quer durch Indien – Hirts Deutsche Sammlung, Nr. 3
8. Beltz: Lesebogen zur Erdkunde:

Nr. 247: In der Heimat Buddhas.   Nr.   9: Benaresfahrt.
Nr. 252: Ein Spaziergang in Japan.   Nr.   2: Vom Yangtse zum Hoangho.
Nr.   7: Tigrisfahrt.   Nr. 245: Wallfahrt nach Mekka.
Nr.   8: Persien.   Nr. 249: Abenteuer in Tibet.

Nr. 9. Nickol Reiniger: Lesebuch zur Erdkunde, 3. Teil – Beltz.
10. Boeck: Im Banne des Everest
    Indische Wunderwelt } Hanssel, Leipzig.
    Indische Gletscherfahrten
11. Hedin: Durch Asiens Wüsten, 1. und 2. Bd. – Brockhaus, Leipzig.
12. Ehler: Im Osten Asiens – Paetel, Berlin.
13. Märchen aus Tausend und eine Nacht.
14. Tetzner: Japanische Märchen – Schaffsteins blaue Bd. Nr. 175.
15. Am Ufer des Silberstromes – Schneider, Berlin.
16. Deutsche Jugendbücherei – Hillger, Leipzig.
    Nt.   43: Unter Tibetern.
    Nr.   54: Auf Schleichwegen durch Tibet.
    Nr.   64: Rothund.
    Nr. 310: Am Rande des Dschungels.
    Nr. 323: Aus dem indischen Volksleben.
17. Faber: Volksleben in Japan – Ullstein, Berlin.
18. Burton: Meine Wallfahrt nach Mekka und Medina – Ullstein, Berlin.
19. Sturm am Yangtse – Fr. Schulverlag, Berlin.
20. Hirts Sachleseheft II, 3: »Über See«.
21. Auf dem alten Seewege nach Indien – Schaffsteins grüne Bd. Nr. 4.
22. Ehlers: Indische Reisebilder   Voigtländer,
    Im Lande der Singhalesen   Leipzig.
23. Zell: Riesen der Tierwelt – Ullstein, Berlin.
24. Schmeil: Lehrbuch der Zoologie. Lehrbuch der Botanik.
25. Westermanns Schulatlas (20 Stück).
    Dazu: Umrißstempel »Asien«, »Vorderasien«.
26. Weltkarten der Berliner Morgenpost (Wochenquittungen 1927).

Aus Zeitungen und Zeitschriften (Beispiele):

Das wirkliche Bali	»Koralle« November 1932.
Hahnenkämpfe auf Bali	»Koralle« März 1930.
Ist die Kobra gefährlich?	»Koralle« Februar 1929.
Unbekanntes Japan	»Koralle« März 1931.
Gletscher des Himalaja	»Koralle« Dezember 1926.
Im Herzen von Borneo	»Koralle« März 1929.
Anderes Indien	»Koralle« Juli 1930.
Kampf um die Gipfel der Welt	
Im Eiskeller der Jahrtausende	
Im Räuberparadies Afghanistan	
In Siams Wunderwelt	
Auf dem Fujiyama	aus »Die grüne Post«.
Mensch und Tier im Dschungel	
Ein Scheik wird operiert	
Perlenfischer. Der Schamane bläst	
Chinesisches Reisstrohpapier ...	»Technik«, Dezember 1932.
Gibt es eine Gelbe Gefahr? ...	»Funkpost«.

Anregungen fürs Malen und Basteln (Beispiele):

1. Japanisches Haus.
2. Moschee.
3. Tibetanisches Kloster.
4. Chinesisches Hausboot.
5. Pfahlbau im Dschungel.
6. Fallen im Dschungel.
7. Karawanenzelt.
8. Blockhaus in Sibirien.
9. Chinesische Schriftzeichen.
10. Japanische Lampions.
11. Der Fujiyama.
12. Mongolische Jurte (Filzzelt).
13. Japanische Sandalen.
14. Tiere Asiens.

Der aus der Gruppenarbeit herausgeholte »Mindestlernstoff« und Wiederholung

Asien.

1. Nenne Gebirgszüge
   Nenne Hochlandflächen } in Asien.
   Nenne Halbinseln
2. Bestimme Asiens Grenzen, im Norden usw.
3. Große Flüsse in Asien, nach Norden fließen usw.
   Welche Flüsse haben Deltamündungen?
   Welche Flüsse haben Schlauchmündungen?
4. Nenne Inseln, die zu Asien gehören.
5. Nenne die Staaten Asiens mit ihren Hauptstädten.
6. Welche Inseln Asiens werden vom Äquator geschnitten?

Nordasien (Sibirien, Tibet).
1. Verfolge auf der Karte die große sibirische Eisenbahn. Miß die Strecke: Berlin–Moskau–Wladiwostok. Nenne die Hauptstationen.
2. Berechne die Länge der drei großen Flüsse: Ob, Jenissei, Lena – und der Elbe.
3. Wo sind in Sibirien Industriegegenden; Wo liegen Bodenschätze? Welche?
4. Nenne Pelztiere, die in Sibirien vorkommen. Wozu werden die Pelze verwandt?

Vorderasien oder Kleinasien.
1. Miß die Länge des Kaukasus und vergleiche mit den Alpen; desgleichen andere Gebirge dort.
2. Verfolge den Bahn- und Schiffsweg von Hamburg nach Bagdad und miß die Länge. Bezeichne Hauptstationen!
3. Wie gelangen die mohammedanischen Pilger nach Mekka von Marokko, Konstantinopel, Persien, Indien aus?
4. Wie lange fährt ein Passagierdampfer durch das Rote Meer (25 km in der Stunde) von Suez nach Aden?
5. Erdölgewinnung in Persien von 1913–1924 (in 1000 t): 248, 388, 482, 597, 993, 1198, 1384, 1669, 2223, 2921, 3839, 4245. Zeichne diese Angaben in eine Statistik.
6. Berlin–Damaskus im Flugzeug! Welchen Weg nimmt die Maschine? Reisedauer? (120 km in der Stunde.)
7. Welche Städte durchzieht eine Karawane auf dem Wege von Bagdad nach Bombay? Wie lange ist sie unterwegs? (täg. 30 km).
8. Wie lang ist die Erdölleitung von Baku nach Batum? Eine Vergleichsentfernung in Deutschland?

Vorderindien – Hinterindien.
1. Nenne Hafenstädte in Vorderindien? in Hinterindien? auf den ostindischen Inseln?
2. Miß die Länge des Himalajagebirges. Nenne eine Vergleichsstrecke in Europa.
3. Fakire sind Selbstpeiniger! Wodurch erwerben sie sich ihren Lebensunterhalt?
4. Beschreibe die Tätigkeit der Arbeits-, Jagd-, Tempelelefanten.
5. Die ostindischen Inseln (welche sind das?) haben ein Treibhausklima. Was besagt das für das Land, die Bewohner und ihre Wirtschaft?
6. Miß die Breite Vorderindiens von Kalkutta aus. Miß die Entfernung der Südspitze Vorderindiens vom Himalajagebirge.
7. Der *alte* Seeweg nach Indien führte um die Südspitze Afrikas. Der *neue* geht durch den Suezkanal. Berechne beide Wege von Hamburg bis Bombay. Wie lange dauerte die Fahrt früher? Wie lange heute? (35 km in der Stunde).
8. Reisernten im Jahre 1924 (in 1000 t): Britisch-Indien: 48506, Japan: 10338, Indochina: 5775, Niederl. Indien: 5082, Siam: 4947. Zeichne diese Mengen in Vergleichssäulen.

Ostasien (China, Japan).
  1. Hafenstädte in China, in Japan.
  2. Die chinesische Mauer in Nordchina hat eine Länge gleich der Strecke Berlin–Madrid. Wie lang ist sie?
  3. Auf den Flüssen Chinas stehen Hausboote. Wie sehen sie aus? Wer wohnt darin – und warum?
  4. Japan ist das asiatische England. Was besagt diese Bezeichnung?
  5. Berlin–Peking im Flugzeug! Was überfliegt die Maschine? Reisedauer? (120 km in der Stunde).
  6. Beschreibe den Seereiseweg von Bremen nach Jokohama!

Gruppenaufgabe »Asien« in Arbeitswochen

1. und 2. Woche:
Planung: Gesamtdarstellung des Erdteils.
Die *Kinder* erarbeiten sich nach Umrißstempeln
1. politische
2. physikalische } Karten von Asien.
3. Wirtschafts-
4. Vorderasien (politisch und physikalisch).
Wandkarten auf Packpapier (s. o. 1–3) werden begonnen.
Vom *Lehrer* als Beispiele stofflicher Einfühlung:
1. Filmband: Altes und neues Indien (50 Aufnahmen).
2. Das alte Judenreich.
3. Menschenrassen in Asien.
4. Japanseide dringt vor! (Handelspolitischer Aufsatz aus einer Zeitung.)

3. Woche:
Verteilung der Arbeitsmittel.
Kinder: nur Gruppenarbeit.
Lehrer: Der Islam (religions- und kulturkundliche Vorträge).

4. Woche:
Erste Vorträge von *Kindern*: Ein schwieriger Paß (Sv. Hedin). – Zum Dach der Welt (Pamir). – Das Herz von Asien (Pamir). – Indien (erdkundl.). – Fischerei in Indien. – Transsibirische Bahn. – Im japanischen Teehaus. – Reisanbau in China.

5. Woche:

Vorträge von *Kindern*: Nepal (erdkundl.). – Ceylon und der Tempel mit dem heiligen Zahn. – Hongkong. – Baku. – Indische Kasten. – Die Märchen aus 1001 Nacht. – Japanische Landschaft. – Zuckerrohrernte auf Java.

Wandkarte: Stadtplan von Peking, begonnen.

Lehrer bietet: Ein Totenfest auf Borneo.

6. Woche:

Vorträge von *Kindern*: Der Suezkanal. – Reiterfest auf Pamir. – Persien. – Ist die Kobra so gefährlich? – Bali (Wirtschaft, Volksleben). – Japanische Märchen. – Alter und neuer Seeweg nach Indien. – Vom Leben der Kulis.

Lehrer bietet: Räuberbanden in Afghanistan.

7. Woche:

Vorträge von *Kindern*: Sibirien – China. – Indische Zauberer. – Das Rote Meer. – Buddha.

Die Kobra (s. 6. Woche) veranlaßt eine Erweiterung der Planung: *Tiere in Asien.* – Indien: Kobra, Pfau, Tiger, Elefant, Krokodil, Gibbon, Zubu, Buckelochse. – Arabien: Pferd, Dromedar, Trampeltier. – Sibirien: Hermelin, Silberfuchs, Wolf, Renntier, Elch, Grunzochse, Biber, Zobel, Bär. – Ostasien: Seidenraupe, Goldfisch. – Niederl. Indien: Wasserbüffel, Orang-Utan, Haifisch.

Entsprechende Arbeitsmittel werden besorgt und verteilt.

8. Woche:

Vorträge von *Kindern*: Mesopotamien. – Das Hausboot. – Chinesische Schriftzeichen. – Mekka. – Tibet. – Das Leben der Kirgisen. – Der Seidenspinner.

Die Gruppe sieht den Ufa-Film: Am Rande der Sahara (Bilder aus dem Leben der Araber, Oase, Tempel, Kaffeehaus, Karawane).

9. Woche:

Vorträge von *Kindern:* Persische Märchen. – Die Ureinwohner Indiens. – Ein Tigerfest auf Sumatra.

Vorwiegend Gruppenarbeit: Aufsätze eingeschrieben. Arbeitsmappen angelegt.

Vorbesprechungen zur Ausgestaltung eines Elternabends.

10. Woche:

Nur Gruppenarbeit.

Lehrer bietet: Der persisch-englische Ölstreit.

Hauptarbeit im »Kreis«: Einüben des Spiels »Um ein Brot« als Gruppenanteil an der Vortragsfolge des Elternabends.

11. Woche:
Nur Gruppenarbeit.
Proben für das Spiel (s. 10. Woche).
Elternveranstaltung an zwei Abenden, deren Reinertrag für die Schulspeisung bestimmt war.
Anschließend Weihnachtsferien.

12. Woche:
Vorträge von Kindern: Elefantenjagd in Indien. – Fakire. – Benares. – Neuer Streitfall zwischen Japan–China. – Erdbeben in Japan.*
Gemeinsame Zusammenstellung: Volksleben in Ostasien: Papierfetzensammler. Sperlingsfänger. Ringkämpfer. Öffentl. Briefschreiber. Kuchenbäcker. Sandalenmacher.

13. Woche:
Vorträge von Kindern: Der Kampf um den Mount Everest. – Industrialisiertes Indien (Gandhi).
Lehrer bietet: Die Eroberung Indiens durch die Engländer.
Gemeinsame Zusammenstellung: Volksleben in Indien: Perlenfischer. Gaukler – Fakire. Toddymänner in Madras. Menschen im Dschungel. Indische Fabrikarbeiter. Rasthäuser (Karawanserei).

14. Woche:
Vorträge von Kindern: Untergang einer Karawane (Sv. Hedin). – Batavia–Colombo. – Märchen aus der Südsee. – Wüste Gobi.
Gemeinsam: Volksleben in Kleinasien: Aussätzige. Die arabische Frau. Jerusalem. Wüstensturm.

15. Woche:
Vorträge von Kindern: Kautschuk – Jute. – Das Lößland am Hoangho. – Sv. Hedin entdeckt einen unbekannten Hirtenstamm. – Tigerjagden. – Kaffee. – Chinesische Bauten.
Die Gruppe sieht den Film: »Achtung Australien – Achtung Asien!« (von Colin Roß). (Volk ohne Raum, Raum ohne Volk. Menschen der Südsee).**
Vegetationskarte von Asien begonnen (Wandkarte).

16. Woche:
Vorträge von Kindern: Sv. Hedins Reisen (Zusammenfassung). – Orang Utan. – Markt in Hindostan. – Völker Indien. – Ungezieferplagen. – Rebellion auf dem holländischen Dampfer »Sieben Provinzen« (Kolonialtruppen!).

---

* Dieser Vortrag regte ein neues Arbeitsgebiet »Erdgeschichte« an.
** Arbeiten über »Australien« werden mit Eifer begonnen. (Umrißstempel.)

Abschließend (für alle zu bearbeiten) Arbeitsbogen 1. Asien, 2. Vorderasien.
Besprechung einiger Arbeitsmittel für »Australien«.

17. Woche:

Vorträge von *Kindern*: Arabien. – Chinesisches Reispapier. – Alte Funde in Tibet. – Erdbebenunglück in Mittelchina.
Abschließend: Arbeitsbogen 3. Indien, 4. Ostasien.
Gemeinsam gelesen: »Durst« (Das Schicksal der Flieger Bertram und Klausmann) (Berl. Illustr. Zeitung).
Einige Vorträge über »Australien«.

18. Woche:

Vorträge von *Kindern*: Wild lebende Kamele. – Bevölkerung Ostsibiriens. – Türme des Schweigens. – Neuer Angriff in der Mandschurei (Djehol). – Die gelbe Gefahr.
Abschließend: Arbeitsbogen 5. Sibirien.
Einige Vorträge über »Australien«.

19. Woche:

Abschließende Besprechung über »Asien«.
Zusammenstellung der Arbeitsergebnisse für die Schulausstellung, die für diese Gruppe unter dem Leitgedanken »Achtung Asien! – Achtung Australien!« stehen soll.
Noch einige Vorträge über »Australien«.[34]

Ausgewählte Aufgaben

Priorität des Unterrichts oder der Erziehung, des Fachlichen oder des Sozialen, im allgemeinen und in der Erdkunde.

Diskussion der verschiedenen Möglichkeiten des Gruppenunterrichts in der Erdkunde (Gruppenerziehung, Gruppenarbeit, Orientierungsvermögen und Orientierungswissen, Bewältigung von Anwendungsaufgaben, Originale Erdkunde, Fall-, Plan-, Rollenspiel, selbständige Erarbeitung neuer Einsichten und komplexer Zusammenhänge . . .).

Geeignete und ungeeignete Ziele bzw. Themen in der Erdkunde für den Gruppenunterricht.

Was dürfte gegenwärtig von Asien didaktisch würdig sein? Warum? Was nicht? Warum?

Welche Lernziele ließen sich mit den didaktischen würdigen Themen Asiens verbinden?

Welche Unterrichtsform (Gruppenunterricht oder andere) wäre ihnen angemessen? Welche Medien (Hilfsmittel)?

Kritische Analyse der Zielsetzung des vorliegenden Unterrichtsbeispiels (Aktivierung des Einzelnen in der Spannung einer entwicklungsgemäßen Bildungsgemeinschaft, Betonung des Verpflichtenden und Bindenden jeder Arbeit, Pflicht zur aufbauenden Arbeit in der Gemeinschaft gegen individualistische Zersplitterung und anarchisches Auseinanderfließen).

Vergleich dieser Zielsetzung mit der Durchführung laut Unterrichtsprotokoll.
Aufsuchen von Querverbindungen zu anderen Fächern im vorliegenden Beispiel.
Beurteilung des Mindestlernstoffs.
Die Bedeutung der Topographie (vgl. 2. Beispiel) im vorliegenden Beispiel.
Die Bedeutung des Reiseberichts (vgl. 5. Beispiel) im vorliegenden Beispiel.
Kritische Analyse der Hilfsmittel beim vorliegenden Gruppenunterricht.

Welche Aufgabe entspricht der Kerschensteinerschen, welche der Gaudigschen Arbeitsschule? Welche wäre für heute zu übernehmen, welche nicht? Warum?

Ausgewählte Literatur

H. Nohl: Die pädagogische Bewegung und ihre Theorie, Frankfurt 1949
P. Petersen: Der kleine Jena-Plan, Langensalza 1927, Braunschweig 1951
P. Petersen: Die Gruppenarbeit nach dem Jena-Plan, München 1958
K. Rank: Die sozialen Formen d. Unterrichts, Handb. f. Lehrer II, Gütersloh 1961
F. Barenscheer: Gruppenarbeit im Erdkundeunterricht, Geogr. Rundschau 1949
G. Dietrich: Bildungswirkungen des Gruppenunterrichts, München 1969
H. Dumann/G. Scharff: Persönlichkeitsbildung im Gruppenunterricht, München 1967
G. Frey: Gruppenarbeit in der Volksschule, Stuttgart 1965
H. Fuhrich: Der Gruppenunterricht, Theorie u. Praxis, Ansbach 1952
H. Kober: Gruppenarbeit in der Praxis, Frankfurt 1965
E. Koch: Zur Gruppenarbeit im Erdkundeunterricht, Geogr. Rundschau 1952
E. Meyer: Gruppenunterricht – Grundlagen u. Beispiele, Worms 1964
W. Schmidt: Gruppenunterricht in der Volksschule, Bonn 1950
G. Slotta: Die Praxis des Gruppenunterrichts, Bremen 1954
U. Walz: Soziale Reifung in der Schule – die sozialerzieherische Bedeutung von Gruppenunterricht u. Gruppenarbeit, Hannover 1960
A. Witak: Moderne Gruppenarbeit, Wien 1950
M. F. Wocke: Möglichkeiten u. Grenzen des Gruppenunterrichts im Erdkundeunterricht, Westermanns Päd. Beiträge 1957
E. Zillmer: Zur Frage des Gruppenunterrichts, Geogr. Rundschau 1950

7. Gegenwart: Differenzierung der Erdkunde nach anthropologischen Kategorien (Bildung, Pragmatismus, Progressivität) am Beispiel der Alpen

Das vorliegende Beispiel zur Differenzierung der Erdkunde (wie auch anderer Unterrichtsfächer) nach anthropologischen Kategorien besagt:
1. Man kann die Didaktik eines Unterrichtsfaches nach fachwissenschaftlichen Kategorien differenzieren. In der Erdkunde wäre es Regionale Geographie (Beispiel 11, 12), Allgemeine Geographie (Beispiel 13), Sozialgeographie (Beispiel 14), Angewandte Geographie (Beispiel 15), Geoökologie (Beispiel 16). Zumeist wird in der Didaktik der Erdkunde versucht, auf diesem Weg Alternativen vorzustellen.
2. Nun geht es aber im Unterricht primär nicht um Stoffe bzw. Fachwissenschaften, sondern um Kinder und Jugendliche, die zu bilden, zu erziehen, auszubilden sind für die Bewältigung des späteren Lebens. Insofern kann man also die Alternativen Regionale Geographie, Allgemeine Geographie, Sozialgeographie, Angewandte Geographie, Geoökologie als pseudodidaktische Alternativen bezeichnen. Die echten didaktischen Alternativen ergeben sich aus den verschiedenen Menschenbildern, die in der Schule zu verwirklichen sind. Diese Menschenbilder sind im Zusammenhang mit der Bewältigung der gegenwärtigen und besonders mit der zukünftigen Welt (Staat, Gesellschaft ...) zu sehen. In der Pädagogik werden so Bildung (der gebildete Mensch), Personalität und Sozialität, Emanzipation und sozialistische Persönlichkeit unterschieden[35]. Diese verschiedenen Konzeptionen sind weltanschaulich begründet. Im vorliegenden Fall sollen drei verschiedene anthropologisch-didaktische Möglichkeiten vorgestellt werden.

Axiom der pädagogischen Orientierung ist der homo educandus, der Mensch, der zu erziehen ist, wobei Erziehung hier synonym mit Bildung und Ausbildung gemeint ist. Mit diesem Axiom hängen zwei andere eng zusammen, der homo educabilis, der Mensch, der erziehbar ist, und der homo educaturus, der Mensch, der so oder so erzogen sein wird. Es kommt nur auf die Instanzen und Kräfte an, die diesen Prozeß vollziehen. Anders formuliert: Die anthropologische Orientierung bringt die Frage nach dem Sinn für den Menschen in die Didaktik. Diese Frage ist der entscheidende Maßstab zur Beurteilung des didaktisch Würdigen vom didaktisch Unwürdigen, ein Maßstab, der der Geographie fremd ist. Hier liegt der Kern des Unterschiedes zwischen Geographie und Erdkunde, hier die Wendung um 180°, hier die Verantwortung gegenüber dem Zögling, hier die Schwierigkeit für den Anfänger und nicht nur für ihn einzusehen, daß das Entscheidende in der Didaktik nicht Sachkategorien (Regionale Geographie, Allgemeine Geographie, Sozialgeographie, Angewandte Geographie), sondern Sinnkategorien (Weltorientierung, Weltanpassung, Weltveränderung, Zukunftsbewältigung) sind, denn von Sachkategorien wird soviel in der Didaktik der Erdkunde und von Sinnkategorien so wenig geredet.

Es lassen sich in der pädagogischen Orientierung der Didaktik der Erdkunde mehrere Richtungen unterscheiden, typisch für pluralistische Konzeptionen.

1. Die erste geht mehr vom *traditionellen Bildungsbegriff* aus und versucht, eine *Weltorientierung des Menschen* zu ermöglichen. Dazu erfolgt ein spezifisch erdkundlicher Beitrag. Im Mittelpunkt steht der Wert der Bildung.

2. Die zweite geht mehr vom *soziologischen Anpassungsbegriff* aus und versucht, eine *Weltanpassung des Menschen* zu ermöglichen. Dazu erfolgt ein spezifisch erdkundlicher Beitrag. Im Mittelpunkt steht das Pragmatische als Wert.

3. Die dritte geht mehr vom *politologischen Reformbegriff* aus und versucht, eine *Weltveränderung durch den Menschen* zu ermöglichen. Dazu erfolgt ein spezifisch erdkundlicher Beitrag. Im Mittelpunkt steht das Progressive als Wert.

a. Weltorientierung durch Bildung

Allgemeine Unterrichtsziele dieser anthropologischen Orientierung sind erdkundlicher Beitrag zur Bereitschaft und Fähigkeit der Weltorientierung
1) Verständnis für Eigenart fremder Länder und Völker und des eigenen gleichermaßen
2) Verständnis für das Eingebundensein menschlicher Aktivitäten in einen natürlichen Rahmen auf der Erde und die Auseinandersetzung damit (Vertikal-Struktur)
3) Verständnis für das Aufeinanderangewiesensein in der Welt, die Notwendigkeit der Völkerverständigung und der internationalen Kooperation (Horizontal-Struktur)
4) Verständnis für die Vergänglichkeit und die Umwertung alles realen Seins bis zu den als Inbegriff der Unveränderlichkeit dastehenden Dinge der Erde
Erweckung des Verständnisses durch komplexe elementare Einsichten, die eine Fülle von Kenntnissen und Fähigkeiten integrieren.

b. Weltanpassung durch Pragmatismus

Allgemeine Unterrichtsziele dieser anthropologischen Orientierung sind erdkundlicher Beitrag zur Bereitschaft und Fähigkeit der Weltanpassung
1) Bereitschaft und Fähigkeit, am späteren Arbeitsprozeß teilzunehmen
2) Bereitschaft und Fähigkeit zur sinnvollen Freizeitgestaltung
3) Bereitschaft und Fähigkeit zur Flexibilität in gewissen Problem- bzw. Konfliktsituationen
4) Bereitschaft und Fähigkeit zur Bewältigung sonstiger Lebenssituationen im beruflichen und privaten Bereich
Erwerb der Bereitschaft und Fähigkeit zur Weltanpassung durch bestimmte Qualifikationen, die eine Fülle von Kenntnissen und Fähigkeiten integrieren

c. Weltveränderung durch Progressivität

Allgemeine Unterrichtsziele dieser anthropologischen Orientierung sind erdkundlicher Beitrag zur Bereitschaft und Fähigkeit der Weltveränderung

1) Bewußtmachung und Einsicht in die Phänomene erdkundlicher Problem- und Konfliktstrukturen
2) Bewußtmachung und Einsicht in ihr Bedingtsein
3) Bewußtmachung und Einsicht in die Möglichkeiten zur Lösung der Probleme und Konflikte und deren Schwierigkeiten
4) Bewußtmachung und Einsicht in die Hierarchie dieser Probleme und Konflikte in Umwelt und Welt.
Erwerb der Bereitschaft und Fähigkeiten zur Weltveränderung durch bestimmte Aktivitäten, die eine Fülle von Kenntnissen und Fähigkeiten integrieren

Mit den allgemeinen Unterrichtszielen der anthropologisch orientierten Didaktik hängt ein großer Katalog formaler (instrumentaler) Unterrichtsziele zusammen (von Fähigkeiten und Fertigkeiten).

1. Die verschiedenen Formen des erdkundlichen Denkens, räumliches, kausal-analytisches und synthetisches Denken, ferner systematisches, vergleichendes Denken, induktives, deduktives Denken, individualisierendes, typisierendes Denken, genetisches, funktionales Denken, Modell-Denken, vor allem gegenwärtig kreatives und kritisches und Transfer-Denken.

2. Erdkundliche Qualifikationen im Umgang mit erdkundlichen Hilfsmitteln wie Kartieren und Kartenlesen bzw. Karteninterpretation, Formulierung erdkundlicher Sachtexte und kritische Textanalyse, erdkundliche Bilderstellung und kritische Bildanalyse, Erstellung von Statistiken und Grafiken und ihre kritische Analyse, Experimentieren mit erdkundlichen Versuchsgeräten und Auswertung der Ergebnisse.

3. Erdkundliche Qualifikationen vor Ort: Orientierung in der Landschaft, in der Stadt, im Verkehr. Entdecken von Erdkundlichem am Wege: Naturgeographie, Kulturgeographie, den Makrokosmos im Mikrokosmos, Elementares, Pragmatisches, Progressives, Sachliches, Schönes, Probleme, Konflikte (durch die Originale Erdkunde).

4. Erdkundliche Qualifikation in Form von Gestaltung: Sammeln von erdkundlichen Objekten und ihre gestalterische Anordnung, Modellieren von solchen Gegenständen, Zusammenstellung der Erdkundemappe aus Gesammeltem und Erarbeitetem, aber auch Gestaltung von planerischen Aufgaben im Sinne der Angewandten Geographie.

6. Lernen, wie man sich erdkundlich weiterbildet für die verschiedenen öffentlichen wie privaten Lebensbereiche in einer schnellebig sich wandelnden Welt, lernen, offen zu bleiben für Neues.

7. Lernen zu handeln, in einer durch Problem- und Konfliktsensibilisierung, durch kritisches und kreatives Denken gekennzeichneten Erdkunde, wie Lösungen zur Humanisierung des Unterrichts, der Umwelt, der Welt zu verwirklichen sind, lernen zu handeln, um erdkundlich gesetzte Ziele durchzusetzen, aber im Geist der Toleranz, der Kooperation und Kompromißbereitschaft.

Der vorliegende Katalog von instrumentalen Lernzielen (früher auch formale Bildung genannt, davor Fähigkeiten, Fertigkeiten, Können, davor artes, Künste im weitesten Sinne des Wortes) hängt eng mit den kognitiven Lernzielen (Kenntnissen, Wissen) zusammen. Beide bilden in Wirklichkeit eine Einheit, denn Können kann nur an bestimmten Inhalten geschult und eingeübt werden, Inhalte bedürfen eines vielfältigen Könnens zur geistigen Bewältigung. Man spricht von der *Einheit von formaler und materialer Bildung.*

Zusammenfassung: Entsteht zunächst der Eindruck, daß Weltorienterung durch Bildung, Weltanpassung durch Pragmatismus, Weltveränderung durch Progressivität verschiedene Alternativen sind, die sich ausschließen, so ist doch realiter zu prüfen, inwieweit sie sich zu einer Synthese koordinieren lassen, wobei dann die Prioritätenfrage zu klären wäre.

In der modernen Curriculum-Forschung werden verschiedene Ebenen unterschieden: Ebene der allgemeinen Lernzielentscheidung, Ebene der Hierarchisierung und Operationalisierung, Ebene der Zuordnung von Themen, Ebene der Evaluation und der Diffusion (mehr darüber im Beispiel 9). Das vorliegende Beispiel läßt sich einordnen

a) In die Ebene der allgemeinen Lernzielentscheidung, wobei hier drei Möglichkeiten präsentiert werden. Diese erste Ebene ist die Voraussetzung aller anderen und bestimmt sie.

b) In die Ebene der Hierarchisierung und Operationalisierung, indem die drei Möglichkeiten etwas aufgegliedert werden. Dies aber nur wenig, mehr darüber im Beispiel 10.

c) In die Ebene der Zuordnung von Themen. Gerade hier liegt das Schwergewicht des vorliegenden Beispiels, indem deutlich gemacht werden soll, wie eine einmalige Sache (die Alpen) je nach didaktischer Intention oder nach anthropologischer Konzeption unterrichtlich höchst unterschiedlich aufbereitet werden kann: Von der Entstehung der Alpen und der hypsometrischen Kategorie über die Reisevorbereitung und Reisedurchführung bis zu modernen Problem- und Konflikt-Strukturen der Alpen.

1. Teil: Weltorientierung durch Bildung

Höhenstufen in den Alpen (Vertikalaufbau)
Grobziel:
  Einsicht in die Verschiedenartigkeit der Gestaltung der Erdoberfläche am Beispiel des Vertikalaufbaus der Alpen in Vergleich zu bekannten Landschaften aus der Umgebung der Schüler oder anderen Landschaften der Erde.

Kognitive Lernziele:
  1. Kennenlernen der verschiedenen Zonen oder Gürtel im Vertikalaufbau der Alpen (z. B. Talregion, Laubwald-, Nadelwald- und Mischwaldzone, Alm- und Krummholzzone, Schutt- und Eisregion)

2. Aufsuchen der Ursächlichkeit oder des Bedingtseins der verschiedenen Zonen oder Gürtel im Vertikalaufbau (Koordination mit klimatologischen Fakten. Z. B. in niederen Regionen oder Zonen höhere Temperaturen, weniger Niederschläge – in höheren Regionen mehr Niederschläge, viel Nebel, viel Schnee und niedrigere Temperaturen)

3. Bedeutung der verschiedenen Zonen und Gürtel für den siedelnden und wirtschaftenden Menschen (z. B. die Täler als Zentren der Siedlung und des Verkehrs mit Begründung. Nadel- und Laub- und Mischwald als Areale der Forstwirtschaft. Almzone wie auch Talzone als Zentren der Landwirtschaft. Die höheren Regionen (Eis-Schneezone) waren eigentlich für den Menschen abweisend, werden aber im Zeitalter des zunehmenden Fremdenverkehrs auch erschlossen. Zentren des Tourismus sind die Talzone mit Orten und Verkehr, die Hochzone mit den Berghütten. Aber verschiedene soziale Gruppen in der Tiefe und in der Höhe).

4. Kennenlernen der Verbreitung des Vertikalaufbaus der Alpen (Topographie, Atlasarbeit. Z. B. Lage der Alpen in Europa, Kenntnis der Länder, die Anteil an den Alpen haben, Kenntnis der höchsten Berge der Alpen).

Kenntnis der Tatsache, daß die Zonen oder Gürtel auf der Nordseite in anderer Höhe angeordnet sind als auf der Südseite, einschließlich der Ursächlichkeit (Einführung in die Mikroklimatologie)

Abb. 1

5. Kennenlernen anderer Gebiete der Erdoberfläche, die auch einen charakteristischen Vertikalaufbau aufzuweisen haben (Transfer):
Topographie anderer Hochgebirge der Erde
Kennenlernen der charakteristischen Aufeinanderfolge der Zonen und Gürtel in den Kordilleren (Tierra Caliente, Tierra Templada, Tierra Fria, Tierra Helada), Aussehen, Bedingtsein, Bedeutung für den Menschen.

6. Aufsuchen des Kontextes zwischen hypsometrischer und planetarischer Kategorie (Begriff von H. Lautensach[36]).
Einsicht in den Zusammenhang, daß in den Hochgebirgen die hypsometrische Kategorie im kleinen und vertikal das realisiert, was die planetarische Kategorie im großen und horizontal zeigt.
Einsicht in die Wiederholung der planetarischen Anordnung der Klima-, Vegetations- und Wirtschaftsgürtel im Vertikalaufbau der Hochgebirge.

7. Problematisierung, ob vertikal strukturierte Landschaften vorteilhafte oder benachteiligte Zonen repräsentieren.

Instrumentale Lernziele:
1. Denkenlernen in verschiedenen Formen des geographischen Denkens
   1.1 Schulung des kausalen, ursächlichen Denkens in der Erdkunde (z. B. Warum die Zonen oder Gürtel im Vertikalaufbau gerade diese Gliederung haben, warum die hypsometrische Kategorie die planetarische wiederholt, warum der Fremdenverkehr sich zonal in zwei verschiedene Abteilungen und zwei verschiedene Sozialgruppen teilt)
   1.2 Schulung des ambivalenten Denkens (Vor- und Nachteile von vertikal strukturierten Ländern)
   1.3 Schulung des vergleichenden Denkens (z. B. Vergleich des Vertikalaufbaus der Alpen mit verschiedenen anderen Vertikalstrukturen auf der Erde unter dem Gesichtspunkt der Gliederung und der Nutzung (warum kein Kaffeeanbau bei uns?).
2. Lernen, erdkundliche Sachverhalte, die optisch geboten werden (Dias, Bilder), sprachlich zu formulieren (Sachbeschreibung als Querverbindung zum Fach Deutsch).
3. Lernen, mit dem Atlas umzugehen (Kartenlesen lernen: topographische Karten, thematische Karten).
Der Katalog ist nicht vollständig, dient nur als Anregung zur Weiterführung.

Entstehung der Alpen
Grobziel: Einsicht in die Veränderlichkeit der als Inbegriff des Unveränderlichen stehenden Phänomene. Alles reale Sein entsteht und vergeht.

a) Kennenlernen der Entstehung der Alpen als Falten- und als Hochgebirge (Beispiel für viele ähnliche Gebirge der Erde)

b) Kennenlernen der Prognose für die weitere Entwicklung der Alpen (Beispiel für viele andere Gebirge der Erde, die bereits in der Entwicklung weiter fortgeschritten sind)

1. Bildung einer Geosynklinalen (Meeressenke), in der im Laufe von Jahrmillionen verschiedene Sedimente (Ablagerungen) entstehen. Die endogene (erdinnere) Kraft ist abwärts gerichtet (Pfeil nach unten). Das Meer erreicht aber selten eine große Tiefe, weil die Senkungstendenz des Meeresbodens durch die Sedimentation mehr oder weniger ausgeglichen wird.

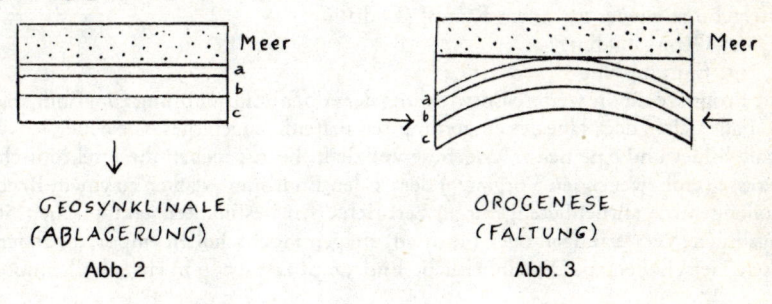

GEOSYNKLINALE
(ABLAGERUNG)
Abb. 2

OROGENESE
(FALTUNG)
Abb. 3

2. **Bildung des Orogens (Faltengebirges).** Die ursprünglich horizontal lagernden Schichten werden durch seitliche endogene Kräfte zusammengeschoben (gefaltet) (Pfeile links und rechts). Es entsteht so ein Orogen (Faltengebirge), das aber noch in der Erde steckt. Der Vorgang heißt Orogenese. Gleichzeitig quillt aus dem Erdinneren Magma (z. B. Granit) in das Orogen (z. B. Mont-Blanc) bzw. Erz (z. B. Eisenerz in der Steiermark). Vulkanismus und Erdbeben an der Erdoberfläche künden von den erdinneren Vorgängen (z. B. Erdbeben Friaul Mai 1976 it über 1000 Toten).

3a. **Bildung des Hochgebirges.** Das Orogen wird durch vertikale Kräfte aus dem Erdinneren gehoben. Aus dem Meer steigt es zunächst als inselartiges Flachland (Primärrumpf), Hügelland, Mittelgebirge bis zu einem Hochgebirge empor. Daher die Bezeichnung Falten-Hoch-Gebirge. Wo die Hebung nicht so stark ist, bleibt es bei der Bildung eines niedrigeren Reliefs. An bestimmten Stellen, so am Nordrand der Alpen, stecken die embryonalen Alpen noch unter der Landoberfläche. Die unterschiedlich langen Pfeile sollen die unterschiedlich starken Hebungskräfte andeuten.

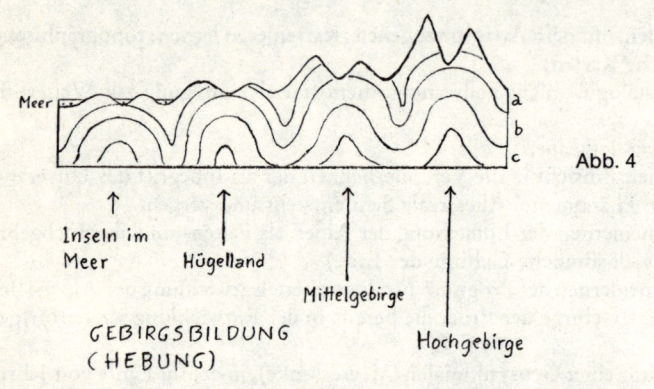

3b. Parallel mit der Hebung verläuft die Abtragung durch exogene (äußere) Kräfte, als da sind Spaltenfrost, Erosion durch fließendes Wasser (Klammbildung), Gletscher (Trogtalbildung). Dominieren die endogenen (e_n) Kräfte, steigen die Alpen noch weiter empor. Dominieren die exogenen (e_x) Kräfte, schrumpft das Hochgebirge über ein Mittelgebirge wieder zu einem Rumpf (Endrumpf).

$e_n > e_x$ Gebirgsbildung

$e_x > e_n$ Einrumpfung

Erste Prognose für die weitere Entwicklung der Alpen: Einrumpfung zum Endrumpf.

4. Falls sich in der Nähe des eingerumpften Faltenhochgebirges eine neue Geosynklinale bildet und eine neue Orogenese vollzieht, beanspruchen diese tektonischen Prozesse (erdbewegenden Vorgänge) derart den Endrumpf, daß er zu einem Bruchschollengebirge (Bruchfaltengebirge) zerbricht. An bestimmten tektonischen Störungslinien (Verwerfungen oder Flexuren) steigen Hochschollen empor, an anderen sinken Tiefschollen ab. Der einheitliche Endrumpf zerfällt so in ein Schollenmosaik

von Flachland, Mittelgebirge bis Hochgebirge. Damit verbunden ist wieder reger Vulkanismus. Beispiele: Das mitteleuropäische Mittelgebirge. Hochschollen: Schwarzwald, Vogesen, Fichtelgebirge, Erzgebirge, Harz, Thüringer Wald, Rheinisches Schiefergebirge. Tiefschollen: Oberrheinische Tiefebene, Hessische Senke, Norddeutsches Flachland. Vulkanismus: Kaiserstuhl, Rhön, Eifel, Vogelsberg.

Zweite Prognose für die Alpen: Zerfall zu einem Bruchschollengebirge (Bruchfaltengebirge) im Zuge einer neuen Orogenese.

Die Gebirgsbildung 1–3 heißt alpinotyp. Andere Beispiele: Pyrenäen, Apennin, Himalaya, Cordilleren, Rocky Mountains.

Die Gebirgsbildung 4 heißt germanotyp. Beispiel: Große Teile Frankreichs, Spaniens, Großbritanniens, Appalachen, Ural.

So stellt sich die Erdoberfläche als ein Nebeneinander von alpinotypen und germanotypen Gebirgen dar und möglichen Geosynklinalen, deren Anteil aber immer geringer wird.

Verschiedene Theorien zur Erklärung der Entstehung der Gebirge (der endogenen Kräfte):

a) Süßsche Kontraktions-Theorie (Bratapfel-Theorie)

b) Ampferers Unterströmungs-Theorie durch Radioaktivität (Ausdehnungs-Theorie)

c) Wegeners Kontinental-Verschiebungs-Theorie

2. Teil: Weltanpassung durch Pragmatismus

Erstes Unterrichtsziel: Was ist alles zu beachten, wenn man eine Reise in die Alpen vorbereitet

Zweites Unterrichtsziel: Was ist alles zu beachten für die Fahrt und am Ort

Vorbereitung:

1. Kenntnis der verschiedenen Möglichkeiten zur Beschaffung von Informationen (Reisebüro, Bekannte ...). Sammeln von Prospekten, Unterlagen, Reiseführern.

2. Überprüfung der eigenen Interessenlage (Erholen, Erleben, Alleinsein, Geselligkeit, Ruhe, Rummel, Übernachtung mit Frühstück, Halb- oder Vollpension, Wandern, Klettern, Schwimmen, Sammeln, Spiele, einfaches oder anspruchsvolles Logis, natürliche oder kulturelle Sehenswürdigkeiten, neue Kontakte ...) mit der eigenen Finanzlage

3. Kritische Prüfung der Aussagen von Bekannten bzw. kritische Lektüre der Reiseangebote einschließlich des Kleingedruckten (z. B. Saisonzuschläge) und des zwischen den Zeilen Stehenden. Vergleich der Informationen, die zugleich zu einer kleinen Topographie des Fremdenverkehrs der Alpen führen kann. Wo ist was?

4. Aufstellung eines Katalogs der erforderlichen Gegenstände zur Verwirklichung

der Reise bei gutem und schlechtem (trockenem und nassen) Wetter, bei Kälte und Wärme, für Wandern und Klettern, für gesellige Abende und kleine Unpäßlichkeiten, für Hobby (Foto) und anderes.

5. Überprüfung der verschiedenen Möglichkeiten der Verkehrsmittel: Sonderfahrten der Bundesbahn, planmäßige Züge der Bundesbahn, Gesellschaftsreisen im Bus, Individualreise im Pkw oder mit Motorrad–Fahrrad. Pro und Contra der verschiedenen Möglichkeiten.

6. Berücksichtigung zusätzlicher Geldausgaben: Trinkgeld, Getränke, Ausflüge, Souvenirs, Krankheit, Auto-Reparatur, Reserven . . . Soll man das zusätzliche Geld als Bargeld oder als Scheck mitnehmen?

Durchführung:

1. Vorbereitung und Durchführung einer Bergwanderung oder Klettertour (allein oder in Gruppen, Ausrüstung, Tempo, Zeitpunkt . . .). Beispiel: Eine Gletscherwanderung in Latschen und mit kurzen Hosen kann sehr unangenehme Folgen nach sich ziehen.

2. Berücksichtigung der Naturschutzvorschriften. Beispiel: Das Abpflücken von Edelweiß oder gewissen Enzianarten kann unangenehme Folgen haben.

3. Verhalten, wenn man sich verirrt hat (Orientierung in der Landschaft). Beispiel: Abwärtsgerichtete Pfade und Wege führen in der Regel eher zu Siedlungen als aufwärtsgerichtete. Falls solche fehlen, werden sie durch Gewässer ersetzt.

4. Verhalten bei schlechtem Wetter. In den Alpen fallen viermal soviel Niederschläge wie bei uns, das Maximum liegt leider obendrein in der Sommer- und Ferienzeit (sommermonsunaler Effekt). Bisweilen kann es im Sommer zu einem so starken Kälteeinbruch kommen, so daß in größeren Höhenlagen sogar Schnee fällt. Was ist dann zu tun? Verhalten bei Sonnenbrand, Föhn, Dauerregen (Schnürl) . . .

5. Verhalten im Umgang mit Menschen anderer Wertwelten. Wiewohl sich besonders nach dem Zweiten Weltkrieg eine Angleichung des Verhaltens der Menschen und damit der realisierten Wertwelten vollzogen hat, so ist doch zu beachten, daß in entlegenen Gegenden oder bei älteren Personen durchaus Mißverständnisse und Konflikte auftreten können. Beispiel: Unverständlicher Dialekt, Wortkargheit, Katholizismus, fremde Kleidung und fremde Speisekarte . . . Eine Kirche oder Kapelle sollte man nicht mit Hund und Badehose betreten. Betende oder beichtende Personen lassen sich nicht gern blitzlichten. Gastarbeiter bringen wieder neue Verhaltensweisen und Wertwelten aus ihrem Heimatland mit, wollen als Dienstleister nicht zweitrangig angesehen werden.

6. Prüfung der Möglichkeiten, was bei gewissen unvorhergesehenen Ereignissen zu tun ist: Bei kleinen Verletzungen auf einer Wanderung, bei größeren Verletzungen, bei Unzufriedenheit mit dem oder Unverträglichkeit des Essens oder des Quartiers (Lärm).

Der Katalog läßt sich durchaus noch erweitern. Er soll Anregungen geben, neue Gesichtspunkte selbst zu finden. Beispiel: Souvenirkauf (Kunst, Kitsch) . . .

Vieles aus dem Katalog läßt sich auf andere Reisegebiete übertragen. Darin liegt die Bedeutung des Transfers in der modernen Didaktik.

Bei Reisen nach Übersee treten neue wichtige Gesichtspunkte hinzu: Visum, Währung, Impfung, Krankheitsprophylaxe, anderes Klima und andere Lebensweise ...

Viele zusätzliche Aktivitäten sind möglich: Sammeln von Prospekten, Beschaffung von Reiseliteratur, Lektüre von Straßenkarten, Studium von Kursbüchern, Organisation von Wanderungen nach Wanderkarten, Kennenlernen der wichtigsten Gesteine, Pflanzen, Tiere in den Alpen, sei es an Hand von Objekten der Schulsammlung, sei es aus Abbildungen in Büchern. Bestimmen lernen ...

Die vorliegende Konzeption bietet sich für ein Rollenspiel (Familie oder Gruppe Gleichaltriger) an, das dem Entscheidungstraining dient.

Krönung der Simulation im Rollenspiel wäre allerdings, wenn sich eine reale Reise anschließen würde und der Vergleich zwischen Theorie (Planung) und Praxis (Durchführung) gezogen werden kann, ähnlich wie bei der Unterrichtsvorbereitung, Unterrichtsdurchführung, Unterrichtsnachbereitung.

3. Teil: Weltveränderung durch Progressivität

In der progressiv ausgerichteten Didaktik der Erdkunde handelt es sich um *Problem- und Konflikt-Strukturen mit erdkundlichem Bezug*, denn es gibt auch solche ohne diesen Bezug. *Das Verhältnis von Vertikal- und Horizontal-Strukturen, von Problem- und Konflikt-Strukturen:* Bei Vertikal-Strukturen treten zwei Determinanten auf, eine von der Natur zur Gesellschaft, eine von der Gesellschaft zur Natur. Vertikal-Struktur ist also kein einseitiger Determinismus, sondern ein doppelgleisiges Spiel der Kräfte zwischen Natur und Gesellschaft. Die erdkundlich wichtigen Problem-Strukturen sind Vertikal-Strukturen (Natur-Mensch-Strukturen) in dem Sinn, daß bei ihnen die Auseinandersetzung des Menschen mit den natürlichen Gegebenheiten, teils abhängig, teils umgestaltend, problematisch ist. Horizontal-Struktur bedeutet, daß gesellschaftliche Kräfte an bestimmten Stellen (Standorten) sich arbeitsteilig ergänzen oder aber aufeinanderprallen, daß also auch hier mindestens zwei Determinanten zusammen kommen. Die erdkundlich wichtigen Konflikt-Strukturen sind Horizontal-Strukturen in dem Sinne, daß sie einen räumlichen Bezug bzw. ein räumliches Bedingtsein durch Standort und Entfernung haben. Auf einen kurzen Nenner gebracht:

Vertikal-Strukturen = Natur-Mensch-Strukturen = oft Problem-Strukturen.
Horizontal-Strukturen = Raum-Gesellschaft-Strukturen = oft Konflikt-Strukturen.

Grobziele:
Die Schüler sollen lernen, daß die Naturlandschaft der Alpen in vielen Fällen gar keine ist, sondern eine durch den Menschen gestaltete Kulturlandschaft.

Die Schüler sollen lernen, daß diese Kulturlandschaft der Alpen zahlreiche Problem- und Konflikt-Strukturen aufzuweisen hat (einschließlich ihres Bedingtseins und Möglichkeiten zur Änderung).

Problem-Strukturen

1. Anstelle der ursprünglich häufigen Mischwälder mit tiefgründiger wasserspeichernder Humusschicht sind oft Fichten-Monokulturen (Holzfabriken) getreten, die nicht unerheblich zum oberflächigen Abfließen der Niederschläge und damit bei starkem Gefälle zu verstärkter Abtragung beitragen können.

2. Der Rotwildüberstand (besonders der Hirschüberstand) dient zwar dem Sozialprestige der Jagdpächter, andererseits aber trägt er dazu bei, den regenerierenden Mischwald durch Fraß und Verbiß immer wieder zu vernichten oder zu beeinträchtigen. Vorhandene Mischwälder sind oft überaltert.

3. Die Rinderzucht (Milchwirtschaft) trägt durch Viehtritt nicht selten zur Abtragung der Vegetation und der darunter liegenden Schichten bei, zumal gegenwärtig das Gewicht der Tiere im Vergleich zu früher erheblich durch Züchtung sich vergrößert hat.

4. Neue Verkehrserschließungen für die Forstwirtschaft wie für den Fremdenverkehr zeichnen sich durch breitere und festere Wegesysteme aus, bewirken aber häufig an den angeschnittenen Hängen und Wänden trotz Begrünungsversuchen und anderen Schutzmaßnahmen eine Steigerung der Abtragung, die zugleich wieder die Verkehrswege beschädigen oder zerstören kann.

Konflikt-Strukturen

1. In abgelegenen Gebieten mit langen und schwierigen Verkehrsverhältnissen scheint die Welt der autochthonen Alpensenner noch heil. In Wirklichkeit führen sie ein Leben mit harter Arbeit und mangelnder Wohnqualität. Daraus resultiert nicht selten, daß die junge Generation in die Städte bzw. in die Fremdenverkehrsgebiete zieht, wo man leichter Geld verdienen kann und obendrein besser wohnt. Daraus resultiert, daß die Almen bisweilen wüst werden (veröden), daß Unkraut und Ungras als Folgegesellschaften mangelnder Nutzung sich ausbreiten, was der für den Tourismus erforderlichen Idylle nicht gerade dienlich ist.

2. In anderen abgelegenen Gebieten, wo die Verkehrsanbindung durch neue Straßen und Wege gewährleistet ist, werden Beton-Betten-Burgen und andere tertiärfunktionale Etablissements errichtet, in denen das ursprüngliche Volkstum nur noch gelegentlich in folkloristischen Veranstaltungen eine Pseudo-Idylle vorgaukelt. Ansonsten überschwemmen Touristen in Blechkarawanen die Landschaft und schaffen somit Konfliktmöglichkeiten mit Personengruppen, die die Einsamkeit und Abgelegenheit schätzen. Da diese aber in der Minderheit sind und ökonomisch nicht so lukrativ, sind sie im Rückzug begriffen.

3. Gemeinderäte und andere Personen spekulieren in Grundstücken, bestimmen selbst die Bebauungspläne oder versuchen zumindest eine Einflußnahme, werden da-

durch über Nacht reich, steigen von der arbeitsreichen und wenig rentablen Landwirtschaft um auf den Fremdenverkehr, überlassen dabei die Dienstleistungen den Gastarbeitern und verdienen ungleich mehr als früher. Ihre alten Häuser verfallen, oder es ziehen Gastarbeiter aus Südeuropa ein und schaffen so neue Konfliktmöglichkeiten.

4. Rentner, Pensionäre und andere alte Leute ziehen bevorzugt in die Alpen, um dort in Ruhe ihren Lebensabend zu genießen, während die jüngere Generation, die dort aufwächst, bevorzugt wegzieht. Daraus resultieren zahlreiche soziale und ökonomische Konsequenzen, wie beispielsweise die Belastung der Infrastruktur der Gemeinden und Kreise (Notwendigkeit von Krankenhausbetten und ärztlicher Versorgung, mangelnde Notwendigkeit von Schulen und Kindergärten).

Methodisch läßt sich als einfache Unterrichtsform die Diskussion am Ende einer jeden Problem- oder Konflikt-Struktur einsetzen oder aber als komplexe Unterrichtsform das simulierende Rollen- bzw. Planspiel, wo die Interessen der verschiedenen Personengruppen aufeinanderprallen und ausgetragen werden können bis zum Entscheidungstraining.

Ausgewählte Aufgaben

Wonach soll sich die Didaktik der Erdkunde differenzieren? Nach fachwissenschaftlichen oder nach anthropologischen Kategorien?

Diskussion der verschiedenen anthropologischen Ansätze in der Didaktik, im allgemeinen, in Hinsicht auf die Erdkunde, ob Bevorzugung einer Lösung oder einer Mischung aus mehreren Lösungen, Klärung der Prioritäten bzw. der Möglichkeiten zur Verwirklichung.

Aufsuchen eigener Beispiele zu den Unterrichtszielen der drei verschiedenen anthropologischen Lösungen am Beispiel Alpen.

Verschiedene Aufbereitung eines erdkundlichen Themas (nach dem Modell Alpen) je nach unterschiedlicher didaktischer Intention (z. B. eine Stadt oder ein Land).

Zuordnung der verschiedenen Vorschläge bei den Alpen für verschiedene Klassenstufen oder alles in einer einzigen Klassenstufe im Zusammenhang.

Methodische Aufbereitung der Einzelthemen unter besonderer Berücksichtigung der Hilfsmittel.

Veranschaulichung der hypsometrischen Kategorie bzw. von Stadien der Gebirgsbildung und Abtragung, Besorgung von Prospektmaterial, Reiseliteratur, Straßenkarten, Kursbüchern und kindertümliche Umformulierung der erdkundlichen Problem- und Konflikt-Strukturen.

Ausgewählte Literatur

Das Elementare
W. Klafki: Das päd. Problem des Elementaren u. die Theorie der kateg. Bildung, Weinheim 1964
H. Möller: Was ist Didaktik? Bochum 1963
A. Schmidt: Das Elementare in der Erdkunde, Päd. Rundschau 1964
A. Schmidt: Erdkunde im Spannungsfeld pädagogischer, soziologischer und politischer Anforderungen, Lebendige Schule 1971
R. Brinkmann: Abriß der Geologie I und II, Stuttgart 1961
H. Stille: Werden u. Vergehen der Kontinente, Die Erde 1949/50
H. Lautensach: Der geogr. Formenwandel, Coll. Geographicum 3, Bonn 1952
H. Schmitthenner: Studien zur Lehre vom geogr. Formenwandel, Münchener geogr. Hefte 7, 1954
G. Glauert: Die Alpen, eine Einführung in die Landeskunde, Kiel 1975

Das Pragmatische
G. Picht: Der Bildungshorizont des zwanzigsten Jahrhunderts, Neue Sammlung 1964
S. B. Robinsohn: Bildungsreform als Revision des Curriculum, Neuwied 1967
H. Schelsky: Anpassung oder Widerstand? Soziolog. Bedenken zur Schulreform, Heidelberg 1961
B. F. Skinner: Beyond Freedom and Dignity, New York 1971
A. Flitner: Soziolog. Jugendforschung, Darstellung u. Kritik aus pädag. Sicht, Heidelberg 1963
A. Schmidt: Erdkunde in der veränderten Sozialwelt, Neue Wege 1969
H. Giesecke: Freizeit u. Konsumerziehung, Paedagogica 2, Göttingen 1968
H. Görne: Urlaub nach Maß. Die Kunst, sich richtig zu erholen, Frankfurt 1970
H. Haubrich: Sich Erholen, Westermanns Sozialgeographie Stadt, Braunschweig 1971
H. v. Hentig: Freizeit als Befreiungszeit, Merkur 7/8, 1969
D. Mücke: Reiseplanung – ein Planspiel, Beiheft 2, Geogr. Rundschau 1976
H. W. Opaschewski: Freizeitpädagogik, Bad Heilbrunn 1970
L. Rother: Sich Erholen – Unt.modell f. d. Orientierungsstufe, Der Erdkundeunterricht 20, Stuttgart 1975
H. E. Wittig: Schule und Freizeit II (Wirtschaft u. Schule), Bd. Harzburg 1964

Das Progressive
Was ist progressiv? Der Spiegel 40, 1971 p. 176
Bestandsaufnahme zur Situation der dtsch. Schul- u. Hochschulgeographie, Geografiker Heft 3, Berlin 1969
H. Giesecke: Didaktik der polit. Bildung, München 1976
W. Hillegen: Zur Didaktik des polit. Unterrichts I, II, Opladen 1975
A. Ulshöfer: Politische Bildung – ein Auftrag aller Fächer, Freiburg 1975
Sterns Stunde, ARD 12. 2. 1974 (Die deutschen Alpen)
Raumordnungsbericht der Bundesregierung, Bonn–Bad Godesberg 1972, 1974
NDR-Schulfunk: Viehwirtschaft in Oberbayern, Besuch auf der Alm 1971
S. Möbius: Zur problemhaften Gestaltung des Geographieunterrichts (Alpenländer), Zschr. f. d. Erdkundeunterricht 1976

8. Gegenwart: Konzept der Erdkunde als futuristisch orientiertes Fach am Beispiel allgemeingeographischer und regionalgeographischer Kategorien

Das vorliegende Beispiel soll eine didaktische Grundlegung und Zielsetzung nicht wie im vorangegangenen Beispiel nach verschiedenen anthropologischen Kategorien aufbereiten, die in der Schule zur Bewältigung der Welt zu verwirklichen sind, sondern es soll, wie ein Ansatz moderner Curriculum-Forschung von S. Robinsohn[37] betont, von Lebenssituationen ausgehen, die durch bestimmte Qualifikationen zu bewältigen sind und denen bestimmte Themen zuzuordnen sind. Die Qualifikationen bedeuten Lernziele, die Themen bedeuten Lerninhalte, zu denen sich noch Lernprozesse gesellen (z. B. Plan- und Rollenspiel).

Im Sinne der verschiedenen Ebenen der Curriculum-Forschung werden ins Auge gefaßt:
1. Ebene der allgemeinen Lernzielentscheidung durch Konkretisierung von bestimmten Lebenssituationen
   a) von futuristischer Relevanz
   b) von geographischer Relevanz

Beide gehören zusammen, werden als eine Einheit gesehen (Raum-Zeit-Einheit). Diese erste Ebene ist Voraussetzung und damit Determinante aller anderen Ebenen.
2. Ebene der Hierarchisierung und Operationalisierung, diese verhältnismäßig wenig, weil im Beispiel 10 mehr dazu gesagt wird.
3. Ebene der Zuordnung von Themen, auf der das Schwergewicht des vorliegenden Beispiels liegt, wobei die Differenzierung nach Kategorien der Allgemeinen Geographie und der Regionalen Geographie erfolgt.

Zugleich wird methodisch nach dem Prinzip der Antithetik verfahren, um bessere Voraussetzungen für die Diskussion und die eigene Standortfindung zu geben.

These: Es dürfte eine unbestrittene Voraussetzung einer jeden Didaktik in der Schule sein, daß die Kinder zur Bewältigung der Zukunft, die sie einmal als Gegenwart erleben werden, vorzubereiten sind. Andererseits wird aber inkonsequenterweise darüber, wie die Zukunft sein wird, wie die Trends der Gegenwart weiter verlaufen, wenn sie nicht verändert werden, wie sie zu verändern sind, unverhältnismäßig wenig in der Didaktik gedacht und damit auch nicht eine echte Bewältigung der Zukunft durch die erwachsenen Kinder vorbereitet.

Antithese: Die gegenwärtige Geographie beschäftigt sich kaum mit futuristischen Tendenzen, also braucht es die Didaktik der Erdkunde auch nicht. Die futuristische Orientierung der Erdkunde bedeutet eine Entfremdung von ihren herkömmlichen Zielen, die primär auf die Gegenwart bzw. auf die Gesellschaft bzw. auf die Auseinandersetzung mit der Natur oder auf andere Akzente, nicht aber auf die Bewältigung der Zukunft zugeschnitten sind. Der futuristische Ansatz bewegt sich mit unsicheren Prognosen. Innovationen lassen sich nicht voraussagen. Besser ist es, Sicheres und Bewährtes statt Unsicheres und Unerprobtes in der Didaktik der Erdkunde zu bieten. Das Futuristische läßt sich evtl. besser als didaktisches Prinzip in die Unterrichtsfächer einbringen.

These: Es ist eigenartig, daß im Kanon der Fächer der Schule Geschichte vertreten ist, Zukunftslehre aber nicht. Geschichte beschäftigt sich mit der Vergangenheit, die nie wiederkommt und die die Kinder also nicht mehr erleben werden. Zukunftslehre würde sich mit der Zukunft beschäftigen, die bestimmt kommt und die die Kinder erleben werden. Also wäre es viel dringlicher, statt Geschichte Zukunftslehre zu unterrichten.

Antithese: Geschichte wird an der Schule nicht um ihrer selbst willen betrieben, also um der Beschäftigung mit der Vergangenheit willen, sondern um aus ihr zur Bewältigung der Zukunft zu lernen. Also ist Geschichte eminent futuristisch orientiert. Hiergegen läßt sich wieder einwenden, ob aus der Geschichte wirklich für die Zukunft gelernt werden kann, denn von Historikern wird gern und oft die Einmaligkeit von historischen Phänomenen und Strukturen betont, damit also die geringe Möglichkeit des Transfers auf die Zukunft. Selbst wenn er aber möglich sein sollte, ist zu fragen, warum die Bewältigung der Zukunft über den Umweg der Geschichte zu erfolgen hat und nicht direkt über die futuristische Trendanalyse (z. B. Bevölkerungswachstum), ihre Bewertung und Möglichkeiten der Veränderung. Also statt Geschichte Zukunftslehre in der Schule.

Wenn die futuristischen Voraussagen noch unsicher sind, ist das kein Grund, auf sie didaktisch zu verzichten, sondern nur, die futuristischen Methoden noch besser auszuarbeiten. Solange kein Fach Zukunftslehre in der Schule existiert und kein Prinzip des Futuristischen in der Didaktik besteht, muß aus Verantwortung vor den Kindern, die diese Zukunft nicht nur erleben werden, sondern sogar bewältigen sollen, ein Fach damit anfangen, die Erdkunde, und vor allem die ihr immanenten futuristischen Ansätze realisieren (z. B. Weltbevölkerungsentwicklung, Weltrohstoffversorgung, Weltenergieversorgung).

Oberstes Unterrichtsziel einer futuristisch konzipierten Didaktik ist nicht das Tradieren von fachwissenschaftlichen Stoffen, die Weltorientierung oder Weltanpassung, sondern die *Humanisierung der Umwelt und der Welt*, so wie sich die Arbeitslehre als oberstes Unterrichtsziel die Humanisierung der Arbeitswelt setzt. Dieses Ziel ist gleichermaßen ungeheuer anmaßend wie ungeheuer notwendig. Wenn überhaupt irgendwo der Mythos des Sisyphos ein Beispiel fände, dann bei dieser Zielsetzung und bei der Möglichkeit ihrer Verwirklichung. Sie ist höchstens anzustreben in Kooperation mit allen Unterrichtsfächern aller Schulen aller Länder.

Was bedeutet aber Humanisierung der Umwelt und Welt? Besteht nicht wieder die Gefahr einer Leerformel, einer plakativen Phrase, eines Aushängeschildes für Kleinkariertes? Sie läßt sich mit *Verbesserung der Lebensqualitäten* umschreiben, von denen in der letzten Zeit auch viel die Rede ist, ohne daß oftmals klar ist, was damit eigentlich gemeint ist.

These: Lebensqualität ist etwas Subjektives, von Person zu Person verschieden. Was dem einen angenehm ist, ist dem anderen unangenehm. Ein Phänomen kann subjektiv angenehm empfunden werden, ist aber objektiv schädlich, kann objektiv nützlich sein, aber subjektiv als negativ empfunden werden. Sie läßt sich also nicht exakt fassen und nicht quantifizieren.

Antithese: Lebensqualität ist primär durchaus etwas Subjektives, läßt sich aber objektivieren, z. B. durch Befragen von Bevölkerungsgruppen oder durch technische Untersuchungen der Lebensbedingungen. Diese Ergebnisse lassen sich quantifizieren, mit ihnen läßt sich wissenschaftlich arbeiten. Beispiele für quantifizierende Kriterien der Lebensqualitäten wären Auto, Fernseher, Telefon pro Kopf der Bevölkerung, Analphabetentum, Kalorien- und Eiweißverzehr pro Tag und Kopf, BSP (Brutto-Sozial-Produkt pro Jahr und Kopf), Lebenserwartung, Krankenhausbetten, Arztversorgung pro Kopf, Wohnungsquadratmeter, hygienische Versorgung (Toilette, Bad) privat wie öffentlich, Befriedigung von elementaren Daseinsfunktionen in der Wohnnähe (Arbeit, Versorgung, Erholung, Dienstleistung), humanökologische Belastungen wie Immission oder Phonwerte (vgl. *H. Swoboda*[38]).

Auf dem Gebiet der Humanisierung der Umwelt und Welt, der Verbesserung der Lebensqualitäten in der eignen Umgebung und auf der ganzen Erde ist unendlich viel zu tun. Es dürfte zweifelsohne ein Zusammenhang zu dem progressiven Ansatz in der anthropologisch orientierten Didaktik der Erdkunde zur Weltveränderung bestehen. Es dürfte weiterhin ein Zusammenhang mit dem anspruchsvollen Ziel der Weltfriedenssicherung bestehen, denn manche futuristischen Trends verlaufen in Kürze oder Länge zu Problemen und Konflikten, wenn sie nicht positiv beeinflußt werden (z. B. Weltenergieversorgung). Gegebenenfalls bergen sie Keime zu regionalen wie globalen militärischen Auseinandersetzungen in sich. Aber Weltfriedenssicherung ist noch viel umfassender zu sehen, nämlich als eine Befriedung menschlichen Zusammenlebens, in der Familie, im Betrieb, auf der Straße, in der Gemeinde, so daß auch hier futuristische Trends wie die zunehmende ökologische Belastung, die bis in den privaten Bereich hineinwirkt, einer Auseinandersetzung und Lösung bedürfen.

Freilich, es darf nicht übersehen werden, daß es Stimmen[39] gibt, die darauf hinweisen, daß Fortschritt und Demokratie sich ausschließen, Fortschritt nicht im Sinne von Steigerung der Produktivität, des BSP (Brutto-Sozial-Produkts), der PKW, der Fernseher und Telefonanschlüsse pro Kopf der Bevölkerung, sondern im Sinne der Steigerung humanökologischer Lebensqualitäten, und Demokratie im Sinne westlichen Parlamentarismus.

Bevor man sich vornimmt, die Humanisierung von Umwelt und Welt als umgreifendes Unterrichtsziel anzuerkennen und einen Beitrag dazu verwirklichen zu wollen, ist es aber notwendig, nach dem Grundsatz vom Nahen zum Fernen erst einmal zu prüfen, ob nicht eine Humanisierung des eigenen Unterrichts erforderlich ist.

Zusammenfassung
Allgemeines Unterrichtsziel dieser futuristischen Orientierung ist

erdkundlicher Beitrag zur Bereitschaft und Fähigkeit der Humanisierung der Umwelt und Welt im Sinne einer Steigerung der Lebensqualitäten
1) Bewußtmachung und Einsicht in futuristische Trends erdkundlicher Relevanz
2) Kritische Auseinandersetzung mit diesen Trends
3) Bewußtmachung und Einsicht in ihr Bedingtsein
4) Kreatives Auffinden von Lösungsmöglichkeiten und deren Schwierigkeiten
Erwerb der Bereitschaft und Fähigkeit zur Humanisierung der künftigen Umwelt und Welt durch bestimmte Aktivitäten, die eine Fülle von Kenntnissen und Fähigkeiten integrieren.

Hieraus ergibt sich wie bei der progressiv orientierten Didaktik der Erdkunde ein Dreier- bzw. Viererschritt:

1. Phänomenologie: Welche Trends sind zu beobachten, die in die Zukunft deuten?
2. Bewertung: Wie sind sie zu bewerten? Sind sie positiv oder negativ zu bewerten? Welche Gruppe würde sie positiv, welche würde sie negativ bewerten? Welche Maßstäbe sind überhaupt zur Bewertung zugrunde zu legen? Diese können aus dem Katalog zur Verbesserung der Lebensqualitäten für eine möglichst große Personengruppe gewonnen werden. Mit welchen Personengruppen bzw. Institutionen würden aber Schwierigkeiten entstehen?
3. Kausalität (Blick in die Vergangenheit): Worauf sind sie zurückzuführen? Welches sind die Ursachen? Wie sind sie begründet? Monokausale Lösungen sind bedenklich. Immer ist zu prüfen, ob nicht noch andere Fakten mit in den Ursachenkatalog einzubeziehen sind. Die Kausalanalyse ist nicht Selbstzweck, sondern Mittel zum Zweck, der sich bei 4 ergibt.
4. Finalität (Blick auf die Zukunft): Was ist zu tun? Was muß getan werden? Wer soll es tun? Wer wird möglicherweise die vorgeschlagene Lösung verhindern? Wie sollen die Kosten aufgebracht werden? Was können wir selbst tun? Dieser letzte Schritt ist der entscheidende Schritt. Er ist der futuristisch orientierte Schritt, und die Schule soll zur Bewältigung der zukünftigen Welt beitragen. Er ist der politisch progressive Schritt, indem er zu den Problemen, Konflikten, Ursachen die Lösungen präsentiert. Hier besteht eine Querverbindung zur politischen Bildung wie zur Arbeitslehre (im Sinne der Zielsetzung der Humanisierung des Arbeitsplatzes, der Umwelt, der Welt).

Die erdkundlichen Inhalte lassen sich in zwei große Kategorien gliedern, hinter denen die klassische Einteilung der Geographie steht, in die globalen und in die regionalen (Allgemeine Geographie – Regionale Geographie).

1. *Globale Inhalte*
Weltbevölkerung, von manchen Autoren auch als Bevölkerungsexplosion im Sinne eines exponentialen Wachstums interpretiert, in regionaler Differenzierung. Schwierigkeiten zur Lösung: Religion (Katholische Kirche in Latein-Amerika), soziale Faktoren (Kinder als Altersversorgung in Indien), wirtschaftliche Faktoren (Kinder als potentielle Arbeitskräfte in Japan), politische Faktoren (Schwarz-Weiß-Verhältnis in den USA).

Lösungen: Negative Lösungen sind Euthanasie, Krankheiten und Kriege. Positive sind: Geburtenkontrolle in ihren verschiedenen Formen bis zur Sterilisierung. Fiskalische Maßnahmen wie Steuern oder andere finanzielle Belastungen bei Kindern, also Kinder als Luxus-Artikel. Erhöhung der Krankenhausgebühren bei Entbindungen bzw. der Schulgebühren bei zunehmender Kinderzahl. Prämien für Kinderlose oder kinderarme Ehen. Juristische Maßnahmen wie Bestrafungen, die neuerdings in Teilen Indiens bereits praktiziert werden. Ferner pädagogische Maßnahmen wie Aufklärung in der Schule über die Trends und ihre Konsequenzen bzw. in der Erwachsenenpädagogik (z. B. Volkshochschulen). Ökonomische Maßnahmen: Durch Wirtschaftswachstum (Steigerung des BSP) und des Lebensstandards erfolgt eine Reduktion der Kinderzahl. Entwicklungshilfe zur Steigerung der Produktivität bedeutet also zugleich auch Regelung der Bevölkerungsexplosion. Notwendigkeit internationaler Kooperation in Gremien der UNO.

Welternährungswirtschaft, in engem Kontext zum vorangegangenen Thema, in regionaler Differenzierung. Lösungen: Neulandgewinnung aus dem Meer, Rodung von Wäldern, Erschließung von Ödland, Problematik dieser Maßnahmen, Steigerung der Agrarproduktion durch Düngung, Saatgutverbesserung, Schädlingsbekämpfung, Bewässerung, Entwässerung, Kapital, Ersatz von Genußmittelproduktion durch Lebensmittelproduktion (Tabak, Kaffee), Nahrungsgewinnung aus dem Meer, synthetische Nahrung, infrastrukturelle Maßnahmen: Ausbau des Bildungswesens zum Zwecke besserer Schulung, Ausbau des Verkehrswesens zur besseren Erschließung von Neulandgebieten bzw. zur Gewährleistung des Absatzes der agrarischen Produkte, Ausbau der Industrialisierung zur Steigerung der Düngemittelproduktion bzw. landwirtschaftlichen Maschinen und Geräte.

Berücksichtigung von Interdependenzen: Zusammenhang von Welternährungswirtschaft und Weltbevölkerungsentwicklung. Rodung von Wäldern kann zwar eine Vergrößerung der Anbaufläche bedeuten, aber zugleich auch eine negative Änderung ökologischer Gleichgewichte. Oftmals entpuppt sich daher auch die Fruchtbarkeit tropischer Regenwälder nur als Schein. Intensive Düngung bzw. Schädlingsbekämpfung kann zwar Hektarerträge steigern, aber auch ökologische Änderungen und humanmedizinische Folgen haben. Nützlich ist die Verlängerung der Haltbarkeit der Güter statt ihrer Verkürzung, wie es gegenwärtig vielfach in konsumorientierten westlichen Ländern der Fall ist. Notwendigkeit internationaler Kooperation (FAO).

Weltenergieversorgung. Die Erdölkrise vergangener Jahre dürfte die Aktualität dieses Themas veranschaulicht haben, von der futuristischen Relevanz ganz zu schweigen. Zwei grundsätzliche Lösungen dürften möglich sein. Bei expansiver Wirtschaft Diversifikation der Energieträger unter besonderer Berücksichtigung der eigenen Rohstoffe (Kohle, Atom, Wasserkraft, Gezeiten, Wind, Sonne) oder aber Reduktion der ökonomischen Expansion, so daß auch der Energiebedarf sich reduziert. Konsequenzen der regionalen Disparitäten der Standorte der verschiedenen Energieträger (besonders des Erdöls): Zur regionalen Disproportionalität der Welt in unter- und überentwickelte Länder kommen neuerdings reiche Entwicklungsländer und arme (besser arm werdende) Industrieländer hinzu.

Weltrohstoffversorgung. Unter Zugrundelegung eines exponentialen Wachstums der Exploitation der Rohstoffe der Erde wegen einer perpetuierend ökonomischen Expansion stellt sich das Problem temporär auftretender Erschöpfung der Rohstoffe. Lösungsmöglichkeiten: Recycling, technische Substitution von knappen durch weniger knappe Rohstoffe, Prioritätsprüfung bei Produkten, die sowohl als Energieträger als auch als Rohstofflieferant für die Industrie in Frage kommen (Kohle, Erdöl), oder aber Drosselung des wirtschaftlichen Wachstums. Hierhin gehören pädagogische Aufgaben in der Schule und in der Erwachsenenpädagogik durch die Massenmedien: Umdenken bzw. Umerziehung vom blinden Konsum (blinder Produktion) zu vernünftigem Konsum (vernünftiger Produktion). Internationale Kooperation, wie die Konferenzen für Rohstoffe oder Welthandel in den letzten Jahren gezeigt haben. Entwicklungshilfe von den Industrieländern für die Entwicklungsländer, die über bedeutende natürliche Ressourcen verfügen, nach den Prinzip, do ut des. Aber auch militärische Interventionen (z. B. im Vorderen Orient) oder Sozialisierung wurden (werden) diskutiert.

Interdependenzen dürfen nicht übersehen werden: Durch die besondere Förderung von rohstoffreichen Entwicklungsländern bildet sich eine weitere Kluft in der Dritten Welt, die in jeder Hinsicht armen Länder werden dadurch noch ärmer, die regionalen, sozialen und ökonomischen Disparitäten auf der Erde noch größer. Durch Drosselung des eigenen Konsums und der eigenen Produktion wird zwangsläufig der eigene Lebensstandard in Frage gestellt, der schon bei der Sicherung der Arbeitsplätze beginnt.

Bei der Weltenergie- und Weltrohstoffwirtschaft sind noch andere Möglichkeiten zu bedenken: Sie zeigen in besonderer Deutlichkeit, inwieweit die Weltpolitik und Weltfriedenssicherung von ökonomischen Faktoren determiniert wird. Sie zeigen besonders deutlich die Abhängigkeit menschlicher Aktivitäten von natürlichen Faktoren (Vertikal-Strukturen). Sie zeigen besonders deutlich den Stoffwechsel von Natur und Mensch (Gesellschaft). Sie zeigen besonders deutlich auch das Verflochtensein der verschiedenen Gebiete der Erde (Horizontal-Sturkturen).

Weltwanderungen in regionaler Differenzierung. Zu unterscheiden sind Binnenwanderungen und Außenwanderungen, ferner unter Zugrundelegung der Kausalitäten militärisch-politisch bedingte Wanderungen (Flüchtlinge, Vertriebene) und sozio-ökonomisch bedingte Wanderungen (Pendler, Gastarbeiter, Saisonarbeiter, Auswanderer). Durch die Wanderung kann es zur Entleerung in gewissen Gebieten und zur Zusammenballung in anderen Gebieten kommen. Oft bildet sich durch soziale Selektion eine Segregation daraus: Gewisse Gruppen bleiben zurück, gewisse Gruppen wandern weg. Das kann sich für ein Gebiet negativ oder positiv auswirken. Beispiel: Aus den entlegenen Regionen der BRD wandern bevorzugt junge Menschen in die Ballungsräume, aus den Ballungsräumen wandern bevorzugt alte Menschen (Rentner und Pensionäre) in die entlegenen Gebiete (vgl. Beispiel 7).

Vielfache und komplizierte Lösungsmöglichkeiten:
Militärisch-politisch: Konflikt-Regelung auf friedlichem Weg, internationale Ko-

operation in den Gremien der UNO, internationale Hilfe für Flüchtlinge und Vertriebene.

Sozio-ökonomisch: Behebung der Disparitäten zwischen den verschiedenen Regionen. Notwendigkeit der Raumforschung, Raumordnung, Raumplanung, Regionalpolitik, auf nationaler Ebene (BRD), auf supranationaler Ebene (EG), auf globaler Ebene (UNO). Beispiel: Das Gastarbeiter-Problem als besonders drastisches Resultat regionaler Disparitäten in Europa und angrenzenden Gebieten mit Selektions-Segretations-Phänomenen im Heimatland, mit Umwertungserscheinungen und infrastrukturellen Konsequenzen im Gastland. Lösungen im Gastland: Integration, Segregation, Plafondierung, Rotation. Lösung im Heimatland: Errichtung von Produktionsstätten (Arbeitsplätzen) durch Investitionen von Unternehmen der Industrieländer, durch Kapitalvergabe im Sinne von Entwicklungshilfe von Seiten der Industrieländer, durch entsprechende Maßnahmen der Heimatländer selbst. Grenzen dieser Möglichkeiten . . .

Weltfriedenssicherung. Der vorangegangene Abschnitt deutete schon durch die militärisch-politisch bedingten Wanderungen die Notwendigkeit der Weltfriedenssicherung an. In Wirklichkeit aber findet sich in allen vorangegangenen Themen (Weltbevölkerungswachstum, Welternährungsversorgung, Weltenergie- und Rohstoffwirtschaft) und zwar in dem demographischen und wirtschaftlichen Wachstum einerseits und andererseits in den nicht wachsenden Nahrungsflächen und Rohstoffen, aber auch in den jeweiligen räumlichen Disparitäten, brisante Keime von Problemen und Konflikten der Zukunft, die auf Grund der mit zunehmender Zeit immer stärker werdenden Verflechtungen schnell von lokalen Auseinandersetzungen zu globalen werden können. Ein erstes Wetterleuchten dürfte die Erdölkrise 1973/74 gewesen sein. Aus diesen Überlegungen resultiert die dringende Notwendigkeit einer Weltfriedenssicherung, mehr denn je. Allerdings ist es ein Thema, das weit aus der Didaktik der Erdkunde hinausragt. Es ist zugleich Zielpunkt der vorliegenden futuristischen Inhalte, der globalen wie regionalen. Alle laufen in diesem schwierigen wie notwendigen integrativen Ziel zusammen. Hier wird ihr didaktischer Sinn entscheidend begründet, das an anderer Stelle als Humanisierung der Umwelt und Welt bezeichnet wurde.

Lösungen: Abschreckung, Abrüstung, Gleichgewicht der Kräfte, Kontrolle des zur Verselbständigung neigenden Militärs, Wehrdienstverweigerung. – Weltstaat, Koexistenz von Kleinstaaten, Weltfreihandel, Autarkie, Demokratie, Sozialismus, Infragestellung der bestehenden Wirtschafts- und Staats-Systeme, Änderung der auf Privatinitiative aufbauenden Wirtschaft zugunsten einer staatlich konzipierten Planwirtschaft in Koordination mit einer Änderung der auf Souveränität aufbauenden Staaten zugunsten einer größeren politischen Integration. – Passiver Widerstand, Arbeit nach Vorschrift, Streik, Konsumverzicht. – Soziale Gerechtigkeit, größere Selbstentfaltung, Steigerung der Lebensqualitäten, Humanisierung des Arbeitsplatzes, humaner Städtebau, humaner Unterricht, quasi eine Selbstverständlichkeit, dennoch nicht selten vernachlässigt durch Lern- und Leistungsdruck und vor allem durch unpersönliches (unmenschliches) Verhalten der Lehrer, das sich auf das spätere Verhalten der Schüler in der zukünftigen Welt mehr oder weniger zwangsläufig überträgt.

2. Regionale Inhalte

Im Mittelpunkt steht der Begriff der *disproportionierten Welt* (Theorie der unter- und überentwickelten Länder).

Ausgang ist der Begriff der Produktivität.

Im primärfunktionalen Sektor: Landwirtschaft, Forstwirtschaft, Bergbau, Fischfang.

Im sekundärfunktionalen Sektor: Industrie, Gewerbe.

Im tertiärfunktionalen Sektor: Dienstleistungen, Schulen, Verwaltung, Fremdenverkehr, Militär, Medizin.

Definition der Unterentwicklung: Dominierend mangelnde Produktivität im primär-, sekundär- und tertiärfunktionalen Sektor.

Definition der Überentwicklung: Dominierend überreichliche Produktivität im primär-, sekundär- und tertiärfunktionalen Sektor.

Definition der Disproportionalität: Mißverhältnis zwischen zu viel und zu wenig Produktivität im primär-, sekundär-, tertiärfunktionalen Sektor in den verschiedenen Regionen der Erde. Es herrscht ein Gegensatz von Arm und Reich, von Nord und Süd, ein Konflikt von futuristischer Relevanz.

Unterentwickelte Länder

Phänomenologie: Quantifizierende Kriterien zur Erkennung von unterentwickelten Ländern (z. B. Brutto-Sozial-Produkt pro Kopf und Jahr, Analphabetentum, Kalorien- bzw. Eiweißverbrauch, Lebenserwartung ...).

Kritik der quantifizierenden Kriterien:

Das Brutto-Sozial-Produkt pro Kopf und Jahr in einem Staat negiert vollkommen soziale Unterschiede, die gerade in der Dritten Welt häufig anzutreffen sind. Das BSP wird auf Dollar-Basis umgerechnet, um überhaupt einen Vergleich zwischen den einzelnen Ländern vornehmen zu können. Dabei ist aber der Kurs zwischen den sogenannten weichen Währungen der Dritten Welt und dem Dollar oftmals sehr problematisch. Ein niedriges BSP kann durch viele Kinder, die nicht im Erwerbsleben stehen, und durch niedrige Preise der einfachsten Güter (beides charakteristisch für die Dritte Welt) modifiziert werden.

Der Kalorienverbrauch pro Kopf und Tag besagt noch nicht viel, weil in manchen Ländern zwar genug Kalorien in Form von Kohlehydraten anzutreffen sind, aber die notwendigen Aufbaustoffe in Form von pflanzlichem und tierischem Eiweiß fehlen.

Kausalität der Unterentwicklung (z. B. bürgerliche und marxistische Theorien[40]).

1. Huntingtons Klimatheorie: Das Klima in den Ländern der Dritten Welt ist meistens für harte körperliche Arbeit zu ungünstig.

2. Ökonomische Theorie (Teufelskreis-Theorie): Kapital fehlt zum Zwecke der Investition für die Industrialisierung. Industrie fehlt zum Zwecke der Akkumulation von Kapital. Kapital fehlt zum Zwecke der Investition von Industrialisierung ...

3. Ökonomische Theorie (Term of Trade-Theory): Das Verhältnis der Rohstoffpreise zu den Fertigwarenpreisen auf dem Weltmarkt verschlechtert sich. Die Rohstoffpreise fallen relativ, die Fertigwarenpreise steigen relativ. Das wirkt sich auf die Prosperität der Rohstoffländer einerseits und der Industrieländer andererseits aus. Die Rohstoffländer werden ärmer, die Industrieländer werden reicher.

4. Demographische Theorie: In vielen Ländern der Dritten Welt steigt die Geburtenquote mit fortschreitender Zeit steiler an als die Arbeitsplatzentwicklung. Mit anderen Worten: Die Industrialisierung hinkt hinter der Bevölkerungsexplosion her. Die Bevölkerungsbombe frißt die Arbeitsplatzzunahme auf.

5. Sozio-psychologische Theorie: Es fehlt in vielen Ländern die Achievement-Motivation, das Bedürfnis nach Leistung. Man lebt nicht um zu arbeiten, sondern man arbeitet höchstens, um danach etwas besser zu leben. Orientalischer Fatalismus und süd-ost-asiatischer Buddhismus stehen nicht selten ökonomischen Aktivitäten in der Welt fremd gegenüber im Unterschied zum Protestantismus und Calvinismus in der westlichen Welt.

6. Marxistische Theorie: So wie es in einem Betrieb Ausbeuter und Ausgebeutete gibt, so auch in globaler Sicht unter den Ländern. Die Industrieländer repräsentieren die Ausbeuter, die Rohstoffländer (ehemalige Kolonien) die Ausgebeuteten (Imperialismus). Die mangelnde Produktivität und die Armut in der Dritten Welt korreliert mit der hohen Produktivität und dem Reichtum in den Industrieländern.

Finalität (Entwicklungshilfe): Arten der Entwicklungshilfe, differenziert nach primär-, sekundär- und tertiärfunktionalem Sektor, nach Kapital- und Personalhilfe. Problematik der Hilfe für das gebende wie für das nehmende Land.

Zur Problematik für die helfenden Länder zählen politisch die Risikofaktoren im Land, dem geholfen werden soll, und ökonomisch die Möglichkeit der Heranbildung von lästigen Konkurrenten für die eigene Wirtschaft auf dem Weltmarkt.

Zur Problematik für die zu helfenden Länder zählt die Beeinträchtigung der Souveränität, die gerade durch Entkolonialisierung gewonnen wurde, und die Gefahr des Verlustes kultureller Eigenart wie Lebensstil, Sozialstruktur, Religion durch die Steigerung der Produktivität (besonders durch Industrialisierung).

Überentwickelte Länder

Phänomenologie: Quantifizierende Kriterien wie vorher bei den unterentwickelten Ländern. Kritik der quantifizierenden Kriterien. Ferner Umweltprobleme (Lärm, Staub, Müll, Wasser ...). Ferner Agglomerationsprobleme (City, Verkehr, Boden, Altbau–Neubau, Zersiedelung der Landschaft und Ausuferung der Städte ...). Ferner Überproduktion im primärfunktionalen Sektor (Butterberg, Schweineberg), im sekundärfunktionalen Sektor (Auto-Halden, Müll-Zunahme), im tertiärfunktionalen Sektor (Bürokratisierung, Abiturienten- und Akademiker-Flut).

Kausalität der Überentwicklung (z. B. bürgerliche und marxistische Theorien wie im vorangegangenen Teil). Zur Kausalität der Überentwicklung zählt ferner[41]

a. Advertising, Reklame, Werbung, um durch Konsumsteigerung eine Produktivitätssteigerung zu bewirken, um Bedürfnisse zu wecken, deren Befriedigung an sich gar nicht erforderlich ist (mehr darüber im Beispiel 19).

b. Mode. Eine weitere Möglichkeit zur Steigerung der Produktion ist der immer häufiger werdende Wechsel der Mode, ja, die Interferenz sich durchdringender unterschiedlicher Moden. Das gilt bereits für die Textil-Industrie, das gilt aber auch für die Didaktik der Unterrichtsfächer und der Erdkunde.

c. Planned Obsolescence, beabsichtigte Qualitätsverminderung. Früher wurden Textilien für Jahre, Jahrzehnte, Möbel für Jahrzehnte, Jahrhunderte hergestellt, heute nur noch für wesentlich kürzere Zeiten. Technologien und Patente, die eine Verlängerung der Lebensdauer der Waren innovieren könnten, werden aufgekauft, nicht, um sie zu verwirklichen, sondern, um sie nicht zu verwirklichen.

d. Steuersystem. Ein raffiniertes Steuersystem mit hoher Abschreibungsintensität für neue Investitionen programmiert permanente ökonomische Expansion, steigende Produktivität, perpetuierende Exploitation natürlicher Ressourcen.

Finalität (Entwicklungshilfe für überentwickelte Länder)

a) Weitere ökonomische Expansion, Hinweis auf Innovationen, aber ...

b) Zurück zur Natur (à la Rousseau), aber ...

Von Kambodscha wird berichtet, daß unter dem Regime der Roten Khmer die Städte (vor allem Pnom Penh) verlassen wurden, Männer und Frauen auf dem Lande eingesetzt werden zur Steigerung der agrarischen Produktion und zur Befriedigung einfacher Lebensbedürfnisse in handwerklich-kleingewerblichen Unternehmen. Die Unterbringung erfolgt getrennt, um auf diesem Wege zugleich das Bevölkerungswachstum zu regulieren.

c) Ökonomisches Gleichgewicht bzw. Konsumaskese statt weiteren ökonomischen Wachstums. Nicht ohne Grund hat sich besonders in den USA ein Trend zur Limitierung der ökonomischen Produktivität entwickelt, um in den nächsten Jahrzehnten (von Jahrhunderten zu schweigen) eine Sicherung menschlicher Existenz auf der Erde noch zu gewährleisten, wenn die Kinder, um die es in jeder Didaktik geht, Erwachsene geworden sind. Solche Konzeptionen erfordern aber

1. Viel Bewußtseinserhellung (pädagogische Maßnahmen durch Schule und Massenmedien),

2. Aufgabe privatwirtschaftlich-kapitalistischer und Annahme staats- und planwirtschaftlicher Konzeptionen,

3. Notwendigkeit internationaler Koordination und Kooperation,

4. Ferner die Bereitschaft, auf eine Steigerung des eigenen Lebensstandards im materiellen Sinne, ja, auf die Höhe des eigenen Lebensstandards im materiellen Sinne gegebenenfalls zu verzichten.

Kritik an diesem Ansatz: Bei der düsteren Prognose für die Zukunft im Falle weiteren ökonomischen Wachstums sind nicht alle Variablen berücksichtigt worden. Man kennt gar nicht alle. Hier zu zählen[42]

1. Noch unbekannte Rohstoff-Vorkommen in der Erde,

2. Die Entwicklung neuer Innovationen und Technologien,

3. Die Übernahme anderer Wertwelten, die das Problem zu einem Scheinproblem degradieren lassen,
4. Die Verallgemeinerung der Aussage, die einer regionalen (geographischen) Differenzierung bedarf,
5. Das Problem der Sicherung der Arbeitsplätze für breite Massen der Bevölkerung.

d) Sozialisierung der Produktionsmittel des primär-, sekundär-, tertiärfunktionalen Bereichs, für viele die ideale Lösung. Aber jene Länder, in denen der Weg des Sozialismus beschritten wurde, zeigen die Problematik seiner Verwirklichung wie schwerfällige Planwirtschaft, Bürokratie, mangelnde Effizienz zur Befriedigung der Bedürfnisse der breiten Massen der Bevölkerung.

Neue Definition der Entwicklungshilfe: Verbesserung der Lebensqualitäten, nicht mehr Steigerung der Produktivität. Dann sind unter- wie überentwickelte Länder gleichermaßen Entwicklungsländer. Anders formuliert: Während bisher gern die Industrieländer als Vorbild für die Entwicklungsländer hingestellt werden, während die Industrieländer mit einem positiven und die Entwicklungsländer mit einem negativen Vorzeichen versehen werden, soll an dieser Konzeption verdeutlicht werden, daß beide gleichermaßen von problematischer konfliktreicher Struktur sind.

Es besteht eine *Hierarchie regionaler Disproportionalitäten*. Während bisher nur die Rede von den Mißverhältnissen in globaler Sicht war, gibt es analog eine solche in supranationaler Sicht (z. B. hat die EG ökonomisch prosperierende Gebiete wie BRD, Benelux, Region London, Paris, Kopenhagen, Norditalien und ökonomisch stagnierende Gebiete wie Süditalien, Westfrankreich, Nordengland, Irland, Grönland), ferner eine solche in nationaler Sicht (z. B. hat die BRD ihre wirtschaftlichen Wachstumsgebiete im Rhein-Main, Köln-Düsseldorfer, Hamburger, Münchener und Stuttgarter Raum, ihre Kümmergebiete wie Ostfriesland, Emsland, westliche Eifel, bayerischer Wald, Zonenrandgebiet), ferner eine solche in kommunaler Sicht (z. B. hat jede Gemeinde, vor allem die Städte, ihre Vorzeigestadtteile, besonders bei Wahlen sehr beliebt, und ihre Sorgenstadtteile, in die normalerweise kein Tourist geführt wird und über die man auch nicht gern spricht (so in West-Berlin einerseits das Hansa-Viertel oder die Zoo-Gegend, andererseits Kreuzberg oder das Märkische Viertel).

Viele bereits bekannte Inhalte der Erdkunde, auch anderer Fächer, ordnen sich hier in einen größeren Zusammenhang ein. Das, was woanders isoliert voneinander steht und keinen Bezug hat, keinen Bezug zu haben scheint, wie Agglomaration, Überproduktion, Bürokratisierung, Müll-Probleme und Entwicklungshilfe, erscheint hier in einer erdkundlich didaktisch konzipierten Synopsis (Zusammenschau). An diesem Beispiel können auch die zum Weltverständnis so wichtigen Interdependenzen zwischen Phänomenen, die nicht zusammenzuhängen scheinen, verdeutlicht werden.

Überschaut man noch einmal den in keiner Weise vollständigen Katalog der Inhalte einer futuristisch orientierten Didaktik der Erdkunde, dann zeigt sich in ihm wieder deutlich, daß auch mit fortschreitender Zeit in die Zukunft hinein die Auseinandersetzung der Menschheit mit den natürlichen Gegebenheiten nicht abbricht, sondern erhalten bleibt, ja, wieder deutlicher wird, nachdem deutlich geworden ist, daß man nicht mehr beliebig aus dem vollen schöpfen kann wie bisher (Vertikal-Struktur). Es zeigt sich weiterhin die zunehmende internationale Verflechtung in ökonomischer (Weltrohstoffversorgung, Weltenergieversorgung), in sozialer (Weltbevölkerung, Weltwanderung) und politischer Sicht (Weltfriedenssicherung) auf der Erde, damit die Notwendigkeit internationaler Kooperation und Planung (Horizontal-Struktur). Andererseits differenzieren sich die futuristischen Probleme und Konflikte regional, woraus die Verschiedenartigkeit und Andersartigkeit von Gebieten resultiert. Also auch hier im futuristischen Raum ragt das Grundgerüst elementarer Einsichten (vgl. Beispiel 7) hervor.

Der Leser mag sich erdrückt fühlen von der Fülle und von der Gewichtigkeit der Fakten, mag sich fragen, was hat das alles mit der konkreten Unterrichtsvorbereitung zu tun, die man bewältigen möchte?

1. Es sollte gezeigt werden, wie ein neues didaktisches Konzept entwickelt wird, dessen Würdigkeit aus der Zukunftsorientierung und Zukunftsbewältigung begründet werden kann.

2. Es sollte gezeigt werden, wieviel Kleinarbeit noch mit diesem Grobentwurf erforderlich ist bis zur konkreten Unterrichtsstunde. Hier wäre ein weites Feld von Lernzielhierarchisierung und Lernzieloperationalisierung. Ein Beispiel der weiteren Aufbereitung der Konzeption in Hinsicht auf die regionale Differenzierung der Sozial- und Wirtschaftsstruktur der BRD, ihre Disparität, ihre Trends, die Maßnahmen zu ihrer Eliminierung findet sich im Abschnitt 10. Darauf sei ergänzend hingewiesen.

3. So lange die vollständige Lösung der futuristischen Konzeption nicht vorliegt, sollte sich der Lehrer zumindest bei seinen Unterrichtsvorbereitungen auf das Prinzip konzentrieren, das hinter diesem didaktischen Konzept hindurchschimmert: Inwieweit kann in der vorzubereitenden Stunde die Zukunftsbezogenheit, ja die Zukunftsbewältigung berücksichtigt werden. Das wäre dann ein erster Anfang.

4. Wenn der Eindruck entsteht, es handelt sich nur um Themen für Abschlußklassen bzw. S2-Klassen, dann ist das nicht richtig. Bereits im P-Bereich sind Bausteine zu legen für diese didaktische Konzeption einer futuristisch orientierten Erdkunde. Das soll an einigen Beispielen aufgehellt werden (nämlich Rohstoff- und Energie-Situation):

P-Bereich: Anschauliche, möglichst erlebnisbetonte, aber noch isolierte Einzelstudien: Wo finden wir Eisen (Magnet als Hilfsmittel)? Wo Holz, Strom ... in unserer Umgebung? Was wäre, wenn wir diese Güter nicht hätten? = Versorgung. Erste Sensibilisierung und Bewußtseinserhellung für die Problematik des Überflusses und des Wegwerfens. Müll-Abfuhr, Sperr-Müll. = Entsorgung.

S1-Berich: Regionale Differenzierung der Ausstattung der Erdräume mit natürlichen Reserven. Was kommt wo warum vor? Ergebnis: Regionale Unterschiede, daraus resultierend Arbeitsteilung in der Weltwirtschaft bzw. Konkurrenz in der Weltwirtschaft. Nebeneinander von didaktischen Vertikal-Strukturen (Abhängigkeit der Gesellschaft und ihrer Prosperität von natürlichen Rohstoffen) und von didaktischen Horizontal-Strukturen (Abhängigkeit der Gesellschaften von der Arbeitsteilung und Konkurrenz in der Weltwirtschaft).

S2-Bereich (bzw. Abschlußklassen): Globale, futuristische, finale, interdisziplinäre Akzentuierung. Die Phänomene werden erdumfassend gesehen, ihre futuristischen Trends aufgezeigt und bewertet, Möglichkeiten und Schwierigkeiten zur Veränderung in ihrem Pro und Contra geprüft, was aber nur bei interdisziplinären Ansätzen möglich sein dürfte. Dabei zeigt sich, daß so gut wie alle Richtungen der Geographie zusammenlaufen, nämlich Angewandte Geographie bei den Planungsaufgaben, bei der Regionalen Geographie werden verschiedene Gebiete der Erde berücksichtigt, bei der Allgemeinen Geographie wirken Wirtschaftliches, Soziales, Politisches, aber auch Naturgeographisches zusammen. Zugleich dürfte die Beziehung zur Gemeinschaftskunde bzw. Arbeitslehre nicht aus den Augen verloren werden.

5. Methodisch bestehen viele Möglichkeiten, wobei in unteren Klassenstufen die originale Begegnung, der eigene Erlebniskreis der Kinder, das eigene Aufsuchen und Auffinden besonders wichtig sind, im S1-Bereich die kritische Bewältigung der verschiedenen Informationen in Karte, Text, Bild, Zahl ..., im S2-Bereich (Abschlußklassen) die geistige Synopse, die Klärung von Lösungsmöglichkeiten in Diskussion oder in hierfür bestens geeigneten Rollen- bzw. Planspielen.

Antithese: So wie noch im vorigen Jahrhundert Mißstände im weitestens Sinne des Wortes didaktisch durch Gebete und Gottesorientierung zu beheben versucht wurde, so wie in der Gegenwart Mißstände wieder im weitesten Sinne des Wortes durch menschliche Aktivitäten bedingt und zu beheben sind – Axiom der futuristischen Konzeption der Didaktik – so sollen doch M. Heideggers posthume Gedanken nicht übersehen werden[43]: »Die Philosophie wird keine unmittelbare Veränderung des jetzigen Weltzustandes bewirken können. Dies gilt nicht nur von der Philosophie, sondern von allen bloß menschlichen Sinnen und Trachten. Nur ein Gott kann uns noch retten.«

Damit besteht ein enger Zusammenhang zum 2. Beispiel.

Ausgewählte Aufgaben

Diskussion von These und Antithese bezüglich der futuristischen Orientierung der Erdkunde (Pro und Contra).

Ist das Ziel Humanisierung der Welt/Umwelt nicht vermessen, utopisch, hybrid? Ist sie überhaupt erforderlich?

Diskussion der verschiedenen Möglichkeiten der Objektivierbarkeit der Humanisierung im Sinne von Steigerung der Lebensqualitäten.

Schließen sich Demokratie (im Sinne von westlichem Parlamentarismus) und Fortschritt (im Sinne von Steigerung der Lebensqualitäten) aus?

Was ist mit Humanisierung im Unterricht (im allgemeinen, in der Erdkunde) gemeint?

Ergänzung der globalen wie regionalen Inhalte durch weitere Beispiele.

Diskussion der verschiedenen Lösungsmöglichkeiten bei den globalen wie bei den regionalen Inhalten, besonders bei der Disparität von unter- und überentwickelten Ländern auf der Erde.

Verteilung der globalen wie regionalen Inhalte auf verschiedene Klassenstufen (P-, S1-, S2-Bereich).

Vorbereitung und Durchführung einer Unterrichtseinheit erdkundlich-futuristischer Relevanz einschließlich kritischer Nachbereitung.

Beurteilung folgender Motivation zum Thema Brot für die Welt – die disproportionierte Welt in unter- und überentwickelte Länder: Morgens vor Unterrichtsbeginn belegt der Lehrer die Stufen vor der Haustür der Schule dicht mit Brotscheiben.

Beurteilung des folgenden didaktischen Ansatzes aus der NS-Zeit: Um die ökonomische Autarkie zu sichern, wurden von den Schülern Flaschen, Papier, Lumpen, Altmetall, Kräuter gesammelt, sei es nachmittags an bestimmten Sammelstellen, sei es zur Schulzeit in der Schule. Schüler, die nichts oder nicht ausreichend mitbrachten, wurden im Klassenbuch eingetragen.

Ist eine Änderung (Verbesserung) der bestehenden und zukünftigen Verhältnisse nur noch mit einem »Warten auf Godot« möglich?

Ausgewählte Literatur

F. Baade: Der Wettlauf zum Jahr 2000, Oldenburg 1961
F. Baade: Dynamische Weltwirtschaft, München 1969
H. Kahn: Ihr werdet es erleben, Reinbek 1971
O. Flechtheim: Futurologie, der Kampf um die Zukunft, Frankfurt 1972
F. Vester: Das Überlebensprogramm, München 1972
H. Swoboda: Die Qualität des Lebens, Stuttgart 1973
R. Waterkamp: Zukunftsreport 2000, Hannover 1969
A. Toffler: Kursbuch ins dritte Jahrtausend, Bern 1972
R. Proske: Modelle und Elemente künftiger Gesellschaften, Reinbek 1971
R. Jungk: Der Jahrtausendmensch, Gütersloh 1973
Der Spiegel: Planlos in die Zukunft, Nr. 1, 1970
D. Meadows u. a.: Die Grenzen des Wachstums, Reinbek 1973
D. Meadows: Das globale Gleichgewicht, Stuttgart 1974
H. Nussbaum: Die Zukunft des Wachstums, Gütersloh 1973
A. Zischka: Die Welt bleibt reich, München 1974
Der Spiegel: Wachstum – im Wohlstand ersticken? Nr. 2, 1973
P. R. Ehrlich: Die Bevölkerungsbombe, Reinbek 1973
M. Bohnet: Das Nord-Süd-Problem, München 1971
G. Myrdal: Ökonomische Theorie und unterentwickelte Regionen, Frankfurt 1974
W. Hug: Schule u. die Dritte Welt, die Entwicklungsländer im Unterricht, Freiburg 1969
A. Schmidt: Überentwickelte Länder am Beispiel der USA u. der BRD, Zeitschr. f. Wirtschaftsgeogr. 1970
A. Schmidt: Fehlentwickelte Länder am Beispiel Ibero-Amerika, Zeitschr. f. Wirtschaftsgeogr. 1971
K. J. Heinisch: Der Völkerfrieden, Paderborn 1972
I. Fetscher: Modelle der Friedenssicherung, München 1972
vgl. auch Literatur am Ende des 10. Beispiels

9. Gegenwart: Lehrplan und Curriculum am Beispiel der 6. Klasse aus der BRD und der DDR

Der Sputnik-Schock in den USA initiierte 1958 auch in der Pädagogik eine neue Entwicklung, die Curriculum-Forschung, um auf pädagogischem Wege den technischen Rückstand in Bezug auf die Sowjet-Union aufzuholen.

Curriculum in der Gegenwart ist zu einem Zauberwort geworden, wie in den 60iger Jahren das Exemplarische, mit dem verschiedenes gemeint wird, so daß leicht Mißverständnisse entstehen können, und mit dem die Probleme des modernen Unterrichts leichter zu bewältigen sein sollen.

Wie beim Begriff Didaktik kann unter Curriculum verstanden werden
1. Alles, was mit Unterricht zu tun hat
2. Theorien vom Lehren und Lernen im weiten Sinne
3. Zielsetzung und Inhaltsbestimmung des Unterrichts, ferner Methodik und Medien
4. Steuerung des Unterrichts im Sinne moderner Kybernetik durch Kontrolle der Unterrichtsresultate.

Dabei kommt erschwerend noch eine neue Diktion der Curriculum-Aktivitäten hinzu, die bisweilen als unverständliches Curriculum-Kauderwelsch bezeichnet wird.

Früher[44] kreiste das didaktische Denken um den Bildungsgehalt und Bildungsinhalt in ihrer Anordnung bei Lehrplänen bzw. Richtlinien. Heute entpricht dem die Lehr- und Lernziel-Fixierung mit den zuzuordnenden Lerninhalten im Curriculum, wobei Bildung, Personalität, Sozialität, Emanzipation, sozialistische Persönlichkeit als anthropologische Kategorien benannt werden. Dabei ist das entscheidend Neue[45] die objektivierbare, überprüfbare Planbarkeit des Lehrens und Lernens, wobei aber auch dieser Ansatz wieder bezweifelt wird. Zu den Voraussetzungen des Curriculums zählt die Verwissenschaftlichung der Welt, die Orientierung nach dieser Verwissenschaftlichung, die Möglichkeit der Hierarchisierung und Operationalisierung von Lernzielen, die Notwendigkeit neuer Zielsetzungen und Inhalte bei neuen schulischen Organisationsformen, die neue Interpretation des Begriffs Begabung als transitiven, also von außen zu beeinflussenden Prozeß. Jedoch wird beim Curriculum von unterschiedlichen Voraussetzungen und Zielsetzungen ausgegangen, die untereinander konkurrieren, so daß keine Einhelligkeit und Eindeutigkeit besteht[46]:

1. So wird im Strukturalismus von Bruner von der Fachwissenschaft, ihrer Systematik und ihrer Methodik ausgegangen
2. So wird bei Robinsohn von Lebenssituationen in Familie, Beruf, öffentlichem Leben ausgegangen, die durch Qualifikationen zu bewältigen sind. Aus diesen Lernzielen werden Lerninhalte und Lernprozesse abgeleitet (Curriculum-Elemente)
3. Teams von Lehrern kooperieren bei der Curriculum-Entwicklung und versu-

chen, auf pragmatischem Weg zu Lösungen zu kommen (Skandinavien), während bei 1 und 2 die Gefahr des Theoretischen besteht.

Zu unterscheiden sind folgende Ebenen[47]
1. Ebene der allgemeinen Lernziel-Entscheidung
2. Ebene der Hierarchisierung und Operationalisierung
3. Ebene der Zuordnung von Themen
4. Ebene der Evaluation (Überprüfung durch Tests)
5. Ebene der Implementierung und Diffusion (Ausbreitung in der Schule).

Die erste Ebene ist Voraussetzung aller anderen und bestimmt sie. Sie ist also fundamental im umfassenden Sinne. Und hier scheiden sich schon die Ansichten, ob es mehr ein bildungstheoretischer oder ein gesellschaftskritischer Ansatz sein soll.

Die zweite Ebene ist die neue im Curriculum, nämlich daß die allgemeinen Lernziele zum Zwecke rationaler Diskutierbarkeit und empirischer Kontrollierbarkeit operationalisiert (zerlegt) werden müssen, wobei aber der Hinweis aufrecht zu erhalten ist, daß komplexe Verhaltensformen auf diesem Weg wohl nicht anzugehen sind.

Der Vergleich der vorliegenden beiden Lehrpläne aus der BRD von 1961[48] bzw. 1976[49] zeigt

1. Pädagogisch den weiten Rahmen beim älteren Lehrplan, der dem Lehrer durch behördliche Maßnahmen zuteil wird und innerhalb dessen er didaktisch wie methodisch eigenständig aktiv werden kann. Dies entspricht noch ganz dem Geist der Reformpädagogik. Freilich darf nicht verkannt werden, daß es manche Lehrer gab, die mit diesem weitgesteckten Rahmen der Möglichkeiten nur wenig anzufangen wußten. Im Unterschied, ja im Kontrast dazu steht der engere Rahmen, ja die Gängelei beim jüngeren Lehrplan.

2. Geographisch zeigt sich beim älteren Lehrplan die Vorherrschaft der Regionalen Geographie, der Landschafts-, Länder- und Völkerkunde, die Betonung der nächsten Umgebung (Heimat), aber auch die Betonung ihrer Bildhaftigkeit unter Berücksichtigung der phasenspezifischen Entwicklung der Kinder der 6. Klasse. Im Unterschied, ja im Kontrast dazu spielt beim jüngeren Lehrplan die Regionale Geographie im Sinne von Landschafts-, Länder- und Völkerkunde kaum noch eine Rolle, desgleichen die Heimat, Originale Erdkunde im Heimaufenthalt und auf Wanderungen, desgleichen die Betonung der Bildhaftigkeit und entwicklungspsychologischer Gegebenheiten.

3. Hinzu kommt, daß im vorliegenden Lehrplan Erdkunde mit anderen Fächern in der Orientierungsstufe (5. und 6. Klasse) integriert ist zum Bereich Welt/Umwelt. Dieser umfaßt für das 6. Schuljahr folgende Themen: Einführung in die Geschichte, die Familie, Arbeitsplätze in Bergbau und Industrie, Menschen verändern die Landschaft, Freiraumthematik (Aktuelles, RCFP-Projekt). Innerhalb dieser Themen findet sich Erdkundliches bei den letzten drei.

4. Neu sind auch Angaben über bestimmte Schulbücher, Hilfsmittel der zuständigen Landesbildstelle, Schulfunk und andere, deren Qualität aber zu problematisieren

wäre. Es ist überhaupt fraglich, ob solche Angaben in einen Lehrplan gehören oder in Lehrerhandreichungen.

5. Die Nomenklatur zeigt sich bisweilen in der Überschrift anspruchsvoll (z. B. Verhaltensdispositionen). Prüft man das, was darunter steht, so sind zumeist nur simple Kenntnisse gemeint. Oder es ergeben sich Widersprüche: Naturkatastrophen (Sturmfluten, Vulkanismus), die Tausende von Menschenopfern fordern können, lassen sich wohl nicht unter der Überschrift: Menschen verändern die Landschaften sehen. Hier wird eine beliebte Redewendung moderner Didaktik um jeden Preis aufrechterhalten.

6. Ein roter Faden im Aufbau ist ebensowenig wie beim alten Lehrplan zu erkennen, also warum gerade diese Themen und in dieser Reihenfolge. Es erhält sich der Eindruck des Willkürlichen und Zufälligen, trotz aller Modernität.

Hinzu kommt, daß unter dem neuen Titel Welt/Umwelt bzw. Arbeitslehre/Politik in einem neuen Unterrichtsfach, das ältere Fächer zu integrieren versucht, Themen wie Lebensbedingungen der Menschen in der Altsteinzeit, Jungsteinzeit und Metallzeit mit den erdkundlich relevanten Themen wie Arbeitsplätze in Bergbau und Industrie und Menschen verändern die Landschaft koordiniert werden, die wenig miteinander zu tun haben, so daß man sich des Eindrucks nicht erwehren kann, daß im Detail der Fachunterricht, der gerade überwunden werden soll, unter neuer Überschrift weitergeführt wird.

Der Vergleich des DDR-Lehrplans[50] mit den beiden Lehrplänen aus der BRD zeigt Elemente aus dem älteren und aus dem jüngeren Lehrplan:

1. Einerseits ist er streng nach der Regionalen Geographie aufgebaut. In der 5. Klasse wird die DDR, »unser sozialistisches Vaterland«, behandelt, in der 6. Klasse schließen sich die BRD, die Sowjet-Union und andere Ostblock-Länder an. Insofern besteht also eine Parallele mit dem älteren Lehrplan der BRD.

2. Andererseits ist er genauer aufgebaut, er schreibt sogar die Stundenverteilung auf die einzelnen Themen vor und formuliert – wenn auch nicht so detailliert wie beim Curriculum – vorweg Groblernziele und bei den einzelnen Abschnitten Teillernziele. Insofern besteht eine Parallele mit dem jüngeren Lehrplan der BRD.

Über weitere Gemeinsamkeiten und Unterschiede der Erdkunde der BRD/DDR findet sich mehr im 20. Beispiel.

Vergleicht man die drei Lehrpläne für dieselbe Klassenstufe (6), so ergibt sich, daß in jedem ein anderes Weltbild dargestellt wird. Die eine Welt, in der alle Kinder leben, später als Erwachsene, verzerrt sich so durch räumliche wie zeitliche Faktoren (Föderalismus, BRD/DDR, Lehrplan-Curriculum). Dabei sollen doch alle Kinder später diese *eine* Welt bewältigen, die für sie aber gar nicht eine ist, nach den verschiedenen Konzeptionen.

Es darf nicht übersehen werden, daß curriculäre Innovationen gar nicht selten in den Schulen scheiterten[51]. Wichtig dabei dürfte das Gefühl des Lehrers sein, eigener freier didaktisch-methodischer Entscheidungsmöglichkeiten im Unterricht durch die Maschinerie des Curriculums beraubt zu sein, wobei sich eine Diskrepanz zwischen dem Anspruch des neuen Curriculums und dem herkömmlichen Lehrplan ergibt. Geht man vom Axiom der Selbständigkeit, der Kritikfähigkeit, der Kreativität des Lehrers aus, dann dürfte das Curriculum nicht bis ins letzte Detail fixiert werden, sondern nur Modelle der Anregung bieten, die offen sind und der permanenten Ergänzung bzw. Änderung oder aber auch Beseitigung zugunsten neuer Lösungen bedürfen.

Die axiomatische Illusion im Curriculum ist, daß im Unterricht alles plan- und machbar, rationalisierbar und quantifizierbar ist (Technokratie in der Didaktik).
Die jüngste Kritik am Curricularismus ist hart und eindeutig.
So formuliert
W. Reichel[51a]: »Lehrplanchaos führt zu Bildungssplitting«.
A. Specht[51b]: »Sie« (die Vertreter des Curriculums) »wissen nicht, was sie tun!«
H. Maier[51c]: »Wo früher ein bärbeißiger Ministerialmann mit Schulerfahrung einen Lehrplan für normale Schüler, normale Lehrer und normale Zeiten konzipiert hatte, Wucherungen beschneidend und Überflüssiges tilgend, tagten jetzt Dutzende von Kommissionen mit Hunderten von Pädagogen und Wissenschaftlern, so daß auch noch die letzte wildgewordene Wissenschaft Gelegenheit erhielt, ihr Antlitz im Lehrplan der Schulen abzudrücken. Das Ergebnis war Erschöpfung bei Schülern, Lehrern und Eltern«.

Es soll nicht auf den Hinweis verzichtet werden, daß sich bereits am Horizont als Antithese gegen den Rationalismus, Mechanismus, Lernzielkult und Leistungszwang des Curricularismus eine neue Reformpädagogik andeutet, die in den Mittelpunkt des pädagogisch-didaktischen Geschehens das Erzieherische, das Soziale, das Personale, das Emotionale, die Verantwortung für das zu erziehende Kind stellt[52].

Während in der Hierarchie der Pädagogik/Didaktik an der Basis (also der Fachdidaktik) noch sehr in curriculären Dimensionen gedacht und agiert wird, innoviert sich an der Spitze der Pädagogik bereits (auf Grund der Situation an der eigentlichen Basis, nämlich der Schule) ein neuer Trend, der dem Curriculumkult konträr ist.

Erdkunde[48] (Lehrplan BRD-Bremen – von 1961)

Der Erdkundeunterricht setzt die in der Unterstufe begonnene Erarbeitung geographischer Grundbegriffe fort und beginnt, Einzelbilder vom Menschen in seinem Lebensraum zu größeren Zusammenhängen zu ordnen.

Vom 5. Schuljahr ab führt der Unterricht in Landschaften, die der unmittelbaren Anschauung nicht mehr zugänglich sind. Daneben geben aber heimatkundliche Themen Gelegenheit, das geographische Verständnis des Schülers durch Auswertung der auf Wanderungen, im Schullandheim, bei Besichtigungen und Museumsbesuchen gewonnenen Erfahrungen zu erweitern und zu vertiefen.

6. Schuljahr:
Verbindliche Themen:

Die Niederweser
 Der Strom. Die Wasserstraße. Ludwig Franzius. Schiffsverkehr. Seezeichen. Die Gezeiten.
 Bürgermeister Smidt. Bremerhaven. Die Häfen. Passagierschiffahrt

Die Nordsee
 Die Küste. Das Watt. Landverluste und Landgewinnung. Die Ostfriesischen Inseln. Die Halligen. Helgoland. Hochsee- und Küstenfischerei. Fischereihäfen. Fischgründe. Schleppnetz- und Treibnetzfischerei. Deutsche Gesellschaft zur Rettung Schiffbrüchiger. Das Seenotrettungsschiff.

Bilder aus europäischen Ländern
 Skandinavien und Finnland. Großbritannien. Frankreich. Ein Mittelmeerland.

Überblick über Europa
 Die Gliederung unseres Kontinents. Länder und Völker.

(Anmerkung: Der Lehrplan ist vollständig wiedergegeben).

Welt/Umwelt[49] (Curriculum BRD-Bremen – von 1976)

Zum besseren Verständnis muß darauf hingewiesen werden, daß jeweils zwei gegenüberliegende Seiten sich ergänzen (Lernzielbereich und Lernorganisation).

Fach/Lernbereich	Themenbereich/Thema	
Welt/Umwelt	3. Arbeitsplätze; Bergbau und Industrie	1. Steinkohle

LERNZIELBEREICH

Richtung der Behandlung	Kenntnisse	Fertigkeiten Verhaltensdispositionen	Begriffe Fachsprache
I. Wie *Steinkohle* als Rohstoff gewonnen und genutzt wird; welche Arbeitsplätze damit in Zusammenhang stehen.	Das Ruhrgebiet ist ein durch die Kohle geprägter Raum. Steinkohle wird verwendet zur Gewinnung von Briketts, Koks, Gas, Strom, Teer, Benzol usw. Die Nutzung der Kohle als Energiequelle hatte die Entstehung großer Industrien zur Folge. Dadurch entstanden die großen Städte des Ruhrreviers. Die Kohlegewinnung benötigte viele Bergleute als Arbeitskräfte. Die modernen Abbaumethoden erleichtern die Arbeit des Bergmanns. Kohle ist in geologischer Zeit entstanden. Es gibt unterschiedliche Kohlearten (Magerkohle, Fettkohle usw.). Der Rückgang der Steinkohlenförderung (Erdöl) veränderte viele Arbeitsplätze im Ruhrrevier.	Die Lagerung der Kohle an einem Profil beschreiben und darstellen. Die Entstehung der Kohle an idealisierten Profilen erläutern. Mit Hilfe eines Blockdiagramms eine Zeche über und unter Tage in ihren Funktionen beschreiben. Über die Abbautechniken und die Verwendung der Kohle berichten. Gründe dafür angeben (Erdöl!), warum die Zahl der Bergarbeiter zurückgegangen ist (Berufs-, Ortswechsel, Ansiedlung anderer Industrien). Auf Atlaskarten den Zusammenhang zwischen natürlicher Verbreitung der Kohle und Ausdehnung großer Wohn- und Industriesiedlungen erkennen (Topographie des Ruhrgebietes). Die Wirtschaftskarte (Bergbau, Industrie) lesen. In eine *Umrißkarte* den Raum Ruhrgebiet und andere wichtige Steinkohlenvorkommen in Europa einzeichnen *(Topographie)*	Untertagebau Steinkohle »vor Ort« Kohlebildung Schacht Sohle Schichtleistung Veredlung

Zeitbedarf	Schulart/-stufe/Beruf	Klasse/Kurs	3
	Orientierungsstufe	Klasse 6	1.

LERNORGANISATION

Literatur/Medien	Ergänzende Arbeitshinweise Unterrichtverfahren

L: Lehrerhandreichungen zu den Lehrwerken von Klett, Westermann, Bagel und Schroedel
S: Neue Geographie 5/6 (Bagel) S. 52 ff
Geographie 5/6 (Klett) S. 134–137
Welt und Umwelt 5/6 (Westermann) S. 116 f, S. 120 f
Dreimal um die Erde Bd. 1 (Schroedel) S. 107–110
M: R 355 Rhein. Westf. Industriegebiet (22 B) FT 473 Im Ruhrgebiet (Gesamteindruck, 15 Min.)
FT 679 Schicht auf Schacht II (Arbeitstag des Bergmanns, 20 Min.)
FT 704 Steinkohlenbergwerk (Gesamtbild der Anlagen über und unter Tage, 12 Min.)
WA gr. Ausg. S. 11, 24 f, 46 f, 48 f
Lesetexte: z. B. Klettheft »Schätze der Erde«

Vorschlag zur Realisation:
1. *Einstieg:* Text (z. B. Bagel S. 53 f): »Ein Bergmann berichtet«
2. *GA:* Erarbeitung des einführenden Textes (Arbeitsweg, Abbaugeräte, Fachausdrücke) und vgl. mit dem Blockdiagramm einer Zechenanlage (Bagel S. 52) zur Veranschaulichung
3. *Atlasarbeit:* Der Raum Ruhrrevier wird mit Hilfe topographischer und thematischer Karten (Wirtschaftskarte) erarbeitet (Umrißkarte: Verbreitung der Kohle in Deutschland und Europa, Zusammenhang mit großen Industriegebieten)
4. *GA/UG:* die Entstehung der Kohle an Hand idealisierter Profile (z. B. Welt u. Umwelt 5/6 S. 120/L 120)
5. *UG:* Verwendung und Veredlung der Steinkohle – Die Strukturkrise und ihre Folgen
6. Die wichtigsten Ergebnisse werden im Verlauf des Unterrichts in *Merksätzen* festgehalten.

Fach/Lernbereich	Themenbereich/Thema	
Welt/Umwelt	3. Arbeitsplätze; Bergbau und Industrie	2. Erz

LERNZIELBEREICH

Richtung der Behandlung	Kenntnisse	Fertigkeiten Verhaltensdispositionen	Begriffe Fachsprache
IIa. Wie *Erz* als Rohstoff gewonnen wird; warum auch menschenfeindliche Räume für den Abbau von Rohstoffen erschlossen werden.	Hochindustrialisierte Länder wie die BRD benötigen zur Versorgung mit Rohstoffen die Vorkommen anderer Länder. Obwohl große Erzfrachter den Erzimport aus allen Ländern der Erde ermöglichen, ist das nordschwedische Eisenerzgebiet immer noch der traditionelle Erzlieferant für die westeuropäische Stahlindustrie (hochwertiges Erz, günstige Lage zu den Weltschiffverkehrslinien).	In eine Umrißkarte den Raum Lappland und andere wichtige Erzvorkommen in Deutschland, Europa einzeichnen *(Topographie)*. Thematische Karten (zu: Vegetation, Wirtschaft, Klima, Bevölkerungsdichte) und Klimadiagramme (z. B. von Narvik/Lulea) für die Erarbeitung des Wirtschaftsraumes benutzen. Begründen, warum der Mensch trotz der ungünstigen Naturgegebenheiten Rohstoffe abbaut. Die Methoden des Erzabbaus und die Folgen des Abbaus für den Raum darstellen. Tabellen (z. B. zur Erzförderung, zum Eisengehalt) lesen. Die Transportwege der Erzfrachter ins Ruhrgebiet zeigen, begründen und in eine Umrißkarte einzeichnen *(Topographie)* Beispiele für die Verwertung des Erzes aufzählen.	Erz Eisengehalt Tagebau Untertagebau Mitternachtssonne Tundra Lappland
Der Raum Nordschweden mit seinen klimatischen (am Polarkreis) und landschaftlichen Gegebenheiten schafft besondere Arbeitsbedingungen. Der Erzabbau hat Folgen für den Raum: Transporteinrichtungen, Wohnsiedlungen, Versorgungseinrichtungen usw. Bestimmte naturräumliche Bedingungen (wie in Nordschweden) fördern wirtschaftliche Einseitigkeit. Die Qualität der Rohstoffe muß die Kosten des Transports ausgleichen. Wegen des billigen Seetransportes werden heutzutage öfter Hüttenwerke an Meeresküsten gebaut.			

Zeitbedarf	Schulart/-stufe/Beruf	Klasse/Kurs	3
	Orientierungsstufe	Klasse 6	2.

LERNORGANISATION

Literatur/Medien	Ergänzende Arbeitshinweise Unterrichtverfahren
L: Lehrerhandbücher zu den Lehrwerken von Klett, Westermann, Bagel und Schroedel S: Neue Geographie 5/6 (Bagel) S. 58f Dreimal um die Erde Band 1 (Schroedel) S. 117–119 Welt und Umwelt 5/6 (Westermann) S. 116f S. 124f Geographie 5/6 (Klett) S. 138–141 M: R 228 Erz aus Schweden R 483 Schweden FT 580 Erzstadt Kiruna FT 314 Schachtbau im Erzgebiet von Salzgitter WA gr. Ausg. S. 76, bes. S. 77 II, 48f, 69, 72f, 81, 84, 130f, 134f Lesetexte: z. B. Klettheft »Schätze der Erde«	*Vorschlag zur Realisation:* (vgl. Bagel, Lehrerhandreichungen S. 58f) 1. *Klimatische und landschaftliche Gegebenheiten des Erzbergbaus am Polarkreis* – Einf. z. B. mit Klimadiagramm (Narvik/Lulea); Unterschiede zum Heimatraum; Tag- und Nachtlänge nördl. des Polarkreises; – Atlasarbeit (Topographie, Vegetation, Bevölkerungsdichte) – Dias, Film oder Text – Merksätze 2. *Die wirtschaftlichen und technischen Eigenheiten des Erzbergbaus* – Einstieg: Warum nimmt der Mensch die ungünstigen Naturgegebenheiten auf sich, um Bergbau zu betreiben? – Methoden der Erzförderung; Folgen des Abbaus – Lebensbedingungen, Arbeitsplatzsituation – Welt-Erzförderung (Umrißkarte); Wertigkeit des Erzes – Transportwege (Atlasarbeit) – Merksätze

Fach/Lernbereich	Themenbereich/Thema		
Welt/Umwelt	3. Arbeitsplätze; Bergbau und Industrie		3. Stahl

LERNZIELBEREICH

Richtung der Behandlung	Kenntnisse	Fertigkeiten Verhaltensdispositionen	Begriffe Fachsprache
IIb. Wie *Erz zu Stahl* verarbeitet wird (Durchschaubarkeit komplizierter industrieller Prozesse durch die Rückführung auf einfache Vorgänge und Erscheinungen)	Erzeugnisse der Stahlindustrie sind Stahlträger, Stahlblech, Schienen usw. Im Hochofen wird das Roheisen aus dem Erz herausgeschmolzen. Das Roheisen wird durch besondere Verfahren zu Stahl verarbeitet (gereinigt, veredelt). Früher gab es Schwerindustrie nur in der Nähe von Kohlevorkommen (Erz zur Kohle); heutzutage ist die Verkehrslage bestimmend für die Lage der Schwerindustrie.	Die wichtigsten Stationen auf dem Weg vom Erz zum Stahl benennen. (Hochofenwerk – Stahlwerk – Walzwerk) und für jede Station beschreiben, was geschieht. Begründen, warum die Eisen- und Stahlindustrie im Ruhrgebiet konzentriert ist. Thematische Karten (Bodenschätze, Industrien) des Ruhrgebietes, von Deutschland und der Welt lesen. In eine **Umrißkarte** die Schwerindustrie-Standorte in der BRD und in anderen europäischen Staaten einzeichnen *(Topographie)*	Hüttenwerk Hochofenwerk Stahlwerk Walzwerk Schwerindustrie

Zeitbedarf	Schulart/-stufe/Beruf	Klasse/Kurs	3
	Orientierungsstufe	Klasse 6	3.

LERNORGANISATION

Literatur/Medien	Ergänzende Arbeitshinweise Unterrichtverfahren
L: s. die auch oben genannten Lehrerhandbücher S: Neue Geographie 5/6 (Bagel) S. 55ff Welt und Umwelt 5/6 (Westermann) S. 116f S. 121 Geographie 5/6 (Klett) S. 138ff Dreimal um die Erde Band 1 (Schroedel) S. 106ff M: FT 1530 Am Feuerstrom des Eisens FT 563 Stahl aus dem Thomaskonverter FT 1568 In einem automatisierten Walzwerk FT 431 Ein Auto wird gebaut WA gr. Ausg. S. 24f, 46–51, 134f	Dieser Teil (Eisenhütten) verlangt eine enge Behandlung mit den Themen I und II a. Es geht hier lediglich um die Darstellung elementarer Vorgänge: was mit dem Erz (+Kohle) geschieht, welche Arbeitsprozesse (Hochofenwerk → Stahlwerk → Walzwerk) ablaufen. Dieses Kapitel soll *keinen Vorgriff auf Teile des naturwissenschaftlichen Unterrichts* darstellen (Absprache). *Arbeitsschritte:* 1. Anfertigen einer Tabelle: Stahlerzeugnisse 2. An Hand von Text und/oder Schemazeichnung Erläuterung der Vorgänge vom Hochofenwerk über das Stahlwerk zum Walzwerk 3. Veranschaulichung durch Film oder Dias 4. Merksätze

Fach/Lernbereich	Themenbereich/Thema	
Welt/Umwelt	3. Arbeitsplätze; Bergbau und Industrie	4. Erdöl

LERNZIELBEREICH

Richtung der Behandlung	Kenntnisse	Fertigkeiten Verhaltensdispositionen	Begriffe Fachsprache
III. Die Abhängigkeit der eigenen Energiewirtschaft von den Energiequellen *(Erdöl)* anderer Länder	Erdöl ist eine der wichtigsten Energiequellen für die heutige Wirtschaft. Erdöl ist auch ein wichtiger Rohstoff für die chemische Industrie. Wichtige Erdölvorräte liegen besonders in Wüstenräumen (Funktions- und Wertwandel eines Raumes). Diese Importabhängigkeit kann sehr problematisch sein (Energieversorgung, Arbeitsplätze).	Aus Tabellen, Diagrammen die Anteile der Energiearten ablesen, besonders die Entwicklung dieser Anteile. Über die äußeren Umstände der Erdölsuche berichten. Die Technik des Bohrens anhand einer vorgegebenen Bohrturmzeichnung erläutern. Die Lage der wichtigsten Erdölvorräte *(Topographie)* und die entsprechenden Verkehrswege zeichnen. Sich anhand von Texten, Bildern, Karten über den Naturraum Sahara informieren. Die Exportländer in eine **Umrißkarte** einzeichnen: Mittelmeerraum, Nordafrika, Vorderasien. Die Verwendung des Erdöls erläutern. Thematische Karten (zu Erdöl, Erdgas, Energien, Industrien) auswerten.	Energie Erdöl Pipeline Energiekrise Raffinerie chemische Industrie Wüsten

Zeitbedarf	Schulart/-stufe/Beruf	Klasse/Kurs	3
	Orientierungsstufe	Klasse 6	4.

LERNORGANISATION

Literatur/Medien	Ergänzende Arbeitshinweise Unterrichtverfahren
L: s. d. gen. Lehrerhandzeichnungen S: Neue Geographie 5/6 (Bagel) S. 68–70 Geographie 5/6 (Klett) S. 150–153 Welt und Umwelt 5/6 (Westermann) S. 126f M: WA gr. Ausg. S. 46f, 48f, 50f F/FT 406 Entstehung und Gewinnung von Erdöl (12 Min.) F/FT 407 Verarbeitung von Erdöl (12/13 Min.) FT 889 Libyen, Sand und Öl (16 Min.) FT 645 Durch die Sahara (20 Min.) R 410 Libyen (16 B) R 611 Die Naturlandschaft der Sahara (20 B) R 612 Der Mensch in der Sahara (19 B) R 196 Die neue Zeit in der Sahara (20 B) Lesetexte: z. B. Klettheft »Schätze der Erde«	*Vorschlag zur Realisation* (vgl. Bagel, Lehrerhandbuch S. 68–70; dort auch gute zusätzliche Sachinformationen) 1. *Einstieg:* Benzinpreiserhöhung, Erdölkrise (UG) 2. Erarbeitung des angesprochenen Raumes (Sahara): *Atlasarbeit* 3. Thema »Erdöl« 3.1. *Statistiken:* Förderländer, Förderung, Verbrauch und Einfuhr in der BRD 3.2. *Diskussion:* Folgen der Rohstoffabhängigkeit 3.3. Technik der Erdölförderung *(Querschnittzeichnung einer Bohrstelle, Bilder, Filme, Texte)* 3.4. Erdöltransport *(zusammenfassendes Tafelbild: von der Erdölquelle bis zur Zapfsäule)* 4. Ergebnis in *Merksätzen*

Fach/Lernbereich	Themenbereich/Thema
Welt/Umwelt	4. Menschen verändern die Landschaft 1. Umweltverschmutzung

LERNZIELBEREICH

Richtung der Behandlung	Kenntnisse	Fertigkeiten Verhaltensdispositionen	Begriffe Fachsprache
Am *Beispiel Müll* Verdeutlichung des Zusammenhangs zwischen Veränderung und Zerstörung der Natur und den gesellschaftlichen Interessen und Lebensbedingungen *Kenntnisse* – erkennen, daß es technische Lösungsmöglichkeiten zur Beseitigung von Müll gibt – überlegen, wer den Müll beseitigen soll und wer die Beseitigungskosten tragen soll *Verhaltensdisposition* – Bereitschaft, die ökologischen Zusammenhänge bei Entscheidungen zu berücksichtigen – die Notwendigkeit des Schutzes der Natur fordern *Fertigkeiten* – Sammeln, Ordnen und Auswerten von Pressematerial		– erkennen, daß der ständig steigende Müll ein Problem unserer Industriegesellschaft geworden ist – erkennen, daß der Müll in Relation zur steigenden Produktion und zum Konsum steht – erkennen, daß es Gruppen in der Gesellschaft gibt, die mehr Produktion und Konsum fordern, ohne die Beseitigungsmöglichkeiten der Produkte und die daraus resultierenden Schäden zu berücksichtigen – überlegen, ob so viel Verpackungsmaterial, wie heute verwendet wird, nötig ist, und wer daran verdient – erkennen, daß Verpackungsmaterial zum Kauf der Waren beiträgt – erkennen, daß Werbung für den Verkauf von immer mehr Produkten benutzt wird – erkennen, daß steigender Konsum steigenden Müll bedeutet und insofern ein Zusammenhang zwischen Profit und Müll besteht – erkennen, daß die ständig wachsenden Müllberge mit der Massen-Produktion von Wegwerfprodukten zusammenhängen – erkennen, daß die verschiedenen Bestandteile des Mülls unterschiedlich gut oder überhaupt nicht abgebaut werden – erkennen, daß deshalb heute mehr Müllbeseitigungsschwierigkeiten auftreten als früher – erkennen, daß die Ablagerung von Müll Gefährdungen für den Menschen mit sich bringt	Natur Umwelt Umweltverschmutzung Umweltschutz Müll Boden Wasser Lärm Luft Klärwerk Müllverbrennung Müllverbrennungsanlage Mülldeponie Wegwerfprodukt Verpackung Werbung

Zeitbedarf	Schulart/-stufe/Beruf	Klasse/Kurs	4
	Orientierungsstufe	Klasse 6	1.

LERNORGANISATION

Literatur/Medien	Ergänzende Arbeitshinweise Unterrichtverfahren

1) Michele Borrelli Projekt: Umweltschmutz und Umweltschutz. J. B. Metzlersche Verlagsbuchhandlung, Stuttgart 1974. Zur Praxis Politischen Unterrichts 4, S. 13–72 (L)
2) Kurt Gerhard Fischer und Mitarbeiter, Mensch und Gesellschaft. Ein Arbeitsbuch für den Sozial- und Gesellschaftskundeunterricht der Klassen 5 und 6 aller Schulen. J. B. Metzlersche Verlagsbuchhandlung Stuttgart 1973 (S) S. 5–19
3) Siegfried George/Wolfgang Hilligen sehen beurteilen handeln. Lese- und Arbeitsbuch zur Sozialkunde und Gesellschaftslehre 5/6. Schuljahr 3, durchgesehene Auflage, Hirschgrabenverlag Frankfurt am Main 1973, S. 7–17 (S)
4) Umweltschutzbericht des Senats der Freien Hansestadt Bremen. Bremische Bürgerschaft Landtag, 8. Wahlperiode, Drucksache 8/627, vom 12. 10. 1973 (S/L)
Medien
– Dias oder Filme, die die Wirkung von Umweltschmutzung zeigen
– Bilder und Artikel aus Zeitungen oder Zeitschriften, die über Umweltverschmutzung berichten

Die Unterrichtseinheit will am Beispiel Müll exemplarisch den *gesellschaftlichen* Aspekt der Umweltverschmutzung zeigen. Selbstverständlich können die Lernziele auch an anderen Beispielen von Umweltverschmutzung erreicht werden. Über das bloße Erfassen von Formen der Umweltverschmutzung muß deutlich werden, daß die heutige ökologische Problematik sich wesentlich aus der wirtschaftlichen Zielsetzung einer profitorientierten Industrialisierung erklärt. Der vorgeschlagene Unterrichtsverlauf orientiert sich besonders an Lit. 1; die Lernziele sind ebenfalls diesem Buch entnommen. Zunächst soll die Bandbreite der Umweltverschmutzung (Müll, Boden, Wasser, Luft, Lärm) deutlich werden, um dann *am Beispiel Müll* exemplarisch von den Erscheinungsweisen zu den gesellschaftlichen Fragen vorzudringen.
UG: Motivation und Problemstellung durch Dia- bzw. Filmvorführung von Formen der Umweltschmutzung oder anhand der in Lit. 2 und 3 angegebenen Beispiele. Grobe Systematisierung und Klären von Ursache und Folgen. Aufträge an die Schüler, Berichte und Fälle aus Zeitungen oder Zeitschriften zu sammeln.
GA: Ordnen der Materialien nach Boden-, Wasserverschmutzung; oder: Schüler erläutern Beispiele von Umweltverschmutzung, die sie photographiert haben.
UG oder GA: (an Texten aus Lit. 1, S. 44–49 oder Lit. 2 und 3) Herausarbeiten, wie das Müllproblem entstanden ist und welche Möglichkeiten der Müllbeseitigung es gibt (Deponie usw.)
UG: Am Beispiel der Einwegflasche (Lit. 1, S. 62) oder Verpackung Herausarbeiten der Interessen der Glasindustrie/Verpackungsindustrie und einer Gemeinde, die Müll beseitigen muß. Möglich auch als Rollenspiel.
Gemeinsames Besichtigen einer Mülldeponie und der Müllverbrennungsanlage.

Fach/Lernbereich	Themenbereich/Thema	
Welt/Umwelt	4. Menschen verändern die Landschaft	2. Naturkatastrophen/ Katastrophenschutz

LERNZIELBEREICH

Richtung der Behandlung	Kenntnisse	Fertigkeiten Verhaltensdispositionen	Begriffe Fachsprache
Wie Menschen sich gegen *Naturkatastrophen* zu schützen versuchen; hier: am Beispiel der *Küstenbefestigungen* an der Nordseeküste	Die Nordseeküste hat sich durch natürliche Kräfte (Gezeiten, Sturmfluten) in den vergangenen Jahrhunderten verändert (Hebungs- u. Senkungsvorgänge). Die heutige Küstenlinie wird durch technische Anlagen (Deiche, Deichsicherungen, Küstenverkürzungen, Schleusen, Siele usw.) erhalten. Neulandgewinnung kann nur durch Zusammenarbeit der a. d. Küste lebenden Bewohner (Deichbaugenossenschaften) u. hohe finanzielle Aufwendungen des Staates ermöglicht werden. Auch Flüsse führen periodisch Hochwasser; Deiche u. Talsperren sind wirksame Gegenmaßnahmen. Eine systematische Wetterbeobachtung ermöglicht Katastrophenwarnungen.	Die Gezeitenwirkung erläutern Vorteile des Deichschutzes gegenüber dem Schutz durch Wurten (Funktion der modernen Deiche) nennen Die Veränderungen der Deichquerschnitte begründen Die künstliche Entwässerung als notwendige Folge des Deichbaus begründen (Siele) Die Aufschlickung und ihre künstliche Verstärkung beschreiben In einfacher Form das Entstehen von Überflutungen (z. B. 1962) darstellen *Topographie* der deutschen und niederländischen Nordseeküste (Umrißkarte)	Gezeiten Sturmflut Überschwemmung Deichbau Wurten Landgewinnung Watt Koog (Polder, Groden) Wasserstandsnachrichten

Zeitbedarf	Schulart/-stufe/Beruf	Klasse/Kurs	4
	Orientierungsstufe	Klasse 6 Seite 1	2.

LERNORGANISATION

Literatur/Medien	Ergänzende Arbeitshinweise Unterrichtverfahren

L: s. die bekannten Lehrerhandbücher
S: Geographie 5/6 (Klett) S. 34–43
Welt und Umwelt 5/6 (Westermann) S. 13–37
Neue Geographie 5/6 (Bagel) S. 164–174, 108–110, 118–122
Dreimal um die Erde Bd. 1 (Schroedel) S. 10 ff
M: WA gr. Ausg. S. 18–20, 21, 61
FT 753 Ein Deich wird gebaut (21 Min.)
FT 860 Gezeiten und Sturmflut (18 Min.)
FT 482 Die Veränderungen der Küste (11 Min.)
FT 887 Hallig (21 Min.)
h 6.39 Die große Sturmflut in Hamburg (Staatl. Landesbildstelle in Hamburg)
R 532 Veränderungen der dt. Nordseeküste (14 B)
R 29 Landgewinnung (18 B)
R 249 Eine Insel wandert (13 B)
R 816 Delta-Plan (15 B)
V-Dia K 12003 Der Deich (12 B)
V-Dia K 12001 Neulandgewinnung

Die Realisierung im Unterricht
wird anhand der 4 gängigen Themen vorgeschlagen:
1. Hallig »landunter«
2. Auswirkungen von Ebbe und Flut
3. Sturmflutkatastrophe an der Nordseeküste (BRD, Niederlande)
4. Landgewinnung

Da alle in Frage kommenden Lehrbücher und vor allem die Lehrerhandbücher über reichhaltiges Material verfügen, wird in diesem Teil auf eine Angabe methodischer Hilfen verzichtet. – *Aktuelle Anlässe* (Bilder, Zeitungsmeldungen) sind sehr häufig gegeben.
Dieses Kapitel kann erweitert werden durch die Themen »Lawinen« und »Wirbelstürme« (bes. bei situativem Anlaß).

Fach/Lernbereich		Themenbereich/Thema	
Welt/Umwelt	4. Menschen verändern die Landschaft	2. Naturkatastrophen/ Katastrophenschutz	

LERNZIELBEREICH

Richtung der Behandlung	Kenntnisse	Fertigkeiten Verhaltensdispositionen	Begriffe Fachsprache
Wie Menschen durch *vulkanische Tätigkeit* bedroht werden und wie sie sich darauf einstellen	Der Mensch steht Naturkatastrophen wie Vulkanismus, auch heute noch hilflos gegenüber. Beobachtungsstationen ermöglichen gewisse Vorwarnungen. Es gibt verschiedene Arten vulkanischer Tätigkeit (Beben, Ausbrüche, Quellen). Es gibt verschiedene Formen von Vulkanen (Schichtvulkane, Schildvulkane, Maare). Neben den primär negativen Folgen dieser Naturkatastrophen gibt es auch positive Begleiterscheinungen des Vulkanismus (fruchtbare Böden, Baumaterial, Thermalquellen). Arme und technisch wenig entwickelte Länder können die nachteiligen Folgen vulkanischer Tätigkeit oftmals nicht ohne die Hilfe finanzstarker u. hochtechnisierter Industrieländer bewältigen.	Die Hauptarten der vulkanischen Tätigkeit nennen Das Blockdiagramm eines Vulkans erläutern Beschreiben, wie Erdbeben und Vulkanausbrüche vor sich gehen Erklären, wie mit Seismograph und Seismogramm Erdbeben gemessen werden Mit einfachen Worten die Begriffe Erdbebenherd und Erdbebenwellen erläutern Aus Berichten wesentliche Einzelheiten erfassen und verarbeiten Die hauptsächlichen Erdbeben- und Vulkangebiete der Erde benennen und auf der Karte lokalisieren (*Topographie*; Umrißkarte)	Vulkan Lava Magma Krater Schichtvulkan Schildvulkan Maare Erd-, Seebeben Erdbebenstation Seismograph Vesuv Pompeji

Zeitbedarf	Schulart/-stufe/Beruf	Klasse/Kurs	4
	Orientierungsstufe	Klasse 6 Seite 2	2.

LERNORGANISATION

Literatur/Medien	Ergänzende Arbeitshinweise Unterrichtverfahren

L: s. die bekannten Lehrerhandbücher
S: Geographie 7/8 (Klett) S. 14–19
Dreimal um die Erde Bd. 1 (Schroedel) S. 100–105
Neue Geographie 5/6 (Bagel) S. 164–168
Welt und Umwelt 5/6 (Westermann) S. 13–37
M: WA gr. Ausg. S. 75, 133
F 566 Paricutin-Vulkan (8 Min.)
F 565 Hawaii-Vulkane (7 Min.)
FT 567 Vulkane (12 Min.)
R 151 Entstehung und Ausbruch eines Vulkans (14 B)
R 884 Entstehung einer Vulkaninsel (5 B)
V-Dia K 11 024 Vulkanismus (24 B)

Für den Unterricht werden 2 Themen bestimmend:
1. Ein Vulkan bricht aus 2. Die Erde bebt

Zu 1.: Das Lehrerhandbuch von Bagel gibt folgende *Lernschritte für die Realisierung vor:*
1. *Einstieg:* ein aktuelles oder noch nicht lange zurückliegendes Ereignis
2. *Darstellung der äußeren Phänomene* durch: Bild eines Vulkanausbruchs, Textbeschreibungen, Film (z. B. B 566 Paricutin-Vulkan). Die Schüler sollen wesentliche Erscheinungsformen heraussuchen: glühende Lavaflüsse, Stein- und Ascheregen, feurige Glutwolken, Explosionen, Flutwellen.
3. *Aufbau eines Vulkans* wird erläutert mit Hilfe eines Blockdiagramms, ergänzt durch Dias der Reihe R 442. – Schülerarbeit: Heraussuchen von Vulkanabbildungen aus Büchern, Zeitschriften usw.
4. *Vorteile durch den Vulkanismus*
5. *Verteilung der Vulkane auf der Erde*
Atlasarbeit, Umrißkarte
(Wegen des umfangreichen Stoffes empfiehlt es sich, in der Klasse Arbeitsgruppen zu bilden und auch die Hausaufgaben zu differenzieren.)

Zu 2.:
1. *Einstieg:* möglichst mittels aktuellem Anlaß (oder Bericht d. Plinius d. J. über den Ausbruch des Vesuvs)
2. *Vergleich* von Presseberichten zu unterschiedlichen Ereignissen führt zur Suche nach Übereinstimmungen und Gesetzmäßigkeiten im Ablauf des Bebens, aber auch nach Unterschieden in den Auswirkungen auf die Menschen (äußere Erscheinungsformen der Beben; Auswirkungen auf die Menschen je nach Landschaft, Klima, Bevölkerungsdichte und technischen Möglichkeiten; Hilfsmaßnahmen
3. *Atlasarbeit* (Umrißkarte): Erdbebenzonen. Vgl. mit der Umrißkarte zu »Ein Vulkan bricht aus«
4. Ergebnis in *Merksätzen* festhalten

Fach/Lernbereich		Themenbereich/Thema	
Welt/Umwelt	4. Menschen verändern die Landschaft	3. Raumplanung/Rekultivierung (Braunkohlenreviere)	

LERNZIELBEREICH

Richtung der Behandlung	Kenntnisse	Fertigkeiten Verhaltensdispositionen	Begriffe Fachsprache
Wie eine Agrarlandschaft durch den Abbau von *Braunkohle* verändert wird	Der Braunkohlentagebau hat im Zusammenhang mit den Einsatzmöglichkeiten technischer Hilfsmittel erhebliche landschaftsverändernde Wirkung. Die Braunkohle hat viele Nutzungsmöglichkeiten: Gewinnung von Elektroenergie, Brikettherstellung für Hausbrand u. Vergasung, Rohstoff für die Industrie. Der zum Zwecke des Braunkohlenabbaus erfolgte Eingriff hat viele Voraussetzungen (Umsiedlung etc.) und Folgewirkungen (Änderung des Grundwasserspiegels, Entstehung von Seen, Abraumhalden etc.). Maßnahmen der Rekultivierung (»Wiederherstellung« u. Neuinwertsetzung der Landschaft) sind: – Schutz und Wiederverwendung des fruchtbaren Bodens – Aufforstung – Anlage neuer landwirtschaftlicher Betriebe – Umgestaltung zur Erholungslandschaft	Braunkohlegewinnung im Tagebau beschreiben Angeben, wozu Braunkohle verwendet wird Rekultivierungsmaßnahmen nennen Einsicht in die Verantwortlichkeit des wirtschaftenden Menschen für seine physische und soziale Umwelt gewinnen Bilder, Blockdiagramme angewandte Karten interpretieren (vgl. von Karten) *Topographische Lage* der Braunkohlenreviere in BRD und DDR zeigen Luftbilder und Karten vergleichen Tabellen lesen (Stromerzeugung, Produktionszahlen z. B.) Den Abbau von Braunkohle und Steinkohle unterscheiden	Abraum Flöz Tagebau Rekultivierung

Zeitbedarf	Schulart/-stufe/Beruf	Klasse/Kurs	4
	Orientierungsstufe	Klasse 6	3.

LERNORGANISATION

Literatur/Medien	Ergänzende Arbeitshinweise Unterrichtverfahren

L: Lehrerhandreichungen zu den Werken von Klett, Westermann, Bagel und Schroedel
S: Geographie 5/6 (Klett) S. 142–145
Welt und Umwelt 5/6 (Westermann) S. 118f
Neue Geographie 5/6 (Bagel) S. 147–150
Dreimal um die Erde Bd. 1 (Schroedel) S. 112ff
M: Schulfunksendung NDR I 1972 (Eine neue Landschaft entsteht)
WA gr. Ausg. S. 12, 46–48
F 376 Im rheinischen Braunkohlengebiet (12 Min.)
FT 1557 Riesenbagger im Braunkohlentagebau (10 Min.)
R 226 Braunkohlentagebau (16 B)

Da der »Braunkohlentagebau« in jedem verfügbaren Erdkundewerk dargestellt ist, empfiehlt dieses Beispiel sich besonders. Dieses Thema kann natürlich auch ausgetauscht oder *ergänzt* werden, z. B. durch:
– Niederlande, Deltaplan
– Brasilia, eine Großstadt in menschenleerer Steppe
– Neulandgewinnung (Marsch, Moor, Trockengebiete)
– Bewässerungskulturen
– Einflüsse des Fremdenverkehrs auf die Landschaft
Vorschlag zur Realisation:
(z. B. nach Bagel, Lehrerhandbuch)
1. *Einstieg:* Da ein Besuch einer Braunkohlenlandschaft nicht möglich ist, kann das grundsätzliche Problem aber auch in Kies- und Sandabbaugebieten aufgezeigt werden. Anschauungsersatz sind der Film, Dias oder eine Schulfunksendung.
2. *Veranschaulichung* des geförderten Materials (Stück Rohbraunkohle, Brikett, Kohle-Schaukasten)
3. *Einzel- oder Gruppenarbeit* (schriftlich): Auswertung von Texten, Bildern, graphischen Darstellungen, Auswertung der thematischen Karte(n)
4. *Film, Dias*
5. Ergebnis in *Merksätzen*

Die Schulfunksendung des NDR hat folgenden Inhalt:
Land- und Forstwirtschaftliche Rekultivierung ausgekohlter Tagebaubetriebe, Umsiedlung von Ortschaften und ihrer Bewohner, Regelung des Wasserhaushalts (Gesprächspartner: landwirtschaftlicher Berater, Forstmeister – Das größte Braunkohlenvorkommen der BRD – Gewinnung im Tagebau – Braunkohlenförderung 1970 in der Welt – Verarbeitung – Energieerzeugung – Eine neue Landschaft entsteht – Die Lößschicht – Für die forstwirtschaftliche Rekultivierung – Wasserwirtschaft – Umsiedlung)

Klasse 6 (Lehrplan DDR von 1966)[50]

Aufbauend auf die Kenntnisse, die die Schüler über ihren Heimatkreis und -bezirk erhalten haben, haben sie in der Klasse 5 die Deutsche Demokratische Republik, ihr sozialistisches Vaterland, kennengelernt. Daran anschließend erfolgt in der 6. Klasse die Behandlung Westdeutschlands.

Bei der Behandlung Westdeutschlands werden die physisch-geographischen Kenntnisse aus der 5. Klasse erweitert und vertieft, und es wird besonders auf jene physisch-geographischen Erscheinungen eingegangen, die bei der Deutschen Demokratischen Republik nicht erarbeitet werden konnten.

Bei der Behandlung Westdeutschlands wird den Schülern gezeigt, daß dort die Bergwerke und Fabriken sowie die großen landwirtschaftlichen Betriebe einigen Großkapitalisten und Großgrundbesitzern gehören. Die Schüler erkennen, daß dort nicht die Arbeiter und Bauern die Macht ausüben. Durch anschauliche Beispiele sollen die Schüler einen Eindruck erhalten, wie die überwiegende Mehrheit der westdeutschen Bevölkerung mit uns die Wiedervereinigung Deutschlands zu einem friedliebenden und demokratischen Staat anstrebt.

Der Schwerpunkt des Unterrichts im 6. Schuljahr ist die Behandlung der UdSSR, des führenden Staates des sozialistischen Weltsystems. Die Darstellung typischer Landschaftsbilder gibt den Schülern eine Vorstellung von der räumlichen Größe, der Lage und Gliederung sowie der mannigfaltigen Oberflächengestalt. Bei der Behandlung der natürlichen Zonen der Sowjetunion werden einfache kausale Zusammenhänge (z. B. Klima-Vegetation) erarbeitet. An typischen Beispielen wird den Schülern auch hier schon gezeigt, wie der Mensch in der sozialistischen Gesellschaftsordnung die sich ständig erweiternden Möglichkeiten der Beherrschung der Natur beispielhaft nutzt.

Bei der Behandlung der Wirtschaft der Sowjetunion wird den Schülern an typischen Beispielen vor Augen geführt, daß die großen Erfolge der Sowjetvölker das Ergebnis des planmäßigen Aufbaus, insbesondere auch der planmäßigen Nutzung und Veränderung der natürlichen Bedingungen sind.

Die Darstellung der Erfolge der Sowjetunion soll die Schüler mit Stolz erfüllen, daß dieses Land der beste Freund des deutschen Volkes ist.

Bei der Behandlung der volksdemokratischen Länder werden den Schülern die physischen Gegebenheiten durch typische Landschaftsbilder vermittelt. Sie erkennen einfache kausale Zusammenhänge und stellen Vergleiche zu dem bisher erarbeiteten Stoff an. Aus der Wirtschaft der Länder der Volksdemokratien werden nur einige Schwerpunkte ausgewählt. Bei der Behandlung der volksdemokratischen Länder und des Stoffgebietes »Internationale Zusammenarbeit zwischen den europäischen Ländern des sozialistischen Lagers« wird an Beispielen dargestellt, wie sich die sozialistischen Länder in brüderlicher Weise beim Aufbau ihrer Wirtschaft helfen.

1. Die Deutsche Bundesrepublik   20 Std.

1.1. Nordwestdeutschland   6 Std.

Bei der Erarbeitung der physischen Geographie dieses Stoffgebietes erkennen die Schüler, daß sich das Norddeutsche Tiefland über das Territorium beider deutscher Staaten erstreckt. Die neuen physisch-geographischen Begriffe sind gründlich zu erarbeiten.

Die Entwicklung der Landwirtschaft und der Häfen Westdeutschlands wird mit den entsprechenden Gebieten der Deutschen Demokratischen Republik verglichen. Auf die Besitzverhältnisse in der Landwirtschaft ist besonders einzugehen. Dies trägt dazu bei, daß die Schüler die Erfolge in unserer sozialistischen Landwirtschaft besser verstehen.

Die Nordseeküste

Die Nordsee als Nebenmeer des Atlantischen Ozeans, Küstenverlauf;
Ebbe und Flut, Trichtermündung der Elbe (als Beispiel),
Halligen, Wattenmeer, Deich, Marsch, Neulandgewinnung.

Westdeutsche Hafenstädte

Hamburg – Hafen ohne Hinterland;
Cuxhaven – Vorhafen, Fischereihafen (Lage der Fischer),
Bremen und Bremerhaven, Kiel – Kriegshafen der NATO (Vergleiche: »Ostsee – Meer des Friedens«);
der Nord-Ostsee-Kanal.

Das nordwestdeutsche Tiefland

Typische Landschaftsbilder: Geest, Heide, Moor; Naturschutzgebiet; Fördenküste; Truppenübungsgebiet.
Die Landwirtschaft Schleswig-Holsteins (Besitzverhältnisse – Lage der Umsiedler).

Erdölgewinnung

Erdöllagerstätten; kapitalistische Gesellschaften.

1.2. Das Mittelgebirgsland nördlich des Mains – das nordrheinisch-westfälische Industriegebiet   5 Std.

Die bei der Behandlung der Mittelgebirge der Deutschen Demokratischen Republik erworbenen Kenntnisse werden bei diesem Stoffgebiet erweitert und vertieft.

Das Rheinische Schiefergebirge und sein Vorland

Die Gebirge links und rechts des Rheins, das Rheintal,
Nebenflüsse des Rheins,

Kölner Tieflandsbucht und Münsterländische Tieflandsbucht.
Hinweis auf das Hessische Bergland und das Weserbergland.

Das nordrheinisch-westfälische Industriegebiet

Bodenschätze, Hinweis auf Aachen und Saarland, Bergwerke; Eisen- und Stahlindustrie (Rüstungszentrum);
günstige Verkehrsverbindungen.
Die Ausbeutung der Arbeiter (Streiks, Krisenerscheinungen).

1.3. Das süddeutsche Gebirgsland – die Industrie zwischen Main und Donau   5 Std.

Bei der Behandlung der physischen Geographie dieses Gebietes soll den Schülern anschaulich, dem Alter entsprechend, die Entstehung der Oberrheinischen Tiefebene gezeigt werden. Auf die Entstehung des Süddeutschen Stufenlandes ist nicht einzugehen.

Die Oberrheinische Tiefebene, ihre Randgebirge und das Land zwischen Main und Donau

Die Entstehung der Oberrheinebene (Grabenbruch, Randgebirge als Schollengebirge); Landschaftsbilder: Randgebirge links und rechts des Rheins, Süddeutsches Stufenland;
die klimatischen Bedingungen.
Die ostbayerischen Mittelgebirge.

Industrie und Landwirtschaft

Günstige Verkehrsverbindungen;
vielseitige Industrie (Rhein, Main- und Neckargasse);
Stuttgart und Nürnberg: Maschinen- und Fahrzeugbau;
die chemische Industrie, die Rolle des IG-Farben-Konzerns (Kriegsverbrechen).
Hinweis auf Raketenbasen in der Pfalz.
Günstige geographische Lage gestattet Wein-, Obst- und Gemüsebau in Flußtälern und an günstig gelegenen Talhängen; mäßiger Ackerbau und Schafzucht auf den Hochflächen.

1.4. Die deutschen Alpen und ihr Vorland   4 Std.

Bei der Behandlung dieses Stoffgebietes kommt es darauf an, den Schülern gründlich den Charakter des Hochgebirges zu zeigen und anschaulich das Leben der Menschen in diesem Gebiet zu schildern.

Das Land südlich der Donau

Von Norden nach Süden ansteigende Hochfläche, Oberflächenformen (Hügelland,

Moore, Schotterflächen, Moränen, Seen); Landschaftsbild des Hochgebirges (Vergleiche: Mittelgebirge); Höhenstufen der Pflanzenwelt.

Wirtschaft im Hochgebirge und im Vorland

Industrie und Landwirtschaft im Vorland;
München – bedeutende Industriestadt.
Viehzucht und Waldwirtschaft im Hochgebirge; Gewinnung von Elektroenergie; Fremdenverkehr. (Vergleiche Erholungsgebiete der Werktätigen in der Deutschen Demokratischen Republik!)

2. *Zusammenfassender Überblick über beide deutschen Staaten*   3 Std.

2.1. Physisch-geographischer Überblick   2 Std.

Großlandschaften, Gewässer; Klima.

2.2. Ausblick: Wenn unser schönes Deutschland zu einem friedlichen und demokratischen Staat vereinigt ist!   1 Std.

(Hinweise auf die großen Möglichkeiten, die sich für das Leben der Menschen, für die Wirtschaft und für die Erhaltung des Friedens ergeben.)

3. *Die Sowjetunion*   20 Std.

3.1. Moskau, die Hauptstadt der Sowjetunion   1 Std.

Moskau als Sitz der Regierung der UdSSR und des Zentralkomitees der KPdSU; das Stadtbild Moskaus;
Moskau als Verkehrsknotenpunkt (Eisenbahn-, Flug- und Schiffsverkehr), Moskau, Stadt an 5 Meeren;
davon ausgehend: Ausblick auf Lage und Größe der Sowjetunion, Bevölkerung, große Völkerfamilie;
(Vergleiche: Russischunterricht, 6. Klasse).

3.2. Die natürliche Gliederung der Sowjetunion im Überblick   10 Std.
Die Vielgestaltigkeit des Landes

Tiefländer, Gebirge, Flüsse und Seen.

Das Klima im Überblick

Klimagegensätze zwischen Norden und Süden.
Landklima (starke Temperaturschwankungen),
Abnahme der Niederschläge von Westen nach Osten.

Die Vegetationszonen

Bei der Behandlung der Vegetationszonen der Sowjetunion wird den Schülern nach den angegebenen Schwerpunkten ein anschauliches Bild von der Schönheit und den natürlichen Bedingungen dieser Gebiete vermittelt. Dabei muß aber auch deutlich gezeigt werden, wie der Mensch die natürlichen Bedingungen zum Nutzen der sozialistischen Gesellschaft verändert (Verschiebung der Anbaugrenzen, Be- und Entwässerung, Anlage neuer Verkehrswege).

Polargebiet – die Tundra
Lange Winter und kurze Sommer;
Dauereisboden (Grenze);
Pflanzen- und Tierwelt.
Die Erschließung der Tundra;
der Nördliche Seeweg.

Die Taiga und die Zone des Mischwaldes
Nadelwaldgürtel (Holzwirtschaft), Mischwaldgürtel; die Tierwelt (Pelztierjagd und -zucht);
gewaltige Naturreichtümer.

Die Steppenzone
Schwarzerdegebiet;
Trockenheit, Schluchten, Frostschäden, Feldschutzstreifen; Hauptlandwirtschaftsgebiet der Sowjetunion.

Halbwüsten und Wüsten
Lehm- und Sandwüsten (Kara-Kum, Kysyl-Kum); abflußlose Seen;
Hinweis auf künstliche Bewässerung.

Gebiete mit subtropischer Vegetation
Klima und Vegetation.
Hinweis auf Erholungszentren der Werktätigen.

3.3. Aus der Wirtschaft der Sowjetunion   9 Std.

Es ist nicht möglich, alle Teile der Sowjetunion umfassend zu behandeln. Die folgenden Stoffgebiete sind nach wirtschaftlichen Schwerpunkten ausgewählt worden. Die Schüler sollen anschaulich einen ersten Eindruck von der gewaltigen Kraft und Größe der sowjetischen Industrie und den Leistungen der Menschen vermittelt bekommen. Es kommt darauf an, den Stoff vergleichend darzubieten und dabei auf Kenntnisse aus dem 5. Schuljahr zurückzugreifen.

Eine eingehende Behandlung der ökonomischen Geographie der Sowjetunion erfolgt in der 9. Klasse.

Die Wirtschaft um Moskau, Leningrad und an der Wolga

Die Braunkohlenlager des Moskauer Gebietes;
vielseitige Industrie
(Maschinenbau-, Kraftfahrzeug-, Textilindustrie);
alte und neue Industriestädte in der Umgebung Moskaus;
Atomforschungszentrum Dubna;
die Hafen- und Industriestadt Leningrad
(Stadt der Oktoberrevolution).
Der Ostsee-Weißmeer-Kanal;
Große Industriestädte und Energiezentren an der Wolga;
Der Wolga-Don-Kanal.

Das große Industriegebiet im Donezbecken

Bodenschätze (Steinkohle, Erze);
erstes Hüttenzentrum;
umfangreicher Maschinenbau (Schwermaschinenbau und Landmaschinenbau).

Die Landwirtschaft der Ukrainischen SSR

Schwarzerdegebiet;
Anbaugebiet für Weizen, Mais, Zuckerrüben, Sonnenblumen;
Viehzucht;
Großkollektivwirtschaft, Staatsgüter.

Der Ural als Industriegebiet

Reiche und vielfältige Bodenschätze (Mangel an Steinkohle);
zweites Hüttenzentrum
(Hütten- und Stahlwerke am Beispiel von Magnitogorsk); metallverarbeitende Industrie (Uralmasch, Swerdlowsk, Traktorenwerk in Tscheljabinsk);
größtes Erdölgebiet der Sowjetunion;
der Ausbau des Verkehrsnetzes (Elektrifizierung), Transsibirische Eisenbahn.

Die Wirtschaft Sibiriens und Kasachstans

Sibirien, Land der unermeßlichen Reichtümer, Land der Zukunft;
Kasachstan und Westsibirien als bedeutende Getreidegebiete,
Neulandgewinnung;
Rohstoffgrundlagen der Industrie: Kohlenlager, Erzlager, Holzreichtum, die Wasserkraft;
Ausbau des dritten Hüttenzentrums im Siebenjahrplan, eisenschaffende Industrie im Kusnezkbecken und in Karaganda;

metallverarbeitende Industrie;
Wasserkraftwerke an der Angara und am Jenissei.

Handel und Verkehr der Sowjetunion

Die wichtigsten Verkehrswege der UdSSR;
die Sowjetunion treibt Handel mit allen Ländern der Erde;
die völkerverbindende und friedliche Funktion des Handels (UdSSR auf der Leipziger Messe);
die UdSSR hilft selbstlos unterentwickelten Ländern.

4. Weitere europäische Länder des sozialistischen Lagers   15 Std.

Bei der Behandlung der europäischen Länder der Volksdemokratie sind die Vielfalt und Schönheit typischer Landschaften darzustellen und das Leben der Menschen in diesen uns befreundeten Ländern zu schildern.
Den Schülern ist zu zeigen, daß diese Länder im Reise- und Touristenverkehr unserer Werktätigen eine immer größere Rolle spielen.
In den Landschulen sind am Beispiel der Volksrepublik Bulgarien ausführlicher die Erfolge in der Entwicklung der sozialistischen Landwirtschaft zu erarbeiten.

4.1. Die Tschechoslowakische Sozialistische Republik   4 Std.

Die natürlichen Bedingungen

Lage, Größe;
die Oberfläche;
Böhmisches Becken und die umgebenden Gebirge, Mährische Senke, Karpaten;
Hohe Tatra – Erholungszentrum;
Klima des Landes (Vergleich mit deutschen Landschaften).

Die Hauptstadt Prag

Das Stadtbild Prags (Hradschin);
Industrie- und Kulturzentrum;
Verkehrsknotenpunkt.

Die ČSSR – ein hochentwickelter Industriestaat

Bodenschätze (Kohlenlager, Erze);
Ausbau der Hüttenindustrie (Klement-Gottwald-Hütte);
bedeutende Entwicklung der Energiewirtschaft;
hochentwickelter Maschinen- und Fahrzeugbau (Schwermaschinen, Werkzeugmaschinen, Fahrzeuge, Gebrauchsgüter).

Die industrielle Entwicklung der Slowakei (nationale Frage).
Hinweis auf die sozialistische Entwicklung der Landwirtschaft.

4.2. Die Volksrepublik Polen   4 Std.

Die natürlichen Bedingungen

Lage, Größe;
Landschaften (Vergleich: DDR und Sowjetunion);
die klimatischen Bedingungen (Übergangsklima).

Die Hauptstadt Warschau

Neuaufbau der durch die Faschisten im zweiten Weltkrieg zerstörten Stadt (Warschauer Tempo);
wichtiges Industriegebiet (metallverarbeitende Industrie); Verkehrsknotenpunkt.

Die Wirtschaft der Volksrepublik Polen unter besonderer Berücksichtigung der Rohstofferzeugung

Die Bodenschätze (Steinkohle, Buntmetallgewinnung, Schwefel);
der Aus- und Aufbau von Bergwerken,
Aufbau einer bedeutenden metallurgischen und chemischen Industrie;
die Nutzung der Braunkohlenlager mit Hilfe der DDR und CSSR.
Schiffbau in den Hafenstädten, Waggonbau in Wroclaw, bedeutende Textilindustrie (Lodz).
Aufblühende Wirtschaft in den Westgebieten.

4.3. Die Volksrepubliken Ungarn, Rumänien, Bulgarien, Jugoslawien, Albanien
                                                                7 Std.

Die natürlichen Bedingungen in diesen Ländern

Die vielseitige Natur der südosteuropäischen Volksrepubliken;
die Oberfläche:
Ungarische Tiefebene, Tiefland am Unterlauf der Donau, Donaudelta, Dobrudscha, Karpaten, Balkan, Rhodopen;
das Klima dieser Länder: Gebirge als Klimascheiden;
die Lage und Größe der Volksdemokratien.

Die Ungarische Volksrepublik – vom Bauxitlieferanten zum wichtigen Aluminiumproduzenten des sozialistischen Lagers

Die großen Bauxitlagerstätten, erst im Sozialismus Aufbau einer eigenen Aluminiumindustrie.

Hinweis auf andere Wirtschaftszweige (z. B. Fahrzeugbau).
Umgestaltung der Natur (Pußta), Anbau von Weizen, Mais; Viehzucht.

Die Sozialistische Republik Rumänien – ein bedeutender Erdölproduzent des sozialistischen Lagers

Die großen Erdöllagerstätten bei Ploesti, die Entwicklung der Erdölindustrie. Hinweis auf andere Industriezweige und die Landwirtschaft (Werk für Zellulosegewinnung am Donaudelta).

Die Volksrepublik Bulgarien

Die sozialistische Umgestaltung der Landwirtschaft, Zusammenschluß zu großen Genossenschaften;
Anbaugebiete (Getreide, Obst und Gemüse, Wein, Tabak, Rosenöl).

Die Sozialistische Föderative Republik Jugoslawien

Darstellung der drei Hauptgebiete
(Pannonisches Becken – nördliche Dinariden – Rhodopen)
Der Karst – Karsthydrographie – Poljen
Hinweis auf Ausbau der Industrie (Schiffbau-, Aluminium-, Zementindustrie)
,Fremdenverkehr

Die Volksrepublik Albanien

Darstellung der natürlichen Bedingungen (Hinweis auf Mittelmeerklima).
Aufbau einer sozialistischen Landwirtschaft;
Hinweis auf Erdölgewinnung.

5. *Internationale Zusammenarbeit zwischen den europäischen Ländern des sozialistischen Lagers* 1 Std.

Die Schüler erkennen, daß die sozialistischen Länder gleiche politische und ökonomische Ziele haben und enge freundschaftliche Beziehungen unterhalten. An einigen typischen Beispielen ist den Schülern in dieser Zusammenfassung auf Grund ihrer Kenntnisse aus dem 5. und 6. Schuljahr die immer enger werdende wirtschaftliche Zusammenarbeit vor Augen zu führen. Sie begreifen, daß diese zur schnelleren Erfüllung der ökonomischen Aufgaben eines jeden Landes führt.
Gegenseitige Hilfe im sozialistischen Lager, Rolle der Sowjetunion.
See- und Binnenschiffahrtswege, Eisenbahnlinien, Flugverkehr. Hinweis auf Leipziger Messe.

6. Übung mit Kompaß und Wanderkarte　　　　　　　　　　　　1 Std.

Entfernungsmessungen auf der Karte (Benutzung des Linearmaßstabes).
Festlegen des eigenen Standpunktes auf der Karte, Übungen im Einordnen der Karte;
Aufsuchen von leicht feststellbaren Objekten in der Natur und auf der Karte;
Feststellen der Himmelsrichtung mit Hilfe der Uhr.
Erwandern vorher angegebener Wegstrecken, während der Wanderung: Übungen zum Orientieren im Gelände.

Der neue Lehrplan für *Geographie* Klasse 6 in der DDR aus dem Jahre 1975 umfaßt *39* Seiten.

Er formuliert den »Übergang von der heimatbezogenen Behandlung zur Betrachtung der Erdteile«.

Er unterscheidet
1. Ziele für die Erarbeitung des Wissens
2. Ziele für die Entwicklung von Fähigkeiten und Fertigkeiten
3. Ziele für die Vervollkommnung der staatsbürgerlichen Erziehung

Er hat 3 Aspekte
1. Regionale (Einzellandschaften und Länder Europas, Gliederung und Topographie)
2. Kategoriale (Landschaftstypen, Klimatypen, Gesellschaftstypen)
3. Genetische (Entstehung von Landschaften, natürlichen Faktoren und Wirtschaftsterritorien)

Er gliedert sich in
1. Überblick Europas
2. Kapitalistische Länder Europas (einschließlich BRD)
3. Sozialistische Länder Europas

Ausgewählte Aufgaben

Diskussion der verschiedenen Definitionen des Curriculum
Möglichkeiten und Grenzen des Curriculum (z. B. wo liegen Grenzen des Machbaren und des Kontrollierbaren im Unterricht, im allgemeinen, in der Erdkunde).
Inwiefern programmiert das Curriculum eine neue Reformpädagogik?
Diskussion der drei verschiedenen Lehrpläne (früher-heute, BRD-DDR)
Kritische Analyse anderer Lehrpläne (früher-heute bzw. verschiedene Bundesländer) im allgemeinen, in Hinsicht auf Erdkunde
Konkretisierung der Divergenz der einen Welt durch verschiedene Lehrpläne.

Ausgewählte Literatur

F. Achtenhagen/H. Meyer: Curriculumrevision-Möglichkeiten und Grenzen, München 1971
H. Blankertz: Curriculumforschung-Strategien, Strukturierung, Konstruktion, Essen 1973

H. Blankertz: Theorien und Modelle der Didaktik, München 1974
K. Frey: Theorien des Curriculums, Weinheim 1972
H. H. Groothoff: Pädagogik Fischer-Lexikon, Frankfurt 1973
H. v. Hentig: Allgemeine Lernziele der Gesamtschule, Stuttgart 1971

Zum Curriculum Geographie in der Sekundarstufe I für die nordwestdeutschen Bundesländer Bremen, Hamburg, Niedersachsen und Schleswig-Holstein, Geogr. Rundschau. 1973
E. Ernst: Der Stellenwert der Geographie in der Gesellschaftslehre, Rahmenrichtlinien Sekundarstufe I in Hessen, Geogr. Rundsch. 1972
R. Hahn: Die neuen Lehrpläne – eindeutige Rampenstruktur oder beginnende Verwirrung? Lernzielorientiertes Gesamtkonzept auf Grund fachspezifischer und lernpsychologischer Ordnungsprinzipien, Geogr. Rundsch. 1974
H. Hendinger: Lernzielorientierte Lehrpläne für die Geographie. Probleme ihrer Entwicklung am Beispiel der Sekundarstufe I, Geogr. Rundsch. 1973
L. Jander: Bericht über die Weiterentwicklung der Hessischen Rahmenrichtlinien Gesellschaftslehre S I, Arbeitsschwerpunkt Geographie, Geogr. Rundsch. 1974
F. Jonas: Die Geographie in der Gesellschaftslehre. Eine kritische Auseinandersetzung mit den hessischen Rahmenrichtlinien, Geogr. Rundsch. 1973
H. Kistler: Zur Entwicklung neuer Lehrpläne. Das Verfahren in Bayern, Geogr. Rundsch. 1973
H. L. Meyer: Anmerkungen zur Curriculumrevision Geographie, Geogr. Rundsch. 1973

10. Gegenwart: Hierarchisierung und Operationalisierung von Lernzielen am Beispiel: Die regionale Differenzierung der Wirtschafts- und Sozialstruktur der BRD

Die Grundlegung und der Einbau der vorliegenden Hierarchisierung und Operationalisierung von Lernzielen findet sich im Beispiel 8 über die futuristische Konzeption der Erdkunde. Darauf sei zum besseren Verständnis verwiesen.

In der modernen Curriculum-Forschung werden verschiedene Ebenen unterschieden[47]

1. Ebene der allgemeinen Lernzielentscheidung nach anthropologischen Kategorien, Lebenssituationen oder anderen Prämissen. Mehr darüber im Beispiel 9.

2. Ebene der Hierarchisierung und Operationalisierung der allgemeinen Lernziele zum Zwecke der rationalen Diskutierbarkeit und der besseren Kontrolle der Effizienz des Unterrichts.

3. Ebene der Zuordnung von Themen zu den einzelnen Lernzielen.

Hierauf (2 und 3) liegt das Schwergewicht des vorliegenden Beispiels.

4. Ebene der Evaluation (der Überprüfung). Das Beispiel 17 gehört in diesen Zusammenhang.

5. Ebene der Implementation und Diffusion (des Einsatzes in der Schule).

Das Unterrichtsbeispiel mit seiner futuristisch orientierten Konzeption der Erdkunde versucht, von Lebenssituationen futuristisch-geographischer Relevanz auszugehen. Dazu gehört auch die globale Verstädterung oder exakter formuliert: Die Disproportionalität von Agglomerations- und Deglomerations-Gebieten, in regionaler, nationaler, supranationaler und globaler Sicht. Es besteht also eine Hierarchie von räumlichen Disparitäten. Die globalen Disparitäten sind für den einzelnen Schüler abstrakter als die regionalen, die er nicht selten jeden Tag anschaulich als Pendler erlebt. Deshalb soll auch bei ihnen didaktisch angesetzt werden. So ergibt sich, daß das Thema: Die regionale Differenzierung der Wirtschafts- und Sozialstruktur der BRD (einschließlich ihrer Trends und Möglichkeiten ihrer Änderung) einzubauen ist in den größeren Zusammenhang der regionalen Disparitäten der Erde.

Aus diesem schon gegenwärtig brisanten, aber zukünftig noch gewichtiger werdenden Situationsfeld wurde folgendes allgemeines Lernziel abgeleitet:

Erdkundlicher Beitrag zur Bereitschaft und Fähigkeit der Humanisierung der Umwelt und Welt im Sinne einer Steigerung der Lebensqualitäten. Genauer: Bereitschaft und Fähigkeit zur Verbesserung der Lebensqualitäten durch Änderung von regionalen Disparitäten der BRD.

Es lassen sich vier weitere Teillernziele differenzieren, die eine Einheit bilden:

1. Kenntnis der Phänomene der Wirtschafts- und Sozialstruktur der BRD einschließlich ihrer Trends

2. Bewertung der Trends (positiv oder negativ in der Gesellschaftsrelevanz) in Bezug auf Aufrechterhaltung oder Steigerung der Lebensqualitäten
3. Kenntnis der Kausalität der Trends (Ursachenforschung)
4. Bereitschaft und Fähigkeit zur Finalität (was ist zu tun zur Änderung, zur Verbesserung der Lebensqualitäten)

Weitere Hierarchisierung und Operationalisierung: Das allgemeine Lernziel Humanisierung und seine Viergliederung bedarf einer weiteren Aufgliederung (Operationalisierung in mittlere und Feinlernziele). Damit verbunden ist eine Hierarchisierung, denn je weiter man von den allgemeinen Lernzielen zu den speziellen gelangt, desto größer wird ihre Zahl. Ein Ende ist dann erreicht, wenn sie sich empirisch kontrollieren lassen (Abb. 5).

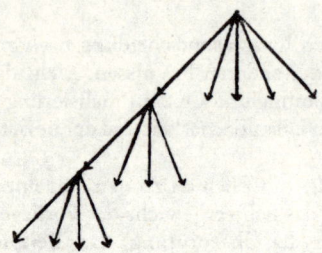

Abb. 5

Zugleich wird im folgenden Beispiel die Operationalisierung und Hierarchisierung kombiniert mit der Themenfindung (2. und 3. Ebene der Curriculum-Forschung), weil beide eng zusammenhängen. Ferner wird der Abschnitt über die Ursächlichkeit der unterschiedlichen Ausbildung der Sozial- und Wirtschaftsstruktur der Regionen der BRD weggelassen. Im folgenden Beispiel hängen mittlere Lernziele eng mit bestimmten Themen zur regionalen Disparität der BRD zusammen. Im letzten Abschnitt soll gezeigt werden, wie diese mittleren Lernziele noch einmal weiter zu operationalisieren und zu hierarchisieren sind zu Feinlernzielen, die dann empirisch kontrollierbar sind. Um das Beispiel nicht zu sehr auszuweiten, wurde nur das 1. Kapitel zur regionalen Differenzierung der Sozial- und Wirtschaftsstruktur der BRD weiter verarbeitet.

Das vorliegende Beispiel mag zeigen

1. Es besteht eine riesige Hierarchie zwischen dem allgemeinen Lernziel der Humanisierung der Umwelt-Welt und den letzten Feinlernzielen an der Basis.
2. Die untergeordneten Lernziele gewinnen ihren didaktischen Sinn erst durch den Bezug zum allgemeinen Lernziel. Sonst besteht die Gefahr, daß sie sinnlos bleiben. Und vieles in der Schule und im Unterricht dürfte sinnlos sein, weil sich Teilziele, Inhalte, Methoden und Medien nicht selten verselbständigt haben.
3. Die didaktisch-methodische Aufbereitung für niedere Klassenstufen ist noch ein weiteres weites Feld der Arbeit.

4. Bezüglich des Vorgehens für die Operationalisierung und Hierarchisierung bestehen verschiedene Möglichkeiten
   a) Oft wird nach der Wissenschafts-Systematik vorgegangen. Das dürfte aber problematisch sein.
   b) Hier sind bewußt didaktische Gesichtspunkte zugrunde gelegt worden: Phänomenologie (Trends), Bewertung, Kausalität, Finalität
   Andere in der Erdkunde mögliche Ansätze könnten sein
   c) Genese (zeitliche Folge)
   d) Räumliches (Nähe, Nachbarschaft)
   e) Vergleich von Zeitlichem oder Räumlichem
   f) Voranschreiten vom Einfachen zum Komplizierten oder vom Vordergrund zum Hintergrund
   g) Voranschreiten vom Teil zum Ganzen, vom Ganzen zum Teil, vom Speziellen zum Allgemeinen, vom Allgemeinen zum Speziellen
   h) Kausalreihen
   i) logische Schlüsse
   k) funktionale Zusammenhänge
   l) länderkundliches Schema
   m) Struktur-Modelle beim Regionalismus

Einsicht in die regionale Differenzierung der Wirtschafts- und Bevölkerungsstruktur der BRD, ihre Kenntnis (kognitiv) und ihre Beurteilung (instrumental).
1. Bewältigung allgemeiner Voraussetzungen zur Bearbeitung des gestellten Themas = Lernen, allgemeine Voraussetzungen zur Bearbeitung des gestellten Themas zu bewältigen.
   1.1. Begriffsapparat
   1.2. Quellen
   1.3. Statistik
   1.4. Graphische Darstellungen
   1.5. Kartographie
2. Kritische Auseinandersetzung mit der gegenwärtigen regionalen Differenzierung der Bevölkerungsstruktur der BRD = Lernen, sich mit der gegenwärtigen regionalen Differenzierung der Bevölkerungsstruktur der BRD kritisch auseinanderzusetzen.
   2.1. Bevölkerungsverteilung und Dichte
   2.2. Geburtenentwicklung (Sterblichkeitsentwicklung, Bevölkerungsaufbau)
   2.3. Bevölkerungsveränderung
   2.4. Ausländer
   2.5. Mobilität
3. Kritische Auseinandersetzung mit der gegenwärtigen regionalen Differenzierung der Wirtschaftsstruktur der BRD = Lernen, sich mit der gegenwärtigen regionalen Differenzierung der Wirtschaftsstruktur der BRD kritisch auseinanderzusetzen

3.1. Arbeitsplatzentwicklung im Primär-, Sekundär-, Tertiärbereich
3.2. Industrialisierungsgrad
3.3. Regionale Differenzierung der Arbeitslosen
3.4. Regionale Differenzierung des BSP (Brutto-Sozial-Produkts), BIP (Brutto-Inlands-Produkts), der Lohn- und Gehaltssummen
4. Kritische Auseinandersetzung mit futuristischen Trends in der regionalen Differenzierung = Lernen, sich mit futuristischen Trends in der regionalen Differenzierung kritisch auseinanderzusetzen
4.1. Methoden zur Trendaufstellung
4.2. Trends in den Primär-, Sekundär-, Tertiärbereichen
4.3. Progredierende und Regredierende Regionen = Agglomerationen und Deglomarationen
4.4. Zusammenfassung der Trends in Bezug auf Berufswahl und Mobilität
5. Kritische Auseinandersetzung mit planerischen Maßnahmen zur Elimination von regionalen Disproportionalitäten der BRD = Lernen, sich mit planerischen Maßnahmen zur Elimination von regionalen Disproportionalitäten kritisch auseinanderzusetzen.
5.1. Image diverser Regionen und Imagepflege
5.2. Wirtschaftsstruktur
5.3. Infrastruktur
5.4. Umweltschutz
5.5. Siedlungsstruktur
5.6. Freizeitwert
5.7. Subzentren und Leitachsen

Für die Operationalisierung zu Feinlernzielen soll der erste Abschnitt (Bewältigung allgemeiner Voraussetzungen zur Bearbeitung des gestellten Themas) herangezogen werden.

Zu 1.0. Allgemeines

Lernen, daß vor der eigentlichen wissenschaftlichen Arbeit eine erhebliche Vorarbeit zu leisten ist.

zu 1.1. Begriffsapparat

Lernen, daß eine Anzahl wissenschaftlicher Begriffe unabdingbar notwendig für die weitere Arbeit ist (sie beziehen sich auf Sachzusammenhänge).

Lernen, daß es notwendig ist, sie vorher zu klären, um der Gefahr des Mißverständnisses entgegenzuwirken.

Lernen, was Struktur, Region, vertikale und horizontale Mobilität, absolute und relative Zahl, Berufs- und Arbeitsplatzwahl, Agglomeration und Deglomoration, Primär-, Sekundär- und Tertiärfunktionen bedeuten.

zu 1.2. Quellen

Lernen, daß zur Bewältigung der wissenschaftlichen Arbeit Informationsmaterial (Quellen) erforderlich ist (Bücher, Karten, Statistiken, Texte).

Lernen, daß die Inanspruchnahme kritisch erfolgen muß (Fehlerquellen).

Lernen, daß für die vorliegende Arbeit besonders der Raumordnungsbericht der BRD 68, 70, 72, 74 und die Jahresbücher des Statistischen Bundesamtes und der Statistischen Landesämter notwendig sind.

zu 1.3. Statistik
Lernen, wie Statistiken im sozialökonomischen Bereich entstehen.
Lernen, wie sie zu analysieren (interpretieren) sind.
Lernen, daß sie Fehlerquellen beinhalten können.

zu 1.4. Graphische Darstellungen
Lernen, daß graphische Darstellungen zur Veranschaulichung von Statistiken (Zahlen) dienen.
Lernen, daß es verschiedene Arten der graphischen Darstellung gibt.
Lernen, daß sie gern als erster Schritt bei der Analyse von Statistiken verwendet werden.
Lernen, daß zwischen Struktur der Statistik und Struktur der Graphik ein möglichst sinnvoller Zusammenhang bestehen soll.

zu 1.5. Kartographie
Lernen, wie thematische Karten entstehen (auf der Basis von statistischen Werten).
Lernen, daß sie etwas spezifisch Geographisches sind (da das Räumliche in ihnen besonders auffällig ist).
Lernen, daß zwischen Statistik und Kartographie möglichst sinnvolle Zusammenhänge bestehen sollen (z. B. Farbschattierungen entsprechen in ihrer Differenzierung Zahlenunterschieden).
Lernen, wie man thematische Karten interpretiert (analysiert).
Lernen, daß Karten auch Fehlerquellen beinhalten können.

Kleines Beispiel von Gesichtspunkten für eine Unterrichtseinheit zur Problematik von Agglomerations-Deglomerations-Räumen, auch in S1-Klassen. Die Anordnung dieser Gesichtspunkte bedeutet nicht ihre Reihenfolge und keine Verpflichtung zur Vollständigkeit der Gesichtspunkte:
1. Dichtezentren. Vorkommen. Kartenarbeit.
2. Kriterien der Erfassung von Dichtezentren. Statistik. Physiognomik.
3. Vor- und Nachteile der Dichtezentren. Ambivalentes Denken.
4. Ursächlichkeit der Dichtezentren. Kausales Denken.
5. Auswirkungen. Wanderungen. Horizontale Mobilität. Soziale Selektion und Segregation. Konsekutives Denken.
6. Trends in futuristischer Perspektive. Bewertung. Wertendes Denken.
7. Finalität: Was ist zur Änderung zu tun? Was wird getan? Was nicht? Welche Schwierigkeiten bestehen? Finales, progressives Denken.

Im Zusammenhang mit dem Image bestimmter Regionen bzw. Städte läßt sich unterrichtlich ein Test durchführen mit der Fragestellung[53]:
Angenommen, man könnte die gleiche Arbeitsstelle in den 10 größten Regionen

oder Städten der BRD bekommen, für welche würde man sich entscheiden? Begründung. Falls der eigene Wohnort dabei sein sollte, wird er ausgelassen. Das Test-Ergebnis läßt sich graphisch darstellen und diskutieren. Dazu zählt besonders die Überprüfung, inwieweit beim Image Ur- und Vor-Urteil, rationale und emotionale Faktoren zusammenlaufen. Hieran läßt sich wieder anknüpfen aus der Perspektive der betroffenen Regionen und Städte:

1. Wenn sie abgewählt werden, was wäre wohl zur eigenen Image-Pflege zu tun?
2. Wenn sie bevorzugt gewählt werden, soll man das begrüßen oder verwerfen? Was wäre dann zu tun?

Dabei ist zu prüfen, welche Faktoren eigentlich das Image einer Stadt konstituieren.

Der Test läßt sich weiter fortführen durch die Fragestellung, wo würde man am liebsten wohnen (unter Vernachlässigung des Standortes des Arbeitsplatzes)?

a. In der City der Kernstadt eines Ballungsraumes
b. In der Kernstadt eines Ballungsraumes (Wohngegend)
c. Im Umland einer Kernstadt, aber noch im Ballungsraum
d. Auf dem Dorf eines Verdünnungsraumes
e. In einer Klein- oder Mittelstadt eines Verdünnungsraumes
   Jeweils mit Begründung. Oder
   Welcher Wohnplatz wird bevorzugt?
a. Ein schlechter, aber mit kürzerem Weg zum Arbeitsplatz
b. Ein besserer, aber mit längerem Weg zum Arbeitsplatz
   Beide Tests lassen sich wieder statistisch auswerten bzw. graphisch darstellen.

Zur Image-Pflege des eigenen Ortes (Stadt, Dorf, Kreis, Region...) läßt sich eine Anzeige konzipieren (vgl. Beispiel 19), in Einzelarbeit oder Gruppenunterricht. Die verschiedenen Leistungen werden ausgestellt und diskutiert wie die Planungsaufgaben in Beispiel 15. Früher wurden analog Reise-Prospekte in Unterricht erstellt[54].

Das vorliegende Beispiel zur regionalen Differenzierung der Sozial- und Wirtschaftsstruktur ordnet sich auch im folgenden Beispiel 11 und 12 ein, wo die Regionale Geographie im Mittelpunkt der Auseinandersetzung steht, und zwar stellt es ein Beispiel des Regionalimus unter didaktischen Kategorien dar.

Im Beispiel 12 wird das Ruhrgebiet unter interdisziplinären Akzenten vertieft als eine der wichtigsten Regionen der BRD behandelt. Darauf sei ergänzend verwiesen.

Ausgewählte Aufgaben

Ist nicht das allgemeine Ziel: Humanisierung der Umwelt/Welt hybrid, utopisch, irreal?

Was ist beim vorliegenden Beispiel 2. Ebene der Curriculum-Forschung (Operationalisierung und Hierarchisierung vom allgemeinen Lernziel zu mittleren- und Feinlernzielen)?

Was ist beim vorliegenden Beispiel 3. Ebene der Curriculum-Forschung (Zuordnung von Themen)?

Wie könnte man den fehlenden Abschnitt über die Kausalität der regionalen Unterschiede der Sozial- und Wirtschaftsstruktur der BRD operationalisieren?

Wie könnte man die restlichen Abschnitte (2/5) weiter operationalisieren zu kontrollierbaren Feinlernzielen?

Wie würde das didaktische Konzept für niedere Klassenstufen aufzubereiten sein? Oder kommt es nicht in Frage?

Kritische Analyse der verschiedenen Möglichkeiten zur Operationalisierung an Hand selbst gewählter erdkundlicher Beispiele.

Parallele zwischen Herbarts Formalstufen (vergleiche Beispiel 3) und Operationalisierung und Hierarchisierung von Lernzielen.

Die Programmierung einer neuen Reformpädagogik durch die neue operationalisierende Curriculum-Forschung.

Ausgewählte Literatur
(vgl. auch Beispiel 9)

J. Birkenhauer: Am Verkehr teilnehmen, ein Vorschlag zur Hierarchisierung von Lernzielen, Geographische Rundschau 1973

E. Kroß: Curriculumentwicklung und Operationalisierung von Lernzielen in der Schulgeographie, in L. Roth: Effektiver Unterricht, München 1972

Der Bundesminister für Raumordnung, Bauwesen und Städtebau: Diverse Publikationen zum Thema Raumordnung, Städtebau, Umweltschutz, besonders Raumordnungsbericht 1970, 72, 74

Städtebaubericht 1975 der Bundesregierung.

Raumordnungsprogramm 1975 der Bundesregierung

H. P. Gatzweiler: Die altersspezifische Selektivität von Wanderungen als Folge regional ungleichwertiger Lebensbedingungen, Geogr. Rundschau 1976

A. Hammerschmidt: Regionale Disparitäten in Europa, Geogr. Rundschau 1976

R. Koch: Das Bundesraumordnungsprogramm, Geogr. Rundschau 1976

R. Koch: Atlas zur Raumentwicklung, Geogr. Rundschau 1976

H. J. Nebe: Regionale und soziale Unterschiede der Lebensqualität im Bundesgebiet, Geogr. Rundschau 1976

11. Gegenwart: Regionale Geographie: Didaktische Analyse und problemorientierte Erdkunde am Beispiel Japan

Die *Regionale Geographie* gliedert sich in mehrere Varianten:
1. Länderkunde als Beschäftigung mit bestimmten einmaligen Erdräumen (Gebieten) verschiedener Größe, Erdteilen oder kleinen Einheiten wie Helgoland.
2. Landschaftskunde als Beschäftigung mit bestimmten wiederkehrenden Erdraumtypen (Urwald, Wüste, Savanne, Agglomerations- und Deglomerationsgebieten, Agrar-, Industrie- und Verkehrslandschaften).
3. Staatenkunde. Von Nichtfachleuten und von Kritikern der Regionalen Geographie wird gern die Länderkunde bzw. die Regionale Geographie mit Staatenkunde gleichgesetzt. Das ist aber sachlich nicht möglich.
4. Regionalismus als Beschäftigung mit Regionen (Gebieten), z. B. Rhein-Main-Gebiet oder Ostfriesland, die bestimmte quantifizierende Kriterien der sozioökonomischen Struktur (z. B. Bevölkerungsdichte, Verhältnis von Beschäftigten in der Landwirtschaft zu Beschäftigten in anderen Wirtschaftszweigen) aufzuweisen haben und in sich arbeitsteilig strukturiert sind. Mehr im Beispiel 10.

These: An der Regionalen Geographie wird kritisiert (*H. Hendinger*[55]),
1. daß sie eines Rangordnungsprinzips für den stufengemäßen Aufbau von Lehrplänen entbehrt,
2. daß bei ihr übertragbare Grundeinsichten zurücktreten,
3. daß sie kein wissenschaftlich fundiertes Auswahlprinzip für den exemplarischen Unterricht anbietet,
4. daß sie nicht die psychologischen Grundlagen des Lehrens und Lernens berücksichtigt,
5. daß sie eine sinnvolle propädeutische Einführung in die wissenschaftlichen Methoden des Geographen kaum leistet.

Antithese:
1. Da die Regionale Geographie selbst eines Rangordnungsprinzips entbehrt, ermöglicht sie verschiedene Ansätze der Reihenfolge, die von den Didaktikern in sie hineingetragen werden können, nämlich vom Nahen zum Fernen (wie es früher praktiziert wurde), vom Fernen zum Nahen, Zusammenstellung von ähnlichen oder gegensätzlichen Einheiten (wie es die Vergleichende Länderkunde tut), Bedeutung der Einheiten für die Kinder, für die Zukunft, für den eigenen Staat und die eigene Gesellschaft, für das Verständnis der Welt.
2. *Regionale Geographie bietet die Möglichkeit, folgende allgemeingültige Kategorien der Didaktik der Erdkunde zu verwirklichen* (vgl. Beispiel 7):
a) Einsicht in die Eigenart, Verschiedenartigkeit und Andersartigkeit der Gebiete der Erde in Natur, Kultur, Staat, Gesellschaft, Wirtschaft.
b) Einsicht in die Vertikal-Strukturen (Mensch-Natur-Strukturen).

c) Einsicht in die Horizontal-Strukturen (z. B. funktionale arbeitsteilige oder konkurrierende Systeme in ökonomischer, politischer, sozialer, kultureller Sicht).

d) Einsicht in die positiven wie negativen Veränderungen und Umwertungsprozesse (Strukturwandel).

e) Einsicht in Problem- und Konflikt-Strukturen der Gegenwart und Zukunft.

3. Was ein wissenschaftliches Auswahlprinzip für den exemplarischen Unterricht ist, bedarf einer genaueren Untersuchung. Es läßt sich jedenfalls nicht aus der Geographie, wie es vor Jahren getan wurde, durch die Typisierung ableiten, sondern aus einer anthropologisch orientierten Didaktik der Erdkunde, wo die Verantwortung gegenüber jungen Menschen im Mittelpunkt steht.

Zu diesen wissenschaftlichen Auswahlprinzipien gehören z. B. das Elementare, das Pragmatische, das Progressive (vgl. Beispiel 7).

4. Durch verschiedene methodische Aufbereitung versucht die Regionale Geographie, auch bereits in den ersten Klasenstufen des Erdkundeunterrichts (also in der 5. und 6. Klasse) effektiv zu arbeiten, vom Erlebnisbetonten zum Sachlichen vorzugehen, vom Vordergründigen zum Hintergründigen, vom einzelnen zum Ganzen, z. B. durch den Ansatz des Einzelbildes oder der Leitlinie.

5. Ob die Erdkunde in den allgemeinbildenden Schulen die Aufgabe hat, eine sinnvolle propädeutische Einführung in die wissenschaftlichen Methoden des Geographen zu geben, dürfte wohl sehr zweifelhaft sein. Insofern enthüllt die vorliegende Kritik an der Regionalen Geographie ihre Herkunft, nämlich die einer einseitig fachwissenschaftlich geographischen Verpflichtung der Didaktik und die mangelnde Emanzipation zugunsten einer autonomen Didaktik der Erdkunde, die sich dem Zögling verpflichtet fühlt, bei dem es auf vieles, aber nicht auf eine sinnvolle propädeutische Einführung in die wissenschaftlichen Methoden des Geographen ankommt, noch nicht einmal im Gymnasium, denn wer von den Abiturienten studiert schon Geographie?

Statt die Regionale Geographie (Länderkunde im weitesten Sinne des Wortes) pauschal aus der Didaktik der Erdkunde zu verbannen, wie es gegenwärtig Mode ist, gilt zu prüfen, ob nicht *die bisherige Länderkunde umzustrukturieren ist in eine effektivere Länderkunde:*

1. Länderkunde kann wie bisher die *Eigenart und Einmaligkeit von Ländern*, nicht zu verwechseln mit Staaten, darzustellen versuchen (Idiographie). Länderkunde kann wie bisher an ausgewählen Beispielen *Ländertypen* von allgemeiner Bedeutung herausarbeiten (z. B. den Typus des Entwicklungslandes an Indien).

2. Länderkunde als *Lebensraumkunde* (nach *E. Schwegler*[56]) behandelt die Lebensverhältnisse eines Volkes oder einer anderen sozialen Gruppen in einem Erdraum. Die Inwertsetzung dieser Umwelt durch solche sozialen Gruppen wird zu einem zentralen Problem der Länderkunde. Also Kooperation der Länderkunde mit der *Sozialgeographie*.

3. Länderkunde kooperiert mit *Allgemeiner Geographie*. Bisher wurden Themen der Allgemeinen Geographie in der Schule zumeist an länderkundlichen Beispielen

erarbeitet (z. B. Vulkanismus an der Eifel oder Italien). Soll die Allgemeine Geographie didaktisch verwirklicht werden, gilt es, aus ihrem Bereich Einzelfälle auszusuchen und diese an ausgewählten Beispielen darzustellen. *An ausgewählten Beispielen,* das sind jeweils bestimmte Stellen der Erdoberfläche, wo sie sich besonders deutlich zeigen, also in bestimmten Erdräumen oder Ländern.

4. Die bisherige Länderkunde war oft trocken und langweilig, weil sie sehr viel Stoffe (Klima, Relief, Wirtschaft...) systematisch (nach dem länderkundlichen Schema) bot. Die Kritik an diesem Ansatz reicht weit bis in die zwanziger Jahre zurück. Ganz anders eine problem- und konfliktorientierte Länderkunde (vgl. *J. Birkenhauer*[57]).

a) Unter *problemorientierter Länderkunde* soll verstanden werden, daß ein Land sich mit einem im Naturbereich wurzelnden Problem auseinanderzusetzen hat (z. B. der Monsun als Schicksal Indiens, Trockenheit und Überbevölkerung in Ägypten, große Entfernungen und ungünstige Klimate in der UdSSR). Die Schüler erhalten keine Lösungen des Problems, sondern untersuchen selbst Möglichkeiten zur Lösung, nachdem die Ursächlichkeit geklärt wurde.

b) Unter *konfliktorientierter Länderkunde* soll verstanden werden, daß ein Land selbst oder mit anderen in politischen, wirtschaftlichen, sozialen Konflikten lebt. Z. B. Nordirland innerhalb Großbritanniens, Italien mit dem Unterschied zwischen industrialisiertem Norden und Mezzogiorno, Belgien mit Flamen und Wallonen, Palästina mit dem Konflikt Israel, Südafrika mit der Apartheid, Latein-Amerika mit dem Gegensatz von Arm und Reich und dem problematischen Verhältnis zu den USA...

5. *Länderkunde als interdisziplinärer Ansatz* (G. Sandner[58]). Mehr darüber im folgenden Beispiel 12.

6. *Länderkunde (Staatenkunde) liefert Vorbilder (Modelle) für andere Staaten.* Beispiel: Schweden als Sozialstaat[59] mit seinen Vor- und Nachteilen und unter der Prüfung des Transfers auf die BRD. Israel oder China, zwei Wege der Entwicklung unterentwickelter Länder ebenso mit der Prüfung des Transfers auf andere Länder. Kuba und Jugoslawien als sozialistische Länder mit ihrer Problematik und den Möglichkeiten des Transfers auf andere Länder der Erde.

Insgesamt ergibt sich, daß die Potenz der Länderkunde in der Erdkunde größer ist als ihre gegenwärtige Verwirklichung. Und es wäre deshalb wohl deplaciert, sie aus der Erdkunde zu entfernen. Um es noch deutlicher zu sagen: Eine Erdkunde, die auf die Länderkunde gänzlich verzichtet, die nicht einmündet in die Vermittlung eines regionalen Weltbildes, beraubt sich selbst ihrer Krönung, deformiert sich selbst zu einem Torso. Nicht ohne Grund besteht in den meisten Ländern der Erde Erdkunde zumeist oder ausschließlich aus Länderkunde.

Man kann das vorliegende Unterrichtsbeispiel Japan als ein Beispiel bezeichnen,
1. das ein Problem (Überbevölkerung) und die Auseinandersetzung damit in den Mittelpunkt rückt (also *problemorientierte Länderkunde*),

2. das ein Thema der Allgemeinen Geographie (Überbevölkerung) an einem speziellen Beispiel (Japan) behandelt (also *Kooperation von Regionaler Geographie und Allgemeiner Geographie*)

3. das eine typische *Lebensraumkunde* darstellt, nämlich die Lebensverhältnisse eines Volkes in seinem Raum und die Auswirkungen auf die Welt (also *Kooperation von Regionaler Geographie und Sozialgeographie*).

Zur didaktischen Analyse des Themas Japan[60]*

Die didaktische Analyse[61] spielt bei der modernen Unterrichtsvorbereitung eine große Rolle, während zur Zeit der Reformpädagogik das Schwergewicht mehr auf methodischen Fragen lag. Eine Kernfrage, vielleicht die Kernfrage der didaktischen Analyse läßt sich kurz so formulieren: Welches ist der Bildungsgehalt des vorliegenden Bildungsinhalts? Was ist das Bildende an dem gegebenen Stoff? Lohnt es sich *eigentlich*, den Unterricht auf ihn zu verwenden, da doch einer sehr großen Stoffülle eine sehr beschränkte Unterrichtsstundenzahl gegenübersteht. Und die Antwort, daß es sich lohnt, kann nicht einfach mit der Begründung erfolgen, daß man halt diesen Stoff schon immer durchgenommen hat oder daß es der Kollege ja auch tut oder daß er im Lehrbuch steht oder – es klingt ketzerisch – daß er im Lehrplan angegeben ist.

Eine andere Frage der didaktischen Analyse lautet, ob das Thema ganz oder teilweise bereits eine Bedeutung für die Kinder gehabt hat, ob sie also bereits etwas über das Thema wissen. Ein kleiner Test vor der Durchnahme Japans in der Schule, demzufolge die Kinder auf einem Zettel alles aufzuschreiben haben, was ihnen bereits über Japan bekannt ist, würde ergeben, daß etwa folgende Fakten schriftlich fixiert werden: Viele Inseln, Inselreich, Erdbeben, Vulkanismus, Fudschijama, Heiliger Berg, Olympische Spiele 1964, Jiu-Jitsu, Judo, Tokio als Hauptstadt, Atombombe auf Hiroshima, Kimono, Geisha, Harakiri, Blumenstecken, Fahne mit der aufgehenden Sonne, Kirschblütenfest, Japaner als Angehörige der gelben Rasse, Perlenzucht, Ausfuhr billiger Waren wie z. B. Fotosachen, Porzellan, Spielzeug. Es ergibt sich – und ähnlich ist es bei zahlreichen anderen erkundlichen Themen –, daß schon vieles über Japan bekannt ist. Man könnte also aus dieser Einsicht auf die unterrichtliche Behandlung Japans verzichten. Dies auch noch, weil es immerhin rund zehntausend Kilometer weit entfernt liegt.

Andererseits aber stellt Japan ein Thema dar, an dem das Problem der *Überbevölkerung* sehr gut verdeutlicht werden kann, einschließlich der verschiedensten Möglichkeiten, dieser Überbevölkerung Herr zu werden. Ja, es dürfte kein anderes Beispiel auf der Erde für diese Problemstellung mit einer solchen Eindringlichkeit geben. Hinzu kommen die Auswirkungen der Überbevölkerung in globaler Hinsicht bis

---

* Aus: Alois Schmidt: Die Erdkundestunde. Aloys Henn Verlag, Wuppertal 1970, p. 186–193. Erstveröffentlichung in: Neue Wege, 1967, p. 202f.

nach Europa und Deutschland. Das berührt die Frage der didaktischen Analyse: Bedeutung des Themas für die Zukunft der Kinder.

Die didaktische Analyse fragt weiterhin nach der Struktur des Bildungsinhalts, beispielsweise nach einer Schichtung und nach den Zusammenhängen zwischen den einzelnen Tatsachen. Der erdkundliche Bildungsinhalt, das länderkundliche Thema, ist für gewöhnlich ausgesprochen kompliziert geschichtet, derart, daß natürliche, historische, wirtschaftliche, soziale und politische Fakten eine Einheit bilden. Das werden die folgenden Ausführungen noch zeigen. Auch die Zusammenhänge zwischen den einzelnen Fakten sind meist ausgesprochen kompliziert, derart, daß sie aus komplexen Ursachen, aus komplexen Folgen oder aus komplexen Wechselwirkungen bestehen. Das sollen die folgenden Ausführungen ebenso zeigen.

Zunächst erhebt sich die Frage, *warum* Japan eigentlich überbevölkert ist. Dazu sind einige Zahlen erforderlich. Die Fläche des Landes beträgt rund 370 000 qkm, die Einwohnerzahl rund 96 Mill. Menschen (1965). Daraus ergibt sich eine Bevölkerungsdichte von 260 Menschen auf dem Quadratkilometer. Die Fläche Japans ist also im Vergleich um die Hälfte größer als die der Bundesrepublik, die Einwohnerzahl fast doppelt so groß. Daher ist auch die Dichte größer als bei uns. Dennoch: 260 Menschen auf dem Quadratkilometer bedeuten noch nicht sehr viel. Es gibt in Europa Länder wie Belgien und die Niederlande, die noch mit höheren Werten aufzuwarten haben.

Ganz anders freilich stellt sich die Sachlage, wenn man die landwirtschaftlich genutzte Fläche und damit die besiedelte Fläche zugrunde legt. Es sind dies nur – die Zahlenangaben schwanken etwas – 15 Prozent der Gesamtfläche. Anders formuliert: 85 Prozent der Gesamtfläche von Japan werden nicht landwirtschaftlich genutzt und sind daher nicht oder dünn besiedelt. Es sind dies die vielen bewaldeten Gebirge. Man kann grob sagen, daß das Kulturland und damit das Siedlungsland nur bis etwa 100 m an den Hängen der Berge emporsteigt. Dann folgt bereits dichter Wald. Insofern sind also nur die Talsohlen mit den untersten Hängen landwirtschaftlich erschlossen und besiedelt oder aber die Becken und die Küstenregionen. Es ergibt sich hieraus, daß auf rund 55 000 qkm immerhin 90 Mill. Menschen leben, also eine Dichte von über 1600. Diese Zahl sieht anders als die erste (260) aus. Ähnlich verzerrte Werte erhält man, wenn man Ägyptens Einwohnerzahl mit seiner Fläche in Beziehung setzt. Da aber der weitaus größte Teil des Landes von Wüste eingenommen wird und damit von Ödland, ist es sinnvoller, die Fläche des ägyptischen Kulturlandes, also der Niloase, mit der Bevölkerung in Beziehung zu setzen. Dann ergeben sich noch weitaus höhere Dichtezahlen als in Japan.

In der Tat ist für den Reisenden in Japan das Erlebnis der Überbevölkerung sehr eindrucksvoll, während er vorher eigentlich nur auf Grund des Studiums erdkundlicher Fachliteratur die Überbevölkerung als unanschaulichen Begriff sich angeeignet hat. In den wenigen Beckenlandschaften des Inselreichs oder an den flacheren Küstenregionen häufen sich die Großstädte, die Millionenstädte Osaka, Kobe, Kioto oder Tokio, Jokohama, Ja, die Städte gehen oftmals ohne Grenze ineinander über, ähnlich wie bei uns im Ruhrgebiet. Auf den Straßen wimmelt es von Menschen und Fahrzeugen. Manche Stadt ist schon weitaus mehr in die Erde gegangen mit mehrstöckigen Verkehrsanlagen wie Tokio oder mit Geschäftspassagen wie Nagoya im Bahnhofsviertel. Aber auch außerhalb der Großstädte, in denen rund zwei Drittel der Gesamtbevölkerung leben, häufen sich die Menschen an den großen Ausflugszielen, im Hakone-Nationalpark, am heiligen Ise-Schrein oder in den Bergen von Nikko. Zahllose Busse schleusen Menschenmassen heran, Erwachsene oder Schulklassen, und da die Schulkinder alle dieselbe Kleidung tragen, im Winter die Jungen schwarze Anzüge, die Mädchen schwarze Röcke und Blusen, kann man sich des Eindrucks wimmelnder schwarzer Ameisen nicht ganz erwehren. Nur in den abgelegten Bergen und Wäldern herrscht dafür wirkliche Ruhe und Einsamkeit.

Nun erwächst die Frage, *wie* das Land sich mit dieser Überbevölkerung *auseinandergesetzt* hat und noch *auseinandersetzt*.

1. Bis in die Mitte des vorigen Jahrhunderts blieb die Einwohnerzahl ziemlich konstant bei 30 Millionen, weil alle Kinder über zwei oder drei pro Familie abgetötet werden mußten. Diese Maßnahme wirkt für europäische Vorstellungen fremd, asiatisch. Als dann Japan sich gegen Mitte des vorigen Jahrhunderts dem amerikanisch-europäischen Einfluß öffnete und diese rigorose Maßnahme abschaffte, wuchs die Bevölkerungszahl rasch auf 45 Millionen um die Jahrhundertwende und auf 90 Millionen 1960 an.

2. Naheliegend ist die Gewinnung von Neuland.

Europäische Vorbilder finden sich besonders in den Niederlanden mit ihren Poldern, aber auch in Deutschland an der Nordseeküste mit den Groden und Kögen. Japan ist zwar ein Inselreich und besitzt deshalb noch mehr Küste als die Niederlande und Deutschland, aber diese Küste ist anders beschaffen. Es fehlt ihr das Watt und damit die landaufbauende Kraft des Meeres. Insofern entfällt also die Neulandgewinnung an der Küste.

Neuland wurde in Mitteleuropa im Mittelalter aber auch durch die Erschließung der Mittelgebirge gewonnen. Zahlreiche Ortsnamen mit der Endung auf -rode, -rath, -reuth-, -rod, -grün, -schlag, -sang bekunden diese mittelalterlichen Rodesiedlungen im Wald des Mittelgebirges, wie auch Endungen auf -fels, -stein, -zell, -kappeln auf weltliche oder kirchliche Initiative bei diesen Kolonisationen hinweisen.

Rund 85 Prozent der Fläche von Japan stellen Gebirge oft mit Waldbedeckung dar. Warum wird hier nicht Neuland gewonnen wie bei uns schon vor Jahrhunderten? Insgesamt sind die japanischen Berge höher und steiler als unsere Berge im Mittelgebirge. Deshalb lassen sie sich für den Anbau nicht mehr nutzen, höchstens für die Weidewirtschaft, beispielsweise für die Milchwirtschaft, wie wir sie bei uns im Hochgebirge und in den höheren Lagen der Mittelgebirge auch finden. Aber die Rinderzucht ist der japanischen Mentalität auf Grund der Verwurzelung im buddhistischen Glauben fremd. Der Fleischbedarf wird eher durch Kleinvieh und besonders durch den Fischfang gedeckt. Zum anderen besteht die Gefahr der Bodenabspülung, wenn die Berge ihres Waldkleides beraubt werden. Die Niederschläge, deren Menge im

Schnitt viel höher liegt als bei uns, fallen nicht so gleichmäßig wie in Mitteleuropa, sondern weisen zwei Maxima im Jahre auf, im Frühsommer und im Herbst. Ihre Intensität würde bei entblößtem Boden zur Soil Erosion führen und damit auch noch die bebauten Talregionen mit abgetragenem Schutt gefährden.

Als Ergebnis läßt sich festhalten: Relief einerseits und Meer andererseits setzen der Neulandgewinnung deutliche Grenzen. Anbau und Siedlung konzentrieren sich daher in den Streifen zwischen Gebirge und Meer, in den Becken, Tälern, Küstenräumen.

3. Wenn im eigenen Land keine Neulandgewinnung möglich ist, so zeigt die Geschichte, wurde in anderen Ländern Neuland gewonnen, und zwar auf dem Wege kriegerischer Expansion. Dafür ist Japan ein Musterbeispiel.

Innerhalb von 50 Jahren, von 1895 bis 1945, zeigt es den Weg von einem kleinen Inselreich vor der ostasiatischen Küste über ein Weltreich, das große Teile Asiens und im Pazifischen Ozean sind einverleibte, bis wieder zu einem kleinen Inselreich. Im japanisch-chinesischen Krieg 1895 erhielt Japan Formosa. Im japanisch-russischen Krieg 1905 gewann es die Vorherrschaft über Korea, ferner Südsachalin und die Südmandschurei. 1910 bekam es endgültig Korea, 1919 die deutschen Südseeinseln (Marianen). 1932 errichtete es in der Mandschurei das Kaiserreich Mandschukuo. 1937 begann der Krieg mit China, 1941 der mit den USA. Die Philippinen, große Teile Chinas einschließlich Hongkong und Hinterindiens mit Singapore wurden japanisch.

Viel wichtiger aber als diese historischen Daten ist die wirtschaftsgeographische Motivierung dieser kriegerischen Expansion. Japan wollte eine sogenannte »ostasiatische Wohlstandssphäre« schaffen, derart, daß es sich typische wirtschaftliche Ergänzungsräume sicherte: Korea und die Mandschurei lieferten Lebensmittel (Reis als Hauptnahrungsmittel Japans, Sojabohnen als pflanzliches Eiweiß) und Baumwolle (für die Textilindustrie). Formosa und die Marianen boten ebenso Reis, ferner Zucker. Sachalin war als Fischereistützpunkt wichtig, lieferte später auch Erdöl. Die Mandschurei aber wurde auf Grund ihrer Steinkohle und Eisenerzvorräte zugleich als asiatisches Ruhrgebiet ausgebaut. 1945 kam mit den Atombomben auf Hiroshima und Nagasaki der Zusammenbruch dieses wirtschaftlich arbeitsteiligen Riesenreichs.

4. Während die kriegerische Sicherung der Existenzgrundlage Japans 1945 endete, blieb die friedliche wirtschaftliche Sicherung nicht nur erhalten, sondern sie wurde noch intensiviert. Gemeint ist damit der Auf- und Ausbau der japanischen Industrie.

Für diese Industrie bestehen zunächst schlechte Voraussetzungen, denn es mangelt an brauchbaren Bodenschätzen. Die vorhandene Kohle ist schlecht, weil sie nicht verkokbar ist, und Eisenerz fehlt ganz. Lediglich Schwefel findet sich (auf Grund der vulkanischen Struktur vieler Gebiete) in großer Menge. Industrielle Rohstoffe müssen also vorwiegend eingeführt werden.

Für die Industrie bestehen aber auch günstige Voraussetzungen, denn es sind viele Arbeitskräfte eben auf Grund der Überbevölkerung vorhanden. Man spricht gern auf Grund der Unterbezahlung von einer verschleierten Arbeitslosigkeit. So wird für die

Zeit vor 20 Jahren angegeben, daß im Durchschnitt pro Monat der Lohn eines Mannes 64 Dollar, also rund 250 DM betrug, der Lohn einer Frau 25 Dollar, also rund 100 DM[62]).

Während in den hochindustrialisierten Ländern der westlichen Welt der Arbeitskräftemangel wohl das Hauptproblem der expansiven Wirtschaft darstellt und deshalb Arbeitskräfte über Tausende von Kilometern herangeholt werden, kann als das Hauptproblem der Entwicklungsländer das Überangebot an Arbeitskräften angesehen werden. Durch die verbesserten hygienischen Verhältnisse zeichnen sich diese Länder durch sehr hohe Geburtsquoten und junge Bevölkerungsgruppen aus, aber ihre Wirtschaft ist nicht in der Lage, sie ausreichend oder überhaupt zu beschäftigen. Daraus resultieren Wanderbewegungen über große Entfernungen.

Japan nun noch als Entwicklungsland anzusehen wäre vollkommen verfehlt. Es läßt sich vielmehr in die Reihe der großen Industrieländer der Erde einordnen, bei denen gegenwärtig Arbeitskräftemangel und daher auch schon steigende Löhne und Preise zum Problem werden.

In Japan müssen die Rohstoffe für die Industrie vorwiegend importiert werden. Das belastet die Devisenbilanz des Landes. Zugleich sind diese Rohstoffe teuer, weil auf ihnen auch noch die Transportkosten ruhen. Im Lande werden die Rohstoffe zu Fertigwaren verarbeitet. Der Export eines Teils dieser Fertigwaren erbringt Devisen für den Import der Rohstoffe und der Lebensmittel. Dabei muß der Preis der Rohstoffe und Lebensmittel einschließlich ihrer Transportkosten viel niedriger sein als der Preis der exportierten Fertigwaren einschließlich ihrer Transportkosten. Das liegt daran, daß in die Fertigwaren der value added by manufacture (Arbeitskraft) eingeht. Da die Arbeitskräfte noch relativ billig sind, können Fertigwaren, obgleich sie zu uns viel längere Verkehrswege und damit höhere Transportkosten haben, dennoch auf unserem Markt noch billiger sein als unsere eigenen entsprechenden Fertigwaren, für die zwar die Transportkosten entfallen, in denen aber höhere Lohnkosten enthalten sind.

Auf Grund dieser Tatsache betrieb Japan seit Jahrzehnten auf dem Weltmarkt Dumping, das heißt Preisunterbietung, und wurde als lästiger Konkurrent empfunden. Mit der Steigerung des Lebensstandards und der nicht mehr so starken Bevölkerungsexpansion in Japan ist aber neuerdings auch eine Hebung des Lohnniveaus verbunden, damit eine Verteuerung der Fertigwaren und zugleich ein Ersatz der menschlichen Arbeitskraft durch die Maschine. Die Arbeitsintensität geht wie bei uns über in Kapitalintensität.

Japans Aufstieg zu einer bedeutenden Industrienation erfolgte fast kometenhaft in den letzten 100 Jahren und konnte auch durch den Zusammenbruch 1945 nicht aufgehalten werden, im Gegenteil, wurde durch Kriegszerstörungen und Verlust der Außenbesitzungen gerade noch forciert. Zuerst lag das Schwergewicht auf der Textilindustrie, besonders auf der Seidenproduktion. Dann traten die vielfältigen Konsumgüter hinzu, feinmechanische Waren in den dreißiger Jahren wie Fahrräder und Nähmaschinen, neuerdings optische Geräte, Spielwaren, Porzellan, Uhren. All diesen

Gütern ist gemeinsam, daß der Wert ihres Rohstoffs verglichen mit dem Wert der Fertigwaren sehr gering ist, das heißt, daß der value added by manufacture sehr hoch ist. Dieser Value schlüsselt sich wieder auf in Lohn für den Arbeiter, Einkommen für den Unternehmer und Steuern für den Staat. Und der Staat begünstigt noch weitmöglichst den Export dieser Fertigwaren durch Präferenzen.

Typisch ist aber auch, daß Japan an der Spitze des Weltschiffsbaus steht vor Großbritannien, der Bundesrepublik und Schweden, die ihre Positionen im Laufe der Jahre wechseln. Man ging in Japan zunächst von der Überlegung aus, da die Rohstoffe importiert werden mußten und die Devisenbilanz negativ beeinflußten, wenigstens den Antransport dieser Rohstoffe wie den Abtransport der Fertigwaren auf eigenen Schiffen vorzunehmen, um hier Devisen zu sparen. Heute ist dieser japanische Schiffbau so expansiv, daß er zahlreiche Länder der Erde mit Schiffen versorgt, gut und billig.

Alle Großstädte Japans weisen in ihren Vororten moderne Industriegebiete auf, im Unterschied beispielsweise zu Großbritannien, wo vieles alt wirkt und obendrein räumlich beengt in den verbauten Städten liegt. In Jokohama finden sich Gebiete im Hafen, die mit ihrer Schwerindustrie und ihren Werften an eine Mischung aus Ruhrgebiet und Hamburg erinnern.

5. Ein anderes Ventil für die Bevölkerung ist die Auswanderung. Sie zieht sich wie ein roter Faden durch die Geschichte der Menschen, angefangen von den Völkerwanderungen vor und nach der Zeitenwende über die mittelalterliche Ostkolonisation im östlichen Mitteleuropa, die neben der Neulandgewinnung in den höheren Teilen der Mittelgebirge bedeutsam war, bis zur Auswanderung nach Übersee in den letzten Jahrhunderten, etwa seit dem 17. Jahrhundert. Es soll nur an die ehemaligen Siedlungskolonien in den gemäßigten Breiten der Erde für die weiße Rasse erinnert werden, an die USA und Kanada, an Südafrika und Australien.

Etwas anders allerdings sehen die Verhältnisse für Japan aus. In Asien selbst sind die in Frage kommenden Räume bereits alle dicht besiedelt, wie beispielsweise China. Woanders aber sind die Länder bereits in den Händen der Weißen, die eher da waren, und es bestehen rassische Abneigungen gegen den Japaner als Vertreter der gelben Rasse. Dies gilt besonders für Australien mit seiner White Man's Policy. Schließlich ist auch noch die klimatische Empfindlichkeit des maritimen Japaners im Gegensatz zum kontinentalen Chinesen hervorzuheben. Schon der Norden des eigenen Landes, die Insel Hokkaido, wird aus klimatischen Gründen gern gemieden. Deshalb haben sich auch gerade hier noch die Urbewohner Japans, die Ainos, erhalten.

Insgesamt hat Japan, gemessen an seiner Bevölkerungszahl, wenig Auswanderer aufzuweisen. Die meisten finden sich auf Hawaii. Von den übrigen Ländern braucht nur noch das rassisch bunteste Land der Erde erwähnt zu werden: Brasilien. Die USA haben keinen Einwanderstop gegenüber Japanern gesetzt, aber sie haben eine symbolische Quote von nur 100 im Jahr festgesetzt.

6. Wenn anfangs behauptet wurde, das Meer setze dem Menschen Grenzen, so gilt diese Formulierung nur bedingt. Einmal verbindet es die verschiedenen Wirtschafts-

räume miteinander, wie im Abschnitt 4 dargelegt wurde. Zugleich ist es aber auch Nahrungsgrundlage.

Schon vor dem zweiten Weltkrieg entfiel rund die Hälfte des Weltfischfangs auf Japan. Mit großem Abstand steht es an der Spitze des Fischkonsums auf der Erde. Dazu einige ausgewählte Zahlen: Schweiz 2 kg, Bundesrepublik 12 kg, England 21 kg, Japan 48 kg pro Kopf der Bevölkerung im Jahr[63].

Japan wird von zwei unterschiedlichen Meeresströmungen berührt, von dem warmen Kuro-Shio und von dem kalten Oya-Shio. Der letztere ist der fischreichere. Er ist das Gegenstück zum kalten Labradorstrom vor der Ostküste Nordamerikas, den sogar die europäischen Fischdampfer immer mehr aufsuchen, und zum kalten Humboldtstrom vor der Westküste Südamerikas, der einer unvorstellbar großen Vogelwelt die Existenzgrundlage gewährt.

Der Fischereihafen von Tokio, der von der City nur etwa einen Kilometer Luftlinie entfernt liegt, stellt einen eigenen Stadtteil dar, der mit seinen ineinander übergehenden Versteigerungs- und Verkaufshallen für den Fremden ein unübersichtliches Labyrinth bildet und mit seinem Angebot an fremdartigen Fischen, aber auch an Muscheln und Krebsen sowie an Algen eine touristische Attraktion Tokios darstellt, gegen die unser größter Fischereihafen in Bremerhaven nur verblaßt.

Was ist aber nun, bezogen auf die didaktische Analyse, das *Bildende* an dieser Stofffülle?

Es ist die Einsicht, daß Japans Überbevölkerung zunächst mit den natürlichen Verhältnissen seines Erdraums eng zusammenhängt und daß die Folgen der japanischen Überbevölkerung sogar für uns eine große und vielleicht noch steigende wirtschaftliche Bedeutung haben. Es ist die Einsicht in die *Vertikal-Struktur*, und es ist die Einsicht in die *Horizontal-Struktur* (Abhängigkeit der Länder und Völker voneinander in politischer, wirtschaftlicher und sozialer Hinsicht). Vieles von den vorgetragenen Fakten hat zwar bereits vor dem Unterricht eine Bedeutung für die Kinder gehabt, ist ihnen schon bekannt. Aber das vorliegende Beispiel soll gerade zeigen, wie das latente diffuse Wissen der Kinder noch in geographisch bildende Umstrukturierung gesetzt werden muß. Und vieles wird noch – wie die didaktische Analyse weiterhin forscht – eine Bedeutung für die Kinder später haben, so der anschauliche Begriff der Überbevölkerung in seinen politischen, wirtschaftlichen und sozialen Konsequenzen oder die japanische Konkurrenz für die eigene Wirtschaft, die gewisse Sparten wie der Schiffbau oder die optische Industrie schon deutlich spüren müssen.

Angesichts der vorgetragenen Stoffmassen – und sie erheben in keiner Weise den Anspruch auf Vollständigkeit – und angesichts der komplizierten Zusammenhänge zwischen den einzelnen Fakten – teils daß sie sich komplex verursachen, teils daß sie komplex aufeinander folgen, teils daß sie sich komplex gegenseitig beeinflussen – ergibt sich zwangsläufig die Frage nach der methodischen Gestaltung, die an sich jenseits der eigentlichen didaktischen Analyse liegt, aber an sie anschließt.

Aller Anfang ist schwer, sagt ein bekanntes Sprichwort. Das gilt auch besonders für den *Einstieg* in ein neues Thema. Vom Einstieg erwartet man zweierlei: Er soll zur Sache hinführen, und er soll die Kinder ansprechen.

Bezogen auf das Thema Japan bestehen verschiedene Möglichkeiten:

1. Einmal kann man von einem japanischen Gegenstand ausgehen, der bei uns erhältlich ist, den die Kinder bereits selbst kennen, also ein Transistorgerät, der vielleicht schon in der Schule Verwendung findet, also ein Schülermikroskop, und man kann die Problemfrage stellen, warum wir diese japanischen Gegenstände kaufen und nicht unsere eigenen. Sicherlich wird dann der Preis genannt werden. Dann aber ergibt sich sofort die nächste und wesentlichere Problemfrage, warum diese Gegenstände, obgleich sie doch einen längeren Weg zu uns haben und höhere Transportkosten auf ihnen ruhen, dessenungeachtet immer noch billiger sind. Mit dieser Frage ist der Zugang zum Abschnitt 4 gewonnen, und von hier aus läßt sich wiederum die Überbevölkerung in ihrer Bedingtheit und in ihren Folgerungen angehen.

2. Es ist aber auch durchaus möglich, von der Karte auszugehen, nicht derart, daß topographische Namen genannt und gelernt werden, sondern daß aus ihr entnommen wird: Japan ist ein Inselreich. Es besteht vorwiegend aus Gebirgen, in denen kein Anbau mehr möglich ist. Diese Aussage muß begründet werden. Der Lehrer gibt an, daß auf 15 Prozent des Landes rund 90 Mill. Menschen leben. Die Bevölkerungsdichte wird ermittelt und mit anderen bekannten Werten verglichen. Dann schließt sich die umfassende Problemfrage an, die zum Kern des Themas hinführt, was ist zu tun, was würdet ihr als japanische Politiker tun, um mit dieser Überbevölkerung fertig zu werden. Welche Möglichkeiten sind aus welchen Gründen zu verwerfen? Und welche stoßen wieder auf neue Schwierigkeiten? Was die Klasse nicht bringt, ergänzt der Lehrer.

Der erste Einstieg geht vor der Horizontal-Struktur aus, der zweite von der Vertikal-Struktur. Wichtig für den Lehrer ist es nicht, daß er alle stofflichen Fakten an die Schüler heranträgt, die hier aufgeführt sind, gar solche, die noch fehlen, wichtig ist vielmehr – weil es bildend ist, daß die Kinder spüren, hier ringt ein Land mit der Ungunst seines Raumes, und dieses Ringen schlägt seine Wellen bis zu uns über Tausende von Kilometern.

Kurzprotokoll[64] zu den beiden Unterrichtsentwürfen:

A

Bei der Frage: Woran erkennt man ein überbevölkertes Land, gab es folgende Schülerantworten: Viele Arbeitslose, armes Land, dicht besiedelt, nicht gut bebaut ...

L: Stellt euch vor, ihr seid japanische Politiker. Was würdet ihr tun, um mit der Überbevölkerung fertig zu werden?

Sch: Auswandern – nach Australien – keiner will seine Heimat gern verlassen – aber aus England sind auch Menschen nach Australien ausgewandert – es fehlt das Geld zum Auswandern (Schiffsreise) – das kann der Staat bezahlen – Australien ist schon »entdeckt« = besiedelt.

Sch: Krieg – Japan kann sich mit China gegen die SU verbünden – das ist ein bißchen kraß ausgedrückt – ist nicht die feinste Art, Leute loszuwerden – Kriege kann man auch verlieren – Atombombe Hiroshima 1945.

Sch: Neulandgewinnung – Berge abtragen für Landgewinnung – Vergleich mit Holland – dauert zu lange – kostet zu viel Geld – an den Bergen und am Meer liegen Städte, die würden zugeschüttet werden.

Sch: Beschränkung der Kinder – Preise, wenn nur zwei Kinder in der Familie sind, z. B. ein Radio – aber es sind schon 96 Millionen da.

Sch: Bau von Hochhäusern – Städte in den Meeren anlegen – das löst aber nicht das Arbeitsproblem ...

Interessant ist, daß die Lösungen alle von Schülern der 8. Klasse Hauptschule gefunden wurden, nicht aber die wichtige Industrialisierung.

B.

L: packt ein Transistorgerät aus: Musik.
L: Woher mag das Gerät stammen?
Sch (Schüler) untersucht das Gerät: Made in Japan!
L: Was gibt es sonst alles aus Japan bei uns?
Sch: Seide, Fotosachen, Spielwaren, Porzellan ...
L: Warum kaufen wir diese japanischen Waren und nicht unsere eigenen?
Sch: Sie sind billiger (Beispiele).
L: Warum sind sie billiger, obgleich sie doch auch noch einen langen Transportweg von Japan zu uns haben?
Sch: Sie sind billiger, weil sie leicht kaputt gehen.
Weil sie aus Plastik gemacht sind.
Weil sie als Massenprodukte hergestellt werden.
Die Leute sind froh, wenn sie einen Arbeitsplatz haben. Die Leute werden billig bezahlt. Die Löhne sind nicht so hoch.
L: Was bedeutet das für uns (ungeschickte Fragestellung)?
Sch: Daß wir unsere Geräte nicht mehr an den Mann bringen können.
Nicht nur wir, auch andere Länder.
Unsere Industrie muß sich anpassen. Wir müssen billiger herstellen.
L: Kann das Folgen für euch später im Beruf haben?
Sch: Sie müssen sagen, welchen Beruf! Beim Straßenfeger geht das nicht!
Bei technischen Berufen, z. B. Industriekaufmann. Ich kann arbeitslos werden.
Z. B. Vertreter, der von Tür zu Tür geht.
Wir können den Japanern keinen Vorwurf machen. Wir haben es mit dem VW in den USA ähnlich gemacht.
L: Was ist zu tun?
Sch: Deutschland macht einen (Einfuhr-)Stopp, keine Waren mehr aus Japan. Das wäre eine Möglichkeit.
Deutsche Geräte müßten eine noch bessere Qualität haben als die japanischen.
L: Warum exportieren die Japaner so viele Waren?
Sch: Das tun wir ja auch.

Die Japaner verdienen nicht so viel Geld, daher können sie sich auch nicht so viel erlauben. Die müssen Devisen haben, für den Einkauf von Lebensmitteln und von Rohstoffen für die Industrie.
(8. Klasse Hauptschule)

Gegenwärtig ist es beliebt, gewisse Themen zu *problematisieren*, in der Didaktik anderer Unterrichtsfächer und in der Erdkunde. Die Phänomene werden nicht mehr als solche hingenommen, sondern in Frage gestellt, hinterfragt, problematisiert. Methodisch läßt sich dies besonders günstig durch die Unterrichtsform der Diskussion verwirklichen. Und es besteht parallel mit der Tendenz zur Problematisierung die Tendenz zur Diskussion.

Wiewohl dieser Ansatz sehr modern klingt, ist er, wie vieles andere in der neuen Didaktik, alt, wurde nur in der Vergangenheit nicht oder wenig beachtet[65]. *Problematisierung* ist möglich bei

1. Regionaler Geographie, indem Probleme und Konflikte bestimmter Gebiete der Erde didaktisch in den Mittelpunkt rücken, bei Japan die Überbevölkerung und die Auseinandersetzung mit ihr, bei der BRD die Disparität von Ballungs- und Verdünnungsräumen (Beispiel 10).

2. Allgemeiner Geographie, indem gewisse Trends wie Weltbevölkerungsentwicklung, Weltenergieversorgung, Weltrohstoffwirtschaft als Challenge (Herausforderung) an die Menschheit interpretiert werden mit der Notwendigkeit von Response (Auseinandersetzung) (Beispiel 8).

3. Angewandter Geographie, indem die bei 1 und 2 aufgeführten Beispiele durch die Notwendigkeit der Auseinandersetzung mit den Problemen und Konflikten bereits Beispiele für Angewandte Geographie sind. Aber ebenso sind leidige Verkehrsprobleme in der Großstadt oder mäßige Infrastruktur auf dem Lande Fälle, die nach einer Lösung im Sinne der Angewandten Geographie fordern.

4. Massenmedien produzieren Unmengen von Informationen (Fernsehen, Rundfunk, Zeitung, Werbung . . .), die sich geradezu zur Problematisierung anbieten, um eine bessere Partizipation an den Massenmedien zu ermöglichen (Beispiel 19).

5. Exkursionen können Anregungen zur Problematisierung bringen (Beispiel 18).

Kritisches Denken hängt eng mit der Problematisierung zusammen. Über seine verschiedenen Formen mehr im Beispiel 19. Ebenso ist aber eine sinnvolle Problematisierung erst bei einem sicheren Fundus von Kenntnissen möglich, sonst wird die Problematisierung einseitig und die Diskussion Geschwafel.

Beispiele aus der Eifel: Die Wasserburg Veynau verfällt. Soll sie so bleiben, soll sie erneuert werden? Wer soll es bezahlen? Welche Funktion soll sie dann übernehmen? Der Nürburg-Ring ist eine Anlage, über dessen Sinn und Unsinn sich diskutieren läßt. Soldatenfriedhöfe der Ardennen – Offensive 1945 sollen würdevoll gepflegte und stille Plätze für Gefallene und Hinterbliebene sein oder aber ein Mahn-Mal für die Zukunft. Trifft die letzte Deutung zu, sind viele zu »behübscht« und verschleiernd.

Ausgewählte Aufgaben

Pro und Contra der Regionalen Geographie in der Didaktik der Erdkunde an Hand von These und Antithese im vorstehenden Text.

Warum hat die Regionale Geographie in der gegenwärtigen BRD an Bedeutung verloren?

Warum spielt sie in vielen Ländern noch eine dominierende, ja oft die einzige Rolle?

Bei Verzicht auf die Länderkunde in unserer Schule: Sollen die Kinder beispielsweise über Polen oder Australien nichts mehr erfahren?

Themen der Regionalen Geographie von didaktischer Unwürdigkeit, von didaktischer Würdigkeit.

Themen der Regionalen Geographie, wo die Individualität und Einmaligkeit im Vordergrund steht.

Themen der Regionalen Geographie, wo das Typische (Landschaften) im Vordergrund steht.

Themen der Regionalen Geographie, wo Kooperation mit Sozialgeographie gegeben ist (Lebensraumkunde).

Themen der Regionalen Geographie, wo Kooperation mit Allgemeiner Geographie gegeben ist.

Themen der Regionalen Geographie, wo Kooperation mit Angewandter Geographie gegeben ist (z. B. Städteplanung in England, BRD, Australien, Brasilien, Ost-West).

Themen zur Problematisierung in der Regionalen Geographie, Allgemeinen Geographie, Sozialgeographie, Angewandten Geographie, auf Wanderungen, in Massenmedien ...

Diskussion der These: Japan: Als unterschätzter Gigant, oder: Der Gigant wird kleiner.

Welche der beiden Japan-Stunden (A und B) erscheint gewichtiger?

Analyse der Schülerantworten in beiden Stunden.

Was in der didaktischen Analyse Japans dürfte überholt sein?

Ist die gesamte didaktische Analyse im Zeitalter der Curriculums überholt?

Ausgewählte Literatur

Fischer-Länderkunde (diverse Bände), Frankfurt (M).
Harms' Erdkunde (diverse Bände), Frankfurt (M).
E. Hinrichs: Illustrierte Welt- u. Länderkunde 1–3, Zürich 1969–70.
F. Klute: Handbuch der geogr. Wissenschaft I–XIII, Potsdam 1933f.
Meyers Kontinente und Meere in mehreren Bänden, Mannheim 1968 f.
N. Krebs: Vergleichende Länderkunde, Stuttgart 1952.
K. H. Pfeffer: Länderlexikon I–III, Hamburg 1955f.

M. Schwind: Die Staaten u. Länder der Erde, Hannover 1959.
A. Schüttler u. a.: Die große illustrierte Länderkunde I und II, Gütersloh 1963/64.

H. Bobek/J. Schmithüsen: Die Landschaft im logischen System der Wissenschaften, Erdkunde 1949.
C. Troll: Die geographische Landschaft u. ihre Erforschung, Studium Generale 1950.
E. Plewe: Vom Wesen u. Methoden der Regionalen Geographie, Studium Generale 1952.
G. Hard: Die Landschaft der Sprache und die Landschaft der Geographen, Bonn 1970.
J. Birkenhauer: Die Länderkunde ist tot. Es lebe die Länderkunde. Replik auf die Aufsätze von A. Schultze und H. Hendinger in der GR 1970, Geogr. Rundsch. 1970.
E. Wirth: Zwölf Thesen zur aktuellen Problematik der Länderkunde, Geogr. Rundsch. 1970.
J. Barth: Curriculare Probleme in der Sekundarstufe I am Beispiel der Weltmächte USA und Sowjetunion, Geogr. Rundsch. 1973.
F. K. Fischer: Länderkundlich orientierter Unterricht mit zukunftsrelevanten Lernzielen, Geogr. Rundschau 1974.
A. Kolb: Ostasien, Heidelberg 1963.
K. Brüning: Asien, Harms' Erdkunde, Frankfurt 1964.
R. Guillain: Der unterschätzte Gigant (Japan), München 1970.
Der Spiegel: Der Gigant wird kleiner (Japan), Heft 29/1971.

12. Gegenwart: Regionale Geographie: Interdisziplinäre Länderkunde und Transfer-Denken am Beispiel Ruhrgebiet

Um Wiederholungen zu vermeiden, sei hinsichtlich des allgemeinen Teils zur Regionalen Geographie auf das vorangegangene Beispiel verwiesen. Dort stand ein über 10000 km von Deutschland entfernt liegendes Gebiet im Mittelpunkt, das dessenungeachtet eine nicht unerhebliche didaktische Bedeutung aufzuweisen hat, so daß es unterrichtlich behandelt werden kann, allerdings in einer Unterrichtseinheit in einer bestimmten Klassenstufe. Im vorliegenden Beispiel wird ein Gebiet der BRD dargestellt, das also naheliegend im ursprünglichen Sinne des Wortes ist, in dem man sogar bisweilen selbst lebt, das sich aber als so umfänglich und unterschiedlich strukturiert darstellt, so daß ein Teil sich in niederen Erdkundeklassen und ein Teil erst in höheren Erdkundeklassen angehen läßt.

Zugleich aber darf es als ein Beispiel angesehen werden, das eine neue didaktische Möglichkeit der Regionalen Geographie kennzeichnet. Zwar ist es gegenwärtig Mode, die Regionale Geographie pauschal zu verwerfen, und wenig in der Mode, neue didaktische Ansätze in ihr zu suchen. Zu den letzten Versuchen gehört die Meinung von G. Sandner[58], daß die neue Länderkunde einen interdisziplinären Ansatz habe, der sich weniger in der arbeitsteiligen Abfassung von Einzelkapiteln zur Länderkunde als vielmehr in der gemeinsamen Überarbeitung und Integration sowie in der gegenseitigen Beeinflussung anthropogeographischer und sozialwissenschaftlicher Perspektiven äußert.

Nun ist dieser Ansatz gar nicht so neu, denn so lange die Länderkunde im Mittelpunkt der Geographie stand, war man bemüht, synthetisch-integrativ zu denken und vorzugehen, die Komplexität der Phänomene zu durchschauen und darzustellen, und in der Didaktik spielte der Gesichtspunkt der Fächerintegration als Prinzip der Konzentration und Querverbindungen schon seit der Reformpädagogik eine wichtige Rolle. Heute wird diese Fächerintegration besonders in der neuen Gemeinschaftskunde, Sozialkunde bzw. in Arbeitslehre/Politik zu verwirklichen versucht, weil hier Geographie, Geschichte, Soziologie, Wirtschaftslehre und Politik zusammengefaßt werden können. Und länderkundliche Themen bieten sich für diesen Zweck dann geradezu an (z. B. USA, Sowjet-Union, Entwicklungsländer, VR-China, Palästina, Ruhrgebiet).

Am vorliegenden Unterrichtsbeispiel lassen sich auch verschiedene Denkformen der modernen Erdkunde verwirklichen.

a. Transfer-Denken. Das Transferdenken spielt in der modernen Didaktik eine große Rolle. Gemeint ist, daß an einem speziellen Beispiel etwas Allgemeines erarbeitet wird, das auf eine Fülle anderer Beispiele sich übertragen läßt. Erst dadurch wird das behandelte Beispiel exemplarisch im didaktischen Sinn, sonst bleibt es ein isoliertes Beispiel. Aber der letzte Schritt des Transfers im exemplarischen Prozeß des Unterrichts wird meistens zu wenig berücksichtigt. Im länderkundlichen Beispiel Ruhrgebiet lassen sich viele Möglichkeiten des Transfers vollziehen, obgleich der Länderkunde angetragen wird, sie sei ohne die Möglichkeit des Transfers.

b. Modell-Denken. Wiewohl ein eigenes Unterrichtsbeispiel der Veranschaulichung des Modell-Denkens dient (16), so soll doch hier darauf hingewiesen werden, daß das Blockdiagramm ein länderkundliches Modell darstellt, das versucht, die Fülle der Geofaktoren auf einen übersichtlichen Nenner zu bringen. Blockdiagramme waren in einer Zeit der Betonung der Länderkunde in der Didaktik der Erdkunde und in Schulbüchern sehr beliebt. Am vorliegenden Modell zeigen sich besonders deutlich die Vertikal- und die Horizontal-Strukturen. Die Vertikal-Struktur bedeutet den Stoffwechsel zwischen Natur und Gesellschaft, hier zwischen natürlichen Ressourcen (Kohle) und menschlichen Aktivitäten, aber auch zwischen den natürlichen Hindernissen zur Ausbeutung der Rohstoffe (Emscher-Mergel). Die Horizontal-Struktur bedeutet funktionale bzw. arbeitsteilige Verflechtungen, hier die Differenzierung von Ruhrtal, Hellweg, Emscher- und Lippe-Zone, also zwischen hauptsächlichem Produktionsgebiet (Emscher), Verwaltungs- und Versorgungsgebiet (Hellweg), Erholungsgebiet (Ruhr und Lippe), im kleinen noch einmal zwischen Ruhr als Nutzwasser-Lieferanten und Emscher als Abwasser-Vorfluter.

c. Kreatives Denken. Die Angewandte Geographie zeichnet sich durch kreatives Denken aus. Ihr ist ein besonderes Unterrichtsbeispiel (15) zugeordnet. Darauf sei verwiesen. Da dort die Planung eines Freizeitparks aus dem Ruhrgebiet behandelt wird, besteht eine enge Beziehung zum vorliegenden Beispiel. Aber auch die Auseinandersetzung mit anderen Phänomenen des Ruhrgebiets wie Verwaltungsreform, Umweltproblemen, Strukturkrise, Stadtneugründungen und Altbausanierungen erfordert einen nicht unerheblichen Teil kreativen Denkens im Sinne des Auffindens von Lösungen bzw. Kompromissen.

Das vorliegende Beispiel ist für Klasse 5 bis 10 gedacht, weniger für die Oberstufe der Gymnasien und nicht für die Sachkunde in der Primarstufe. Gewisse Unterthemen eignen sich mehr für die 5. und 6. Klasse, gewisse mehr für die 9. und 10. Klasse. Es wurde Wert auf die Vielfalt der didaktischen Intentionen gelegt (z. B. elementare Einsichten, Problem-Konflikt-Strukturen, Transfer-Ansätze, Querverbindungen zu verschiedenen Fächern) und auf die Vielfalt methodisch-medialer Möglichkeiten (z. B. Planungsaufgaben, Diskussionen, Schulfunk, Film, Blockdiagramm). Die Unterrrichtsziele gliedern sich nach Haltungen, Kenntnissen und Fähigkeiten (Dispositionen, kognitiven und instrumentalen Zielen), sind aber nicht differenziert dargestellt. Aufgabe des Lesers wäre es, dies zu prüfen, ebenso wie die verschiedenen didaktischen Intentionen und methodisch-medialen Möglichkeiten.

1. Vorwissen der Kinder. Test (ohne Zensierung) über Kenntnisse zum Thema Ruhrgebiet. Unterrichtsziel: Quantitative und qualitative Analyse des Vorwissens, wo echte Kenntnisse, wo Scheinkenntnisse (wie Vorurteile und Klischees), wo keine Kenntnisse vorliegen. Didaktische Konsequenzen aus dem Test.

2. Katalog der Unternehmen zum Thema Ruhrgebiet. Unterrichtsziel: Erarbeitung von Unterthemen zum Gesamtthema, wobei möglichst viel aus der Klasse und möglichst wenig vom Lehrer beigetragen werden sollte.

Gegebenenfalls kann der Lehrer auch Vorschläge machen, aus denen die Klasse auswählt. Festlegung der Reihenfolge der Themen. Auftrag an die Klasse und an den Lehrer, Informationsmaterial zu sammeln.

3. Der arbeitende Mensch in der Landschaft (vor Ort). Unterrichtsziel: Verständnis für die Schwerarbeit. Kenntnis der Bedingungen der Arbeit eines Bergmanns unter Tage. Zeitlicher Vergleich früher (harte körperliche Arbeit) und heute (komplizierte technische Arbeit). Sofern ein Film als Medium im Mittelpunkt steht: Beobachtung, Auswertung, Verbalisation der Daten eines Films als formale Ziele. Transfer: Andere Berufe in der Landschaft (über und unter Tage), andere Schwerarbeit, woanders, bei uns. Eventuell Besuch des Bergbau-Museums in Bochum.

4. Aufbau eines Bergwerks. Unterrichtsziel: Einsicht in die vertikale Abhängigkeit menschlicher Aktivitäten im wahrsten Sinne des Wortes (Vertikal-Struktur), in die Auseinandersetzung mit den natürlichen Gegebenheiten. Kenntnis von Begriffen wie Schacht, Förderturm, Sumpf, Stollen, Flöz, Hauer, Steiger, Bohrer, Schrämm-Maschine. Kenntnisse von technischen Problemen wie Wasserentfernung, Luftversorgung, Transport von Menschen und Material, von Gefahren wie Stollenbruch oder Explosion. Methodisch werden die technischen Probleme den Kindern nicht als fertige Lösung, sondern als Denkimpulse gegeben, mit denen sie sich auseinandersetzen können. Transfer: Andere Vertikal- bzw. Natur-Mensch-Strukturen über und unter Tage, woanders und bei uns. Andere Gefahren im Beruf. Andere technische Probleme und deren Lösungen.

5. Bedeutung der Kohle für unsere Wirtschaft (Weiterverarbeitung der Kohle). Unterrichtsziel: Kenntnis der Repräsentanz von Kohle und ihren Produkten im täglichen Leben. Kenntnis der Weiterverarbeitung der Kohle in Kokereien zu Gas, Teer, Koks, in Kraftwerken zu Strom. Einsicht in den Zusammenhang mit der Schwerindustrie (Primärindustrie): Eisenerz, Koks und Zuschlag ergeben in den Hüttenwerken des Ruhrgebiets Roheisen. Einsicht in den Zusammenhang der Voraussetzungen des Maschinenbaues und damit der Industrialisierung (Sekundärindustrie). Weiterverarbeitung des Roheisens zu Stahl bzw. Röhren bzw. Blechen bzw. Gußteilen. Herkunft des Eisenerzes und seine Transportwege. Ältere Standorte der Eisengewinnung im Ruhrgebiet (Dortmund), jüngere am Rhein (Duisburg) und an der Nordseeküste (Rotterdam). Gründe. Transfer: Andere Schwerindustriegebiete der Erde.

Kenntnis der Eigenart und der Problematik der Verbundwirtschaft, der horizontalen, vertikalen und Mischverbunde an ausgewählten Beispielen, andere Verbundwirtschaften jenseits des Ruhrgebiets, besonders Mischverbunde bis zu den internationalen Multis und ihrer politisch-ökonomischen Problematik.

Horizontaler Verbund: Die Gelsenkirchener Bergwerk AG besaß 1964 ein Aktienkapital von 485 Millionen DM, 14 Schächte und 10 Kokereien mit 60 Öfen.

Vertikaler Verbund:

Aufbau des Krupp-Konzerns

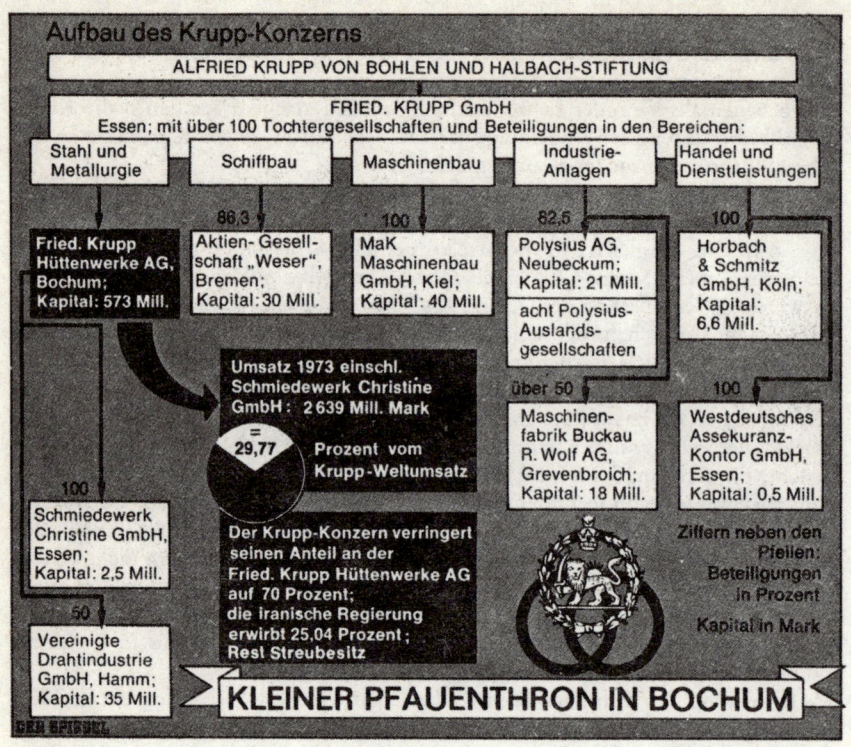

ALFRIED KRUPP VON BOHLEN UND HALBACH-STIFTUNG

FRIED. KRUPP GmbH
Essen; mit über 100 Tochtergesellschaften und Beteiligungen in den Bereichen:

Stahl und Metallurgie	Schiffbau	Maschinenbau	Industrie-Anlagen	Handel und Dienstleistungen
	86,3	100	82,5	100
Fried. Krupp Hüttenwerke AG, Bochum; Kapital: 573 Mill.	Aktien-Gesellschaft „Weser", Bremen; Kapital: 30 Mill.	MaK Maschinenbau GmbH, Kiel; Kapital: 40 Mill.	Polysius AG, Neubeckum; Kapital: 21 Mill.	Horbach & Schmitz GmbH, Köln; Kapital: 6,6 Mill.
			acht Polysius-Auslandsgesellschaften	
			über 50	100
100			Maschinenfabrik Buckau R. Wolf AG, Grevenbroich; Kapital: 18 Mill.	Westdeutsches Assekuranz-Kontor GmbH, Essen; Kapital: 0,5 Mill.
Schmiedewerk Christine GmbH, Essen; Kapital: 2,5 Mill.				
50				
Vereinigte Drahtindustrie GmbH, Hamm; Kapital: 35 Mill.				

Umsatz 1973 einschl. Schmiedewerk Christine GmbH : 2 639 Mill. Mark
= 29,77 Prozent vom Krupp-Weltumsatz

Der Krupp-Konzern verringert seinen Anteil an der Fried. Krupp Hüttenwerke AG auf 70 Prozent; die iranische Regierung erwirbt 25,04 Prozent; Rest Streubesitz

Ziffern neben den Pfeilen: Beteiligungen in Prozent
Kapital in Mark

KLEINER PFAUENTHRON IN BOCHUM

Abb. 6[66]

6. Entstehung der Kohle. Unterrichtsziel: Kenntnis des Inkohlungsprozesses durch Druck und Temperatur mit seinen verschiedenen Stadien. Einsicht in die Veränderlichkeit der an sich als Inbegriff des Unveränderlichen dastehenden Erscheinungen der Welt. Wälder und Gebirge kommen und vergehen, versinken in der Erde, werden umgewandelt. Hinführung zum schwierigen geologischen Denken. Transfer: Entstehung anderer ökonomisch bedeutungsvoller Rohstoffe wie Erdöl, Entstehen und Vergehen anderer als Inbegriff des Unveränderlichen erscheinenden Objekte, woanders, bei uns.

7. Blockdiagramm Ruhrgebiet (Abb. 7). Unterrichtsziel: Begreifen eines Blockdiagramms einschließlich seiner geologischen Struktur, Kenntnis des Ruhrgebiets in seiner regionalen Differenzierung (Ruhr-, Hellweg-, Emscher-, Lippe-Zone), diese wieder in ihrer Abhängigkeit von den und in ihrer Umgestaltung der natürlichen Gegebenheiten und in ihrer arbeitsteiligen Verflochtenheit, die die Voraussetzungen für die Differenzierung in verschiedenen Zonen des Ruhrgebietes sind. Also Einsicht

in die Eigenart, Verschiedenartigkeit und Andersartigkeit von Erdräumen. Ferner Kenntnis der Wanderung der Schwerindustrie (Bergbau und Hütten) von der Ruhr zur Emscher, daß also das eigentliche Ruhrgebut heute an der Emscher liegt. Transfer: Andere Blockdiagramme, an denen die Auseinandersetzung mit den natürlichen Gegebenheiten und die Arbeitsteilung eine Verschiedenartigkeit der Einzelgebiete bewirkt, woanders, bei uns.

(Das vorliegende Blockdiagramm soll nicht Vorbild sein, sondern Anregung, in der Literatur bessere für den Unterricht zu finden bzw. selbst zu erstellen.)

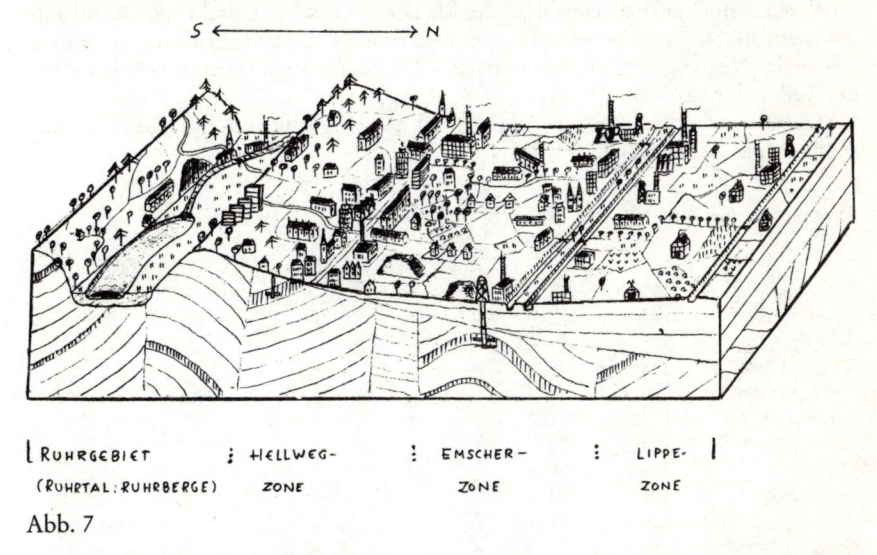

Abb. 7

8. Strukturkrise im Ruhrgebiet. Unterrichtsziel: Kenntnis der Phänomene der Strukturkrise (z. B. Zechenstillegungen), der Ursachen (z. B. Konkurrenz des Erdöls), der planerischen Maßnahmen (z. B. Umschulung der Bergleute, Umfunktionierung der Zechen zu anderen Gewerbegebieten). Verständnis für die besondere Situation von Arbeitslosen und Umschülern. Einsicht in die Veränderlichkeit und Umwertung von Regionen und Berufen: Nach dem 2. Weltkrieg war das Ruhrgebiet die zukunftsträchtige wirtschaftliche Region und der Bergmann der am besten bezahlte und gesuchte Arbeiter in der BRD, heute gilt beides nicht mehr. Methodisch vielfache Möglichkeiten der Denkimpulse von der Ursachenforschung bis zu den planerischen Maßnahmen. Als Medium bietet sich eine Schulfunksendung an: Kohlenpott im Wandel[67]. Transfer: Andere Gebiete, andere Berufe in der Strukturkrise, Ursachen und Lösungen, woanders und bei uns. Andere Beispiele für Veränderlichkeit und Umwertung in erdkundlicher Relevanz.

9. Umweltphänomene des Ruhrgebietes. Unterrichtsziel: Kenntnis einiger Um-

weltphänomene in dieser Metropolis: Agglomeration, Staubniederschläge, Bergschäden, Nutzwasserversorgung, Abwässerbeseitigung, ihre Ursachen, ihre Beseitigung, soweit möglich. Einsicht in erdkundliche Problem-Strukturen. Wieder zahlreiche Denkimpulse für die Schüler durch Anwendung des kausalen und finalen Denkens. Transfer: Andere Umweltprobleme, woanders, bei uns.

Bergschäden: Als Umweltproblem von spezifischer Eigenart des Ruhrgebiets, Risse in den Häusern, Wertminderung, Senken in der Landschaft mit Grundwasserseen, Verlandung, Mückenplage. Als Ausgang ein anschaulicher Einzelfall: Bei einer Hochzeit in Bochum half jemand bei den Mahlzeiten aus. Man machte ihn darauf aufmerksam, die Suppe in die tiefen Teller nur bis zum ersten Rand zu füllen, sonst würde wegen der Neigung des Fußbodens und des Tisches die Suppe über den oberen Rand des Tellers hinausfließen.

Staubniederschlag: Dazu eine Statistik mit der Möglichkeit der graphischen Darstellung und Auswertung.

Staubniederschlag pro Jahr und qkm in Tonnen[68]

	1971	*1970*
Duisburg	195	277
Oberhausen	140	172
Bottrop	138	159
Wanne-Eickel	128	176
Gelsenkirchen	126	167
Dortmund	117	131
Castrop-Rauxel	115	159
Herne	110	156
Wattenscheid	108	133
Essen	106	131
Recklinghausen	96	136
Mülheim	95	104
Bochum	95	131

Nutzungswasserversorgung und Abwasserbeseitigung: Arbeitsteilung zwischen Ruhr und Emscher, Empfindlichkeit des Grundwassers im Ruhrgebiet durch Gifte auf Müllkippen (Cyanid-Skandal 1971).

Die Problematik des Verursacher-Prinzips bei Umweltschäden.

10. Planerische Aufgaben im Ruhrgebiet. Enger Zusammenhang mit den vorangegangenen Abschnitten. Unterrichtsziel: Einsicht in Konflikt-Strukturen erdkundlicher Relevanz. Auseinandersetzung mit einzelnen planerischen Maßnahmen erdkundlicher Relevanz.

Verwaltungsreform: Was spricht für sie, was spricht gegen sie? Rationale und irrationale Komponenten. Im Falle der Reform: Welche Gemeinde soll in welche aufgehen? Warum? Prüfung anderer Lösungen.

Gestaltung eines Freizeitparks auf einem ehemaligen Zechengelände unter Berücksichtung der vorhandenen Gegebenheiten wie Schutthalde und Sumpf (vgl. Beispiel 15).

Altbau-Sanierung von ehemaligen Zechensiedlungen: Pro und Contra? Zwar alte, wenig komfortable und hygienische Häuser, aber oft Abseitslage, Gärten, intakte Sozialstruktur, billiges Wohnen.

Städte-Neubau zur Dezentralisation des Agglomerationsraumes (z. B. Wulfen. Die neue Stadt Wulfen im Norden des Reviers als planerische Maßnahme zur Entballung des Agglomerationsraums, besonders der Emscher-Zone. Vorteile: Gesundes Wohnen, bessere Wohnungsausstattung und Grünanlagen. Nachteile: Längere Pendlerwege, Lärm der vielen Kinder, mäßige Infrastruktur, Monopolbildung gewisser Dienstleistungen. Divergierende Tendenzen: Zu- und Wegzug).

Wieder die Möglichkeit zu vielfältigen Aktivitäten der Schüler (Diskussion bei der Verwaltungsreform, kreatives Denken bei der Planungsaufgabe, kritisches Denken am Beispiel Wulfen). Transfer: Verwaltungsreform woanders, bei uns, auf Kreisebene, Regierungsbezirksebene, Länderebene, Gestaltung eines Freizeitparks, woanders, besonders bei uns, andere Städteneugründungen und Altbau-Sanierungen, woanders, bei uns.

11. Konflikt-Strukturen im Ruhrgebiet. An einem ausgewählten Beispiel, dem Neubau einer Flachglasfabrik in Gelsenkirchen-Feldmark, soll eine moderne Konflikt-Struktur mit der Methode des Planspiels (einschließlich Rollenverteilung und Konferenzdiskussion) angegangen werden (vgl. Beispiel 17). Auch andere vorausgegangene Themen beinhalten bereits Konflikt-Strukturen (z. B. Kohlenkrise oder Verwaltungsreform). Transfer: Andere Konflikt-Strukturen, woanders, besonders bei uns.

12. Topographie des Ruhrgebiets. Unterrichtsziel: Kenntnis der wichtigsten Städte und Flüsse im Zusammenhang mit dem Blockdiagramm. Kombination mit dem 7. Unterthema. Oder jeweils am Stundenende, falls noch Zeit vorhanden ist, so daß eine elastische Stundenplanung möglich ist.

13. Test zur Kontrolle des Lernerfolgs.

Möglich sind noch weitere Unterthemen: Sozialgeographie des Ruhrgebiets. Unterrichtsziel: Einsicht in soziale Verhältnisse im Ruhrgebiet. Kenntnis der Herkunft vieler Bewohner, bis zum ersten Weltkrieg aus den östlichen Gebieten des Deutschen Reichs (Katholizismus, slavische Namen), nach dem zweiten Weltkrieg Vertriebene und Flüchtlinge, gegenwärtig zahlreiche Gastarbeiter aus Südeuropa. Kenntnis der Arbeitsbedingungen im Zusammenhang mit dem 3. Unterthema. Kenntnis des Freizeitverhaltens (Fußball, Taubenzucht, Erholungsgebiete Ruhr, Bergisches Land, Sauerland). Regionale Differenzierung des Ruhrgebiets mit Zonen günstiger Lebensbedingungen im Süden (Ruhr) und Norden (Lippe) und weniger günstiger Bedingungen (Emscher). Das Phänomen der Reviertreue.

Zu den beiden Beispielen der Regionalen Geographie Ruhrgebiet und Japan darf als drittes die regionale Differenzierung der Sozial- und Wirtschaftsstruktur der BRD gezählt werden, wo der Regionalismus, eine neuere Richtung der Regionalen Geographie, im Mittelpunkt steht, zugleich aber auch die Operationalisierung und Hierarchisierung von Lernzielen. Darauf (10) sei besonders verwiesen. Es läßt sich durchaus mit dem Beispiel Ruhrgebiet kombinieren, denn das Ruhrgebiet dürfte einen anschaulichen Einzelfall einer Region darstellen, der im 10. Beispiel in einen größeren und abstrakteren Rahmen der regionalen Disparität der BRD gestellt wird.

Ausgewählte Aufgaben

Länderkunde als interdisziplinärer (fächerintegrativer) Ansatz: Pro und Contra.
Welche der vorliegenden Kapitel zum Ruhrgebiet sind für niedere Klassen (5.-6. Klasse) geeignet, welche für höhere?
Welche sollten entfallen? Warum?
Inwieweit wird am Beispiel des Ruhrgebiets auch Allgemeine Geographie erarbeitet?
Inwieweit wird am Beispiel des Ruhrgebiets auch Sozialgeographie (Lebensraumkunde) erarbeitet?
Inwieweit wird am Beispiel Ruhrgebiet auch Angewandte Geographie erarbeitet?
Wo finden sich Querverbindungen zu anderen Fächern? Zu welchen Fächern?
Wo bieten sich Diskussion, wo Plan- und Rollenspiel an?
Wo finden sich elementare Einsichten: Natur-Mensch-Beziehungen, arbeitsteilige Verflechtungen, Veränderungen und Umwertungen?
Wo findet sich Progressives: Mißstände, Probleme, Konflikte, Ursächlichkeiten, Lösungen?
Wo läßt sich räumliches, analytisch-kausales, synthetisch-integratives, vergleichendes, wo kreatives, kritisches, Modell-Denken verwirklichen?
Kritik der Transfer-Aufgaben
Wer viel Zeit hat: Operationalisierung und Hierarchisierung von Lernzielen zum vorliegenden Beispiel.
Kritik des vorliegenden Blockdiagramms.
Aufsuchen und Beurteilung von anderen Blockdiagrammen in der Literatur (z. B. in alten Schulbücher . . .).
Bei Verzicht auf Länderkunde in unserer Schule: Sollen die Schüler beispielsweise über Mexico oder China nichts mehr erfahren?

Ausgewählte Literatur
(Ergänzung zu der am Ende des Beispiels 11)

A. Schüttler u. a.: Topograph. Atlas Nordrhein-Westfalen, Düsseldorf 1968.
Handbuch der historischen Stätten Nordrhein-Westfalen, Stuttgart 1963.

H. Spethmann: Das Ruhrrevier im Blickfeld geographischer Landeskunde, Deutscher Geographentag 1953
H. Spethmann: Die Ruhrstadt, Die Erde 1954.
W. Dege: Das Ruhrgebiet, Braunschweig 1976.
F. Riediger: Der Bergmann, Handbücherei des exemplarischen Lehrens, Frankfurt 1963.
J. Vogel: Steinkohlenbergmann-Braunkohlenarbeiter, in: Sozialgeographie, Darmstadt 1969.
R. Geske: Die jüngste Entwicklung der Standortverteilung der Eisen- und Stahlindustrie der BRD, dargestellt am Beispiel des Ruhrgebietes, Zeitschr. f. d. Erdkundeunterricht 1976.
W. Hermann: Die Steinkohlenzechen, Essen 1959.
G. Cordes: Zechenstillegungen im Ruhrgebiet, Essen 1972.
V. Petzold: Modelle für morgen, Reinbek 1972 (Wulfen).
H. J. Buchholz: Das polyzentrische Ruhrgebiet und seine kommunale Neugliederung, Geographische Rundschau 1973.
Der Spiegel: 6, 1973 p. 99 (Thyssen-Verbundwirtschaft)
Der Spiegel: 5, 1974 p. 54 (Verwaltungsreform)
Der Spiegel: 18, 1975 p. 52 (Altbausanierung)
Der Spiegel: 42, 1974 p. 49 (Altbausanierung)
Der Spiegel: 13, 1973 p. 86 (Schwarzer Riese)
G. Frebold: Profil u. Blockdiagramm, Braunschweig 1951.
A. Haas: Anregungen f. d. Durchnahme eines Kausalprofils in der 9. Kl., Geogr. Rundschau 1958.

13. Gegenwart: Allgemeine Geographie: Didaktische und methodische Aufbereitung nach verschiedenen Klassenstufen am Beispiel: Entstehung und Bedeutung der Gezeiten für den Menschen

Zunächst ist es nützlich, den Unterschied zwischen Regionaler und Allgemeiner Geographie herauszustellen. Dazu soll ein Modell von *A. Hettner* herangezogen werden, das Kartenspiel. Wenn die Karten eines Kartenspiels auf einem Haufen liegen, so läßt sich dieser Haufen von der Seite und von oben her betrachten. Betrachtet man ihn von oben, sieht man (bei durchscheinenden Karten), wie sie an einer Stelle aufeinander liegen. Sie stellen so in ihrer Gesamtheit einen dreidimensionalen Erdraum dar, in dem sie aber nicht nur aufeinander liegen, von der festen Erdoberfläche (Gesteine, Böden, Gewässer) über die Welt des organischen Lebens und des Menschen bis zur Atmosphäre, sondern sich gegenseitig beeinflussen und voneinander abhängig sind. Jede der einzelnen Karten entspricht einem sogenannten Geofaktor im Erdraum. Betrachtet man dagegen das Kartenspiel von der Seite, dann sieht man eher die einzelnen Karten, und jede einzelne Karte bedeutet wieder einen Geofaktor. Mit diesen Geofaktoren beschäftigt sich die Allgemeine Geographie, also mit der Atmosphäre (Klimatologie), mit den Gewässern (Hydrogeographie), mit der organischen Lebewelt (Biogeographie, Pflanzen- und Tiergeographie), mit der festen Erdoberfläche (Geomorphologie), mit der Wirtschaft und mit den Siedlungen des Menschen (Wirtschafts- und Siedlungsgeographie)... Sieht man in der Allgemeinen Geographie den vereinzelten Geofaktor, so in der Regionalen Geographie ihr Zusammenwirken. Entspricht damit der Allgemeinen Geographie mehr das analytische Denken, so der Regionalen Geographie mehr das synthetische Denken.

Eine *Gliederungsmöglichkeit der Allgemeinen Geographie* ist: 1. Naturgeographie (heute gern auch im Zuge neuer Namensfindung als Physische Geograhie bezeichnet): Mathematische Geographie (einschließlich Kartographie), Klimatologie oder Klimageographie (auch Teildisziplin der Meteorologie), Geomorphologie (auch Teildisziplin der Geologie), Hydrologie oder Hydrogeographie (auch als selbständiges Fach), Biogeographie (Pflanzen- oder Vegetationsgeographie und Tiergeographie, auch Bestandteile der Biologie). 2. Anthropogeographie (Geographie des Menschen): Physische Anthropogeographie (anthropologisch-biologische Daten), Wirtschaftsgeographie (oft bestehend aus Agrar-, Industrie-, Verkehrs- und Handelsgeographie), Siedlungsgeographie (Dorf und Stadt), Politische Geographie (mit rückläufiger Tendenz), ferner Kulturgeographie (synonym für Anthropogeographie oder nur einen Teil), Sozialgeographie (ebenso synonym für Anthropogeographie oder nur einen Teil).

Verhältnis Allgemeine Geographie/Regionale Geographie

These: Die Allgemeine Geographie ist nur ein Hilfsfach der Geographie, der eigentlichen Arbeit in der Geographie, der Beschäftigung mit der Regionalen Geographie oder der Angewandten Geographie. Was die Allgemeine Geographie tut, könnten eigentlich auch andere Wissenschaften tun, mehr noch, tun es sogar. Es gilt, sich auf das spezifisch Geographische zu beschränken. Das ist nicht die Allgemeine Geographie. Ähnlich in der Didaktik: Allgemeine Geographie ist notwendig zum Verständnis der eigentlichen Erdkundeobjekte, in der Landschafts- und Länderkunde, im Regionalismus, in der Angewandten Geographie, in den Problem- und Konflikt-Strukturen der Gegenwart und Zukunft, ist aber nur Mittel zum Zweck, ohne eigene didaktische Sinnhaftigkeit. So, wie einzelne Geofaktoren einen Erdraum aufbauen, so wie ihr Zusammenspiel zur Eigenart eines Erdraumes führt, so ist letztlich auch die Beschäftigung mit der Allgemeinen Geographie eine wichtige Voraussetzung zum besseren Verständnis der Regionalen Geographie. Daraus würde eigentlich die Notwendigkeit resultieren, vor die Regionale Geographie in der Schule die Allgemeine Geographie zu setzen. Oder es bleibt nichts anderes übrig, als im Zusammenhang mit länderkundlichen Themen Erscheinungen und Begriffe der Allgemeinen Geographie zu behandeln, den Vulkanismus vielleicht bei Italien oder Island, das Meeresklima bei Großbritannien oder Irland, das Binnenklima bei osteuropäischen Ländern, nicht um ihrer selbst willen, sondern weil sie für die länderkundliche Arbeit nötig sind.

Antithese:
Die Allgemeine Geographie steht gleichberechtigt neben der Regionalen Geographie und der Angewandten Geographie. Analog in der Didaktik der Erdkunde. Mehr noch: Die Didaktik der Erdkunde beschäftigt sich nur noch mit Themen der Allgemeinen Geographie, sie ist nicht mehr Mittel zum Zweck, sondern Selbstzweck. Verglichen mit Themen der Regionalen Geographie und der Angewandten Geographie sind die der Allgemeinen Geographie eher als einfach zu bezeichnen, denn sie isolieren ja Geofaktoren und Strukturen, betrachten sie als solche, erfordern oft nur ein analytisches Denken in systematischem Vorgehen. Darin liegt wieder ein didaktischer Vorteil gegenüber den komplexen länderkundlichen Stoffen, sofern man bei ihnen nicht im Oberflächlichen-Vordergründigen haften bleiben will. Selbstverständlich gibt es auch bei Themen der Allgemeinen Geophrie komplizierte Fälle (wie beispielsweise die moderne Klimatologie).

Typisch für den Pluralismus in der BRD ist, es gibt beide Richtungen, Allgemeine Geographie als Selbstzweck, völlige Vernachlässigung der Regionalen Geographie und Angewandten Geographie, da Allgemeine Geographie die beiden letzten nicht benötigt, oder Regionale Geographie und Angewandte Geographie unter Einbeziehung der Allgemeinen Geographie, weil die beiden letzteren die Allgemeine Geographie als Voraussetzung benötigen.

Es folgen zwei Beispiele zum Thema Gezeiten, ihre Entstehung und ihre Bedeutung für den Menschen. Einmal für niedere Klassenstufen, einmal für höhere Klassenstufen. Einmal ist es reine Naturgeographie, einmal Kulturgeographie.

1. Niedere Klassenstufen.

Im Mittelpunkt steht das *Einzelbild*. Im Zuge der immer stärkeren Berücksichtigung psychologischer Gegebenheiten und der immer drückender werdenden Stoffülle in der Erdkunde haben sich nach dem zweiten Weltkrieg manche Stoffauswahl- und Stoffgestaltungsgesichtspunkte entwickelt, so die Leitlinien, die das einen bestimmten Erdraum Prägende hervorheben, so die Typen, die das mehreren Erdräumen Gemeinsame herauskehren, so die Einzelbilder, die eine große und vielfältig zusammengesetzte Raumeinheit, damit eine unüberschaubare und geistig nicht oder schwer zu bewältigende Raumeinheit in mehrere kleinere überschaubare Einheiten, Einzelbilder, zerlegen, dies besonders in den 5. und 6. Klassen, in den Phasen der ausgehenden Kindheit und Vorpubertät. Auch der Schulfunk operiert oft nach dem methodischen Ansatz Einzelbild, neuerdings sogar Lehrbücher.

Sieht es scheinbar so aus, als wenn das Einzelbild eine moderne Fachmethode sei, so ist dem nicht so: Die Anfänge des Einzelbildes reichen bis in die Reformpädagogik zurück, und zwar in die Erlebnispädagogik. So löste H. Scharrelmann (vgl. Beispiel 5) das erdkundliche Thema Nordwestdeutschland einschließlich der ostfriesischen Inseln und Helgoland in seinem Band »Berni im Seebad« in verschiedene handlungsbetonte und damit erlebnisbetonte Einzelbilder auf, beispielsweise: Die Bahnfahrt, die Fahrt mit dem Dampfer, nach dem Strande, in den Dünen, das erste Seebad, Krabbenfangen im Watt, zum Fischen, die Bootsfahrt, Herr Sandreuther erzählt (von seinen früheren Seereisen), Meerleuchten, der Sturm, von Eisbergen und Walfischen, von Möwen und anderem Seegeflügel, die Fahrt nach Helgoland[69].

Das Erdkundliche wird im Einzelbild oft noch in Form von Handlungen geboten, von Besuchen, Fahrten, Reisen, Besichtigungen, das Erdkundliche ist hierin verpackt. Dabei spielt besonders auch der Mensch eine Rolle, der reisende und der arbeitende Mensch in der Landschaft. Das Erdkundliche wird über den von seiner Arbeit oder seiner Reise berichtenden Menschen angegangen[70]. Dies gilt besonders auch für die Sonderschule.

Während das Einzelbild hauptsächlich in niederen Klassenstufen der Erdkunde angewendet wird, weil es, wie seine Bezeichnung ausdrückt, im Anschaulichen und Vordergründigen haftet, ist der *Einzelfall* hauptsächlich auf höhere Klassenstufen der Erdkunde anzuwenden, bei dem an einem konkreten Einzelfall z. B. zur Verkehrs- und Stadtplanung, zur Entwicklungshilfe oder zum Umweltschutz Allgemeingültiges zu den jeweiligen Themenkreisen erarbeitet wird.

a. Ausgangssituation der vorliegenden Unterrichtsstunde ist eine erlebnisbetonte Geschichte, die erzählt, vom Lehrer vorgelesen oder von den Schülern selbst gelesen werden kann.

b. Danach schließt sich die Auswertung an, ausgehend von Spontanäußerungen der Kinder, die sich in niederen Klassenstufen noch sehr mit dem Schicksal der Hauptperson identifizieren bzw. Sachfragen stellen (Priel, Schlick, Ebbe, Flut, Hochwasser, Niedrigwasser ...).

    c. Die weitere Auswertung geht einmal in die Richtung der Verdeutlichung der Gefahren des Watts (erziehliche Ziele), zum anderen in die Richtung der klaren Erarbeitung der Begriffe Ebbe, Flut, Hochwasser, Niedrigwassr, Gezeiten, Tide, zeitliche Aufeinanderfolge, Bedingtsein durch Anziehungskräfte, besonders des Mondes (unterrichtliche Ziele). Als Beispiel für die Anziehung durch die Erde werden einige einfache Fallversuche vorgeführt. So ergibt sich in Bezug auf das Wasser der Meere, daß es von der Erde wie vom Mond angezogen wird.

    Die verschiedenen Phasen (Spring- bzw. Nipptiden) werden weggelassen, sofern nicht aus der Klasse diesbezügliche Fragen kommen. Bei solchen Situationen ist es besser, die Frage an die übrigen Schüler zurückzugeben, anstatt selbst komplizierte und zumeist unverständliche Erklärungen zu geben. Oft kann ein Schüler der Klasse in kindertümlicher Sprache und für den Fragesteller durchaus zufriedenstellend antworten. Sonst wird auf später verwiesen.

    d. Als letzter Punkt der Auswertung läßt sich eine Topographie an der Karte anschließen: Wo mag die Geschichte wohl gespielt haben, wo findet sich Watt, wo finden sich entsprechende Inseln vor der Küste?

    Kritik der Geschichte: Es ist zu prüfen, ob nicht eine dramatische Rettungsaktion der Hauptfigur didaktisch besser wäre als ihr Tod. Oder sollte, um ihre Wirkung abzuschwächen, auf die Fiktion der Geschichte hingewiesen werden? Oder sollte eine ähnliche Geschichte entworfen werden, wo Kinder von Cuxhaven-Duhnen nach Neuwerk wandern und sich bei auflaufendem Wasser auf einer im Watt errichteten hochwassergeschützten Plattform, die über Leitern zu erreichen ist, flüchten? Oder sollte eine aktuelle Zeitungsnotiz als Motivation für die Unterrichtsstunde verwertet werden?

    L; Ich möchte euch heute eine Geschichte erzählen. Ihr sollt euch dabei überlegen, in welcher Landschaft diese Gechichte spielt. Ich bin gespannt, ob es alle herausfinden ...

    Die Geschichte handelt von einem Matrosen mit dem Namen Uwe, der sieben Jahre zur See gefahren war, sieben Jahre, ohne einmal wieder zu Hause gewesen zu sein. Ihr könnt euch vorstellen, daß er sich danach sehnte, seine Mutter, die noch lebte, wiederzusehen ...

    Eines Tages war es so weit. Uwe steht an der Küste auf dem Deich und sieht in der Ferne eine Insel, sieht ganz deutlich den Kirchturm auf der Insel und einige Häuser. Da ist seine Heimat. Da wohnt seine Mutter und wartet auf ihn ...

    Uwe will nicht mehr warten. Er möchte so schnell wie möglich nach Hause. Das Boot von der Küste zur Insel fährt erst in einigen Stunden, wenn Hochwasser ist. Uwe kann nicht mehr so lange warten. Er macht sich auf den Weg. Noch ist Ebbe. Wie oft ist er früher, als er noch ein Junge war, diesen Weg gegangen, den Weg von der Insel zur Küste und umgekehrt. Er kann sich gar nicht verlaufen. Er sieht vor sich auch genau die Insel, den Kirchturm und die kleinen Häuser. Die Leute an der Küste haben ihn zwar gewarnt. Es soll gefährlich sein, jetzt allein loszugehen. Uwe weiß das auch. Aber er vertraut darauf, daß er den Weg schon oft gegangen ist und daher genau kennt...

Die Landschaft um ihn ist ganz flach und sieht dunkel aus. Überall stehen noch Wassertümpel. Manchmal sieht man in der Ferne einen Priel, einen Wasserarm. Der Boden unter den Füßen ist weich und gibt bei jedem Schritt nach. Möwen kreischen in der Luft...

Wie sich die Mutter freuen wird, denkt Uwe, nach dieser langen Zeit, nach sieben Jahren. Er hat ihr aber auch aus fremden Ländern schöne Sachen mitgebracht, aus China, aus Afrika und aus Amerika. Er trägt sie in seinem Seesack...

Aber was ist denn das? Auf einmal sieht man gar keine Insel mehr. Eben war sie schon ganz nahe, der Kirchturm, die niedrigen Häuser, jetzt hat sie der Nebel verschluckt, der von irgendwoher gekommen ist, der den Weg versperrt, kalt und feindlich und – etwas unheimlich...

Aber Uwe kennt den Weg. Wie oft ist er ihn gegangen, wenn die Sicht nicht so gut war. Allerdings, bei einem solchen Nebel, der plötzlich irgendwoher gekommen ist...

Der Boden unter den Füßen Uwes wird weicher, bei jedem Schritt weicher. Uwe sackt damit immer tiefer in den Schlick ein, in den dunklen, zähen, klebrigen, butterweichen Matsch oder Schlamm, der um ihn ist. Sollte er vielleicht vom rechten Weg abgekommen sein?

Nein, Uwe hat keine Angst. Er ist sieben Jahre zur See gefahren und hat dabei ganz andere Dinge erlebt, Stürme, bei denen das Meer wild tobte und das Schiff zu zerschmettern suchte, aber Uwe hatte alles gut überstanden.

Oben krächzen und schreien die Möwen. Ob sie ihn warnen wollen? Der Boden wird immer weicher, immer zäher, immer trügerischer, immer gefährlicher. Uwe sackt schon über die Knöchel bei jedem Schritt ein. Es rauscht in der Nähe. Da taucht ein Wasserarm auf, der den Weg abschneidet, ein Priel, von denen es in dieser Gegend so viele gibt. Uwe muß sich einen anderen Weg suchen. Aber da ist der Schlick noch schwärzer, noh noch weicher, noch tiefer. Uwe sackt schon fast bis an die Knie ein und kann seine Beine gar nicht mehr herausziehen. Es ist, als ob der Schlick ihn festhält, als ob er ihn herunterziehen will...

Auf einmal nähert sich Wasser, von vorne und von rechts und von links. Uwe dreht sich schnell um. Auch von hinten kommt Wasser fast lautlos herangeflossen. Uwe versucht wegzulaufen, aber überall brandet das Wasser auf ihn zu, und der Schlick hält ihn zäh fest. Jetzt reicht das Wasser schon bis an die Beine. Hier ist es noch tiefer. Uwe kann gar nicht mehr erkennen, wohin er tritt. Jetzt reicht es schon bis an seinen Bauch. Und wie eiskalt es ist. Und wie es strömt. Als wenn es ihn umreißen will. Uwe schreit. Aber keiner hört ihn. Beim nächsten Schritt spürt er gar keinen Grund mehr unter den Füßen. Er tritt in die Leere. Er stürzt um und hört noch, wie über ihm die Fluten gurgelnd zusammenschlagen...

Nach einigen Stunden, als das Boot bei Hochwasser von der Küste zur Insel fährt, entdeckt man im Wasser einen schwimmenden menschlichen Körper.

Das ist Uwe, ruft jemand auf dem Boot, ich kenne ihn an seiner Kleidung wieder. Er wollte nicht warten, bis das Boot fuhr, sondern zu Fuß zur Insel gehen. Aber man kann ihn nicht mehr retten...

Wieder einige Stunden später erstreckt sich dort, wo Uwe gewandert und wo das Boot gefahren ist, flaches Land, das dunkel aussieht. Überall stehen noch Wassertümpel. In der Ferne sieht man einen Priel. In der Luft kreischen die Möwen...[71]

2. Höhere Klassenstufen.

a) Als Ausgang stehen Definitionen von Begriffen, die allgemein bekannt sind, die aber dennoch leicht verwechselt werden, und die das folgende Bild in einen sachlogischen Zusammenhang zu bringen sucht. (Abb. 8).

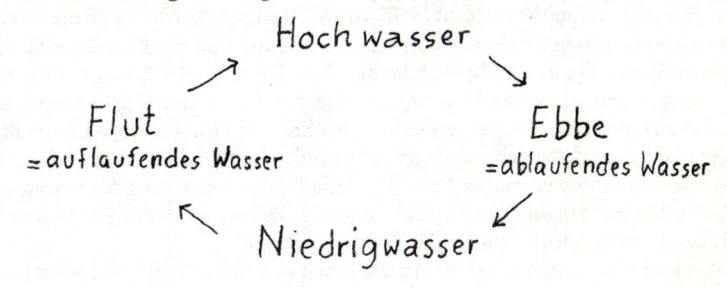

Abb. 8

$$\text{Flut} = \text{auflaufendes Wasser} \quad \nearrow \quad \text{Hochwasser} \quad \searrow \quad \text{Ebbe} = \text{ablaufendes Wasser}$$
$$\nwarrow \quad \text{Niedrigwasser} \quad \swarrow$$
$$\text{GEZEITEN} = \text{TIDE}$$

b) Beschreibung.
Zeitlich wechseln die Gezeiten je nach 12½ Stunden bzw. 2×6¼ Stunden ab.
Räumlich wechseln sich die Tiden in ihrer Dimension (Tidenhub) zwischen 0 bis 15 Metern ab. Beispiele: Bremen 2–3 Meter, an der französischen Nordwest- und der englischen Südwestküste über 10 Meter.

c) Erklärung. Die Beschreibung der räumlichen wie zeitlichen Phänomene der Gezeiten induziert (motiviert) die Kausalität (Erklärung).

α) Erklärung des zeitlichen Rhythmus.
Voraussetzung zum Verständnis ist das Newtonsche Gravitationsgesetz: Die Kraft, mit der sich 2 Massenkörper gegenseitig anziehen, ist direkt proportional dem Produkt der Massen und umgekehrt proportional dem Quadrat des Abstands. Ferner ist die Fliehkraft auf der Peripherie rotierender Körper (also der Meere auf der Erdoberfläche) abhängig von ihrer Masse, multipliziert mit dem Quadrat ihrer Geschwindigkeiten und dividiert durch den Radius des rotierenden Körpers (Erde). Die Ursächlichkeit der Gravitations- bzw. Fliehkraft interessiert die Allgemeine Geographie nicht, sondern die Physik.

Die Beeinflußbarkeit von Körpern an der Erdoberfläche durch Schwerkraft und Fliehkraft ist unterschiedlich, je nach Aggregatzustand. Feste Körper werden anders als flüssige Körper (Meere) beeinflußt.

An Massen sind vorhanden; Erde (E), Mond (M), Sonne (S). Die Masse der Sonne ist am größten, aber ist auch am weitesten entfernt (8 Lichtminuten). Die Masse des Mondes ist am kleinsten, aber er ist auch sehr nahe (1¼ Lichtsekunden). Daher hat der Mond für die Gezeiten eine größere Bedeutung als die Sonne, aber nicht die einzige.

Die Bewegung von Erde und Mond erfolgt um einen gemeinsamen Schwerpunkt, da sich beide nach dem Newtonsche Gravitationsgesetz anziehen. Infolge des Übergewichts der Masse der Erde liegt dieser noch innerhalb des Erdkörpers etwa ³/₄ Erdradius vom Erdmittelpunkt entfernt (4600 von 6400 Kilometern). Durch die Drehung um diesen gemeinsamen Schwerpunkt erfährt der Mond und die Erde eine Zentrifugalbeschleunigung, die aber nichts mit der durch die Rotation der Erde um ihre eigene Achse erzeugte Zentrifugalkraft zu tun hat und die der Anziehungskraft entgegenwirkt. Nur im Gravitationszentrum des Systems Erde-Mond, was noch innerhalb des Erdkörpers liegt, sind Anziehungskraft des Mondes und Fliehkraft der Erde gleich, auf der dem Mond zugewandten Seite der Erde ist die Anziehungskraft wegen der etwas geringeren Entfernung zum Mond ein wenig stärker, auf der abgewandten Seite entsprechend etwas schwächer als die Zentrifugalkraft.

Der Wechsel der verschiedenen Konstellationen von Erde, Mond und Sonne innerhalb eines Monats bewirkt Entstehung von Springfluten und Nipptiden. Klärung der verschiedenen Begriffe Konjunktion, Opposition, Quadratur im zunehmenden Viertel, Quadratur im abnehmenden Viertel nach folgendem Schema (Abb. 9).

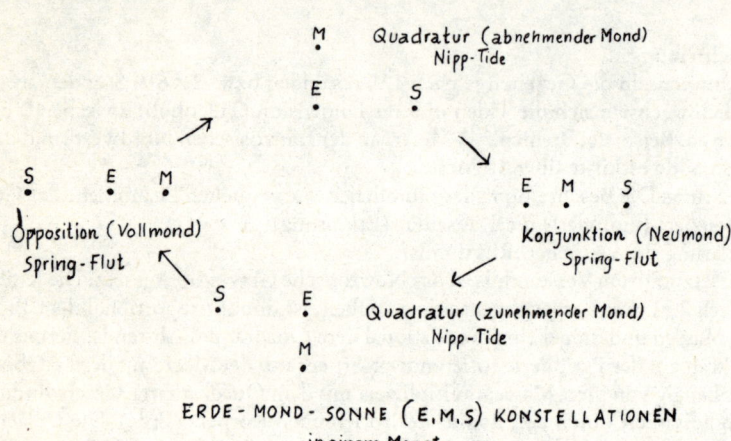

Abb. 9 ERDE-MOND-SONNE (E,M,S) KONSTELLATIONEN in einem Monat ARTEN der SPRING- und NIPP-FLUT

β) Erklärung der räumlichen Unterschiede

Falls der Flutberg des Meeres in sich verengende Meeresbuchten oder große Trichtermündungen wandert, wo der Querschnitt bzw. das Volumen der Hohlform sich landeinwärts verengen, steigt zwangsläufig die Flut unverhältnismäßig an (über 10 Meter an der Nordwest-Küste Frankreichs und an der Südwest-Küste Englands). Wo in ein Randmeer (Nordsee) von 2 Seiten die Flutberge eindringen (durch den Kanal zwischen England und Frankreich und vom Norden zwischen Schottland und Norwegen), ergeben sich komplizierte Überlagerungsverhältnisse, die unter Umständen auch zu einer Steigerung des durchschnittlichen Hochwasserwertes führen können.

d) Bedeutung für den Menschen

1. Springfluten in Zusammenhang mit besonderen Großwetterlagen können zu Deichzerstörungen und Landüberflutungen führen, ja zu Landverlusten (z. B. Zuiderzee, Dollart, Leibucht, Jadebusen, Nordfriesische Inselwelt). Jüngste Beispiele in diesem Zusammenhang Februar 1962 und Januar 1976.

2. Hafenanlagen richten sich nach dem Tidenhub. Ist er relativ gering (2–4 Meter), können Gezeitenhäfen angelegt werden (Hamburg, Bremen). Ist er größer, müssen Schleusenhäfen angelegt werden (Docks, London). Gezeiten- wie Schleusenhäfen haben Vor- und Nachteile. Die Vorteile des einen sind die Nachteile des anderen.

3. Nutzung des Tidenhubs an besonders qualifizierten Standorten für die Energiegewinnung. Beispiel: Das Gezeitenkraftwerk bei St. Malo[72]. Die Voraussetzungen für den Bau des Kraftwerks waren besonders günstig. Der Fluß Rance erweitert sich fast 10 km vor seiner Mündung in den Ärmelkanal zu einem natürlichen Staubecken bis zu einem km Breite. Unter günstigen Verhältnissen strömen in der Sekunde 18 000 m^3 Wasser in dieses 23 km^2 große Becken bzw. auch wieder hinaus.

Die Planung des Gezeitenkraftwerks erstreckte sich über 15 Jahre. 1961 begann man mit dem eigentlichen Bau des Damms. Diese Phase dauerte noch einmal 6 Jahre.

Heute hat das Kraftwerk die Form eines Hohldamms aus Beton. Der Damm ist etwa 750 m lang, über ihn läuft eine Verbindungsstraße, und in seinem Innern sind 24 Turbinenaggregate installiert, die in beiden Strömungsrichtungen arbeiten, bei Flut, wenn Meereswasser in das Rance-Becken strömt, und bei Ebbe, wenn das Wasser wieder abläuft. Der Wasserstrom, der den Staudamm passiert, entspricht fast dem des Mississippi, eines der größten Ströme der Welt. Die Leistung der 24 Turbinenaggregate pro Jahr läßt sich am besten dadurch veranschaulichen, daß damit eine Millionenstadt wie Hamburg etwa einen Monat lang versorgt werden kann (1972).

Auch an anderen Stellen der Erde werden andere Gezeitenkraftwerke geplant. Beispiel: Das Kraftwerk am Mont-Saint-Michel in der Nähe von St. Malo an der französischen Kanalküste, an der Severn-Mündung in Großbritannien, in der Bucht von San José in Argentinien.

Bezüglich des Gezeitenkraftwerks St. Malo ist es methodisch möglich, ja nützlich, nicht die fertige Lösung zu geben, sondern die Problemfrage, wie denn wohl die Gezeiten ökonomisch zu nutzen wären, welche natürlichen Voraussetzungen gegeben sein müssen (Bucht, Untergrund, Tidenhub) und wie die Anlage optimal technisch anzulegen ist. D. h. die fertige Lösung wird in das ursprüngliche Problem rückverwandelt.

Es zeigt sich, daß die Allgemeine Geographie bereits nicht unerhebliche Voraussetzungen erfordert, im vorliegenden Fall Physik. Diese setzt aber wieder Mathematik voraus. Andererseits ist Allgemeine Geographie selbst wieder Voraussetzung für Regionale Geographie und Angewandte Geographie. Es ergibt sich so eine Stufung oder Schichtung im Sinne der Ontologie N. Hartmanns[73]: Mathematik, Naturwissenschaften, Allgemeine Geographie, Regionale Geographie und Angewandte Geographie. Das Niedere erfordert nicht das Höhere. Das Höhere erfordert aber das Niedere. Oft wird aber das Niedere durch das Höhere umgewandelt, wie das Höhere das Niedere eben voraussetzt.

Weitere Beispiele aus der Allgemeinen Geographie ähnlicher Struktur: Beweise der Kugelgestalt der Erde, des Ellipsoides, des Geoides, die Entstehung von Tag und Nacht, die Entstehung der Jahreszeiten, der Datumsgrenze. Oder ein anderes Beispiel: Steigungsregen beim deutschen Mittelgebirge in der 5. Klasse, dessen physikalisches Bedingtsein nur schwer durchschaut wird. Mit Hilfe von prallen Luftballons sollte der Steigungseffekt verdeutlicht werden. Bei der Berührung mit dem Gebirge strömte Luft heraus, die dem Wasser entspricht. Viele Kinder dachten, die Wolken seien wie Ballons, die durch die Bergspitzen zum Platzen gebracht würden und so den Regen entleerten.

Ausgewählte Aufgaben

Pro und Contra der Allgemeinen Geographie in der Didaktik der Erdkunde unter Zugrundelegung von These und Antithese im vorliegenden Beispiel.

Kritische Analyse von Vorschlägen zur Bevorzugung der Allgemeinen Geographie in der Didaktik statt der Regionalen Geographie, inwieweit die vorgeschlagenen Themen auch wirklich Allgemeine Geographie darstellen und nicht Regionale Geographie, an denen etwas Allgemeines erarbeitet wird (vgl. Beispiel Japan mit der Erarbeitung des Phänomens der Allgemeinen Geographie: Überbevölkerung).

Weitere Beispiele der Regionalen Geographie, an denen Allgemeine Geographie gewonnen werden kann, oder Allgemeine Geographie in Kooperation mit Regionaler Geographie.

Diskussion der verschiedenen Möglichkeiten zur Ausgestaltung der erlebnisbetonten Geschichte (Uwe) in didaktischer Relevanz.

Vergleich der didaktischen Würdigkeit der Entstehung der Gezeiten und ihrer Bedeutung für den Menschen.

Ist es didaktisch-methodisch gerechtfertigt, den mondabgewandten Wellenberg mit der Fliehkraft der Erde durch die Drehung um ihre Achse zu erklären?

Methodische Aufbereitung der Einheit Bedeutung der Gezeiten für den Menschen in höheren Klassenstufen.

Methodische Aufbereitung der Einheiten die Erde als Kugel, als Ellipsoid, als Geoid, die Entstehung von Tag und Nacht, der Datumsgrenze, der Jahreszeiten.

Oft fragen Kinder: Die Erde ist eine Kugel. Warum fallen die Leute auf der Süd-Halbkugel nicht nach unten? Was ist zu antworten?

Ausgewählte Literatur

A. Hettner/H. Schmitthenner: Allgemeine Geographie des Menschen I, Stuttgart 1947.
Fischer-Lexikon: Geographie, Frankfurt 1975.
Fischer-Lexikon: Geophysik, Frankfurt 1975.
L. Hempel: Einführung in die Physiogeographie (Geomorphologie, Klimageographie, Hydrogeographie, Pflanzengeographie, Bodengeographie), Wiesbaden 1974f.
Westermanns Lexikon der Geographie, Braunschweig 1968f.
Westermanns Reihe: Das geographische Seminar, Braunschweig.
E. Obst: Das Problem der Allgemeinen Geographie, Verhandl. d. dtsch. Geographentages 27, 1948.
H. Schmitthenner: Zum Problem der Allgemeinen Geographie und der Länderkunde, Geogr. Rundschau 1970.
H. Schmitthenner: Zum Problem der Allg. Geographie u. der Länderkunde, Münchner geogr. Hefte 4, München 1954.
A. Schultze: Allgemeine Geographie statt Länderkunde! Zugleich eine Fortsetzung der Diskussion um den exemplarischen Erdkundeunterricht, Geogr. Rundschau 1970.
G. Hoffmann: Allgemeine Geographie oder Länderkunde? Es geht um Lernziele! Geogr. Rundsch. 1970.
J. Birkenhauer: Die Länderkunde ist tot – es lebe die Länderkunde, Replik auf die Aufsätze von A. Schultze u. H. Hendinger, Geogr. Rundschau 1970.

14. Gegenwart: Sozialgeographie: Möglichkeiten und Grenzen des programmierten Verfahrens am Beispiel: Das Gewinnstreben als Daseinsfunktion in der Stadt und ihrem Umland.

Pädagogik und Geographie haben sich in der BRD in der Zeit nach dem zweiten Weltkrieg nicht unerheblich nach Strömungen aus den USA bzw. England ausgerichtet. Hierzu gehört in der Geographie als Fachwissenschaft die Sozialgeographie, in der Pädagogik und Didaktik das programmierte Verfahren, in bezug auf die Erdkunde als Unterrichtsfach seine Integration in übergeordneten Fächern wie Gemeinschaftskunde, Sozialkunde, Staatsbürgerkunde, politische Bildung, die um die Kategorien Staat und Gesellschaft kreisen, eine Entwicklung, die in den USA durch die Schaffung der integrativ disponierten social studies entspricht (vgl. Beispiel 20).

Nicht selten wird die Soziologie als eine säkularisierte Theologie angesehen. Das heißt, die Theologie hat ihre Vorzugsstellung an die Soziologie abgegeben. An die Stelle Gottes und seine Offenbarung (in der Bibel) ist die Gesellschaft und ihre Offenbarung (in der Soziologie) getreten. Analog in der Geographie die Sozialgeographie.

Wie viele andere Phänomene und Begriffe ist die Sozialgeographie in der Geographie schillernd und uneindeutig. Es lassen sich mindestens vier verschiedene Interpretationen vornehmen:

1. Regionale Differenzierung der sozialen Verhältnisse.

Beispiel: Die VR China als ein besonders konsequenter Versuch, soziale Disparitäten aufzuheben, neuerdings noch rigoroser Kambodscha unter den roten Khmer. Ibero-Amerika und andere Länder der sogenannten Dritten Welt als Gebiete eklatanter sozialer Disparitäten, die nicht selten als vorrevolutionär gedeutet werden und zur Aufstellung der Typologie der fehlentwickelten Länder geführt haben[74].

2. Soziale Gruppen als raumgestaltende Kräfte.

Beispiel: Nach dem Zweiten Weltkrieg wurden zahlreiche militärischen Anlagen in der BRD durch die aus dem Osten kommenden Vertriebenen (jenseits der Oder-Neiße-Linie, Ausweis A/B) und Flüchtlinge (aus der ehemaligen sowjetischen Besatzungszone, Ausweis C) besiedelt, umgestaltet, wirtschaftlich neu erschlossen, einem Funktions- und Strukturwandel unterworfen. Aus ihnen entwickelten sich charakteristische Stadtneugründungen, wie sie in dieser Form ziemlich einmalig auf der Welt sein dürften: Neu-Gablonz bei Kaufbeuren als Siedlung von Sudeten-Deutschen mit der monofunktionalen Schmuckwarenindustrie in zahlreichen Klein- und Mittelbetrieben, Traunreuth Kreis Traunstein mit der Monostruktur eines Großunternehmens der Elektrobranche (Siemens), Waldkraiburg Kreis Mühldorf, Allendorf Kreis Marburg oder Espelkamp Kreis Lübbecke als besonders große und in ökonomischer Sicht diversifizierte Orte[75].

3. Sogenannte Daseinsfunktionen als raumrelevante Prozesse.

Zu diesen Daseinsfunktionen werden gezählt: Sich-fortpflanzen, In der Gemeinschaft leben, Arbeiten, Wohnen, Verkehrsteilnahme, Versorgen, Erholen, Bilden. Ihnen sind bestimmte Aktionsfelder zuzuordnen wie Wohngebiete, Produktionsareale, Verkehrsnetze. Auf dieser dritten Definition der Sozialgeographie liegt gegenwärtig der Schwerpunkt der Aktivitäten in der fachwissenschaftlichen Geographie gleichermaßen wie in der Didaktik der Erdkunde. Das Selbstverständnis dieser Sozialgeographie geht so weit, daß es die gesamte Geographie des Menschen (früher als Anthropo- bzw. Kulturgeographie bezeichnet) einschließlich der Wirtschaftsgeographie zu ersetzen meint[76].

4. Sozialgeographie als Angewandte Geographie (Planungsgeographie). Mehr darüber im Beispiel 15.

Neuerdings regt sich nicht unerhebliche Kritik an dieser letzten Konzeption der Sozialgeographie. Beispiel: Wiewohl sie sich als eine bedeutende Innovation in der Hochschule wie in der Schule erachtet, ist bei ihr bisweilen symptomatisch die Konzentration auf bloße Deskription, der Verzicht auf exakte Kausalitäten, die Verschleierung und Maskierung von Problem- und Konflikt-Strukturen, von denen die moderne Gesellschaft und der moderne Staat mehr als genug aufzuweisen haben. Parallel verläuft als eine Art Schizophrenie mit der Soziologisierung von Geographie und Erdkunde eine Entpolitisierung, von der Entwicklung der Geographie und Erdkunde her verständlich, denn zweimal hat man durch Politisierung und verlorene Weltkriege negative Erfahrungen gemacht, von der Sache her aber unmöglich, denn Staat und Gesellschaft hängen realiter unabdingbar zusammen und beeinflussen sich gegenseitig. So sehr sich die Sozialgeographie gegenwärtig in der BRD bläht, so atomar verhält sich gegenwärtig die Politische Geographie. Daher dürfte die moderne Sozialgeographie eher als konservativ denn als progressiv determiniert werden. Sie beschreibt vorwiegend und verschleiert statt Ursachen und Lösungsmöglichkeiten aufzuzählen. Das korrelierende Menschenbild dieser Konzepion ist der unkritische angepaßte Staatsbürger, der alle 4 Jahre auf ein Stück Papier ein Kreuz macht.

Beispiel aus dem didaktischen Raum: Daseinsfunktion In der Gemeinschaft leben, Unterabteilung In der Gruppe leben[77].

Lernzielanalyse. Der Schüler soll Wohnviertel nach dem Sozialstatus ihrer Bewohner von einander unterscheiden können. Er soll die wirtschaftlichen Voraussetzungen für das Wohnen in bestimmten Wohnvierteln nennen können. Er soll zu einer gegebenen Beschreibung der Wohnstruktur einer Stadt oder eines Stadtteils und zu einer gegebenen Beschreibung der Wirtschaftsform des entsprechenden Gebietes die gegenseitige Abhängigkeit zwischen Wohn- und Wirtschaftsstruktur aufzeigen können. Der Schüler soll die Auswirkung von Veränderungen in der Wirtschaft (z. B. Schließung eines Betriebs) auf die Veränderung der Wohnstruktur eines Gebiets wie auch die Veränderung der Lebensbedingungen des Einzelnen angeben können. Der Schüler soll die Auswirkungen von Veränderungen der wirtschaftlichen Bedingungen des Einzelnen auf das Wohnverhalten beschreiben können . . .[78]

33. Keine Gruppe ist gezwungen, in einem bestimmten Viertel zu wohnen.
Christian M. ist Direktor; er wohnt in einem Villenviertel. Dort kostet der m² Bauland 290,- DM; eine Wohnung von 100 m² kostet 550, DM Monatsmiete.
Der Angestellte Claus R. wohnt in einem anderen Viertel. Für einen m² Bauland werden hier 90,- DM verlangt. Die entsprechend große Wohnung kostet 320,- DM im Monat.
Warum kann sich der Angestellte kein Haus in dem Villenviertel bauen?...
Warum kann sich der Angestellte wahrscheinlich auch nicht die Wohnung in der Nähe des Direktors mieten?...[79]
34. Wenn ein höherer Angestellter zum Direktor befördert wird, steigt er in eine höhere Berufsgruppe auf und verdient mehr Geld.
Was glaubst Du, daß er nach einiger Zeit tun wird,
wenn er in einem Arbeiterviertel gewohnt hat?...
wenn er in einem Mischviertel gewohnt hat?...
wenn er in einem Villenviertel gewohnt hat?...[80]
35. Ein selbständiger Geschäftsmann hat großes Pech gehabt.
Er hat sein Geschäft aufgegeben, um seine Schulden zu bezahlen. Jetzt muß er als kleiner Angestellter in einem anderen Geschäft arbeiten...
Dieser Abstieg von einer höheren zu einer niederen Berufsgruppe bedingt,
daß er sein Haus vergrößert
daß er sich ein neues Haus bauen läßt
daß er sein Haus verkauft und in eine billigere Wohnung zieht[81].
37. (Es wird von einem Industriewerk gehandelt.) Angenommen, dieses Werk muß schließen.
Was werden die ehemaligen Arbeiter dieses Werkes tun, wenn es in derselben Stadt noch mehrere Werke dieser Art gibt?...
Was werden sie tun, wenn sie in ihren bisherigen Berufen keine Arbeit in ihrer Stadt finden, diese aber nicht verlassen wollen?...[82]
38. Wenn in einer Stadt ein Kohlebergwerk schließen muß, so sind etwa 1000 Personen arbeitslos. In dieser Stadt und ihrer Umgebung befindet sich sonst kein weiteres Bergwerk.
Was wird einer dieser Arbeitslosen tun, der auch weiterhin Bergarbeiter sein will?...
Was wird wahrscheinlich einer tun, der in dieser Stadt ein eigenes Haus mit großem Garten besitzt?...[83]
40. In dieser Stadt wurde also ein neues Automobilwerk gebaut. Auf diese Weise wurden viele neue Arbeitsplätze geschaffen.
Welche der Aussagen dieser Jungen ist richtig?...
1. Hans: Wenn also in einer Stadt ein neues Werk gebaut wird, so werden die in der Stadt lebenden Berufsgruppen davon überhaupt nicht betroffen.
2. Fritz: Wenn in einer Stadt eine neue Berufsgruppe gebraucht wird, so können sich die bisher in der Stadt tätigen Gruppen stark verändern.

3. Erich: Wenn ein neues Werk gebaut wird, so werden die bisher tätigen Berufsgruppen nicht mehr benötigt.[84]
44. In der indischen Stadt werden also sehr große Unterschiede zwischen einzelnen Gruppen gemacht. Sie wohnen deshalb auch völlig getrennt in den Siedlungen.
In Deutschland finden wir dies nicht.
Jedoch sind auch bei uns nicht alle Gruppen völlig gleichmäßig in die Gemeinschaft aufgenommen:
Eine andere Sprache oder Hautfarbe sind oft der Grund dafür.[85]
Schon die Bezeichnung der Daseinsfunktion In der Gemeinschaft leben dürfte problematisch sein und erinnert an die scheinbar heile Welt der Volksgemeinschaft vergangener Provenienz. Aber auch verschiedene Einführungen zu den Arbeitsaufgaben lassen sich problematisieren und sind anschauliche Beispiele für Verschleierung, Fatalismus, Freiheitsoptimismus:
Keiner ist gezwungen, in einem bestimmten Viertel zu wohnen ...
Ein selbständiger Geschäftsmann hat großes Pech gehabt ...
Angenommen, ein Werk muß schließen ...
Wenn in einer Stadt ein Kohlebergwerk schließt ...

Ein ähnlicher Fall von Radio Bremen, Schulfunk[86]
Ausgang ist ein Konflikt in der Familie: Die Kinder zanken sich, die Wohnung ist zu klein.
Folgende Lösungen werden eingeschlagen:
1. Lektüre der Zeitung hinsichtlich des Wohnungsangebots: Sie sind zu teuer (Miete, Nebenkosten, Maklergebühren), schon vergeben, oder man möchte keine Kinder.
2. Eigene Anzeige in der Zeitung: Die Angebote sind ohne Zentralheizung, zu teuer, oder die Entfernungen sind zu groß.
3. Nach dem Erlebnis der Frustration in der Familie ergibt sich bei einem Gespräch in der Werkskantine des Familienvaters per Zufall eine passende Wohnung.
Fazit der Sendung: Ursächlichkeit der hohen Mieten, der Nebenkosten, der Maklergebühren, der langen Verkehrswege, der Kinderunfreundlichkeit werden nicht behandelt, also verschleiert. Man verläßt sich auf ein gütiges Schicksal, das eine passende Wohnung beschert, so wie man sich früher auf Gott oder andere metaphysische Instanzen verließ (Fatalismus). Man vergleiche hierzu Beispiel 2 mit einer ähnlichen Einstellung in der Zeit um 1800.
Hinter jeder sozialgeographischen Daseinsfunktion bzw. ihrem Funktionsfeld in jeder Stadt stehen politische Verhältnisse, ob es sich um eine bestimmte Verkehrspolitik, Wohnungsbaupolitik, Wirtschaftspolitik, Bodenpolitik, Kommunalpolitik handelt. Die Beschränkung auf Daseinsfunktionen verschleiert so den Blick auf die dahinter stehenden politischen Phänomene, die eigentlich zu problematisieren wären. Die Sozialgeographie der Daseinsfunktionen, nicht jede Sozialgeographie im Sinne der ersten beiden Definitionen, erweist sich also als eine verschleiernde Politische Geographie.

Im Katalog der raumrelevanten Daseinsfunktionen fehlt unter anderem das Gewinnstreben. Das dürfte unter Zugrundelegung der vorausgegangenen Ausführungen kein Zufall sein, denn die als Fakten kommentarlos hingenommenen Voraussetzungen wie ein Geschäftsmann hat Pech gehabt oder ein Betrieb muß schließen sind unter anderem und gar nicht selten zu einem erheblichen Teil in der Daseinsfunktion des Gewinnstrebens anderer Personen bzw. anderer Unternehmen begründet. Es dürfte an der Zeit sein, diese Daseinsfunktion zu enttabuisieren, denn wenn in den letzten Jahren mit der Sexualität in der neu etablierten Sexualkunde eine Enttabuisierung sich vollzogen hat, dürfte es uneinleuchtend sein, dem Gewinnstreben didaktisch noch immer ein Feigenblatt vorzuhalten, auch in der Sozialgeographie.

Unter Gewinnstreben soll, um Mißverständnissen entgegenzuwirken, materielles (finanzielles) Erwerbsstreben gemeint werden.

Interessant ist, daß die Kategorie der Intensität in der Ökonomischen Geographie schon seit Thuenens Isoliertem Staat um 1800 und in der ersten Hälfte dieses Jahrhunderts bei der Gliederung der Erde unter den Intensitäts-Extensitäts-Aspekten von Laur und Beschorner eine wichtige Rolle spielte und spielt. Ökonomisch-geographisches Intensitäts-Denken kohäriert aber in privatwirtschaftlichen wie in planwirtschaftlichen Systemen eng mit Gewinnstreben. Was in sozialistischen Staaten und Gesellschaften abgelehnt wird, ist das doppelt anarchistische Prinzip der Profitmaximierung auf der Basis der Produktionsmittel, und die zahlreichen kapitalistischen Länder der Erde differenzieren sich sehr nach der Konzeption des ökonomischen Liberalismus. Das Gewinnstreben ist gar nicht selten determinierender Motor der Intensivierung, ob es sich um agrarische Flächen und Betriebe oder um die ökonomische Struktur einer Region insgesamt in der Addition ihrer primär-, sekundär-, tertiärfunktionalen Standorte handelt.

Ohne auf die prinzipielle Diskussion der Problematik des *programmierten Unterrichts* genauer einzugehen, soll doch auf die Möglichkeit objektiver Leistungskontrolle und Zensierung, auf die Normierung des Wissens und Denkens und auf die Einschränkung eigener Spontaneität und Kreativität hingewiesen werden. Beispiel: In vielen Fällen des programmierten Verfahrens wird von Fakten ausgegangen und eine Alternative zur Beantwortung offeriert, wo lediglich zwischen richtig und falsch zu wählen ist. Diese Alternativen erleichtern zwar die objektive Kontrolle, sie nehmen aber dem Schüler den kreativen Weg des eigenen Auffindens von Fakten (Fragen und Antworten) ab. Zugleich werden hierdurch nicht selten komplexe Kausalitäten deformiert. Diese Gefahr soll in vorliegenden Beispielen möglichst vermieden werden.

Das programmierte Verfahren wird, sofern es der Neuerarbeitung dient, mit einer Information geliefert, aus der die jeweiligen Antworten und Lösungen zu extrahieren sind. Im vorliegenden Falle wird darauf verzichtet, weil die Empirie des Schülers durch seine Existenz in der Gesellschaft (nicht Gemeinschaft) genug Informationen zur Lösung der Aufgaben liefern dürfte. Erdkundliche Programme beinhalten oft neben Texten auch noch Kärtchen, Statistiken und ähnliches. Sie sind aber im vorliegenden Falle nicht unabdingbar.

Bedenklicher ist, daß wie in den anderen auf dem didaktischen Markt sich befindlichen sozialgeographischen Lehr- und Lernprogrammen Bezugspunkt eine abstrakte theoretische konstruierte Stadt ist. Größere Motivation, mehr Lebensnähe und damit höhere didaktische Relevanz hat aber die eigene reale konkrete Stadt, in der man lebt. So würde es didaktisch nur sinnvoll sein, nach dem allgemein gehaltenen Lehrprogramm nicht abzuschließen, sondern den Transfer auf die anschauliche Realität (früher Heimat, heute Umwelt genannt) zu vollziehen.

Unterrichtsziel des vorliegenden Konzepts ist also der Versuch, die Daseinsfunktion Gewinnstreben am Beispiel der Raumstruktur Stadt und Umgebung kennenzulernen, ihre Bezugspunkte, ihre Verflechtungen mit anderen Funktionen, besonders aber auch die Auswirkungen auf die städtischen Problem- und Konflikt-Strukturen aufzusuchen. Dieses Ziel läßt sich gliedern in

a) Phänomenologie, Beschreibung, was liegt vor
b) Kausalität, Erklärung, worauf ist es zurückzuführen
c) Finalität, was ist zur Beseitigung und Verbesserung zu tun

Bei der Kausalität wird großer Wert darauf gelegt, die oftmals scheinbar simplen Phänomene in ihrer Komplexität zu begründen, multi- statt monokausal vorzugehen, und damit ein Denken zu fördern, dessen Bedeutung in der Didaktik nicht hoch genug eingeschätzt werden kann. Daraus resultiert aber auch, daß die Daseinsfunktion Gewinnstreben nur in den seltensten Fällen einzige und alleinige Ursache für Fakten, Phänomene, Probleme, Konflikte, Schwierigkeiten der Stadt ist, sondern in der Realität im engen Kontext mit anderen Kausaldeterminanten steht.

Bei der Finalität (Aufgabe 20) wäre es optimal, wenn die Schüler selbst Lösungen kreativ finden, ihr Pro und Contra, Möglichkeiten und Schwierigkeiten der Verwirklichung diskutieren würden. Zugleich aber zeigt diese Aufgabe 20 eine Grenze des programmierten Verfahrens, denn hier scheiden sich letztlich die Weltanschauungen, und das Lehrprogramm dürfte nicht die Funktion haben, auch diese bei den Schülern zu normieren.

So gesehen ist der vorliegende Beitrag zugleich konzipiert, Möglichkeiten und Grenzen des programmierten Verfahrens zu demonstrieren. Er schreitet von einer notwendigen Grundlegung über den eigentlichen Teil der Anwendung der Grundlegung am Beispiel Stadt bis zur Grenze der Möglichkeiten des Lehrprogramms. Er bietet Alternativfragen, fragt nach der Anwendung der Begriffe im Lückentest, arbeitet mit Multiple Choice, wo er bewußt gelegentlich uneindeutige Lösungen im Interesse der Steigerung eigenen kritischen Denkens forciert.

Es ist so der Weg vom programmierten Verfahren, das von Fremdpersonen konzipiert wird, zum eigenen selbständigen kritischen Denken, das das programmierte Verfahren hinter sich läßt und nur noch als Mittel zum Zweck ansieht.

Lehrprogramm

1a. Du kaufst eine Ware (z. B. Äpfel oder eine Hose).
Welche kaufst du bei gleicher Qualität, die billigere oder die teurere? Antwort:
1b. Welche Arbeitsstelle wählst Du, wenn die sonstigen Bedingungen gleich sind (z. B. Weg zur Arbeitsstelle), wo Du mehr oder weniger verdienst? Antwort:
1c. Welche Wohnung wählst Du, wenn die sonstigen Bedingungen (z. B. Ausstattung der Wohnung) gleich sind, die billigere oder die teurere? Antwort:
1d. Du verkaufst auf dem Flohmarkt einige Sachen (z. B. alte Bücher und altes Geschirr). Möchtest du möglichst viel oder wenig Geld einnehmen? Antwort:
Wie verhalten sich die meisten Menschen bei 1a, 1b, 1c, 1d?

2a. Welche von den folgenden Personengruppen möchte möglichst hohe Einnahmen erzielen: Bauer, Fabrikunternehmer, Warenhändler, Hausvermieter, Arbeitnehmer (Arbeiter, Angestellter)?
2b. Welche von den folgenden Personengruppen möchte möglichst geringe Ausgaben haben: Käufer, Mieter, Bauer, Fabrikunternehmer, Warenhändler, Hausvermieter, Arbeitnehmer?
2c. Zwischen welchen Personengruppen kann daraus ein Konflikt entstehen, derart, daß ihre Interessen aufeinander stoßen? Antwort (genau):

3a. Ein Milchbauer nimmt im Jahr 100000 DM ein. Ein Kleiderfabrikant nimmt im Jahr 1 Million DM ein. Ein Gemüsehändler nimmt im Jahr 500000 DM ein. Ist das ihr Gewinn (Profit)? Antwort:
3b. Der Bauer hat im gleichen Jahr Ausgaben von 100000 DM. Der Kleiderfabrikant hat im gleichen Jahr Ausgaben von 1 Million DM. Der Gemüsehändler hat im gleichen Jahr Ausgaben von 500000 DM. Haben sie einen Gewinn gemacht? Antwort:

4a. Die Einnahmen des Milchbauern setzen sich normalerweise zusammen aus dem Verkauf von Kartoffeln, Eiern, Käse, Blumen, Butter, Schrott, Bier, Fleisch, Lebendvieh, Milch.
4b. Die Einnahmen des Kleiderfabrikanten setzen sich normalerweise zusammen aus dem Verkauf von Schrott, Kleidern, Blumen, Würsten, Kleiderbügeln, einem alten Lastwagen, aus Miete von anderen Firmen im eigenen Bürohaus, Steuern, Verpackungsmaterial.
4c. Die Einnahmen des Gemüsehändlers setzen sich normalweseise zusammen aus dem Verkauf von Möbeln, Obst, Kartoffeln, Kohl, Salat, Wäsche, Brot, Grundstükken, Kleidern, aus Pacht von Firmen auf dem eigenen Grundstück, Steuern, Verpackungsmaterial.
Kreuze das Richtige jeweils an.

4d. Die Ausgaben des Milchbauern setzen sich normalerweise zusammen aus dem Einkauf von Saatgut, Viehfutter, Düngemitteln, landwirtschaftlichen Geräten, Möbeln, Lebensmitteln, aus Steuern und Heizungskosten.

4e. Die Ausgaben des Kleiderfabrikanten setzen sich normalerweise zusammen aus dem Einkauf von Tuchen, Kupferdraht, Garn, Kleidern, Knöpfen, Nähmaschinen, Schulbüchern, Kugelschreibern für Werbezwecke, Verpackungsmaterial, Lastwagen, Büromöbeln, aus Miete für das Büro, Lohn für Arbeiter, Angestellte, Beamte, ferner Steuern.

4f. Die Ausgaben des Gemüsehändlers setzen sich normalerweise zusammen aus dem Einkauf von Gemüse, Schokolade, Obst, Kartoffeln, Blumen, Elektrowaren, aus Miete, Steuern, Krankenkassenbeitrag, Lohn für Putzfrau und weitere Angestellte.

Kreuze das Richtige jeweils an.

5. Überwiegen die Ausgaben die Einnahmen, spricht man von einem Verlust (Defizit).

$$A > E \quad \text{Defizit}$$

Überwiegen die Einnahmen die Ausgaben, spricht man von einem Gewinn (Profit).

$$E > A \quad \text{Profit}$$

Sind beide gleich, spricht man von Kostendeckung.
Der Bauer, der Fabrikant, der Händler streben meistens danach,
  a. einen hohen Verlust zu erreichen
  b. einen kleinen Verlust zu erreichen
  c. einen hohen Gewinn zu erzielen
  e. kostendeckend zu arbeiten
Kreuze die richtige Antwort an.
Wenn eines sich nicht verwirklichen läßt, welches wäre dann die zweitbeste Lösung, welches die drittbeste, welches die unangenehmste Lösung?

6. Nun gibt es nicht nur einen Milchbauern, einen Kleiderfabrikanten, einen Gemüsehändler, sondern viele. Sie alle stehen im Wettbewerb (Konkurrenz) untereinander.

Die besten Möglichkeiten, einen hohen Gewinn zu erzielen, sind daher
  a. die Erhöhung der Preise
  b. die Erniedrigung der Preise
  c. die Qualität der Waren zu verbessern
  d. die Qualität der Waren zu verschlechtern
  e. sich pensionieren zu lassen, Rentner zu werden,
  d. auszuwandern
  g. eine neue Erfindung zu machen
  h. in eine Marktlücke zu stoßen
  i. sich mit den Kollegen derselben Branche über den Preis abzusprechen

l. die Konkurrenzunternehmen möglichst alle aufzukaufen
k. den Wettbewerb abzuschaffen
Kreuze das Richtige an.

7. In einer Stadt und ihrer Umgebung gibt es folgende Wirtschaftsunternehmen bzw. Personengruppen, die ein Interesse haben, einen möglichst hohen Gewinn mit den angeführten Hilfsmitteln zu erzielen.
Eine Kleiderfabrik
Hausbesitzer als Vermieter von Wohnungen
Hausbesitzer mit einem Eigenheim
Mieter mit ihren Wohnungen
Lastwagenfahrer als Lohnempfänger einer Firma (Stundenlohn)
Lastwagenfahrer als Eigentümer seines Wagens
Radfahrer
Milchbauer
Bundesligafußballverein
Baulandgrundstücksbesitzer
Stadttheater
Rechtsanwalt und Notar mit Büro
Rechtsanwalt und Notar im Ruhestand
Kindergarten
Klempnermeister
Bedürfnisanstalt (ohne Personal)
Reisender im eigenen Pkw
Reisender im betriebseigenen Pkw
Rentner im Liegestuhl
Arzt für Allgemeinmedizin
Supermarkt
Trödelladen
Bank (Geldinstitut)
Bank (zum Sitzen)
Krankenhaus
Müllabfuhr
Gewächshausbauer
Molkerei
Kino
Ziegelei
E-Werk
Spielplatz
Fischhandlung
Altersheim
Bahnhof

Post
Wohnungsamt
Polizeistelle
Friedhof
Großkaufhaus
Kaserne
Schrebergärten, Parzellen (ohne Verkauf auf dem Markt)
Kreuze das Richtige jeweils an.
Wo fällt die Entscheidung schwer? Warum?

    8. Ordne die aufgeführten Wirtschaftsunternehmen bzw. Personengruppen.
    a. Ob sie zum Primärbereich gehören: Landwirtschaft, Forstwirtschaft, Bergbau, Fischfang. Es werden hier Rohstoffe gewonnen. Antwort:
    b. Ob sie zum Sekundärbereich gehören: Industrie. Es werden Rohstoffe in den Fabriken verarbeitet. Antwort:
    c. Ob sie zum Tertiärbereich gehören: Dienstleistungen. Es wird verteilt, versorgt, verwaltet, unterrichtet, unterhalten, geholfen. Antwort:
    d. Rest, der in das Schema nicht hineinpaßt:
    e. Ein Heringskutter gehört zum ... Bereich. Eine Braunkohlegrube gehört zum ... Bereich. Eine Möbelfabrik gehört zum ... Bereich. Ein Malereibetrieb gehört zum ... Bereich. Ein Architektenbüro gehört zum ... Bereich. Eine Badeanstalt gehört zum ... Bereich. Eine Tankstelle gehört zum ... Bereich.

    9. Die Stadt kann man gliedern in City (Innenstadt), Industrie- und Gewerbegebiet, Wohngebiet, Verkehrswege, Grünanlagen und Erholungsgebiete, ferner in Stadtrand und Umgebung.
    a. Versuche, die verschiedenen Wirtschaftsunternehmen bzw. Personengruppen von 7 in die verschiedenen Stadtgebiete einzuordnen. Welche Zuordnung ist eindeutig, welche ist uneindeutig?
    b. Versuche, die verschiedenen Bereiche von 8 den verschiedenen Stadtgebieten zuzuordnen. Welche Zuordnung ist eindeutig, welche ist uneindeutig?
    c. In welchen der verschiedenen Gebiete der Stadt wird besonders viel Gewinn gemacht? In welchem der verschiedenen Gebiete der Stadt wird weit weniger oder gar kein Gewinn gemacht?

    10. Man unterscheidet folgende Daseinsfunktionen des Menschen: Sich-fortpflanzen, In-der-Gemeinschaft-leben, Arbeiten, Wohnen, Bilden, Erholen, Verkehrsteilnahme, Versorgen, Entsorgen, Gewinn machen, sonstige.
    Welcher Daseinsfunktion, welchen Daseinsfunktionen dienen normalerweise folgende Gebiete bzw. Einrichtungen einer Stadt
    die Innenstadt
    ein Rummelplatz, Jahrmarkt
    ein Friedhof

ein Müllplatz
ein Museum
eine Kaserne
eine Messe (Gottesdienst)
eine Messe (Handelsmesse)
eine Werkssiedlung
eine Kammfabrik
eine Schrebergarten- bzw. Parzellenkolonie

11. In der Innenstadt gibt es kaum noch Wohnungen,
weil nach Geschäftsschluß die Innenstadt ausstirbt
weil die Pendlerwege zu lang sind
weil es kein Interesse an Wohnungen in der Innenstadt gibt
weil der Bürgermeister Meyer heißt
weil die Grundstückspreise zu hoch sind
weil man woanders Wohnungen baut
weil die Glocken der alten Kirchen stören
weil in der Innenstadt ein Fußgängerparadies errichtet wird
weil sich Kaufhäuer, Behörden und Büros dort ausbreiten
weil in der Innenstadt mehr Gewinn durch Dienstleistungen als durch Wohnungen gemacht werden kann
Kreuze das Richtige an
Suche selbst weitere Gründe

12. Im Altbaugebiet stehen Wohnungen und Häuser leer,
Weil sie zu teuer sind
weil sie zu billig sind
weil sie baufällig sind
weil sie ohne ausreichende sanitäre Ausstattung sind
weil sie kaum Tageslicht und Sonne haben
weil keiner mehr dort wohnen will
weil sie abgerissen werden sollen
weil in der Nachbarschaft Türken wohnen
weil die Leute gerade ausgezogen sind
weil die Eigentümer in Grundstücken spekulieren
weil der Verkehrslärm vor der Tür unerträglich ist
weil die Umweltbelastung durch Gewerbebetriebe unerträglich ist
weil dort bald große Versicherungen und Banken und andere Verwaltungsgebäude gebaut werden sollen
weil der Staat nicht genug Steuern einnimmt
Kreuze das Richtige an
Suche selbst weitere Gründe

13. Im Neubaugebiet stehen Häuser und Wohnungen leer,
   weil keine ausreichende Versorgung (z. B. Läden, Ärzte, Schulen) in der Nachbarschaft ist
   weil die Mieten zu hoch sind
   weil die Mieten zu niedrig sind
   weil die Verkehrswege zum Arbeitsplatz zu lang sind
   weil die Verkehrswege zum Arbeitsplatz zu kurz sind
   weil viele Kinder durch ihren Lärm stören
   weil keiner dahin ziehen will
   weil in der Nähe eine vielbefahrene Autobahn vorbeigeht
   weil die Häuser wie monotone Wohnsilos aussehen
   weil nebenan Äcker und Weiden sind
   weil die aufgelockerte Bauweise mißfällt
   weil die Leute sich nicht kennen
   weil die Grundstückspreise für den Bau zu hoch waren
   Kreuze das Richtige an
   Suche selbst weitere Gründe

14. Die Straßen der Stadt sind oft verstopft durch den fließenden oder ruhenden Verkehr. Wodurch mehr: Durch private Pkws und Laster oder durch öffentliche Verkehrsmittel (Straßenbahnen, Busse):
   Im Stadtverkehr ist der private Verkehr mehr als der öffentliche Verkehr vertreten,
   weil der Staat es durch Gesetze verfügt (z. B. Kilometerpauschale)
   weil die Pkw-Halter oft arme Studenten sind
   weil der Privatwagen (Pkw, Laster) dem Gewinnstreben des einzelnen nützlicher ist als die öffentlichen Verkehrsmittel
   weil es Arbeitsplätze in der Automobilindustrie sichert
   weil es soviel Reklame für Pkws gibt
   weil viele Waren statt mit der Bundesbahn mit Privatlastern transportiert werden
   weil es vornehm ist, einen eigenen Wagen zu besitzen und zu fahren
   weil die öffentlichen Verkehrsmitteln zu teuer sind
   weil die öffentlichen Verkehrsmitteln zu wenig fahren
   weil die öffentlichen Verkehrsmitteln meist zu voll sind
   weil es noch zu viele Fußgänger gibt
   weil die Ampeln an den Kreuzungen zu lange rot zeigen
   weil viele Personen zu weit von öffentlichen Verkehrsmitteln entfernt wohnen
   weil die Fahrzeit mit öffentlichen Verkehrsmitteln zu lange dauert (Warten, Umsteigen)
   weil die Benutzung der öffentlichen Verkehrsmittel zu umständlich ist
   weil man sich in öffentlichen Verkehrsmitteln eher anstecken kann
   weil es ein schöner Anblick ist, lange Pkw- und Lasterkolonnen in der Stadt zu sehen

weil der Straßenbau für Pkws und Laster billiger ist als für öffentliche Verkehrsmittel
weil der Straßenbau Arbeitsplätze sichert
weil sich noch nicht ausreichend Bürgerinitiative zur Änderung der Verhältnisse gebildet hat
Kreuze das Richtige an
Suche weitere Gründe

15. Im Gewerbegebiet der Stadt ist viel Umweltbelastung durch Lärm, Erschütterung, Abgase, Verkehr,
weil das nun einmal zum Gewerbe dazugehört
weil es keine ausreichenden Gesetze gibt
weil die bestehenden Gesetze nicht ausreichend angewendet werden
weil es die Arbeitsplätze sichert
weil es die Gewerbesteuer für die Stadt sichert
weil es den Wohlstand der Bürger der Stadt sichert
weil man die Bewohner der Umgebung des Gewerbegebiets auf diesem Wege verdrängen möchte
weil die Betriebe vor allem ihren Gewinn mehren wollen
weil der Wettbewerb der Betriebe sie dazu zwingt
weil sonst das Fernsehen keine aktuellen Themen mehr hat
Kreuze das Richtige an
Suche weitere Gründe

16. Zu den öffentlichen Einrichtungen der Stadt zählen neben Kindergärten, Schulen, Krankenhäusern, Badeanstalten, Parks auch Spielplätze. Letztere sind oftmals nicht ausreichend vertreten,
weil Kinder nicht wählen dürfen
weil der Bürgermeister keine Kinder hat
weil Spielplätze in Ländern der Dritten Welt auch oft fehlen
weil Parkplätze für Pkws wichtiger sind
weil Spielplätze nicht der Sicherung von Arbeitsplätzen dienen
weil es keinen ausreichenden Grund und Boden gibt
weil Grund und Boden zu teuer sind
weil es an Geld fehlt, sie zu bauen
weil die Behörden zu langsam arbeiten
weil Spielplätze keine Steuern für die Stadt einbringen
weil sie überflüssiger Luxus sind
weil sich in ihnen kein Gewinnstreben verwirklichen läßt
weil die Bürger selbst in ihrer Freizeit Spielplätze anlegen sollen anstatt zum Fußball zu gehen oder mit dem Pkw wegzufahren
Kreuze das Richtige an
Suche weitere Gründe

17. Die Verwaltung der Stadt ist an der Ansiedlung von Betrieben in der Stadt besonders interessiert (Fabriken, Verwaltungen),
damit die Einwohnerzahl der Stadt steigt
damit die Zahl der Arbeitsplätze der Stadt steigt
damit das Steueraufkommen der Stadt steigt
damit mehr Schulen, Behörden, Parks angelegt werden können
damit noch mehr Gelände für Gewerbe angeboten werden kann
damit die Leute aus der Stadt ziehen, weil es ihnen dort zu unerträglich durch Umweltbelastung wird
damit der Bürgermeister nach seinem Tode ein Denkmal bekommt
damit vorwiegend den Interessen der breiten Masse der Bevölkerung gedient wird
damit vorrangig den Interessen der Unternehmer gedient wird
Kreuze das Richtige an
Suche weitere Folgen

18. Im Umland der Stadt stehen Bauernhöfe leer,
weil die Söhne der Bauern zum Gymnasium pendeln
weil die Bauern für ihre landwirtschaftlichen Güter keinen Absatz mehr finden
weil die Häuser baufällig sind und nicht mehr hygienisch
weil wohlhabende Stadtbürger die Bauernhäuser zu Zweitwohnungen umgestalten möchten
weil die Bauern Neubauten in der Nähe ihrer Felder errichten
weil die Bauern sich umschulen lassen und in die Stadt ziehen
weil die Preise für landwirtschaftliche Güter steigen
weil die Preise für landwirtschaftliche Güter fallen
weil die Bauern ihre Ländereien als Bauland teuer verkauft haben und nach Oberbayern gezogen sind
weil der Wettbewerb in der Landwirtschaft besonders hart ist
Kreuze das Richtige an
Suche weitere Gründe

19. Im Umland der Stadt finden sich viele Eigenheime, die in der Stadt selbst fehlen,
weil im Umland der Boden billiger ist
weil hier ein gesundes Wohnen möglich ist
weil die Verkehrswege zur Stadt lang sind
weil es wenig Schulen, Läden, Ärzte gibt
weil man es im Werbefunk oft hört und im Werbefernsehen oft sieht
weil sich die Frauen, wenn sie nicht berufstätig sind, dort langweilen
weil es vornehm ist, ein Eigenheim im Grünen zu besitzen
weil Ehemann und Ehefrau beide berufstätig sind und möglichst viel Geld verdienen wollen
weil die Parteien damit Reklame machen

Kreuze das Richtige an
Suche weitere Gründe

20. Angenommen, das Gewinnstreben einzelner Unternehmen würde durch Vergesellschaftung (Verstaatlichung) der Landwirtschaft, der Industrie, der Dienstleistungen einschließlich der Wohnungen abgebaut,
dann würde die Stadt noch mehr Behörden und Beamte haben als sie schon hat
dann würde die Stadt weit weniger Behörden und Beamte haben als sie hat
dann würde die Stadt sich noch schneller ändern als sie sich gegenwärtig ändert, es würde noch mehr gebaut werden
dann würde sich die Stadt langsamer ändern, es würde weniger gebaut werden
dann könnten mehr öffentliche Einrichtungen wie Schulen, Krankenhäuser, Parks errichtet werden,
dann könnten weniger öffentliche Einrichtungen wie Schulen, Krankenhäuser, Parks errichtet werden
dann brauchte man nicht mehr so viel zu arbeiten, die Arbeitszeit würde kürzer (quantitativ)
dann wäre der Streß (die Belastung) im Berufsleben meist nicht so groß (qualitativ)
dann wären die Mieten höher
dann wären die Mieten niedriger
dann könnten großzügig Neubauten und Altbausanierungen durchgeführt werden
dann würden historisch bedeutungsvolle Bauten nicht abgerissen für Kaufhauskonzerne, sondern sorgfältig restauriert
dann würden die Läden an der Straßenecke bestehen bleiben, statt einzugehen
dann gäbe es keinen Wettbewerb mehr
dann brauchten die Kinder in der Schule nicht so viel mehr zu lernen
Kreuze das Richtige an

Das Lehrprogramm braucht hiermit durchaus nicht abgeschlossen zu werden. Die Daseinsfunktion Gewinnstreben läßt sich einmal weiter operationalisieren in ihrer regionalen Differenzierung, also im räumlichen Vergleich, Ost-West, oder aber bezogen auf die fiktive Stadt der Sozialgeographie. Beispiele:
A. Tante Emmas Kramladen an der Ecke ist eingegangen,
weil Tante Emma verstorben ist
weil es sich nicht mehr lohnt
weil der Laden zu klein ist
weil die Leute einen Pkw besitzen und zu den Supermärkten am Stadtrand fahren
weil es bei Tante Emma mit der Bedienung langsam zuging, denn sie mußte noch vieles abwiegen, war alt und unterhielt sich gern mit ihren Kunden
weil der Verkehrslärm von der Straße zu groß war
weil das Angebot nicht immer frisch und ausreichend war wie in den Kaufhäusern der Innenstadt

weil Tante Emma katholisch war
weil Tante Emma teurer war
B. In den Schaufenstern eines Kaufhauses der Innenstadt finden sich folgende Schilder: »Wir dekorieren für Sie.« Es wird aber dekoriert
für den Passanten, damit er sich freut
für den Passanten, damit er hereinkommt und sich umsieht
für den Passanten, damit er hereinkommt und kauft
für den Inhaber, damit er mehr Gewinn macht
für den Betrieb, damit Arbeitsplätze gesichert werden,
für die Innenstadt, damit das Fußgängerparadies noch schöner wird als es schon ist
Suche weitere Gründe
Kreuze das Richtige an
Oder:
Das Gewinnstreben ist Motor des Fortschritts und des Lebensstandards.
Das Gewinnstreben ist Ursache der Verringerung von Lebensqualitäten und der Zerstörung von Landschaft und Stadt.

Ausgewählte Aufgaben

Diskussion der verschiedenen Ansätze der Sozialgeographie (1–4)
Möglichkeiten und Grenzen der Sozialgeographie
Das Gewinnstreben als Daseins-Funktion in Ost und West
Andere raumrelevante Daseins-Funktionen, die im Katalog noch fehlen
Möglichkeiten und Grenzen des programmierten Verfahrens in der Erdkunde
Zuordnung der Aufgaben 1–20 zu verschiedenen Klassenstufen
Welche Begriffe müßten beim vorliegenden Programm vorweg (wie?) geklärt werden?
Welche Aufgaben sind leicht (eindeutig) zu bezeichnen, welche nicht mehr?
Eigene Lösung der Aufgaben
Manipulations-Intentionen im vorliegenden Programm
Eigenes Aufsuchen von weiteren Antworten beim Multiple Choice (besonders 11–20)
Eigenes Aufsuchen von weiteren Aufgaben mit der Beantwortung nach Multiple Choice (Ergänzung zu 11–20)
Kritische Analyse anderer Programme zur Sozialgeographie: Daseins-Funktionen: Sich-erholen, sich-bilden
Kritische Stellungnahme zur Aussage, das programmierte Verfahren ist nur Mittel zum Zweck auf dem Wege eines eigenen selbständigen kritischen Denkens
Das Verhältnis von Sozialität als oberstem Lernziel zum Gewinnstreben

Ausgewählte Literatur

L. v. Vuuren: Warum Sozialgeographie? Zschr. Ges. f. Erdkunde Berlin 1941
H. Lautensach: O. Schlüters Bedeutung für die methodische Entwicklung der Geographie, Petermanns, Mitteilungen 1952
H. Bobek: Stellung u. Bedeutung der Sozialgeographie, Erdkunde 1948
H. Bobek: Aufriß einer vergleich. Sozialgeographie, Mitt. d. Geogr. Gesellsch. Wien 1951
K. Ruppert/F. Schaffer: Zur Konzeption der Sozialgeographie, Geogr. Rundschau 1969
W. Storkebaum: Sozialgeographie, Darmstadt 1969
E. Winkler: Geographie als Sozialwissenschaft, Geogr. Helvetica 1964
D. Bartels: Wirtschafts- und Sozialgeographie, Köln 1970
G. Schmidt-Renner: Elementare Theorie der ökonomischen Geographie, Gotha 1966
H. Schrettenbrunner: Die Daseinsfunktion Wohnen als Thema des Geographie-Unterrichts, Geographische Rundschau 1970
H. Schrettenbrunner: In der Gemeinschaft leben, Westermann-Programm Sozialgeographie Stadt Braunschweig 1970
H. Schrettenbrunner: Sich bilden, Westermann-Programm Sozialgeographie Stadt, Braunschweig 1971
H. Haubrich: Sich erholen, Westermann-Programm Sozialgeographie Stadt, Braunschweig 1970
J. Birkenhauer: »Am Verkehr teilnehmen«. Ein Vorschlag zur Hierarchisierung von Lernzielen. Eine Lehreinheit am Beispiel Freiburgs und seines Umlandes, Geogr. Rundsch. 1973
J. Birkenhauer: Die Daseinsgrundfunktionen und die Frage einer »curricularen Plattform« für das Schulfach Geographie, Geogr. Rundschau 1974
H. Riedmöller: Sozialgeographische Kurzprogramme als wirksames Mittel zur Modernisierung des Unterrichts, Geogr. Rundsch. 1970
Geographische Rundschau Beiheft 2, 1974: Sozialgeographie in der Schule
A. Ulshöfer: Politische Bildung, ein Auftrag für alle Fächer, Freiburg 1975
Programmierter Unterricht, Auswahl A 5, Hannover 1963
G. Bahrenberg: Der programmierte Erdkundeunterricht, Paderborn 1973
J. Hardmann u. a.: Programmiertes Lernen im Ek. unt., Stuttgart 1969
H. Heinrichs: Roboter vor der Schultür? Bochum 1964
H. Knübel: Programmierter Erdkundeunterricht, Geogr. Rundschau 1964
D. D. Müller: Auswahl-, Beurteilungs- und Anwendungskriterien von Lehr- u. Unterrichtsprogrammen, Blickpunkt Schulbuch Heft 8, 1969
H. C. Poeschel: Ägypten u. der Nil – Hunger in der Welt – zwei Lehrprogramme f. d. Unterricht in der Hauptschule, Offene Welt 99/100, Köln 1969
H. Riedmüller: Programmierung des Lernstoffs im Erdkundeunterricht, Geogr. Rundschau 1969
J. Zielinski: Methoden des programmierten Unterrichts, Ratingen 1965
J. Zielinski: Der Suez-Kanal (Unterrichtsprogramm), Üxheim 1964
G. Niemz: Objektivierte Leistungsmessung im Erdkundeunterricht, Geogr. Rundsch. 1972
G. Schanz: Der Einsatz informeller Tests im Erdkundeunterricht. Ein Beitrag zur objektiveren Leistungsmessung, Geogr. Rundsch. 1973
G. Schanz: Tests im Erdkundeunterricht, Stuttgart 1973

15. Gegenwart: Angewandte Geographie: Planungsaufgaben in verschiedenen Klassenstufen am Beispiel eines Spielplatzes, eines Freizeitparkes, einer Trabantenstadt

Seit langem galt die Geographie als Reine Wissenschaft, ohne einen praktischen Anwendungsbereich (mit Ausnahme vielleicht der Kartographie und der Geopolitik). Erst in den vergangenen Jahren zeichnet sich ihre Bedeutung besonders für die Raumplanung und Raumordnung ab, die in einem dicht besiedelten Land wie der BRD besonders not tut. Damit entwickelt sich die neue Richtung der Angewandten Geographie. Zu ihrem Wesen zählt, was bereits der Name zum Ausdruck bringt, ihr praktischer Wert. Liegt der Akzent der Erdkunde auf dem Progressiven, so gewinnen Themen der Angewandten Geographie an Bedeutung, selbstverständlich vorwiegend solche, die den Schüler direkt angehen, also aus dem eigenen Land, aus der eigenen Umgebung, nicht so sehr aus Großbritannien oder Australien, wo Raumordnung auch bereits seit längerem eine bedeutende Rolle spielt. Unterscheiden sich die Themen der Regionalen und der Angewandten Geographie hinsichtlich ihres praktischen Nutzens, so haben sie doch als Gemeinsamkeit die komplizierte Struktur ihrer Gegenstände, berühren sich also wieder und ziehen für den konkreten Unterricht ähnliche Konsequenzen nach sich.

Folgende Begriffe sind zu unterscheiden im Interesse größerer Klarheit[87]: Raumforschung (als wissenschaftliche Vorstufe der Raumordnung und Raumplanung), Raumordnung (als koordinierte und gesetzgeberische Tätigkeit der Fachressorts), Raumplanung (als Oberbegriff von Landes-, Regional-, Orts- und Kommunalplanung), Landesplanung (als Planung auf Landesebene). Unterthemen der Raumordnung, die das politisch progressive Element einschließt, nicht ausschließt, sind nicht nur Kommunal-, Regional-, Landesplanung, sondern auch Verkehrsplanung, Umweltschutz und Verwaltungsneugliederung.

Angewandte Geographie hängt eng mit kreativem Denken zusammen. Dieses läßt sich in folgende Schritte gliedern

1. Erkennen der Phänomene (natürliche Voraussetzungen oder vorgegebener Rahmen bei Raumplanung, Probleme und Konflikte in einer progressiv konzipierten Erdkunde, Prozesse und Trends bei einer futuristisch orientierten Erdkunde)

2. Soweit erforderlich, Aufsuchen der Ursächlichkeit, erforderlich im Interesse der folgenden Schritte

3. Bewertung der Gegebenheiten: Ob günstig oder ungünstig für die Planungsaufgabe, ob positiv oder negativ für die Gesellschaft (Gradmesser sind Lebensqualitäten)

4. Lösungsvorschläge, Planungen, Entwürfe, Finalität: Was ist zu tun? Sei es textlich, sei es kartographisch, sei es beides

5. Auffinden von Schwierigkeiten bei der Verwirklichung der Lösungsvorschläge

In psychologischer Sicht lassen sich beim kreativen Denken unterscheiden quantitativ die Fülle der neuen Gedanken, qualitativ ihre Originalität, aber auch ihre Realitätsbezogenheit im Unterschied zu irrealen Ideen, die Umstrukturierung von vorgegebenen und gewohnten Denkformen und die Flexibilität hinsichtlich des Sich-Einstellens auf neue Situationen.

Zwischen kritischem und kreativem Denken bestehen enge Zusammenhänge. Denn oft muß erst durch kritisches Denken eine Bewußtseinserhellung für gewisse Phänomene und Zusammenhänge im weitesten Sinne des Wortes vorgenommen werden, ehe daß kreatives Denken Planungsaufgaben und Lösungsmöglichkeiten erschließt. Anders formuliert: Kritisches Denken schafft oft erste Voraussetzungen für das kreative Denken. Dabei soll nicht übersehen werden, daß anschließend wieder kritisches Denken einsetzen kann, indem die planerischen Lösungen verglichen und kritisiert werden, indem die Lösungsmöglichkeiten zur Änderung und Besserung der Verhältnisse hinsichtlich ihrer Verwirklichbarkeit geprüft werden, womit wieder neue Voraussetzungen für neue kreative Auseinandersetzungen geschaffen werden.

A. Einfache planerische Aufgaben können schon in der Sachkunde der Grundschule angegangen werden. Beispiel: Planung eines Spielplatzes. Diese Aufgabe dürfte dann auch zeigen, was Kindern auf dem Spielplatz wichtig ist und was nicht.

Die Aufgabe läßt sich wie folgt differenzieren: Alleinarbeit oder Partnerschaft, in der Schule oder zu Hause, im Sandkasten oder auf Papier, auf einem leeren Blatt oder mit gewissen Gegebenheiten (See, Sandgrube, Bäume ...), ohne Anregung durch Besuch verschiedener Spielplätze oder nach einem solchen Besuch, ohne Arbeitsanweisung oder mit einem genauen Katalog von Gesichtspunkten: Für welches Alter, bis welches Alter, welche Einrichtungen für welche Spiele, soll jemand und wer soll Aufsicht führen, wer soll bezahlen, sollen die Eltern bei der Einrichtung helfen, was ist zu tun, wenn sich Kinder zanken, sich verletzen, soll man Kinder, die auf der Straße spielen, wo Autos fahren, von der Straße zum Spielplatz schicken, wie weit sollte ein Spielplatz von der Wohnung entfernt sein, was ist zu tun, wenn sich Erwachsene über den Lärm beklagen, soll man anstelle von Parkplätzen für Autos gelegentlich lieber Spielplätze errichten ...?

Bilderkarten lassen sich zeichnen oder malen.

B. In höheren Klassenstufen läßt sich die Planung eines Freizeitgeländes vornehmen, die im Zeitalter zunehmender Freizeit an Bedeutung gewinnt. Beispiel: Gegeben ist ein gewisser Rahmen, im vorliegenden Fall (Abb. 10) ein ehemaliges Zechengelände mit Halde und Sumpf, mit Eisenbahn, Straße und Kleingärten als Begrenzung und einem traditionellen Park als Gegenpol (Gelsenkirchen-Nienhausen). Folgende planerische Aufgaben sind zu berücksichtigen.

1. Welche Einrichtungen, für welche Aktivitäten (Interessen), für welche Zielgruppen, für welche Jahreszeiten sollen wo geschaffen werden? Soll wenig gestaltet und differenziert werden oder soll viel gestaltet und differenziert werden?

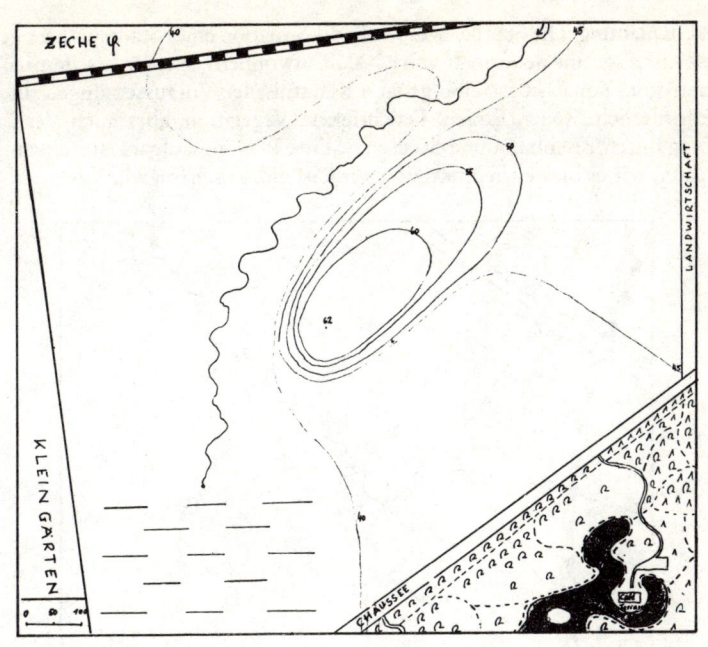

Abb. 10

2. Welche Einrichtungen passen räumlich zusammen, welche nicht?
3. Welche Preisregelung soll getroffen werden (Eintritt für alles, für einzelnes, für nichts, nach dem Prinzip der Kostendeckung, der Subventionierung, der Profitmaximierung)?
4. Was geschieht mit der Halde?
5. Was geschieht mit dem Bach und dem Sumpf?
6. Was geschieht mit dem Park?
7. Was geschieht mit der Eisenbahn und den Kleingärten?
8. Wie ist die Verkehrsanbindung an die Stadt zu lösen?
9. Wie ist es mit dem Gärtnerischen in der neuen Anlage (Blumenbeete, Rasen ...)?
10. Wie ist die Aufsicht auf dem Platz zu regeln (keine oder ein Kontrolleur oder ein Sozialpädagoge?)

Gestaltung eines Freizeit-Parks (Kulturparks) in Novo-Sibirsk: Rasen, Beete, Musik-Pavillon wie in unseren Kurorten, Karussells für Kinder, Kinder-Eisenbahn, Denkmäler aus Gips ... Gestaltung eines Freizeit-Parks in Kanton (China): Freilichtbühne zur Aufführung revolutionärer Opern und von Folklore, Rollschuhbahn, Tisch-Tennis-Halle, Basket-Ball-Arena, kleines Radkarussell, Restaurationen, Alleen ...

Die Vorlage 10 ist selbstverständlich auf DIN A 4 zu vergrößern.

C. Städteplanung. Die Schüler werden in die Situation eines Städteplaners geführt, der beispielsweise eine neue Stadt von 10000 Einwohnern an einer bestimmten Stelle entwerfen soll. Zunächst ist eine genaue Kenntnis der Voraussetzungen an dieser Stelle erforderlich: Relief, Boden, Feuchtigkeit, Vegetation, aber auch Verkehrserschließung durch Eisenbahn und Straße ... Eine Planungsaufgabe auf einem leeren Blatt Papier, wie es bisweilen praktiziert wird, ist didaktisch fragwürdig.

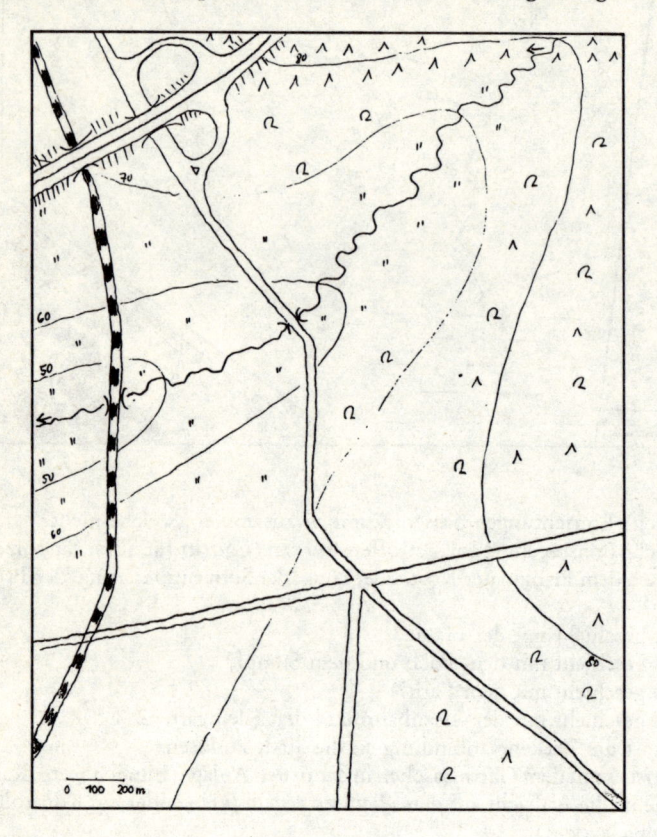

Abb. 11

Beispiel: Es werden die natürlichen und verkehrstechnischen Voraussetzungen jenes Raumes gegeben, wo heute Sennestadt bei Bielefeld steht (Abb. 11). Die eigenen fertigen Entwürfe der Schüler können mit dem verwirklichten Projekt von Sennestadt verglichen werden, vielleicht sogar bei einem Besuch. Die Aufgabe läßt sich auch variieren, indem zunächst einmal ein geeigneter Ort für die Lokalisierung einer neuen

Stadt gesucht wird. Dazu gehört neben einer genauen Kenntnis des gesamten Geländes auch die genaue Festlegung der Größe und Funktionen der Stadt, die sich wieder aus den Motiven ihrer Errichtung ergeben.

Bezüglich der Vorlage zur Stadtplanung wäre eine besondere Auseinandersetzung erforderlich:

1. Anbindung der Stadt (einschließlich des Gewerbes) ans Verkehrsnetz (Autobahn und Eisenbahn)
2. Einbeziehung des Nadelwaldes in die Planung
3. Lösung der großen Straßenkreuzung im Süden der Skizze
4. Einbeziehung des Bachs und seiner Senke in die Stadtplanung
5. Verhinderung einer Trennung von 2 Stadtteilen durch die nord-südlich verlaufende Bundesstraße

Folgender Fragenkatalog ist möglich

1. Welche wirtschaftliche Fundierung wäre optimal?
Primärfunktionen (Landwirtschaft, Forstwirtschaft)
Sekundärfunktionen (Industrie), Diversifikation der Produktion, Groß-, Kleinbetriebe
Tertiärfunktionen (Dienstleistungen im weitesten Sinne des Wortes)
Wohin mit den Funktionen (Nähe und Separation)
Wie ist diese wirtschaftliche Fundierung zu verwirklichen?
Was ist schon da? Was nicht? Wie kann man Unternehmen zur Lokalisation gewinnen?

2. Welches Verkehrsnetz ist optimal? Trennung der Straßen nach Funktionen: Hauptverkehrsstraße, Umgehungsstraße, Zubringerstraße, Wohnsammelstraße, Wohnstraße, Wohnweg. Hierarchische Struktur der Straßen, Meidung von Kreuzungen, Verwendung von zweiten Ebenen, keine schnurgerade Straßenführung ...

3. Welches Wohngebiet ist optimal? Differenzierung des Wohngebiets nach freistehenden und Reihenhäusern, nach Einfamilien- und Mehrfamilienhäusern, nach Eigentum und Miete. Berücksichtigung der Exposition (Himmelsrichtung) und des öffentlichen Grüns. Lokalisation der Wohngebiete.

4. City: Lokalisation des Standortes der City und der verschiedenen Funktionen (Einzelhandel, freie Berufe, Verwaltung, Kirchen, weiterführende Schulen, Badeanstalt...). Architektonische Ausgestaltung (Dominanten...). Einbeziehung natürlicher Gegebenheiten.

5. Gliederung der Stadt nach organischen Einheiten. City bzw. Wohnzellen, die voneinander und besonders vom Verkehr und vom Gewerbe durch öffentliches Grün getrennt sind (zelluläre Struktur). Welche Funktionen in die Wohnzellen (z. B. Kindergarten, Volksschule, Versorgung mit dem täglichen Bedarf)? Welche in die City? Welche Funktionen lassen sich räumlich mischen, welche nicht? Konsequenzen.

6. Randliche Funktionen wie Krankenhaus, Friedhof, Müllplatz, Badeanstalt, Nah-Erholung, ob überhaupt, wenn ja, wo.

Auch die Vorlage 11 ist selbstverständlich mindestens auf DIN A 4 zu vergrößern.

Ausgewählte Aufgaben

Die didaktische Würdigkeit der Angewandten Geographie im Vergleich zur Regionalen Geographie und Allgemeinen Geographie

Weitere Beispiele zur Angewandten Geographie als Planungsaufgaben im Sinne kartographischer Entwürfe

Weitere Beispiele der Angewandten Geographie als Planungsaufgaben im Sinne der Lösung von Problem- und Konflikt-Strukturen erdkundlicher Relevanz

Vergleich der didaktischen Würdigkeit von fertigen städteplanerischen Lösungen mit selbst zu fertigenden städteplanerischen Lösungen

Bedeutung der Exkursion für die Angewandte Geographie

Diskussion der These, daß fast alle Aufgaben zur Angewandten Geographie die Schüler letztlich überfordern,

a) Weil doch nicht alle Gesichtspunkte berücksichtigt werden können
b) Weil zur Beurteilung von Planungen eine langjährige Ausbildung erforderlich ist.
c) Weil auf Planung gar kein oder kaum ein Einfluß genommen werden kann
d) Weil, wenn so viele Kinder als Quasi-Planer geschult werden, die wirkliche Planung in einem Chaos enden muß

Beurteilung der These: Der Freizeitpark (Spielplatz) soll so undifferenziert wie möglich sein, damit den Aktivitäten der Besucher möglichst keine Grenzen gesetzt werden, oder er soll so differenziert wie möglich sein, damit möglichst viele verschiedene Anregungen gegeben werden.

Beurteilung der These: Die Zeit des Städte-Neubaus ist vorbei. Jetzt beginnt die Zeit der Altbau-Sanierung. Bedeutet dieses auch ein Ende der Angewandten Geographie?

Ausstellung und Beurteilung von verschiedenen Planungsentwürfen zur gleichen Aufgabenstellung

Was ist zu tun, wenn man selbst Opfer staatlicher Planung wird (vgl. Beispiel 17)

Ausgewählte Literatur

Handwörterbuch der Raumforschung u. Raumordnung 1–3, Hannover 1970
T. W. Freeman: Geography and Planning, London 1968
R. Gildemeister: Landesplanung, Braunschweig 1973
W. Roth: Kommunalpolitik für wen?, Frankfurt 1971
P. Möller: Fragen der Landesplanung an die Geographie, Geographische Rundschau 1970
Der Bundesminister für Raumordnung, Bauwesen, Städtebau: Diverse Publikationen, besonders
Raumordnungsbericht 1970, 1972, 1974
Städtebaubericht 1975 der Bundesregierung
Bundesraumordnungsprogramm 1975

K. Stahl/G. Curdes: Umweltplanung in der Ind.gesellschaft, Reinbek 1970
V. Petzold: Modelle für morgen – Probleme von Städtebau und Umweltplanung, Reinbek 1972

16. Gegenwart: Geoökologie: Verschiedene erdkundliche Denkformen unter besonderer Berücksichtigung des Modell-Denkens am Beispiel Kreislauf des Wassers

Unter Geoökologie, einer jungen und deshalb wenig nach Inhalt und Grenzen abgeklärten Disziplin, soll im vorliegenden Beispiel nicht verstanden werden lediglich die Integration naturgeographischer Aspekte (Klimatologie, Geomorphologie, Hydrogeographie, Biogeographie), sondern umfassender die Integration natur- und anthropogeographischer Aspekte unter spezifisch ökologischen Akzenten. Anders formuliert: Die viel zitierte und viel geschmähte, sich verbal zwar ignorieren lassende, aber real niemals negieren lassende Abhängigkeit menschlichen Tuns von natürlichen Gegebenheiten und deren Beeinflussung durch die gesellschaftlichen Aktivitäten (besonders im ökonomischen Bereich) findet in dieser Geoökologie ihren Standort.

Eine solche umfassende Geoökologie würde
1. die früher viel zitierte Einheit von natur- und geisteswissenschaftliche Arbeit in der Geographie und Erdkunde regenerieren, die neuerdings auseinanderzufallen droht, wenn sie nicht schon auseinandergefallen ist
2. diese Einheit aber zugleich unter pragmatischen, gesellschaftsrelevanten, planerisch-politischen Akzenten sehen, und nicht wie früher esoterisch als Bildungsanliegen ohne Nutzanwendung
3. diese Einheit als die Möglichkeit zu interdisziplinärer Aktivität im wissenschaftlichen Rahmen und fächerintegrierender Intention im Schulleben darstellen, damit also modernen didaktischen Kategorien der Hoch- und sonstigen Schularbeit entgegenkommen.

Das System dieser Geoökologie läßt sich gliedern
1. nach regionalen Aspekten (einzelnen Kommunen oder Regionen z. B. mit spezifisch geoökologischen Problemen, vgl. Beispiel 12)
2. nach verschiedenen Themen, wie es gegenwärtig beliebt ist (Wasser, Luft, Boden, Wald, Müll ...)

So gesehen darf die Geoökologie als eine geographische und erdkundliche Disziplin angesehen werden, die gleichberechtigt neben der Allgemeinen Geographie, der Regionalen Geographie, der Angewandten Geographie steht:
1. Unter Zugrundelegung der thematischen Gesichtspunkte Wasser, Luft, Boden ... ergibt sich eine Kombination mit der Allgemeinen Geographie
2. Unter Zugrundelegung der regionalen Gesichtspunkte ergibt sich eine Kombination mit der Regionalen Geographie
3. Unter Zugrundelegung der progressiv-politisch-planerischen Maßnahmen ergibt sich eine Kombination mit der Angewandten Geographie

Es wurde als Beispiel der *Kreislauf des Wassers* gewählt. Menschliches Dasein als biologisches Wesen erfordert Wasser, gesellschaftliches Zusammenleben im ökonomischen Rahmen erfordert aber ebenso Wasser (Landwirtschaft, Industrie, Haushalt . . .). Ohne Wasser ist keine biologische und keine soziökonomische Existenz des Menschen möglich. Der Eingriff des Menschen in einen bestehenden Kreislauf oder in ein bestehendes Gleichgewicht hat inzwischen solche Dimensionen angenommen, daß planerische Maßnahmen dringend erforderlich sind, um irreversible Schäden zu vermeiden.

Im Sinne der in der modernen Didaktik formulierten Vertikal- und Horizontal-Strukturen repräsentiert der Kreislauf des Wassers ein Musterbeispiel vertikaler Bewegungen (Abhängigkeiten) durch Verdunstung und Niederschlag und horizontaler Bewegungen (Verflechtungen) durch Luftmassentransport und Flußläufe.

Damit ist er zugleich ein Exemplum der dreidimensionalen Verflechtungen auf der Erdoberfläche.

Erdkundliche Denkformen: Modell-Denken am Beispiel Kreislauf des Wassers.

Fachwissenschaften wie Unterrichtsfächer können nach Objekten, mit denen sie sich beschäftigen, bestimmt und unterschieden werden. Beispiel: Die Geschichte beschäftigt sich mit dem, was in der Vergangenheit war. Sie können aber auch nach den Methoden bestimmt und unterschieden werden, mit denen sie arbeiten. Beispiel: Physik zeichnet sich durch das quantifizierende Experiment aus. Hinter den Methoden der Wissenschaften bzw. Unterrichtsfächer stehen aber bestimmte Denkformen. Und so, wie es zahlreiche bis zahllose Objekte in den einzelnen Wissenschaften und Unterrichtsfächern gibt, so gibt es auch meistens mehrere Methoden und Denkformen in ihnen.

Eine Wesensbestimmung der Geographie und der Erdkunde von den Gegenständen, mit denen sie sich auseinandersetzen, ist nicht einfach. Dasselbe gilt für die Methoden (Denkformen). Im didaktischen Sinne können die Objekte (Gegenstände) als materiale (stoffliche) Bildung (Wissen), die Methoden (Denkformen) als formale Bildung (Können) bezeichnet und unterschieden werden. In Wirklichkeit hängen beide eng zusammen, denn Inhalte werden durch verschiedene Methoden oder Denkformen verschieden angegangen. Sie liefern so eine andere Aussage über denselben Gegenstand.

Früher spielten in der Geographie und Erdkunde besonders räumliches Denken, analytisch-kausales und synthetisch-integratives Denken, ferner systematisches und vergleichendes Denken eine Rolle.

1. Mit dem räumlichen Denken zusammen hängt die Topographie (Beispiel 2)

2. Das analytisch-kausale Denken trifft man besonders in der Allgemeinen Geographie (Beispiel 13): Warum gibt es Ebbe und Flut?

3. Das synthetisch-integrative Denken gibt es besonders in der Regionalen Geographie, wo eine Zusammenschau vieler verschiedener Faktoren zu einem Ganzen versucht wird (Beispiel 11): Warum ist Japan überbevölkert, und wie hat es sich damit im Laufe der Zeit auseinandergesetzt?

4. Systematisches Denken gibt es besonders in der Allgemeinen Geographie, wo

es eine Fülle von Einzeltatsachen aus dem natürlichen und dem kulturellen Bereich zu ordnen gibt zu Geomorphologie, Klimatologie..., zu Siedlungsgeographie, Wirtschaftsgeographie... Es gibt auch in der Regionalen Geographie beim länderkundlichen Schema zur Ordnung der stofflichen Fakten ein systematisches Denken.

5. Vergleichendes Denken gliedert sich in einen räumlichen und in einen zeitlichen Vergleich (Beispiel 20).

Zu diesen Methoden (Denkformen) haben sich in der Geographie bzw. Erdkunde neuerdings hinzugesellt

1) Transfer-Denken, das spezifisch didaktisch ist (Beispiel 12). Durch den Transfer (das Übertragen) der am speziellen Beispiel gewonnenen Einsicht auf andere Fälle wird das Beispiel erst exemplarisch im didaktischen Sinne.

2) Kreatives Denken, das mit der Angewandten Geographie zusammenhängt (Beispiel 15), aber auch mit der futuristischen Orientierung der Erdkunde (Beispiel 8).

3) Kritisches Denken, das in sich sehr schillernd ist (Beispiel 19).

4) Modell-Denken, das im vorliegenden Beispiel dargestellt werden soll.

Hiermit ist gemeint, daß auf der einen Seite eine Fülle von Phänomenen in den Wissenschaften und in der Geographie vorliegt, die oft unübersichtlich und unanschaulich wirkt. Auf der anderen Seite besteht daher das Bedürfnis, diese Fülle auf einen übersichtlichen anschaulichen Nenner zubringen, der quasi das Skelett (die Struktur) in der Fülle der Phänomene darstellt. Der methodische Ansatz wäre also, um beim Bild zu bleiben, die Phänomene geistig zu röntgen, um dieses Skelett, diese Innenstruktur aufzuhellen. Mit dem Modell-Denken ist auch ein lernpsychologischer Vorteil verbunden, denn das Modell ist leichter zu erlernen wegen seiner Kürze und seiner Überschaubarkeit als die Fülle der Phänomene, die daran aber aufzuhängen bzw. einzuordnen sind. Das Modell-Denken schafft also objektiv wie subjektiv Vorteile.

Modell-Denken wird schon so lange praktiziert, wie Wissenschaften sich verwirklichen. Es ist keine ausschließliche Erscheinung unserer Zeit. So kann das *Linné*sche System im 18. Jahrhundert als ein Modell der Hierarchie zur Systematik der Organismen bezeichnet werden. Modell-Denken ist aber heute nötiger denn je im Zeitalter zunehmender Stoffülle und der Notwendigkeit der Ökonomisierung des Denkens.

Einige nichtgeographische Beispiele: *Niels Bohr* hat aus der Fülle der Beobachtungen seit der Entdeckung der Radioaktivität, aus den Phänomenen Elektron, Proton, Neutron, chemische Valenz das bekannte Bohrsche Atommodell konzipiert. Das Periodensystem von *Mendelejeff* wäre ebenso zu erwähnen. *Marx* hat die Fülle historischer Phänomene und der futuristischen Trends auf das Modell des Marxismus mit seinen 5 Stadien und dem Mechanismus der ökonomisch dialektischen Determination gebracht. *O. Spengler* versuchte, die Fülle historischer Fakten auf biologisch konzipierte Kreisläufe (Auf- und Abstiege) zu reduzieren. Modernes kybernetisches Denken ist ein anderes Modell-Denken. Die Lohn-Preis-Spirale gehört in diesen Zusammenhang ebenso wie Futurologie (z. B. *D. Meadows*[88] in den Grenzen des Wachstums) und Ökologie (z. B. *H. Vester*[89] mit dem Überlebensprogramm für die Menschheit) sehr in kybernetischen Modellen operieren.

In der Geographie gibt es (vgl. *R. J. Chorley*[90]) eine größere Anzahl von Denkmodellen, teils schon seit 1800 *(Thuenen)*, teils jüngeren Datums. In der Klimatologie soll an das Modell der klassischen wie der modernen Klimatologie, aber auch an die *Köppen*sche Klimaklassifikation erinnert werden. In der Geomorphologie gibt es die morphologische Analyse (ausgehend von endogenen Faktoren) von *W. Penck*, das System der klimatischen Geomorphologie (ausgehend von exogenen Faktoren) von *J. Büdel*. Der Kreislauf des Wassers, auch von großer didaktischer Bedeutung, versucht, die Fülle räumlicher wie zeitlicher, anschaulicher wie unanschaulicher Zusammenhänge zu verdeutlichen. Im Bereich der Anthropo-Geographie ist zu nennen das *Thuenen*sche Prinzip in der Agrar-Geographie, das *Weber*sche-Dreieck (Vieleck) in der Standortfaktoren-Analyse der Industrie-Geographie, vor allem des hexagonal hierarchische System der Verteilung der zentralen Orte von *Christaller*. Auch in der Regionalen Geographie gibt es Modelle, z. B. das Strukturmodell einer Region, das im untersten Stockwerk die natürlichen Voraussetzungen der Regionen behandelt, darauf aufbauend die Bevölkerungs-, Wirtschafts-, Infrastruktur. Das länderkundliche Schema ist ein ähnlich angelegtes Modell. Das Profil, Kausalprofil, Blockdiagramm reduziert die Fülle regionaler Phänomene auf einen übersichtlichen Nenner (vgl. Beispiel 12).

Chorley[90a] unterscheidet facts (Tatsachen, Beobachtungen) und models (Idealisierungen). Ihre Merkmale sind: Selektivität in Bezug auf die Wahrnehmungen, Strukturierung, Suggestivität, Vereinfachung, Annäherungscharakter an die Wirklichkeit, Möglichkeit der Theoriebildung ...

Die Verwendbarkeit von geographischen Modellen in der Erdkunde hängt von der didaktischen Zielsetzung der Erdkunde ab. Sie hängt weiterhin ab von der Struktur des Modells, manche überfordern die Kinder. So können sie entweder didaktisch verworfen oder aber methodisch so umgestaltet werden, daß sie verständlich sind (z. B. der Kreislauf des Wassers).

Das eigene Auffinden von Modellen stellt eine beachtliche geistige Leistung dar, ist eine Art Erfindung oder Entdeckung im geistigen Bereich, zumeist verbunden mit dem Namen einer bestimmten Person, der diese Leistung zum ersten Mal gelang. Daher ist das eigene Auffinden von Modellen in der Erdkunde zumeist überfordernd. So besteht der andere methodische Ansatz, daß das fertige Modell den Schülern gegeben wird, um es zu erläutern oder, was besser ist, von ihnen erläutern zu lassen. Die Bedeutung des Modells kann ein besseres Verständnis von Zusammenhängen in der Welt sein, besonders wenn zum gegebenen Modell Anwendungsaufgaben gestellt werden, oder aber die Einsicht in die Notwendigkeit des Modell-Denkens zum Zwecke einer besseren Weltorientierung bzw. Weltveränderung.

Zu unterscheiden sind quantitative und qualitative Modelle. Erstere wurden auf der Basis exakter Zahlenwerte gewonnen, letztere aus einer Fülle von Wahrnehmungen. Sind die naturwissenschaftlichen Modelle eher quantitativ, so die geisteswissenschaftlichen Modelle eher qualitativ. In Geographie und Erdkunde finden sich beide.

Es gibt komplizierte interdisziplinäre Modelle und einfache Modelle, die nur in ei-

KREISLAUF des WASSERS (DREI KREISLÄUFE) [93]

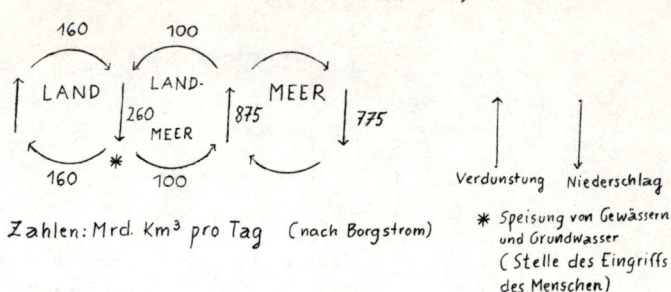

```
      160        100
    ┌──────┐  ┌──────┐
    │ LAND │  │LAND- │      MEER
    │      │  │  260 │ 875        775
    └──────┘  │ MEER │  └──────┘
      160    *  100
```

Zahlen: Mrd. Km³ pro Tag   (nach Borgstrom)

↑ Verdunstung   ↓ Niederschlag

* Speisung von Gewässern und Grundwasser
(Stelle des Eingriffs des Menschen)

Abb. 12

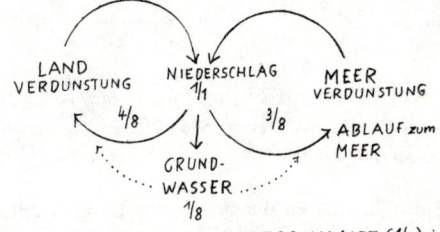

KREISLAUF des WASSERS (ZWEI KREISLÄUFE)

```
   LAND         NIEDERSCHLAG      MEER
VERDUNSTUNG        1/1         VERDUNSTUNG
         4/8            3/8
                                 ABLAUF zum
              GRUND-               MEER
              WASSER
               1/8
```

Abb. 13   SCHICKSAL der NIEDERSCHLÄGE (1/1) in BRUCHTEILEN

ner Fachwissenschaft begründet sind. Die ersteren sind didaktisch zweifelsohne schwieriger, aber auch zumeist didaktisch wertvoller (wie es das folgende Beispiel zeigen soll). Die letzteren sind didaktisch zwar einfacher, aber auch didaktisch fragwürdiger (wie z. B. die morphologische Analyse von W. Penck).

Auch beim Begriff Modell besteht Uneindeutigkeit. Neben der aufgeführten Bedeutung als Struktur oder Skelett einer Fülle komplexer Phänomene gibt es die Bedeutung des Musters oder Vorbildes. In diesem Sinne sind die vorliegenden 20 Unterrichtsbeispiele konzipiert.

Modell-Denken am Kreislauf des Wassers

Das Modell-Denken läßt sich an verschiedenen Gegenständen (Inhalten) verwirklichen. Hier soll es am Beispiel Kreislauf des Wassers gezeigt werden. Dieses Thema spielte schon lange in der Didaktik der Erdkunde eine Rolle, wenn auch unter anderer Akzentuierung als gegenwärtig. Denn früher wurde nur der Kreislauf des Wassers als solcher dargestellt. Heute gehört unabdingbar der Eingriff des Menschen hinzu, die Änderung des ökologischen Gleichgewichts im Kreislauf-Geschehen, im Fließ-Gleichgewicht (v. Bertalanffy). Ferner gehören dazu die Auswirkungen des Eingriffs

Abb. 14

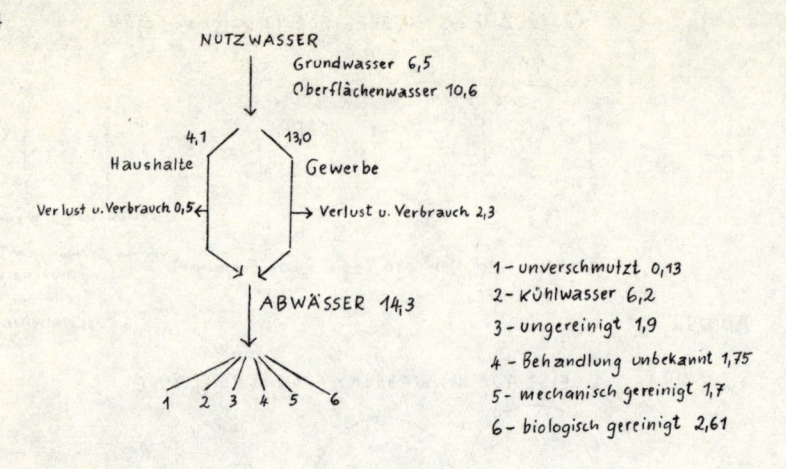

```
                    NUTZWASSER
                       │         Grundwasser 6,5
                       │         Oberflächenwasser 10,6
                       ▼
            4,1       13,0
         Haushalte   Gewerbe
  Verlust u. Verbrauch 0,5 ←    → Verlust u. Verbrauch 2,3
              ▼        ▼
              ABWÄSSER 14,3        1 - unverschmutzt 0,13
                  │                2 - Kühlwasser 6,2
                  ▼                3 - ungereinigt 1,9
           ╱ │ │ │ ╲               4 - Behandlung unbekannt 1,75
          1 2 3 4 5 6              5 - mechanisch gereinigt 1,7
                                   6 - biologisch gereinigt 2,61
```

WASSERBILANZ der BRD in MRD. Km³ pro JAHR (1970)
≙ EINGRIFF in den KREISLAUF des WASSERS [94]
(nach Stückrad / Dorstewitz)

des Menschen und die Lösungsmöglichkeiten der durch den Eingriff entstandenen Schwierigkeiten. So besteht das vorliegende Beispiel nicht nur aus einem Modell, sondern aus mehreren, die zusammenhängen.

In der Typologie der Modelle gehört der Kreislauf des Wassers und seine Änderung durch den Menschen in die Zyklen- bzw. kybernetischen Modelle. Kybernetik ist eine Wissenschaft, deren Bedeutung nach dem Zweiten Weltkrieg erheblich zugenommen hat, ob im naturwissenschaftlichen Bereich wie in der Biologie oder im geisteswissenschaftlichen Bereich wie in der Ökonomie oder wie hier, wo der Stoffwechsel Natur und Mensch unter einem bestimmten Aspekt gesehen wird.

Es zeigt sich weiterhin, daß gewisse Modelle, die einen größeren räumlichen oder zeitlichen Überblick zu vermitteln versuchen, aus Gründen der Abstraktion manches schematisieren oder gar weglassen. So auch die beiden ersten Modelle (Abb. 12 und 13). Das dritte und vierte Modell (Abb. 14 und 16) fassen nämlich eine entscheidende Nahtstelle des ersten Modells in den Blickpunkt und untersuchen sie genauer. Kann man das erste Modell als eines mit kleinem Maßstab im Sinne der Kartographie bezeichnen, so das dritte Modell als eines mit großem Maßstab (Unterschied einer Asien- bzw. Japan-Karte).

Die ersten drei Modelle sind quantitativ, da sie auf der Basis von Zahlen operieren, wiewohl man sich darunter im klaren sein muß, daß die Zahlen lediglich Schätzungen und keine exakte Messungen darstellen. Die anderen drei Modelle (Abb. 15, 16, 17) sind qualitativer Art, lassen sich teilweise auch gar nicht quantifizieren.

Abb. 15

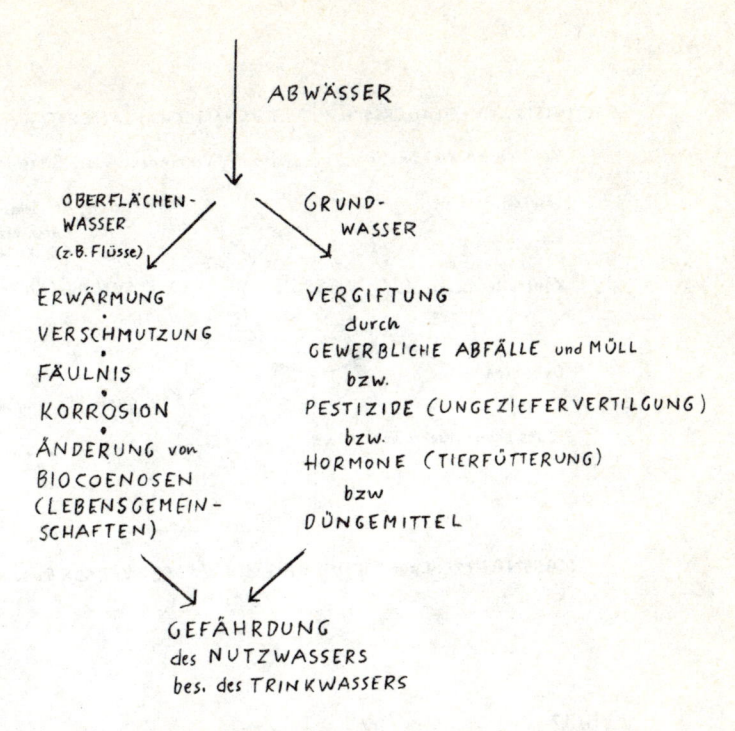

```
                        ABWÄSSER
                           │
                           ▼
        OBERFLÄCHEN-   ╱      ╲   GRUND-
        WASSER        ╱        ╲  WASSER
        (z.B. Flüsse)╱          ╲
```

ERWÄRMUNG   VERGIFTUNG
·   durch
VERSCHMUTZUNG   GEWERBLICHE ABFÄLLE und MÜLL
·   bzw.
FÄULNIS   PESTIZIDE (UNGEZIEFERVERTILGUNG)
·   bzw.
KORROSION   HORMONE (TIERFÜTTERUNG)
·   bzw
ÄNDERUNG von   DÜNGEMITTEL
BIOCOENOSEN
(LEBENSGEMEIN-
SCHAFTEN)

　　　　　　　　　　　GEFÄHRDUNG
　　　　　　　　　　des NUTZWASSERS
　　　　　　　　bes. des TRINKWASSERS

AUSWIRKUNG des EINGRIFFS des MENSCHEN in den WASSERHAUSHALT

Werden Problem-Strukturen in der Didaktik der Erdkunde definiert als Vertikal-Strukturen, als Natur-Mensch-Verhältnisse, die problematisch für die Gesellschaft geworden sind, so liegt hier ein Musterbeispiel vor. Werden Konflikt-Strukturen in der Didaktik der Erdkunde als Horizontal-Strukturen, als das Aufeinandertreffen verschiedener gesellschaftlicher Interessen an bestimmten Standorten, definiert, so liegt auch hier ein Musterbeispiel vor, denn an bestimmten Stellen in dichtbesiedelten und hochindustrialisierten Gebieten der Erde prallen Abwasser-Interessen und Nutzwasser-Interessen unterschiedlicher Gesellschaftsgruppen hart aufeinander (Rhein).

Die vorliegenden Modelle sind nicht rein erdkundlich, sondern interdisziplinär, derart, daß eine Portion anderer Naturwissenschaften, besonders Physik und Hydrologie, aber auch Geisteswissenschaften und Futurologie in sie eingehen. Diesen Tatbestand soll das letzte Modell (Abb. 17) zeigen. Wird es anerkannt, ergibt sich die Fragwürdigkeit der konventionellen Wissenschafts- und Schulfach-Systematik, die Notwendigkeit einer Umstrukturierung bzw. interdisziplinärer Kooperation.

Abb. 16

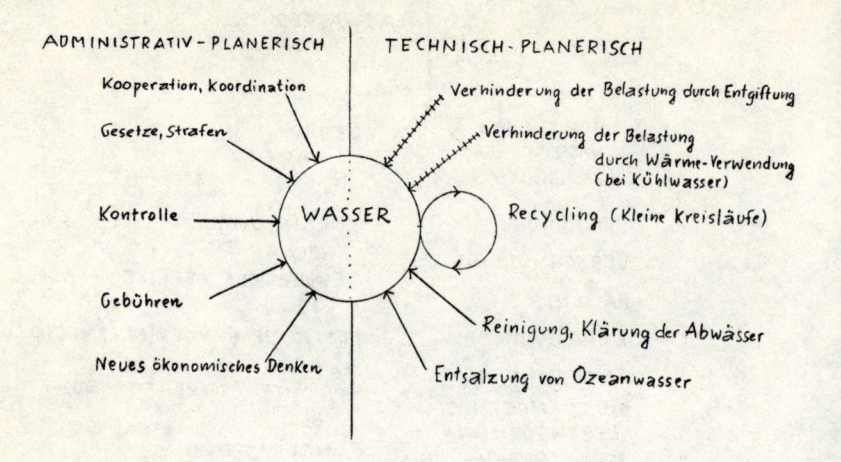

ADMINISTRATIV-PLANERISCH | TECHNISCH-PLANERISCH

- Kooperation, Koordination
- Gesetze, Strafen
- Kontrolle
- Gebühren
- Neues ökonomisches Denken

WASSER

- Verhinderung der Belastung durch Entgiftung
- Verhinderung der Belastung durch Wärme-Verwendung (bei Kühlwasser)
- Recycling (Kleine Kreisläufe)
- Reinigung, Klärung der Abwässer
- Entsalzung von Ozeanwasser

MASSNAHMEN zur SICHERUNG der WASSERVERSORGUNG

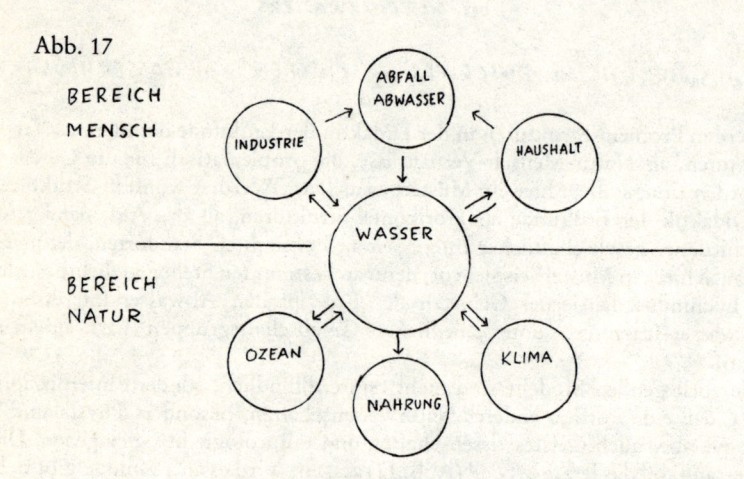

Abb. 17

BEREICH MENSCH

INDUSTRIE — ABFALL ABWASSER — HAUSHALT

WASSER

BEREICH NATUR

OZEAN — NAHRUNG — KLIMA

INTERDEPENZEN ZWISCHEN WASSER UND ANDEREN BEREICHEN

Kreatives Denken, eine Variante neuen erdkundlichen Denkens, findet sich besonders im Modell bei den Maßnahmen zur Sicherung der Wasserversorgung (Abb. 16), sofern die Schüler sie selbst zu suchen und zu finden haben, einschließlich der Schwierigkeiten, mit denen ihre Verwirklichung zweifelsohne verbunden sein dürfte.

Methodisch wäre es nötig, die ersten beiden Modelle (12, 13) zu geben, von den Schülern interpretieren zu lassen. Selbst könnten die Schüler sie nicht finden. Dabei motivieren sich das dritte und vierte Modell (14, 15) aus den ersten beiden durch die Frage, wo der Mensch in den Kreislauf eingreift, wie er eingreift, warum er eingreift, wie der Eingriff sich auswirkt. Nachdem die Schüler die neuralgische Stelle des Eingriffs gefunden und detailliert haben, lassen sich das dritte und vierte Modell bringen und analog interpretieren.

Methodisch anders wäre der Einsatz vom fünften (16) und sechsten (17) Modell. Bei fünf werden zunächst kreativ Lösungsvorschläge und Schwierigkeiten gesucht und gesammelt, dann erfolgt die Aufgabe, diese Stoffsammlung zu ordnen (Systematisierung) und in einem eigenen Modell zu veranschaulichen, eine beachtliche geistige Leistung und Abstraktion, wobei sicherlich verschiedene Lösungen möglich sind. Dasselbe gilt für Modell 6, für die Frage nach den kompetenten Fachwissenschaften und Unterrichtsfächern. So gesehen sind Modell 1 und 2 wieder Voraussetzungen und Anregungen zur Bewältigung der Aufgabe, Modell 5 und 6 selbst zu gestalten, Modell-Denken auch produktiv zu realisieren. Allerdings differenzieren sich diese Möglichkeiten sehr nach Klassenstufe und Schultyp.

Methodisch ergibt sich weiterhin

1. Die Interpretation der ersten beiden Modelle läßt sich gut im freien Unterrichtsgespräch realisieren (Arbeitsschule nach H. Gaudig, Beispiel 4)

2. Die Erstellung eigener Modelle 5 und 6 kann gut im Gruppenunterricht erfolgen, wobei anschließend die Gruppen ihre Modelle vorstellen und diese vom Plenum diskutiert werden (P. Petersen, Beispiel 5).

3. Für Problem-Konflikt-Strukturen bieten sich oft Plan- und Rollenspiel anhand ausgewählter Einzelfälle an, die sich anschließen lassen oder aber die den Ausgang bieten. Dann wird der Kreislauf des Wassers in sie eingebaut, um das Allgemeine des speziellen Falls zu klären.

Ausgangspunkt (Motivation) kann ein anschaulicher Einzelfall im Sinne der Fall-Methode sein. Beispiel: Der Fall Bernhold (Rhein-Verschmutzung), der Cyanid-Skandal von Bochum-Gerthe, der Arsenik-Skandal von Jülich, der Müll-Skandal in Hessen. Von diesem Einzelfall aus läßt sich das Allgemeine, der Kreislauf des Wassers, der Eingriff des Menschen und notwendige planerische Maßnahmen angehen.

Ebenso kann von einem Essay in der Presse ausgegangen werden. Beispiel: Die Ostsee als schmutzigstes Meer der Welt, ein Thema, das gerade zur Ferienzeit recht interessant sein dürfte[91]. Oder man kann von einer aktuellen Grafik in der Presse ausgehen (Abb. 18)[92].

Auch die Originale Erdkunde läßt sich gut mit Geökologie kombinieren (vgl. Beispiel 20).

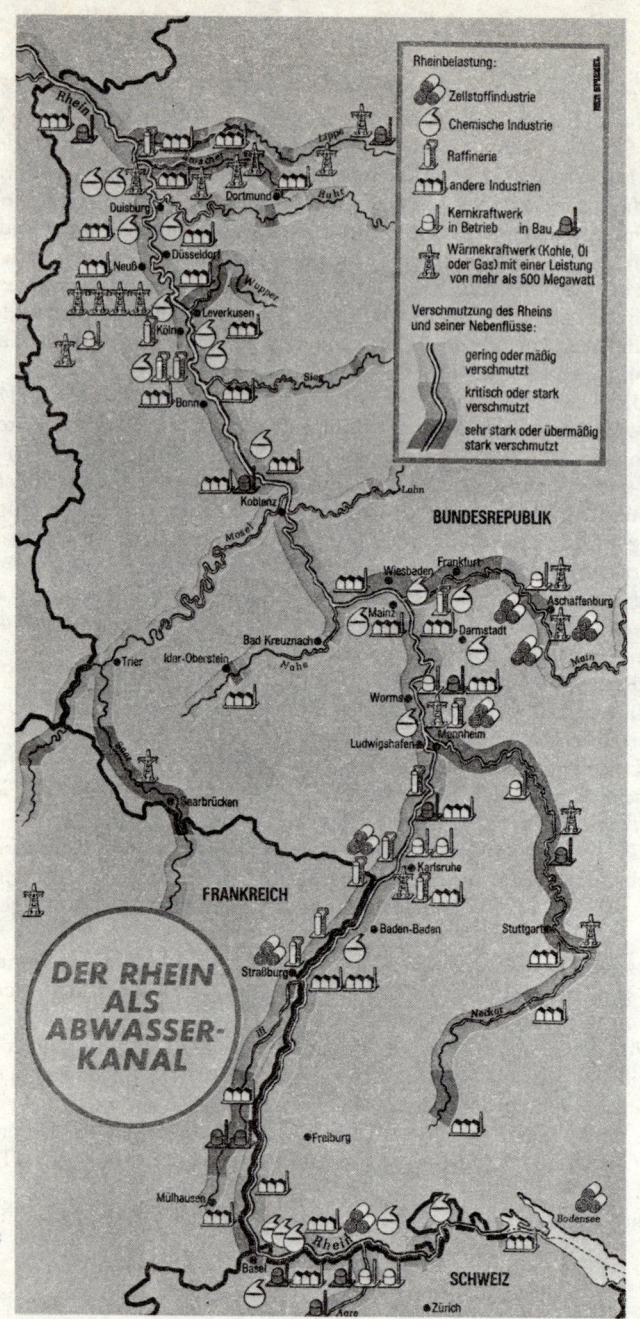

Abb. 18[92]

Ausgewählte Aufgaben

Versuch einer Bestimmung der Geographie und Erdkunde nach Objekten (Gegenständen), nach Methoden (Denkformen)

Beispiele für die verschiedenen Denkformen in der Erdkunde, die älteren, die jüngeren

Die didaktische Würdigkeit der verschiedenen Modelle der Geographie für die Erdkunde

Zuordnung des vorliegenden Beispiels zu Klassenstufen

Was ist am vorliegenden Beispiel material(Wissen), was ist formal(Können)?

Welche Sachbegriffe bedürfen beim vorliegenden Thema einer vorherigen Klärung?

Lernziel-Katalog zum vorliegenden Unterrichtsbeispiel (einschließlich Operationalisierung und Hierarchisierung)

Veranschaulichung des abstrakten Modells zum Kreislauf des Wassers durch konkrete Gegenstände (Wolken, Niederschlag, Flüsse . . .) für niedere Klassenstufen

Diskussion der verschiedenen vorgeschlagenen Motivationen für das Thema Kreislauf des Wassers

Versuch, zum Modell 5 (Abb. 16) und Modell 6 (Abb. 17) ein eigenes und besseres Modell aufzustellen

Konzeption eines Plan- und Rollenspiels zum vorliegenden Thema: Wasser

Mögliche Schwierigkeiten bei der Durchführung des vorliegenden Unterrichtsbeispiels

Überprüfung von Erdkundebüchern bezüglich der Berücksichtigung des Themas Kreislauf des Wassers und seiner Veranschaulichung durch Modelle

Die didaktische Würdigkeit des Kreislaufs der Gesteine, seine methodische Ausgestaltung

Ausgewählte Literatur

R. J. Chorley: Models in Geography, London 1971
Geographische Rundschau Beiheft 3, 1975: Modelle im geographischen Unterricht
W. Engelhardt: Umweltschutz, München 1974
H. Grupe: Gesunde und kranke Landschaft, Hannover 1964
B. Gräf: Wörterbuch des Umweltschutzes, Stuttgart 1972
E. Grimmel: Modell einer ökologisch orientierten Wirtschaft, Geogr. Rundschau 1974
W. Habrich: Umweltprobleme, Umweltplanung, Umweltschutz, Ratingen 1974
J. L. Hörner: Versuche zum Umweltschutz, Weinheim 1972
J. Hagel: Zur Behandlung von Umweltproblemen im Geographieunterricht, Geogr. Rundschau 1974
K. Müller: Umwelt-Report, Unser verschmutzter Planet, Frankfurt 1972
H. Olschowy: Belastete Landschaft – gefährdete Umwelt, München 1971

H. J. Spaeth: Geoökologisches Praktikum, Paderborn 1976
F. Vester: Das Überlebensprogramm, München 1972
Geographische Rundschau Beiheft 2, 1975: Umweltgefahren als Thema des Geographieunterrichts
R. Grahmann: Die Grundwässer in der BRD, Remagen 1958
G. Lilje: Probleme der Wasserwirtschaft in der BRD, Geographische Rundschau 1974
J. Hasse: Umweltschäden als Thema des Geographieunterrichts, Weinheim 1976
H. Leser: Landschaftsökologie als hochschuldidaktischer Gegenstand, Geogr. Rundschau Beiheft 3, 1976
G. Trommer: Die Unterrichtsfahrt: Wasser, woher und wohin damit? in: Lehrmittel aktuell 1976
F. Wilhelm: Hydrologie und Glaziologie, Braunschweig 1966
W. Wundt: Gewässerkunde, Berlin 1953

17. Gegenwart: Konfliktorientierte Erdkunde: Plan- und Rollenspiel am Beispiel: Der Bau einer Flachglas-Fabrik in Gelsenkirchen-Feldmark

Planspiel: Es ist eine komplexe Unterrichtsform an komplexen Themen, die je nach Struktur dieser Themen sehr unterschiedlich gestaltet werden kann, die in der modernen Methodik aber eine steigende Bedeutung gewinnt. Allgemein werden dem Planspiel Förderung der Kreativität, Handlungs- und Toleranzspielraum, Diskussion und Diskussionsleitung, Identifizierung, Hineinversetzen in das Verhalten von anderen, demokratische Schulung und politisches Verhalten zugeordnet. Hier zeigt sich dann auch, daß die Schule fürs Leben vorbereiten soll *(Dewey).* Non scholae sed vitae discimus. Das Planspiel wurde bei uns früher besonders im militärischen Bereich angewandt, über die USA kam es aber dann auch in den wirtschaftlichen und politischen Sektor.

Folgendes ist zu beachten: Wie beim arbeitsteiligen Gruppenunterricht (vgl. Beispiel 6) gilt, erst mit einfachen Formen zu beginnen und erst später das differenzierte Planspiel zu verwirklichen. Die Motivation für das Planspiel ist besonders groß, wenn man von Themen ausgeht, deren Bedeutung für die Zukunft den Kindern bereits einsichtig ist oder aus ihrer Umgebung. Das Planspiel erfordert bei gründlicher Arbeit viel Zeit und viele Informationen (Hilfsmittel).

Schematisch lassen sich folgende Schritte unterscheiden
a) Motivation – Konfrontation mit dem Plan
b) Einführung und Erläuterung der Spielregeln
c) Rollenverteilung und Verteilung der Informationen
d) Vorkonferenzen mit Protokollierung der Ergebnisse. Gegebenenfalls Zusatzinformationen, falls die vorher verteilten nicht ausreichen sollten. Erarbeitung schriftlicher Unterlagen in den Vorkonferenzen für die Hauptkonferenz
e) Hauptkonferenz, abgeschlossen durch eine Entscheidung per Abstimmung

Beispiele: Eltville am Rhein. Eine schwierige Ortsdurchfahrt verlangt nach einer Umgehungsstraße. Zur Diskussion steht eine neue Straße am Fluß, die die mittelalterliche malerische Flußlandschaft beeinträchtigen und obendrein Promenaden am Rhein beanspruchen würde, oder eine andere (längere) Umgehungsstraße, die auf Protest der dort wohnenden Grundstückseigentümer stößt, weil sie den Verkehrslärm fürchten, oder noch eine andere (längere) Umgehungsstraße, die auf den Protest der Weinbauern stößt, weil sie den Verlust eines Teils ihrer intensiv genutzten Ländereien fürchten. Welche Entscheidung ist zu treffen? Oder in der Regionalen Geographie der BRD wird die räumliche Disparität als Konflikt herausgearbeitet (Mißverhältnis von Ballungs- und Entballungsgebieten). Per Planspiel können raumordnerische Maßnahmen vorgeführt, diskutiert, angenommen oder verworfen werden (vgl. Beispiel 10).

Die *Fallmethode* entstammt auch der schon seit langem pragmatisch orientierten Didaktik und Methodik in den USA, wo sie besonders gern an den Hochschulen praktiziert wurde und wird (vgl. Beispiel 20). Anhand eines ausgewählten Einzelfalls soll Zugang zu den komplexen Strukturen dieser Inhalte gewonnen werden und in Form einer Gruppendiskussion durch eigentätige Auseinandersetzung mit dem Fall schließlich eine Entscheidung herbeigeführt werden. Der Lehrer hält sich im Hintergrund, bleibt aber jederzeit hilfsbereit für den Fortgang des Verfahrens. Juristen arbeiten auch häufig mit der Fallmethode. Mit gewissen Vorbehalten läßt sich eine Parallele mit der *Gaudig*schen Arbeitsschule herstellen.

Die Fallmethode läßt sich in folgende Schritte zerlegen[95]:

    a. Kenntnis des Falls (z. B. Fall Bernhold, Rheinverschmutzung durch ein Schiff, das Industrieabfälle (Gifte) statt im Meer im Fluß abläßt)

    b. Sammlung von Themen zum Umfeld des Falls (Giftbeseitigung im Meer, auf dem Land, Rheinverschmutzung, Produktion von Gift in der Industrie)

    c. Gruppenunterricht zu diesen Themen (Bearbeitung mit Hilfe der notwendigen Informationen)

    d. Gruppenberichte zum besseren Verständnis der Themen

    e. Rollenverteilung für den Hauptteil (Kläger, Beklagte, Zeugen, Sachverständige)

    f. Hauptverhandlung des Falls mit Rollenspiel vor Gericht und Urteilsfindung

    g. (Eine progressive Gruppe erarbeitet unabhängig vom Gesetz neue Lösungsvorschläge)

    h. Konferenz über das Urteil bzw. die neuen Vorschläge

    i. Exkursion: Besuch einer Kläranlage, Wanderung am Flußufer, Teilnahme an ähnlichen Gerichtsverhandlungen.

Je nach Struktur des Falls kann und sollte das allgemeine Schema der Gliederung Variationen erfahren.

Weitere Beispiele: Bauer Vogtmann muß sich entscheiden. Sein Hof ist unrentabel, weil veraltet. Soll er renovieren? Soll er verkaufen? Sein Sohn will studieren[96]. Im Sommer 1974 kommt eine deutsche Reisegruppe von Lissabon an die portugiesisch-spanische Grenze. Sie fährt mit Bus und hat einen Schlafwagenanhänger. Auf einem Dorfplatz neben der Schule nächtigt sie und bricht morgens bei Sonnenaufgang wieder auf in Richtung Nordkastilien. Sie hinterläßt den Platz voll Müll und den Eingang der Schule mit Fäkalien verunreinigt. Kommentar einer Israelin: Wenn das eine spanische Reisegruppe in der BRD gemacht hätte, hätte die Bild-Zeitung eine Schlagzeile gehabt. Im April 1975 soll in Wildeshausen (von der niedersächsischen Landesplanung als Erholungsgebiet ausgewiesen) ein TB-Krankenhausgelände mit fast 1000 Betten, das wegen der Rückläufigkeit der Tuberkulose nicht mehr ausgelastet ist und in einem Walde liegt, neu mit Randgruppen der Gesellschaft, Behinderten und Krüppeln, belegt werden. Nachbarn unternehmen Protestaktionen wegen der befürchteten Verringerung ihres Grundstückswertes. Auf Fremdenverkehr ausgerichtete Betriebe fürchten um Einbuße ihres Umsatzes, da der Anblick von Behinderten auch in einer waldreichen Landschaft abstoßend wirken könnte.

Das *Rollenspiel* hat Ähnlichkeiten mit der Fallmethode. Auch hier werden die Schüler in Quasilebenssituationen geführt (Simulation). Die bei der Fallmethode aufgeführten Beispiele verschiedener Rollen können wiederholt werden: Bauer Vogtmann, seine Frau und sein Sohn; Kläger, Angeklagter, Richter, Sachverständiger beim Fall Bernhold; verschiedene Reiseteilnehmer, Busfahrer, Reiseleiter bei dem einen, Körperbehinderte, Ärzte, Grundstückbesitzer, Gaststätteninhaber, Raumplaner bei dem anderen Fall.

Das Rollenspiel, in dessen Mittelpunkt ein Problem oder Konflikt im Sinne moderner Didaktik steht, läßt sich wie folgt gliedern:
1. Bewußtmachung, Konflikterfassung
2. Rollenverteilung und Informationsverteilung
3. Erarbeitung der Rolle mit dem Informationsmaterial für die Hauptverhandlung
4. Konferenz als Kernstück der komplexen Unterrichtsform
5. Entscheidung und Begründung der Entscheidung

Im Zusammenhang mit dem Plan- und Rollenspiel, mit der Fall- und Konferenz-Methode wird auch gern vom *Entscheidungstraining* gesprochen. Durch Simulation von Lebenssituationen, die in der modernen Didaktik eine wichtige Rolle spielen, die es später realiter zu bewältigen gilt, versucht man, eine bessere Bewältigung dieser Lebenssituationen zu erreichen. Haltungen, die in Lebenssituationen sich bewähren, werden nicht so sehr durch intellektuelle Lernziele, sondern auch durch emotionale und durch Handlungskomponenten erzielt, wie die moderne Entwicklungs- und Lernpsychologie[97] lehrt. In der Simulation der Lebenssituation wird nicht nur intellektuell konditioniert, sondern umfassender: Emotional und durch Agieren (Handeln). Darin liegt der große Wert.

Der Neubau der Flachglas-Fabrik in Gelsenkirchen-Feldmark

Anstelle einer umfänglichen theoretischen Abhandlung vorweg mit sachlogischer Orientierung, didaktischer Analyse, methodischen Bemerkungen und schließlich mit Bemerkungen zur Nachbereitung soll beim vorliegenden Unterrichtsbeispiel anders (nämlich kürzer und für den Leser möglichst auch produktiver) verfahren werden. Gegeben ist der Verlauf des Unterrichts in groben Zügen, gegeben wird ein Katalog von gezielten Fragen zu den vorgenannten Themenkreisen (Sachlogik, Didaktik, Methodik, Nachbereitung), den der Leser am Protokoll des Unterrichts anwenden möge.

Als *Ausgangspunkt* wurde ein Bericht aus dem Nachrichten-Magazin Der Spiegel[98] verwendet:

Genug gesündigt.

Das Verwaltungsgericht Gelsenkirchen hat die Genehmigung zum Bau einer Glasfabrik aufgehoben; »soziale Bedürfnisse« seien, so die Begründung, schutzwürdiger als kommunales Interesse an Industrieansiedlung.

Kaum ein Beamter hatte etwas einzuwenden. Insgesamt zwei Dutzend Instanzen

– unter ihnen der Technische Überwachungsverein, das Wasserwirtschaftsamt und auch die Feuerwehr – prüften das Projekt und waren einverstanden. Ein Lungenarzt attestierte, »wesentliche Schädigungen des Menschen« würden »voraussichtlich nicht eintreten«; das nordrhein-westfälische Landesamt für Immissions- und Bodennutzungsschutz befand, daß keine »erheblichen Gefahren« entstünden.

Es durfte gebaut werden. Inmitten einer Grünzone im Gelsenkirchener Stadtteil »Feldmark«, zwischen Eigenheimen und Schrebergärten, begannen die Arbeiten an einem 150-Millionen-Mark-Projekt: Die »Delog-Detag-Flachglas AG« wollte auf 600 000 Quadratmetern eine gigantische Glasfabrik entstehen lassen – mit Ofenhaus und Kühlkanal, Werkhallen und einem Hoch-Kamin für schwefelhaltige Gase.

Doch gegen die Fabrik im Erholungs- und Wohngebiet regte sich Protest. Fünf Anlieger, die sich von der einmütigen Behörden-Zustimmung zum Bauprojekt nicht entmutigen ließen, gingen vor Gericht. Hauptargumente der Glasfabrik-Gegner:

Trotz erheblicher Auflagen sei zu erwarten, daß die von der Fabrik ausgehenden Emissionen (»Schwefeldioxyd, Fluor, Staub, Dämpfe und Lärm«), selbst wenn sie das derzeit gesetzlich zulässige Ausmaß nicht überschreiten, den Wohn-Wert benachbarter Siedlungen minderten;

durch den neuen Industrie-Komplex, nur 400 Meter von einem reinen Wohngebiet samt Altersheime entfernt, werde ein Ortsteil städtebaulich erheblich eingeengt;

das neue Industriegelände erschwere den Ausbau der Gelsenkirchener Naherholungsgebiete; es sei wegen seiner Lage am Rande eines »regionalen Grüngürtels« und vor allem wegen der Nachbarschaft zum Stadtkern hervorragend für eine Nutzung als »bevorzugtes verdichtetes Wohngebiet« geeignet.

Die Entscheidung des Verwaltungsgerichts in Gelsenkirchen fiel, als der für die Glasfabrik vorgesehene 150-Meter-Schornstein schon mehr als 60 Meter in die Luft ragte. Sie schlug, Anfang dieses Monats, »wie ein Sprengsatz« ein (»Frankfurter Rundschau«): Die Fünfte Kammer des Gerichts hob die »Genehmigung zur Errichtung und zum Betrieb« des Werks auf, dessen Bau bislang schon 20 Millionen Mark verschlungen hatte. Begründung: »Die Bedeutung der sozialen Bedürfnisse und der Wohnbedürfnisse der Bevölkerung« sei von den Planungsbehörden »verkannt« und »nicht ausreichend in Rechnung gestellt worden«.

Das Urteil könnte, so glauben Juristen, Wirtschaftsgeschichte machen. Dem Vorsitzer Alfred Cecior jedenfalls ist »keine vergleichbare Entscheidung in dieser Größenordnung« bekannt. Kaum jemals zuvor allerdings hatten sich Bürger im Kampf gegen Konzerne auf den Rechtsweg gemacht: »Zu hoch ist das Kostenrisiko, zu strapaziös erscheint das Verfahren«, sagt Hans Heinrich Rupp, Mitglied der Umweltschutzkommission beim Bundesinnenministerium. Und: »Zu mächtig sind die Interessen, die auf dem Spiele stehen.«

In der Tat haben auch im Ruhrgebiet die auf Gewerbesteuer-Einnahmen angewiesenen Kommunen bei Industrieansiedlungen bislang nur ans Geld für die Gemeinde und an die Zahl der Arbeitsplätze gedacht. Durch die Gelsenkirchener Entscheidung aber ist nun eine Stadt im Kohlenpott – wo die Luft noch immer krank macht und

Tumore schneller, Kinder jedoch langsamer wachsen als anderswo – gezwungen worden, bei der Wirtschaftsförderung auch für gesunde Lebensverhältnisse Sorge zu tragen.

Die Klage der fünf Bürger, entschieden die Revier-Richter, sei nach dem Bundesbaugesetz, nach dem »Bauleitpläne« den »Wohnbedürfnissen der Bevölkerung dienen« sollen, begründet. Zulässig sei sie schon wegen der Grundgesetz-Klausel, nach der »Eigentum verpflichtet«. Privat faßte Richter Cecior zusammen: »In der Vergangenheit ist im Ruhrgebiet genug gesündigt worden.«

Die Einsicht der Cecior-Kammer, daß die »Industrieansiedlung zur Verbesserung der Wirtschaftsstruktur in diesem Bereich . . . außer Verhältnis zu den vorgenannten Belangen« stehe, war freilich schon früher in der Öffentlichkeit geäußert worden: Erst Ende letzten Jahres hatte die »Frankfurter Allgemeine Zeitung« kritisiert, daß die Gelsenkirchener Stadtväter »gar zu behende« nach der Gewerbesteuer griffen.

Die Gelsenkirchener Kommunalpolitiker freilich glaubten alle Mahnungen, »von der Götzenanbetung des großen Steuerbringers wegzukommen« (»FAZ«), negieren zu müssen. Die Stadt, in der bei Konjunktur- und Strukturkrisen im Bergbau und in der Stahlindustrie ein Viertel der Arbeitsplätze verlorenging, sah sich mehr noch als andere Kommunen genötigt, mit »besonderen Anreizen und Vorteilen« (so ein Stadt-Sprecher) alte Industrien zu halten und neue »strukturverbessernde Betriebe« zu ködern – um fast jeden Preis.

Als die bereits ortsansässige »Flachglas AG«, zweitgrößte Steuerzahlerin der Stadt, Neubauwünsche anmeldete, erhielt die Firma prompt, binnen drei Monaten, ihre Baugenehmigung. Der zuständige Ruhrsiedlungsverband änderte mit Zustimmung des NRW-Ministerpräsidenten Heinz Kühn, einen erst 1966 aufgestellten Gebietsentwicklungsplan; Wohn- und Grüngebiete wurden rasch in Industrieflächen umgewandelt; der städtische Baudezernent Erhard Weiß, der für »gewissenhafte« Prüfung plädiert hatte, wurde von Oberstadtdirektor Dr. Hans-Georg König kaltgestellt: Der Verwaltungschef entzog ihm die Bearbeitung der Delog-Detag-Pläne.

Als der Glaskonzern die Stadt nach dem Urteil mit der Drohung, nach Belgien abzuwandern, konfrontierte, wandte sich SPD-Oberbürgermeister Josef Löbbert, Werkmeister, Betriebsrat und Ex-Aufsichtsrat beim Glaswerk, nicht etwa gegen solche Unternehmenspolitik, sondern gegen den Richterspruch: Der Sozialdemokrat sprach von 9000 Arbeitslosen und empörte sich: »Das Urteil kann nicht bestehen bleiben.« Glaswerker demonstrierten mit Spruchbändern wie: »Eine Industriestadt ist kein Luftkurort.«

Auch Heinrich Köppler von der CDU war über den Richterspruch, der den »Menschen an der Ruhr größten Schaden zufügt, nicht glücklich«. SPD-Ministerpräsident Heinz Kühn gab es der Glasfabrik, die am Mittwoch letzter Woche die Bauarbeiten vorläufig einstellen ließ, schriftlich: »Die Landesregierung bleibt weiter daran interessiert, die Ansiedlung Ihres Werkes zu ermöglichen.« Planungsopfern stellte Kühn fürsorglich Entschädigung in Aussicht.

Den »Feldmark«-Bewohnern freilich »geht es nicht ums Geld, sondern um gute

227

Luft« – so Dr. Rudolf Stossberg, Rechtsvertreter von zwei Klägern. Und als Vorsitzender des Haus- und Grundbesitzerverbandes in Gelsenkirchen kommt er zu der erstaunlichen Erkenntnis: »Es ist schon schlimm, wenn wie hier Genossen und Großkapital zusammenarbeiten.«

Der Unterricht wurde am 23. 2. 1972 in einer H 9 (Koedukation) in Bremen gehalten. Es stand nur ein Vormittag zur Verfügung. Der Klassenlehrer hatte Wahlfach Sport. Die Klasse kannte keinen Gruppenunterricht oder andere komplexe Unterrichtsformen. Die Kinder stammten zum großen Teil aus einem Gebiet sozialen Wohnungsbaus. Sie standen vier Monate vor der Schulentlassung.
Gekürztes Protokoll des Unterrichtsverlaufs
(L = Lehrer, Sch = Schüler, verschiedene Schülerantworten sind durch – getrennt)

1. Teil
L: Wer interessiert sich für Fußball?
Einige Sch. melden sich.
L: Wer ist augenblicklich Spitzenreiter in der Bundesliga?
Sch: Schalke 04
L: Und wer wird deutscher Meister (72)?
Sch: Bayern-München, Mönchen-Gladbach, Schalke . . .
L: Was ist Schalke? Wo ist Schalke?
Nur ein Junge: Gelsenkirchen
L: Schalke ist ein Stadtteil von Gelsenkirchen. Wie bei uns zum Beispiel . . . Wer war schon einmal in Gelsenkirchen?
Nur ein Mädchen meldet sich.
L: Erzähl mal, wie es da aussieht . . .
Sch: Eine Stadt wie bei uns auch, sonst nichts Besonderes.
L: Nun, es ist doch etwas anders als bei uns, denn dort gibt es Zechen, die es bei uns nicht gibt, und bei uns gibt es einen Hafen (Überseehafen), den gibt es dort nicht.

2. Teil
L: Ich werde euch jetzt eine kleine Geschichte aus Gelsenkirchen erzählen, die wahr ist, aus dem vorigen Jahr . . .
Im Stadtteil Rotthausen ist eine Flachglasfabrik. Sie stellt Fensterglas für Wohnungen, Läden, Schulen her. Im Unterschied dazu gibt es Hohlglas wie Flaschen und Gläser. (Begriffe werden jeweils an die Tafel geschrieben.) In dieser Flachglasfabrik von Rotthausen arbeiten etwa 9000 Menschen. Angenommen, jeder ernährt noch zwei weitere Personen, wieviel Personen hängen dann insgesamt von dieser Fabrik ab?
Ein Mädchen: 18000
Ein Junge: 27000 (Begründung)
L: Diese Flachglasfabrik ist eine der größten in der BRD. Sie hat einen hohen Ab-

satz. (Begriff wird geklärt: Nachfrage.) Warum hat sie hohen Absatz? Nun reicht die alte Fabrik nicht mehr aus. Angenommen, ihr wärt die Geschäftsleitung, was würdet ihr tun? Nichts oder ...?

Sch: Neue Fabrik bauen – Zweigbetrieb errichten.

L: Die alte Fabrik soll stillgelegt werden, weil eine neue Produktionstechnik (Herstellungsverfahren) entwickelt wurde und weil der Platz dafür nicht mehr ausreicht, denn angrenzend sind Wohnungen und andere Gebäude. Wohin mit der neuen Fabrik?

Sch: An den Stadtrand in die Vororte, zum Beispiel bei uns Syke (20 km von Bremen entfernt)

L: Warum?

Sch: Da sind die Grundstücke billiger.

L: Bei uns ist das richtig, aber im Ruhrgebiet ...

Das Mädchen, das in Gelsenkirchen war: Da geht eine Stadt in die andere über, da ist kein »Land« in der Umgebung wie bei uns.

L: Gelsenkirchen grenzt an Essen, Wattenscheid, Wanne-Eickel, Gladbeck, alles Großstädte (Karte).

Sch: Dann weiter weg von Gelsenkirchen. Andere Rheinseite oder Hamburg oder Bremen.

Sch: Aber in Gelsenkirchen ist Kohle. Die ist notwendig für die Fabrik.

L erklärt die Notwendigkeit hoher Temperaturen für die Glasschmelze.

L: Also dann höhere Transportkosten für die Kohle. Und die Arbeiter?

Sch: Die kommen meist nicht mit – Die werden arbeitslos in Gelsenkirchen – Neue bekommt man woanders schwierig.

L: Also ist es doch besser, in Gelsenkirchen zu bleiben.

3. Teil

L: Ich muß euch jetzt noch etwas anderes erzählen, was wichtig ist. In Gelsenkirchen ist in den letzten Jahren sowieso schon ein Viertel der Arbeitsplätze verlorengegangen. Wodurch? Durch die Kohlekrise. (Begriff und Ursache wird geklärt.) Jetzt würden neue Arbeitslose hinzukommen, wenn die neue Fabrik weit außerhalb der Stadt angesiedelt wird. Und noch ein anderes ist wichtig ...

Sch: Steuern. Fabriken zahlen Steuern.

L: Richtig. Fabriken zahlen zum Beispiel Gewerbesteuer. (Kurze Begriffserklärung von Kommunal-, Landes- und Bundessteuern.) Die Flachglasfabrik ist der zweitgrößte Steuerzahler von Gelsenkirchen durch ihre hohe Gewerbesteuer. Was macht denn eine Stadt mit den Steuern, die sie einnimmt?

Keine Antwort.

L: Angenommen, ihr würdet 500 000 DM im Lotto gewinnen, was würdet ihr damit anfangen?

Sch: Auto (am häufigsten) – Weltreise – Bankkonto – Immobilien (Was ist das? und Warum?) Weil sie im Wert steigen, Autos nicht.

L: Und eine Stadt? Kauft sie auch Autos, macht sie Weltreisen, legt sie die Millionen Gewerbesteuer, die sie einnimmt, auf ein Konto der Bank und freut sich über die Zinsen jedes Jahr?

Sch: Schulbau – ist nicht notwendig – warum nicht? – dann gibt es aber überbelegte Klassen – nachmittags Unterricht – Schule ganz abschaffen – Geld für Verkehrsausbau in der Stadt – oder fürs Gesundheitswesen (kranke Kinder) – Neubau von Wohnungen (Sozialwohnungen).

L: Also wenn keine oder weniger Gewerbesteuern kommen, dann kann man keine oder weniger Schulen, Wohnungen, Straßen, Krankenhäuser bauen. Was den Vorrang hat, wollen wir jetzt nicht untersuchen. Aber ihr seht, daß die Stadt Gelsenkirchen die Flachglasfabrik gern behalten möchte und ihr deshalb einen neuen größeren Platz zur Verfügung stellt. Die neue Fabrik soll übrigens etwa 150 Millionen DM kosten. (Er will dadurch die Größe der neuen Anlage zu veranschaulichen suchen.)

Sch: Das braucht die Fabrik aber nicht sofort alles bezahlen. Sie nimmt Kredit auf. (Begriff wird geklärt.)

L: Kredite kosten aber wieder Zinsen. (Höhe der Sparzinsen und der Hypothekenzinsen werden geklärt.) Angenommen bei einem Kostenaufwand von 150 Millionen DM werden 50 Millionen Eigenkapital und 100 Millionen Fremdkapital (Hypotheken, Kredit) aufgebracht, und das Fremdkapital muß mit 8% verzinst werden und in 10 Jahren abgetragen sein, wie teuer würde dann die Fabrik kommen?

Sch: 150 Millionen und 8 Millionen im Jahr – 230 Millionen nach 10 Jahren. (Auf den möglichen Denkfehler wird nicht eingegangen.)

Sch: Die verdienen aber auch gut.

4. Teil

L: Nun kommt etwas ganz anderes. Die neue Fabrik soll im Stadtteil Feldmark von Gelsenkirchen errichtet werden. Dort ist ein Neubaugebiet an Wohnungen. Da ist vor allem auch der Stadtpark von Gelsenkirchen, wie bei uns der Bürgerpark. Die Leute, die da wohnen oder die im Park spazieren gehen, fürchten die Abgase, den Lärm, die Wertminderung ihrer Wohnungen und Grundstücke. Was tun? Soll man die Hände in den Schoß legen oder?

Ein Mädchen: Wegziehen.

Ein Junge: Nicht gefallen lassen.

L: Also wie?

Sch: Flugblätter verteilen – Unterschriften sammeln – demonstrieren – zum Rathaus gehen, wenn man nicht empfangen wird, das Rathaus stürmen.

L: Es gibt noch einen anderen Weg.

Sch: Klagen – eine einstweilige Verfügung.

L erläutert an Beispielen Strafgericht, Zivilgericht, Arbeitsgericht, Verwaltungsgericht und die Klage vor dem Verwaltungsgericht Gelsenkirchen.

L: Was meint ihr, wie hat es wohl entschieden?

Sch: Hat der Richter Aktien von der Fabrik?

L weiß es nicht
Sch: Vermutlich für die Fabrik.
L: Nein, für den Umweltschutz der Bürger.

5. Teil
L: Bis jetzt war alles was wir gemacht haben, nur Vorspiel. Jetzt wird es ernst. Jetzt machen wir ein Rollenspiel und eine Konferenz mit verteilten Rollen.
L erläutert
  a) Jeder muß sich für eine der folgenden Rollen entscheiden (Fabrikleitung, Stadtverwaltung, Bürgerinitiative, Arbeiter der Fabrik, Ehefrauen der Arbeiter der Fabrik, Verwaltungsgericht)
  b) Die Vertreter der sechs Gruppen setzen sich zusammen, informieren sich anhand von Unterlagen, die ich ihnen gebe, schreiben ihre Argumente in Stichworten auf, die ihnen besonders wichtig scheinen, und wählen je zwei Vertreter für die große Konferenz. Da sitzen dann also zwei von der Fabrikleitung, zwei von der Stadtverwaltung, zwei von der Bürgerinitiative, zwei von den Arbeitern, zwei von deren Ehefrauen, zwei vom Verwaltungsgericht, tragen ihre Meinung vor und versuchen, die anderen von ihrer Meinung zu überzeugen, denn hinterher wird abgestimmt, ob nun die Fabrik kommen soll oder nicht.
Bei der folgenden Rollenverteilung ergibt sich,
  a) daß keiner die Rolle der Richter des Verwaltungsgerichts übernehmen möchte. Daher wird sie gestrichen.
  b) daß die progressivsten Schüler (Jungen) sich für die Bürgerinitiative entscheiden,
  c) daß nur Mädchen sich für die Rolle der Fabrikarbeiter entscheiden, so daß die Rollen Fabrikarbeiter und deren Ehefrauen zusammengefaßt werden, aber vier Vertreter zu wählen haben,
  d) daß nur eine kleine Gruppe von Jungen und Mädchen sich für die Stadtverwaltung entscheiden.
  e) daß die Fabrikleitung von denen übernommen wird, die übrigbleiben.

6. Teil
Die vier Gruppen setzen sich zusammen, erhalten und bearbeiten das folgende Informationsmaterial, machen sich Stichworte, wählen ihre zwei bzw. vier Vertreter für die Konferenz . . .
Der L. geht herum und hilft. Die Fabrikleitung erhält zusätzliche Werbeprospekte aus Zeitschriften, in denen die Vorzüge der Produkte der Flachglasfabrik hervorgehoben werden. Beispielsweise: Büros mit großen Fenstern aus neuem Glas seien im Sommer angenehm temperiert, während andere Büros mit großen Fenstern aus herkömmlichem Glas unerträglich heiß sind. Die Bürgerinitiative fragt, was sie alles dürfen.
L: Theoretisch alles.

Sch: Also auch Stürmen des Rathauses. Oder Bombenlegen in der Fabrik.
Informationsmaterial der verschiedenen Rollen:
Fabrikleitung: Soll man nach Belgien abwandern, wo der Umweltschutz noch nicht eine so große Rolle spielt? Aber die Arbeiter (9000) kommen sicherlich nicht mit. Soll man die Öffentlichkeit über die Vorteile, die Verbesserungen der Arbeits- und Lebensbedingungen, die mit den eigenen Glasprodukten verbunden sind, durch Werbung informieren? Soll man eine Regreßklage (Schadenersatz) wegen der bereits verbauten 20 Millionen DM erheben? Soll man abwarten, wie sich die Dinge weiter entwickeln?
Stadtverwaltung Gelsenkirchen: Soll man wegen des Urteils vor dem Oberverwaltungsgericht in die Berufung gehen? Soll man Demonstrationen der von Arbeitslosigkeit bedrohten 9000 Arbeiter veranlassen, damit die Öffentlichkeit über die sozialen Folgen des Gerichtsurteils informiert wird? Gelsenkirchen hat durch Bergbaukrise etwa ein Viertel seiner Arbeitsplätze verloren. Jetzt drohen wieder Arbeitsplätze verlorenzugehen. Die Glasfabrik ist der zweitgrößte Steuerzahler der Stadt. Jedes Jahr werden Millionen DM an Steuern durch diese Fabrik von der Stadt eingenommen. Dieses Geld würde verlorengehen. Was also tun?
Bürgerinitiative: Was ist zu tun, wenn die Fabrik noch weiter gebaut wird? Die neue Glasfabrik bewirkt in der Nähe Lärm, schädliche Abgase und eine Wertminderung der Grundstücke. In der Nähe befinden sich der Stadtpark von Gelsenkirchen, wo viele Bürger spazierengehen und sich erholen wollen. Nach dem Kriege sind dort viele neue Wohnungen gebaut worden. Gibt es noch härtere Mittel, sich gegebenenfalls durchzusetzen?
Arbeiter der Glasfabrik: Soll die neue Fabrik gebaut werden oder nicht? Wenn sie nicht gebaut wird, werden 9000 Arbeiter entlassen. Viele finden keine Arbeit, viele müssen umgeschult werden. Soll man demonstrieren oder streiken oder resignieren? Was ist zu tun?
Ehefrauen der Arbeiter: Wie sollen sie sich verhalten? Wenn die Fabrik nicht gebaut wird, werden die Ehemänner arbeitslos, liegen zu Hause, statt zu arbeiten, und es gibt weniger Geld, wo die Mieten und die Lebenshaltungskosten immer mehr steigen. Welche Bedeutung kann das für die eigenen Kinder haben?

7. Teil
Für die Hauptkonferenz setzen sich an vier zusammengestellen Tischen je zwei Vertreter der Arbeiter, der Ehefrauen, der Fabrikleitung, der Stadtverwaltung, der Bürgerinitiative und der Lehrer. Der Rest der Schüler bleibt im Hintergrund. Ursprünglich war geplant als Zuschauer und Zuhörer. Während der Konferenz ergab es sich aber, daß immer wieder Vertreter der einzelnen Gruppen aus dem Hintergrund an den Konferenztisch kamen und leise ihren Vertretern neue Argumente ins Ohr flüsterten oder auf Zettel hinreichten.
L: Meine Damen und Herren. (Er redete die Sch. bewußt mit Sie an, übernahm selbst die Leitung der Konferenz, da er die Klasse zu wenig kannte, um beurteilen

zu können, ob und welcher Sch. dazu in der Lage war, ließ auch die Frage nach der Geschäftsordnung und der Protokollanfertigung weg.) Zur Diskussion und Abstimmung steht, ob die Flachglasfabrik in Gelsenkirchen-Feldmark gebaut werden soll oder nicht. Ich darf die einzelnen Parteien bitten, das Wort zu ergreifen und ihren Standpunkt darzulegen. Danach treten wir dann in die eigentliche Diskussion ein. Zum Schluß kommt die endgültige Abstimmung. Wer beginnt?

Es ergab sich,
1. daß zunächst keiner anfangen wollte,
2. daß der Vortrag des eigenen Standpunktes schnell in die Diskussion überging,
3. daß die Beteiligung sehr rege war, daß oft fünf bis sieben Wortmeldungen vom L. auf seiner Rednerliste vermerkt wurden,
4. daß dadurch aber einer, wenn er Redeerlaubnis bekam, Stellung nahm zu einer Sache, die schon wieder zeitlich länger zurücklag,
5. daß neue Informationen und Argumente von hinten an die Konferenz herangetragen wurden,
6. daß die vom L. gegebenen Informationen und Formulierungen kaum noch in die Diskussion getragen wurden,
7. daß sogar mit fortschreitender Konferenz auch die eigenen Stichworte verlassen und neue aus der jeweiligen Situation artikuliert wurden.

Stichworte der einzelnen Gruppen (Orthographie korrigiert).

A) Geschäftsleitung: Schadenersatz 200000000 DM. Gewerbesteuer mehrere Millionen. Umweltschutz. Geschäftsausfall ...

B) Stadtverwaltung: Die Stadtverwaltung ist für den Aufbau der Fabrik. Sonst gehen die Gewerbesteuer und sonstiges Unterstützungsgeld für Arbeitslose verloren. Die Fabrik muß aber auch gegen die Gesundheit der anwohnenden Bevölkerung Rücksicht nehmen. Da die Fabrik größer wird, werden mehr Arbeitsplätze geschaffen für die Kumpel, die von den Zechen jetzt arbeitslos geworden sind. Das Geld, was die Fabrik für die Stadt einbringt, wird für bessere Hilfe kranker Kinder und Altersheime (spätere Ergänzung: für den Bau von Schulen) benötigt ...

C) Arbeiter: 1. Die Fabrik muß gebaut werden. Wovon sollen wir unsere Familien ernähren? Wir werden uns mit Gewalt gegen dieses Argument wenden, daß die Fabrik nicht gebaut werden soll. Wir werden streiken und demonstrieren. Denn wir haben ein Recht auf einen festen Arbeitsplatz. 2. Eine Umschulung würde zu viel Zeit in Anspruch nehmen, und die Arbeiter würden auf der Unterstufe beginnen. 3. Auf dem alten Fabrikgelände könnte man neue Wohnungen errichten. Zusatz: Lohnerhöhung, wenn nach Feldmark ...

D) Ehefrauen der Arbeiter: Wir sind dafür, daß die Fabrik gebaut wird, weil unsere Männer sonst kein Geld verdienen, arbeitslos werden und faul auf der Haut liegen, wo das doch alles so teuer wird. Sie haben ein Recht auf Arbeit. Wir bekommen kein Haushaltsgeld. Auch die Kinder werden in der Schule schlecht angesehen, weil sie nur (unleserlich) Kleidung haben ...

E) Bürgerinitiative: Wer will hier wohnen? Wer nimmt den Lärm in Kauf? Und wer will schlechte Luft einatmen? Wir nicht. Sollen unsere Kinder krank werden, nur weil sich die Fabrikbesitzer gesundstoßen wollen? Nicht auf Kosten unserer Gesundheit. Warum haben die Fabrikleiter keine Revision eingelegt. Sie wissen, daß sie im Unrecht sind ...

Einige Beispiele von Beiträgen aus der Konferenz
a) Bürgerinitiative läßt die härteren Mittel in der Konferenz weg (Bombenlegen).
b) Bürgerinitiative: Argument der Abgase der Fabrik.
Stadtvertretung (ein Mädchen): Kettenraucher schlucken noch mehr.
c) Vorschläge für Umweltschutz bei der neuen Fabrik:
Filter für die Schornsteine, Schallschluckmauern, Produktion nur von 8–17 Uhr.
d) Ein progressiver Schüler an die Unternehmensleitung: die kapitalistischen Betriebsleiter können ihren Urlaub in Bayern oder im Ausland machen, unsere Menschen höchstens im Stadtpark und atmen den Gestank ein.
e) Neue Fabrik an einen anderen Standort in Gelsenkirchen als gerade in Feldmark am Stadtpark. Beispielsweise stillgelegte Zechen. Aber oft zu klein. Oder Bergschäden. Schächte mit Müll vollschütten. Dauert zu lange.
f) Aktien der Fabrik kaufen. Dann stillegen. Aktien stehen nicht zum Verkauf, denn wer sie hat, spekuliert auf Gewinn beim Neubau.
g) Fabriken herunterwirtschaften, so daß sie pleite macht. Hilft nichts, denn Staat hilft bei Pleite. Beispiel: Rolls Royce in England, Borgward bei uns. Fabrik wird so oder so nicht stillgelegt.
h) Staat soll Ersatz für die gefährdeten Wohnungen in Feldmark zur Verfügung stellen. Evtl. Schadenersatz. Gegebenenfalls könnte man die stillzulegende Glückauf-Kampfbahn in Schalke verwenden, weil Gelsenkirchen ein neues Fußballstadion baut.
i) Ehefrauen klagen, wenn die Männer arbeitslos sind, gammeln sie zu Hause herum und saufen und machen Krach.
Die Konferenz mußte aus Zeitgründen vorzeitig abgebrochen werden.

8. Teil
Es war eine geheime Abstimmung geplant. Da die Zeit beschränkt war, wurde eine Abstimmung durch Handheben vorgenommen. Dabei ergab sich,
a) ein Mädchen der Gruppe der Arbeiter und Ehefrauen war unsicher. Sie wurde von ihrer Gruppe beeinflußt, so wie die anderen zu stimmen.
b) Das Ergebnis lautete 8 : 2 für den Neubau. Klagen der progressiven Sch., daß die ganze Konferenz überflüssig gewesen sei.
c) Die dann vorgenommene Geheimabstimmung ergab 2 Stimmenthaltungen.
d) Die dann noch durch Handheben vorgenommene Abstimmung in der ganzen Klasse ergab eine Mehrheit für den Neubau.

9. Teil
L: Nun liegt ja Gelsenkirchen weit von Bremen weg. Und der Neubau einer Flach-

glasfabrik in Feldmark geht euch eigentlich wenig an. Aber gibt es nicht hier in unserer Umgebung, wo ihr wohnt und wo die Schule ist, ähnliche Fälle?
Sch. berichten
a) von einer Brauerei im Stadtteil, die Flaschengeklapper und Geruchsbelästigung bewirkt,
b) vom Flughafenlärm, wenn beim Starten der Jets der Unterricht akustisch nicht mehr möglich ist,
c) von einer Hauptstraße (N), die nur schwer zu überqueren ist (keine Ampel) und viel Lärm für die Anwohner bringt,
d) von einem neuen Radarturm des Flughafens, der zwar zur Sicherung des Startens und Landens dient, aber den Empfang des Fernsehens empfindlich beeinträchtigt.

10. Teil
Auf dem Schulhof wird der Lehrer noch einmal von einigen Schülern angesprochen.
a) Das Abstimmungsergebnis war mies. Warum? Es war schon vorher festgelegt durch die Zusammensetzung der Konferenz. Die ganze Diskussion war sinnlos.
b) Der Wunsch nach einer längeren Dauer wurde ausgesprochen, nach längerer Vorbereitung und Durchführung der Konferenz.
c) Auf die Frage des Lehrers, warum die progressive Gruppe denn ihre harten Mittel der Bürgerinitiative nicht in die Konferenz gebracht hätte, sagte man: Andere würden es tun, und es würde auf uns zurückfallen!
d) Der Lehrer wurde gefragt, was er zu dem Beitrag von Brigitte zu sagen hätte. L. war als Konferenzleiter auf korrekten Verlauf eingestellt und konnte sich deshalb nicht erinnern. Enttäuschung bei den Schülern.

Ausgewählte Aufgaben

Kritik der Informationsquelle für den vorgegebenen Unterricht.
Worin besteht die interdisziplinäre Struktur der vorliegenden Einheit?
Welches ist die didaktische Absicht – sind die didaktischen Absichten? Welches ist das Lernziel – sind die Lernziele (Groblernziel – Feinlernziele)?
a) material-kognitiv (welches Wissen, welche Kenntnisse)
b) formal-instrumental (welches Können, welche Fähigkeiten)
c) emotional-affektiv (welche Haltung, welche Einstellung)
Wo entstanden Schwierigkeiten, wodurch wurden sie hervorgerufen, wie wurde verfahren, sie zu beheben?
Welche weiteren Schwierigkeiten wären möglich gewesen?
Welche Voraussetzungen müssen erfüllt sein, damit der vorliegende Unterricht optimal effektiv sein kann?
Wo liegt die Kernstelle (liegen die Kernstellen) des Unterrichts?

Analyse des Schülerverhaltens (der Reaktionen)
Analyse der Schülerantworten zu den einzelnen Impulsen
Beurteilung der Hinführung zum eigentlichen Anliegen (Teil 1)
Beurteilung der Gliederung (Artikulation) des Unterrichts
Rekonstruktion der verschiedenen Unterrichtsformen bei den einzelnen Schritten des Unterrichts
Inwiefern integriert das Planspiel eine Anzahl von anderen Unterrichtsformen?
Inwiefern ist der vorliegende Unterricht auch ein Beispiel für die Fallmethode, für die Konferenzmethode, für das Rollenspiel?
Welche Hilfsmittel sind erforderlich?
Welche Sitzordnung wäre den einzelnen Schritten angemessen?
Welches Tafelbild wäre am Ende zu erwarten gewesen?
Worin lagen Anschaulichkeit und Selbsttätigkeit in der Einheit?
Welcher Transfer (Teil 9) wäre bei Ihrer Schule (Klasse) möglich?
Was wäre aus dem vorliegenden Modell für ähnliche Fälle zu übernehmen, was wäre anders (besser) zu gestalten? Beispielsweise wenn mehr Zeit zur Verfügung stehen würde?
Welche der vorstehenden Fragen gehören zur Sachlogik, zur didaktischen Analyse, zur methodischen Aufbereitung und zur Nachbereitung der Stunden?

Weitere Aufgaben
Versuch, selbst in der Gruppe das vorliegende Spiel zu verwirklichen. Erfahrungen aus diesem Versuch
Aufsuchen weiterer Beispiele zur Fall-Methode
Aufsuchen weiterer Beispiele zum Rollenspiel
Aufsuchen weiterer Beispiele zum Planspiel
Ausarbeitung eines Beispiels
Parallelen zwischen der Reformpädagogik (Arbeitsschule) und diesem modernen Ansatz des Entscheidungstrainings
Grenzen des Entscheidungstrainings: Wenn alle Kinder versiert im Entscheidungstraining sind, aber höchstunterschiedlicher Meinung ...
Axiom des Entscheidungstrainings ist die menschliche Freiheit. Sind wir so frei?

Ausgewählte Literatur

W. Buthig: Neue Rollenspiele zur Wirtschaftslehre, Lehrmittel aktuell, Heft 4, 1972
D. Freudenreich: Rollenspiel, Hannover 1976
H. D. Haas: Die Anwendung von Planspielen im Geographie-Studium, Graphische Rundschau 1973
H. Haubrich: Zur Theorie und zum Einsatz geographischer Planspiele, Braunschweig 1975
G. Hausmann: Plädoyer f. d. Planspiel 1919–69, Hamburger Volkshochschule, Erfahrung u. Entwurf, Hamburg 1969

G. Hausmann: Streit in Antalya – ein Planspiel, Essen o. J.
F. J. Kaiser: Entscheidungstraining, Bad Heilbrunn 1973
E. Kosiol: Die Behandlung praktischer Fälle im betriebswirtschaftlichen Unterricht (Case Method), Berlin 1957
K. Kube: Das Uno-Spiel – ein Spiel für Unterricht und Freizeit? Eine Analyse auf der Basis eines – unrepräsentativen – Versuches, Geogr. Rundsch. 1973
H. Koller: Simulation u. Planspieltechnik, Wiesbaden 1969
H. Nolzen: Planspiele als geogr. Unterrichtsform, Geogr. Rundschau 1976
M. Rehm: Das Planspiel als Bildungsmittel in Verwaltung u. Wirtschaft, Heidelberg 1964
K. Tiemann: Planspiel f. d. Schule, Frankfurt 1969
H. Toepfer: Geographisches Arbeiten an Schulen und Hochschulen, Übungen und Planspiel, Geogr. Rundsch. 1973
T. Werneck: Planspiele, München 1976
J. Wittern: Zur didaktischen Einordnung von Planspielen, Geographische Rundschau 1973
Das UNO-Spiel im Unterricht, Stuttgart 1971
Geographische Rundschau, Beiheft 2, 1976 (Planspiele)

18. Gegenwart: Originale Erdkunde: Die Zahl als Hilfsmittel am Beispiel der Untersuchung der Effizienz von Individual- und Massenverkehr, meteorologischer und sozialgeographischer Fälle

Es kann der Eindruck entstehen, daß der Erdkundeunterricht sich lediglich in der Schule, im Klassenraum, vollzieht. Dem ist nicht so. Er vollzieht sich auch außerhalb der Schule. Mehr noch, es ist der bessere. *H. Roth*[99] hebt unter der Überschrift der »originalen Begegnung« hervor, daß das originale Kind möglichst mit dem originalen Gegenstand in Verbindung zu bringen sei. Der originale Gegenstand in der Erdkunde ist zumeist die Landschaft, sind die Gegenstände in der Landschaft. Diese Gegenstände lassen sich meist nicht in den Klassenraum mitnehmen. Sie sind viel zu groß. Insofern ist jeder Erdkundeunterricht im Klassenraum lediglich ein Ersatz für den originalen Erdkundeunterricht in direkter Auseinandersetzung mit dem erdkundlichen Gegenstand, »vor Ort«, in »field work«. Wie oft aber besteht gar kein Bewußtsein mehr für Originale Erdkunde, ist Erdkunde identisch mit Erdkundeunterricht in der Schule! Wie oft aber besteht Unfähigkeit zur Originalen Erdkunde, während ihr Ersatz in der Schule mit vielen Hilfsmitteln noch befriedigend praktiziert wird!

Originale Erdkunde stößt auf manche *Schwierigkeiten:* Die Organisation unseres Unterrichts in der Schule, besonders in der differenzierten Stadtschule, läßt sich schwer mit ihr in Einklang bringen. Erdkunde wird ja jeweils meist nur 45 Minuten unterrichtet. Bei Tageswanderungen und mehrtägigen Heimaufenthalten, die für die Originale Erdkunde bessere organisatorische Voraussetzungen bieten, kann man nicht selten feststellen, daß die Lehrer möglichst bald nach Beendigung der Veranstaltung streben. In der beengten Stadt *scheint* obendrein wenig Ansatz für eine Originale Erdkunde zu bestehen. Sie erfordert in vielen Fällen auch mehr Zeit und mehr Arbeit als sonstiger Unterricht, bedeutet also »Zeitverlust« und »Arbeitsbelastung«. Es lassen sich schwer Richtlinien für eine Originale Erdkunde geben, denn in ihr zeigen sich die regionalen Unterschiede von Norden, Süden, Westen, die Unterschiede zwischen Stadt und Land besonders deutlich. Viele Dinge von erdkundlicher Bedeutung kommen und vergehen schnell, so daß langfristige Planungen unmöglich sind. Besonders aber fehlt manchen Lehrern ein Sinn für die Originale Erdkunde, ein Sinn für erdkundliche Dinge »am Wege«, Sinn schon in der ursprünglichen Bedeutung. Sie sehen sie gar nicht, haben kein Bewußtsein dafür. Originale Erdkunde kann in ihrer Verwirklichung gleichermaßen »beglückend und belastend« sein.

Die Bedeutung der Originalen Erdkunde wurde schon seit langem von Fachvertretern und Lehrplänen betont, indem sich zum innerschulischen Unterricht die Wanderung, der Ausflug, die Besichtigung, die Reise, der Heimaufenthalt gesellten. *F. Schnaß*[100] interpretierte die *Heimat* als *Fundament* und *Praktikum, Fundament* für die auf Heimatkunde aufbauende Erdkunde, *Praktikum* derart, daß später immer wieder, wenn sich die Erdkunde bereits mit entfernt liegenden Gebieten beschäftigt, in der Heimat noch die Möglichkeit praktischer Betätigungen besteht. Dazu gehören[101]

1. Kartenkunde: z. B. Erarbeitung und Durchführung von Wanderungen mit der Karte, eigene Kartierung eines Geländes ...

2. Mathematische Erdkunde: z. B. Bestimmung von Entfernungen, die im Gelände nicht direkt zu messen sind wegen dazwischen liegender Hindernisse durch einfache Dreieckskonstruktionen. Gegeben eine Seite, zwei angrenzende Winkel, oder zwei Seiten, der eingeschlossene Winkel ...

3. Himmelskunde: z. B. Auffinden und Kennenlernen einiger wichtiger Sterne und Sternbilder am nördlichen Sternhimmel, vor allen Dingen des Polarsterns, der für die Orientierung sehr wichtig sein kann ...

4. Wetterkunde: Beobachtung von bestimmten meteorologischen Erscheinungen wie Minimum-Maximum-Temperatur, Barometerstand, Luftfeuchtigkeit, Wolkenbedeckung, Wolkenart, Windgeschwindigkeit, Windrichtung ...

5. Morphologie: z. B. Zeichnen, Kartieren oder Fotografieren von charakteristischen Voll- oder Hohlformen (Bergen bzw. Tälern) oder von Kleinformen wie Felsen, Klippen, Blockmeeren, Rippelmarken ...

6. Gesteinskunde: z. B. Sammeln und Bestimmen von Gesteinen der Umgebung mit ihrer Ausstellung ...

7. Bodenkunde: z. B. Feststellung des ph-Wertes mittels eines Pehameters, Aussage über die Bodenqualität ...

8. Gewässerkunde: z. B. Ermittlung der Strömungen in einem fließenden Gewässer, indem kleine schwimmende Gegenstände ins Wasser geworfen werden, Vergleich verschiedener Stellen im Gewässer, wo große Geschwindigkeit, wo geringe Geschwindigkeit, wo rückläufige Bewegung, Strudelbildung ...

9. Pflanzengeographie: z. B. pflanzensoziologische Arealuntersuchung im Wald oder am Wegesrand ...

10. Siedlungsgeographie: z. B. Ermittlung charakteristischer Haus-, Dorf- und Flurformen ...

11. Wirtschaftsgeographie: z. B. Besichtigung eines Bauernhofes oder einer Ziegelei ...

12. Verkehrsgeographie: z. B. Verkehrsfrequenz an bestimmten Stellen zu bestimmten Zeiten, Herkunft der Autos durch Ermittlung ihrer Nummernschilder ...

13. Sozialgeographie: z. B. Befragung bestimmter Personengruppen mit bestimmten Fragebögen, Bauern, Pendler ...

14. Historische Geographie: z. B. Untersuchung der Auseinandersetzung historischer Gegebenheiten mit den natürlichen Gegebenheiten (Burg-Anlage) ...

Methodisch bestehen zur Originalen Erdkunde vielfache Möglichkeiten. Es können folgende Aktivitäten unternommen werden: Beobachten, Sammeln, Zeichnen, Aufschreiben, Fotografieren, Kartieren, Zählen, Messen, Experimentieren, Befragen, Protokollieren ...

Für die Auswertung der Beobachtungen gibt es: Tabellierung, graphische Darstellung, Vergleich, Ausstellung, schriftliche Ausarbeitung, Erklärung bzw. Deutung der Beobachtungen ...
Grundsätzlich lassen sich 3 Schritte des Vorgehens unterscheiden.
1. Arbeitsanweisung (was ist zu tun?)
2. Beobachtung bzw. Befragung (was wurde gesehen, gehört?)
3. Auswertung (wie ist das Beobachtete und Erfragte zu deuten, welche Folgerungen sind zu ziehen?)

A. Im vorliegenden Fall werden *2 neue Akzente* gesetzt:
1. Die Zahl spielte neben der Karte, dem Bild und dem Text in Geographie und Erdkunde schon lange eine große Rolle. Dennoch läßt sich in der Geographie nach dem Zweiten Weltkrieg eine zunehmende Bedeutung der Quantifizierung beobachten, die sich von der vorher bestehenden Richtung der Herausarbeitung von Qualitäten (Individualität, Typus, Charakter, Ganzheit, Gestalt der Landschaft, Länder, Städte, Erdräume mit der ihr innewohnenden Gefahr des Subjektivismus) bewußt abhebt. Diese neue Richtung läßt sich als Geostatistik bezeichnen. Analoges vollzog sich in Psychologie und Soziologie, die sich auch nach amerikanischem Vorbild nicht unerheblich mathematisiert haben, während die qualifizierende Gestaltlehre ihre Anregung in den 20-er Jahren dieses Jahrhunderts von Deutschland aus nahm. Manche Ansätze der Geostatistik dürften aber das Niveau der Schule, zumindest des P- bzw. S1-Bereichs, überschreiten. Im vorliegenden Fall sollen einige einfache Möglichkeiten aufgezeigt werden.
2. Die in der bisherigen Originalen Erdkunde aufgeführten Möglichkeiten (1–14) haben eher den Charakter des Unverbindlichen, ob sie nun im natur- oder kulturgeographischen Bereich wurzeln. Sie lassen sich mit einer Einführung in einfache fachwissenschaftliche Arbeitsweisen umschreiben, in denen früher gern eine Variante des exemplarischen Prinzips gesehen wurde. Unter Unverbindlichkeit soll mangelnde Gesellschaftsrelevanz verstanden werden.
Dagegen zielt die Originale Erdkunde des vorliegenden Beispiels in eine andere Richtung. Aufgrund empirisch gefundener und objektiver Zahlenwerte und ihrer Auswertung soll eine der zahlreichen Schwierigkeiten (Probleme, Konflikte, Mißstände, Widersprüche) in unserer Gesellschaft bzw. in unserem Staat verdeutlicht werden. Anders formuliert: Es wird eine Bewußtseinserhellung bzw. Sensibilisierung vorgenommen. Dies ist wieder die erste Voraussetzung für die Beseitigung. So läßt sich folgender Gang im Unterricht ermöglichen.
a) Sensibilisierung für eine Schwierigkeit geographischer Relevanz durch quantitative Empirie (Originale Erdkunde) nach den bereits vorgegebenen Schritten Arbeitsanweisung, Durchführung, Auswertung.
b) Auseinandersetzung (Beurteilung, Bewertung) mit den Ergebnissen.
c) Auffinden von Lösungsmöglichkeiten zur Besserung der Verhältnisse einschließlich der Schwierigkeiten, die wieder entgegenwirken können.

So läßt sich die Originale Erdkunde des vorliegenden Beispiels einbauen in die didaktische Konzeption einer progressiv orientierten Erdkunde (vgl. Beispiel 7).

Zugleich hängt sie eng mit dem oftmals geforderten kritischen Denken zusammen, indem eine Sensibilisierung für Probleme, Konflikte, Widersprüche vorgenommen wird und indem empirisch gefundene Ergebnisse beurteilt und bewertet werden (vgl. Beispiel 19).

Ebenso hängt sie mit dem kreativen Denken zusammen, indem Lösungsmöglichkeiten und ihre Schwierigkeiten im Zusammenhang mit der Veränderung und der Verbesserung der bestehenden Verhältnissen aufgesucht werden (vgl. Beispiel 15).

Zugleich besteht die Möglichkeit, die bisweilen ins Esoterische abgleitende Mathematik (Rechnen), weil keine Beziehung mehr zur Realität zu bestehen scheint, wieder auf das zu beziehen, worauf sie in der Schule wohl zumeist angelegt sein sollte, nämlich auf die Bewältigung der Wirklichkeit.

W. Klafki[102] stellt in diesem Zusammenhang heraus: »Wenn der zu erarbeitende Sachverhalt dem Schüler als ein Sinnzusammenhang erscheint, der ihn etwas angeht, so heißt das u. E. für den Rechenunterricht: in das Zentrum des Volksschulrechnens muß, wie es zum Teil seit der Mitte des vorigen Jahrhunderts gefordert wird, das Sachrechnen treten ... Die Sachaufgeben wären dann nicht mehr angewandte Aufgaben, sondern sie bildeten jeweils die modellartigen Anlässe, derentwegen man zu rechnen beginnt, deren Lösung bestimmte rechnerische Verfahren erfordert.«

Durchführung:

a) Verschiedene Zweiergruppen zählen an 2 verschiedenen Einfallstraßen der Stadt (des Ortes) an einem Morgen zur Hauptverkehrszeit während bestimmter Zeiteinheiten (z. B. 6.30–7.00 Uhr, 7.00–7.30 Uhr, 7.30–8.00 Uhr) die Zahl der öffentlichen Verkehrsmittel und die der Pkw, ermitteln die Pkw-Besetzung und schätzen die Personen in den Massenverkehrsmitteln, wobei die städtischen oder sonstigen Betriebe Richtzahlen der Sitz- und Stehplätze zur Verfügung stellen. Sonst lassen sie sich auch durch Befragen des Fahrers ermitteln.

b) Modifikation der Aufgabe: An einer Ausfallstraße zählt an verschiedenen Werktagen (Montag-Freitag) je eine Gruppe zu einer bestimmten Zeit (z. B. 7.00–7.30).

c) Oder beide Ansätze lassen sich bei ausreichend vorhandenen Gruppen kombinieren.

Auswertung:

a) Berechnung des Gesamtwertes an beiden verschiedenen Verkehrspunkten (Pkw, öffentliche Verkehrsmittel, Personen) am fraglichen Morgen (zwischen 6.30 und 8.00 Uhr).

b) Räumlicher Vergleich der beiden Verkehrspunkte (wo mehr Pkw, wo mehr öffentliche Verkehrsmittel, wo mehr Personen).

c) Zeitlicher Vergleich der verschiedenen Beobachtungstermine (wann mehr Pkw, mehr öffentliche Verkehrsmittel, mehr Personen).

d) Kombination von räumlichem und zeitlichem Vergleich der beiden Beobachtungsstellen.

e) Berechnung des Durchschnittswerts von Pkw, öffentlichen Verkehrsmitteln, Personen pro Werktag der Woche, wenn an mehreren Tagen gezählt wurde (Montag – Freitag) bzw. pro halbe Stunde morgens.

f) Ermittlung von Fehlerquellen im Beobachtungs- und Auswertungsverfahren (z. B. Beobachtungsfehler durch Schätzen, Rechenfehler, ungenaue Uhrzeit, ungewöhnliche Verkehrsverhältnisse durch Wetter oder Unfall, Vernachlässigung von Restgruppen wie Motorradfahrer und Kleinbusse ...)

g) Berechnung der durchschnittlichen Besetzung der Pkw bzw. der öffentlichen Verkehrsmittel mit Personen. Für die Pkw kann ein Schnitt von 4 Plätzen (einschließlich Fahrer) zugrunde gelegt werden, wiewohl oftmals auch 5 Plätze gegeben sind. Für die öffentlichen Verkehrsmittel gibt es Richtzahlen der Steh- und Sitzplätze von den Unternehmen. Die Belegungszahlen der Massenverkehrsmittel können nur durch Schätzen gewonnen werden. Ergebnisse in Prozenten.

h) Vergleich der Besetzung der privaten und öffentlichen Verkehrsmittel: In der Regel sind die öffentlichen Verkehrsmittel in der fraglichen Zeit ungleich stärker besetzt, ja überbesetzt als die privaten Verkehrsmittel.

Relative Zahlen.

i) Unter Zuhilfenahme von Angaben der öffentlichen Verkehrsbetriebe über Eigengewicht ihrer Busse bzw. Straßenbahnen wird der pro-Kopf-Wert des beförderten Transportgutes in Kilogramm berechnet.

$$\frac{\Sigma\ M \times E}{\Sigma\ P} \qquad \begin{aligned} M &= \text{Massenverkehrsmittel} \\ E &= \text{Eigengewicht in kg} \\ P &= \text{Beförderte Personen} \end{aligned}$$

k) Dasselbe auch bei Zugrundelegung eines durchschnittlichen Gewichts der Pkw, wobei die Beobachtungsaufgabe auch die häufigsten Wagentypen (z. B. Mittelklassewagen) ermitteln sollte.

l) Fehlerquellen: Fehlinformation, Rechenfehler ...

m) Vergleich der beiden Werte (relativen Zahlen) von Individual- und Massenverkehr. Zumeist ergibt sich, daß beim Individualverkehr pro Kopf mehr Blech transportiert wird als bei den öffentlichen Verkehrsmitteln.

n) Falls es schwierig oder unmöglich sein sollte, für die verschiedenen öffentlichen Verkehrsmittel Angaben über ihr Gewicht zu bekommen, besteht durchaus die Möglichkeit, die Arbeit der Originalen Erdkunde und ihre quantitative Auswertung durchzuführen, indem die Verkehrserhebungen vor Ort, die *Besetzung* von öffentlichen Verkehrsmitteln bzw. Pkw ins Auge gefaßt und analog ausgewertet werden.

o) Auf die Berechnung von Streuungswerten, Korrelationen und anderen statistischen Möglichkeiten wird aus naheliegenden Gründen verzichtet.

Graphische Auswertung

Zu einer vollständigen grafischen Darstellung gehört nicht nur die Grafik, sondern eine kurze, prägnante, trotzdem das Wichtigste umfassende Überschrift, ferner ein Maßstab oder eine Legende, ohne die die Darstellung nicht zu lesen ist (welches Symbol, welches Maß in der Darstellung entspricht wem und wieviel in Wirklichkeit), ferner vielleicht noch die zugrundegelegte Statistik (Zahlen) und ihre Quelle. Auch die Überschrift der Statistik stellt, da sie kurz, klar und doch vollständig sein soll, eine beachtliche Abstraktionsleistung dar, die man von der Klasse erarbeiten lassen sollte.

a) Tabellen: Die einfachen Beobachtungswerte lassen sich tabellarisch fixieren. Überschrift der Tabellen nach räumlichen Gesichtspunkten (2 verschiedene Hauptstraßen der Stadt, des Ortes), nach zeitlichen Gesichtspunkten (verschiedene Werktage oder verschiedene Uhrzeiten), nach den Verkehrsmitteln (Pkw, öffentliche Verkehrsmittel), nach den Personen (in den verschiedenen Verkehrsmitteln). Kombination der Tabellen.

b) Es bieten sich je nach Klassenstufe mehr konkrete oder mehr abstrakte Grafiken an.

Konkrete Grafiken sind solche, die noch einen Bezug zu den ursprünglichen Objekten erkennen lassen: Beim räumlichen Vergleich 2 Tabellen (Kästen), in denen schematisch Pkw bzw. öffentliche Verkehrsmittel eingetragen werden. Aufgrund der großen Zahl der Pkw muß wahrscheinlich abstrahiert werden. Ein Pkw in der Grafik entspricht 10 oder gar 50 in Wirklichkeit. Diese Aussage gehört aber wieder auch in die Legende. Dasselbe beim Vergleich verschiedener Zeitabschnitte eines Morgens. Für die beförderten Personen können Strichmännchen verwendet werden (Abb. 19).

Abb. 19

c) Eher abstrakt ist die nicht ganz korrekte Verwendung des Koordinatenkreuzes. Der zeitliche Vergleich der verschiedenen Werktage in einer Woche läßt sich bequem eintragen, wobei die eine Ordinate die Zeit (Montag-Freitag), die andere Ordinate die Frequenz bedeutet. Pro Tag ergeben sich 2 Säulen, die eine für die Pkw, die andere für die öffentlichen Verkehrsmittel, die farblich noch unterschieden werden können. Ebenso lassen sich aber auch die verschiedenen Personengruppen von Pkw und öffentlichen Verkehrsmitteln pro Wochentag im Koordinatenkreuz eintragen.

d) Die Berechnung der durchschnittlichen Besetzung der Pkw und öffentlichen Verkehrsmittel mit Personen läßt sich nach Prozenten ermitteln. Die graphische Darstellung ist möglich in Kreissektoren oder Rechteckabschnitten, wobei die durchschnittlichen Werte nebeneinander gesetzt und farblich noch abgehoben werden können. Die Kreissektoren-Methode erweist sich unterrichtlich als schwieriger denn die Rechteckabschnitt-Methode (Abb. 20).

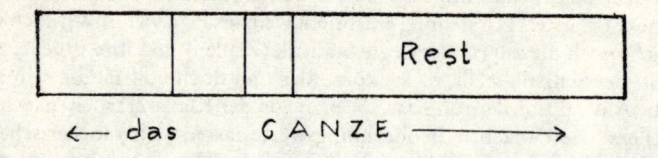

```
┌───┬──┬──┬──────────────────┐
│   │  │  │      Rest        │
└───┴──┴──┴──────────────────┘
  ←── das    GANZE ──────→
```

Abb. 20

e) Es ist aber auch eine anschauliche Grafik möglich: Ein schematischer Pkw umfaßt 4 Felder (4 cm^2 auf Millimeterpapier), ein öffentliches Verkehrsmittel soviel Felder, wie es Sitzplätze besitzt, denn jedes Feld bedeutet einen Sitzplatz. Es werden die durchschnittlichen Personen-Belegungszahlen eingetragen, für jede Person in jedem Feld ein Strichmännchen. Bei öffentlichen Verkehrsmitteln mit stehenden Personen werden diese außerhalb des Schemas dargestellt, da in der Grafik lediglich die Ausnutzung der Sitzplätze gezeigt werden soll, sonst wäre ein Vergleich Pkw-öffentliches Verkehrsmittel nicht ohne weiteres möglich.

f) Durch eigenes Nachdenken, mehr noch durch die Aufgabenstellung an die Schüler lassen sich auch noch neue Varianten der Darstellung finden und verwirklichen. Ebenso wäre es optimal, alle Schritte des Unterrichts aus der Klasse erwachsen zu lassen:

1. Aufgabenstellung: Verkehrszählung in Hinsicht auf das Verhältnis von Individual- zu Massenverkehr, besonders in Hinsicht auf ihre Effizienz.

2. Aufgabenstellung: Was kann mit den gewonnenen Zahlen alles gemacht werden? Wie sind sie auszuwerten?

3. Aufgabenstellung: Wie lassen sich die gewonnenen Zahlen grafisch aufarbeiten? Wie lassen sie sich besonders auch veranschaulichen?

4. Aufgabenstellung: Welche Konsequenzen ergeben sich aus dem Ergebnis, daß in der Regel der Individualverkehr weniger effizient (wirksam) ist als der Massenverkehr?

Zunächst bedarf die geringere Effizienz einer genaueren Formulierung:

1) Es ist damit gemeint, daß pro Kopf mehr totes Material als Ballast mittransportiert wird.

2) Daraus ergibt sich aber wieder, daß pro Kopf mehr Energie (Erdöl) verbraucht wird. Es wurde aber vor nicht allzu langer Zeit von einer Energiekrise geredet. Und Futurologen prognostizieren für die nächste Zukunfte eine rigorose Exploitation der natürlichen Ressourcen besonders auf dem Energiesektor, wenn immer noch blindes wirtschaftliches Wachstum weiter verwirklicht wird (vgl. Beispiel 8).

Die Originale Erdkunde bzw. die Geostatistik sind so Wegbereiter (Propädeutikum) für die Bewußtseinserhellung eines der Hauptmißstände unseres Systems, des Hauptzerstörers unserer Städte, und für den Versuch, diesen Konflikt in seinem Bedingtsein und vor allem in seinen Lösungsmöglichkeiten anzugehen. Pendler quälen sich morgens in die Stadt, nachmittags wieder hinaus. Die Cities quellen am Tag von Blech über, nachts sind sie wie ausgestorben. Tausende von Toten auf den Straßen in einem Jahr und in einem Land sollten doch wohl zu denken geben! Über die Hälfte der Bundesbürger fühlt sich durch den Straßenlärm belästigt.

Zahllos sind die Lösungsversuche im Dilemma, von den Ampeln, Einbahnstraßen, Umgehungsstraßen, Verbotsschildern über Kreisverkehr, Straßenzellen, Kahlschläge in Altbaugebieten wie nach einem Bombenangriff, Verwendung der dritten Dimension über oder unter der Erde für den ruhenden wie für den fließenden Verkehr, über Park and Ride, Nulltarif, Abschaffung der Kilometerpauschale und der Steuerabzugsfähigkeit überhaupt bis zu modernen Verkehrsformen, die eine Mischung aus dem gegenwärtig blind wuchernden Individualverkehr und den effektiveren Massenverkehrsmitteln darstellen.

Hemmende Faktoren zur Reform: Neben dem Automobil- und Ölkonzernlobby spielt aber auch noch eine entscheidende Rolle die Sicherung von Arbeitsplätzen und der emotionale Faktor des Sozialprestiges beim Individualverkehr, und in einer Demokratie möchte keine politische Partei Wähler vergraulen. Der Komplex kann nicht in aller Gründlichkeit abgehandelt werden. Aber

1. Interdependenzen müssen deutlich werden, denn die Wohnungsbau- und Regionalpolitik haben zu einer Zersiedlung der Landschaft im Umland der Städte geführt, wo öffentliche Verkehrsmittel nur schwer eine Erschließung ermöglichen.

2. Widersprüche zeigen sich, wenn einerseits die Bundesregierung zu Sparmaßnahmen auf dem Energiesektor aufruft, andererseits aber energievergeudende Einrichtungen wie Pkw direkt durch Steuernachlässe und indirekt durch den Straßenbau fördert, ferner wenn sie auf der einen Seite das Milliardendefizit von Massenverkehrsmitteln (Bundesbahn) mit Steuergeldern finanziert, andererseits den Individualverkehr durch steuerliche Begünstigung immer weiter wuchern läßt.

Es ergibt sich:

1. Das vorliegende Unterrichtsbeispiel kann auch als ein Beispiel zur Fall-Methode bezeichnet werden, denn es geht von Einzelbeobachtungen in der Originalen Erdkunde aus, versucht aber, das Allgemeine: Die Effizienz von Individual- und Massenverkehr, aufzuhellen. Mehr über die Fall-Methode im Beispiel 17.

2. Es ist zugleich ein Beispiel einer Konflikt-Struktur derart, daß unterschiedliche gesellschaftliche Interessen, des einzelnen und der Allgemeinheit, an bestimmten Standorten (Verkehrslinien) zusammentreffen. Mehr darüber im Beispiel 7.

3. Es ist ferner ein Beispiel für die Schulung des kritischen Denkens in der Erdkunde, indem in Originaler Erdkunde eine Bewußtseinserhellung für Mißstände vorgenommen wird, indem Statistiken kritisch ausgewertet werden, indem Texte (z. B. von am Individualverkehr interessierten Verbänden) analysiert werden können, in-

dem Widersprüche des Systems nicht verschleiert, sondern aufgehellt werden. Mehr darüber im Beispiel 19.

4. Methodisch läßt sich der Konflikt in einer einfachen Diskussion, aber auch in einem anspruchsvolleren Rollen- und Planspiel austragen. Mehr im Beispiel 17.

Denkimpuls: Was ist aber zu tun, wenn die beobachteten Ergebnisse bei den Zählungen und Berechnungen nicht mit den erwarteten Ergebnissen (mangelnde Effizienz) übereinstimmen?

B. Eine andere Möglichkeit statistischer Arbeit in der Erdkunde dürfte die Auswertung von *meteorologischen Daten* sein. Damit ist ein Beispiel aus dem naturgeographischen Bereich gegeben, während die Verkehrszählung aus dem kulturgeographischen Bereich stammt.

Zugleich findet sich im vorliegenden Fall der Weg der empirischen quantitativen Einzelbeobachtung zur Abstraktion durch die Berechnung der Durchschnittswerte. Das ist aber zugleich auch der *Weg vom Wetter zum Klima*, hinter dem die Meteorologie einerseits und die Klimatologie andererseits stehen. Wenn vom Klima in der Schule die Rede ist, besteht nicht selten die Gefahr, daß es nicht in seiner Abstraktion erfaßt wird, sondern als Wetter oder Witterung interpretiert wird.

1. Qualitative und quantitative meteorologische Beobachtungen an einem bestimmten Ort zu einer bestimmten Zeit während eines bestimmten Zeitraums (eines Monats – z. B. Mai)

a) Minimum- Maximum-Temperatur, entweder selbst messend oder aus der Zeitung entnehmend

b) Niederschlag in 24 Stunden, entweder selbst messend oder aus der Zeitung entnehmend

c) Barometerstand, entweder selbst messend oder aus der Zeitung entnehmend

d) Luftfeuchtigkeit, entweder selbst messend oder aus der Zeitung entnehmend

e) Windstärke, nach der Beaufort-Skala

f) Windrichtung

g) Wolkenbedeckung (0, 25, 50, 75, 100%)

h) Wolkenart (mit entsprechenden Wolkentafeln vom Deutschen Wetterdienst Hamburg)[103]

i) Phänologische Beobachtungen

a, b, c, d, e, g, sind quantitativ, aber auch f und die anderen lassen sich quantitativ auswerten.

2. Auswertung

a) Tabellierung der Werte in 30 bzw. 31 Spalten und Gliederung nach den meteorologischen Kategorien a-i

b) Eintragung der Minimum-Maximum-Werte in ein Koordinatenkreuz mit der Benennung Tage des Monats bzw. Celsius-Grade, analog die Niederschläge, der Barometerstand, die Luftfeuchtigkeit...

c) Berechnung des Durchschnittswerts der Minimal- und der Maximal- und der

Gesamttemperatur im Untersuchungsmonat, des Durchschnittswerts des Barometerstandes, der Luftfeuchtigkeit, der Windstärke, des Niederschlags, der Wolkenbedeckung ...

d) Berechnung der prozentualen Verteilung von Tagen mit Niederschlägen zu Tagen ohne solche, von verschiedenen Windstärken, der verschiedenen Windrichtungen, der verschiedenen Wolkenbedeckungen, der verschiedenen Wolkenarten ...

e) Graphische Darstellung von d) in Form von Kreissektoren, Rechteckabschnitten, Windrosen für Windrichtungen, wobei die Länge der Himmelsrichtung der Häufigkeit der Himmelsrichtungen des Windes entspricht.

3. Hinführung zum Begriff Klima als langjährigen Durchschnittswert verschiedener meteorologischer Elemente. Herausarbeitung der zunehmenden Abstraktion von der meteorologischen Einzelbeobachtung pro Tag über die Durchschnittswerte eines Monats und eines Jahres bis zu denen mehrerer Jahrzehnte.

4. Kartierung von Isolinien. Verteilung von Arbeitsbögen, auf denen Orte mit Durchschnittswerten (Temperaturen, Barometerstand, Niederschlägen) gegeben sind, mit der Aufgabenstellung, Isolinien zu zeichnen (Abb. 21).

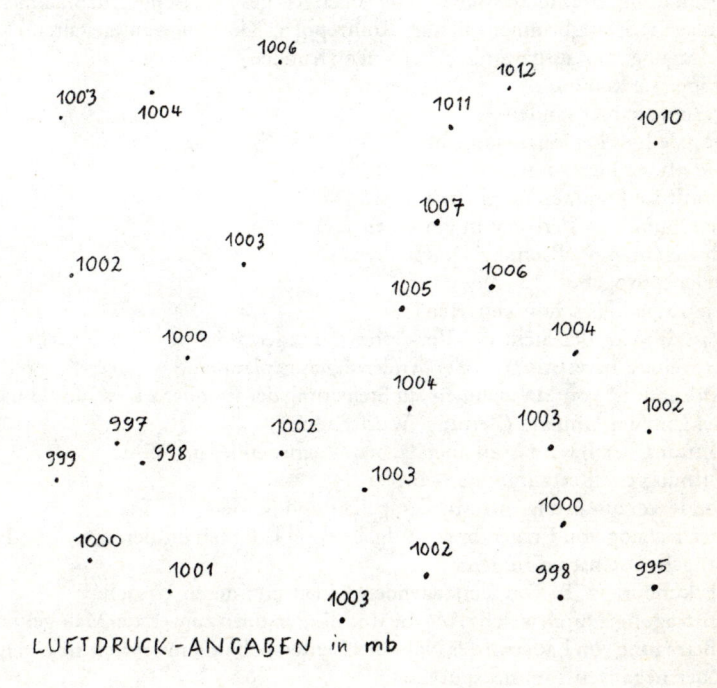

LUFTDRUCK-ANGABEN in mb

Abb. 21

5. Lektüre von Wetterkarten: Was wurde wo gemessen? Was wurde daraus gefolgert (und gezeichnet)?

C. Als drittes Beispiel folgt ein Katalog sozialgeographischer Aufgaben und Fragen zum Roland-Center (Einkaufs-Zentrum in Bremen)
1. Zählung der Pkw auf dem Parkplatz. Berechnung des Verhältnisses zur Gesamtparkfläche.
2. Herkunft der Pkw (Nummernschild). Prozentuale Verteilung Bremen, Delmenhorst, Syke, Oldenburg, Rest.
3. Zählung der ein- und ausgehenden Personen in einer bestimmten Zeiteinheit (Männer, Frauen, Kinder). Tabellierung.
4. Vergleich der Werte von 1 bis 3 an verschiedenen Tagen, zu verschiedenen Tageszeiten.
5. Kartierung der Läden im Center und Ermittlung ihrer Branchen-Spezialisierung.
6. Zählung der Frequenz von Läden wie bei 3. Vergleich Großkaufhaus und Einzelläden.
7. Erkundung architektonischer und sonstiger gestalterischer Maßnahmen wie Grünanlagen, Springbrunnen, Bänke, Rolltreppen, Kinderbewahranstalten ...
8. Befragung von ausgewählten Personen (Kunden)
 a. woher sie kommen
 b. warum sie hier kaufen
 c. was sie hier kaufen, was nicht
 d. wie oft sie hier kaufen
 e. womit sie kommen (Verkehrsmittel)
9. Befragung von Personal in einzelnen Läden,
 a. ob Eigentümer, Pächter, Angestellter
 b. welches Angebot
 c. wie lange hier schon vertreten
 d. was zu 8 aus der Sicht des Verkäufers zu sagen wäre
 e. ob weitere Investitionen oder Änderungen geplant sind
10. Erkundung von Maßnahmen zur Steigerung der Frequenz bzw. des Umsatzes,
 a. Reklame im Umland (Zeitung, Wurfsendung)
 b. Öffnung der Basargassen abends, am Wochenende, im Winter
 c. Öffnung der Restaurationen ebenso
 d. Sonderveranstaltung mit Musikkapellen und Starlets
Dieser Katalog von Fragen bzw. Aufgaben soll lediglich initiieren, weitere Fragen und Aufgaben selbst zu finden:
11. Erkundung z. B. von leerstehenden Läden und deren Ursache
12. Befragung: Durch welche Angabe sind die Personen zum ersten Male gekommen
13. Befragung von Läden in der Nähe des Centers, ob und inwieweit sie einen positiven oder negativen Einfluß spüren.

Über die Manipulations-Möglichkeiten mit der Statistik (Zahl) findet sich mehr im Beispiel 19.
Über die Originale Erdkunde in Hinsicht Umweltschutz findet sich mehr im Beispiel 20.

Ausgewählte Aufgaben

Bedeutung und Schwierigkeiten der Originalen Erdkunde
Gemeinsamkeiten und Unterschiede der Originalen Erdkunde in der traditionellen und in der modernen Didaktik der Erdkunde
Sammeln von weiteren Arbeitsaufgaben zur Originalen Erdkunde bei den einzelnen Gebieten der Allgemeinen Geographie, die im Text kurz dargestellt sind (1–14)
Weitere Möglichkeiten der Originalen Erdkunde zu einer progressiv-kritischen Erdkunde aus der eigenen Umgebung
Kritische Analyse der drei dargestellten Beispiele zur Originalen Erdkunde
Zuordnung zu verschiedenen Klassenstufen
Diskussion der Effizienz von Individual- und Massenverkehr
Möglichkeiten zur Einführung in das Verständnis des Klimas
Statistisch-grafische Aufbereitung des sozialgeographischen Aufgaben- und Fragenkatalogs
Möglichkeiten und Grenzen der Geostatistik in der Erdkunde
Differenziert nach Natur- und Kulturgeographie, nach Klassenstufen, nach Art der Statistik (Tabellierung, Verteilung, Koordinatenkreuz, Durchschnittsberechnung, Prozentberechnung, graphische Darstellung, Korrelation, Wahrscheinlichkeitsberechnung ...)
Stellungnahme zu folgender Exkursion: Schulkinder tragen durch Sammeln von Müll und durch Säubern der Umgebung aktiv zum Umweltschutz bei
Stellungnahme zu folgender Exkursion: Sie wurde nur unternommen, um einen schönen Sonnenuntergang zu sehen
Stellungnahme zu folgender Aussage des ehemaligen Oberbürgermeisters von München Vogel: Man müsse den Leuten in der Stadt nicht durch ständige planerische Maßnahmen das Autofahren erleichtern, sondern erschweren.
Stellungnahme zu folgender Frage: Ist nicht die Sensibilisierung von Widersprüchen unseres Systems pädagogisch fragwürdig?

Ausgewählte Literatur
(neben der direkt zitierten)

G. Bahrenberg: Statistische Methoden und ihre Anwendung in der Geographie, Stuttgart 1975
F. Fliri: Statistik u. Diagramm, Braunschweig 1969
B. Ehrenfeuchter u. a.: Statistik im Erdkundeunterricht, Stuttgart 1966

T. Rössler: Zahlen im erdkundlichen Unterricht, Geogr. Rundschau 1958
M. Hanisch: Zahl u. Statistik i. d. Erdkunde, West. Päd. Beiträge 1964
Statistisches Jahrbuch der BRD, Wiesbaden (erscheint jedes Jahr)
Fischer-Weltalmanach (Zahlen, Daten, Fakten), Frankfurt, erscheint jedes Jahr

E. Ernst u. a.: Lehrwanderungen im Erdkundeunterricht, Stuttgart 1973
W. Brezinka: Erziehung durch Wandern, Die Sammlung 1957
E. Heyn: Die Betriebsbesichtigung, Geogr. Rundschau 1954
H. Michel: Die erdkundliche Lehrwanderung, Geographische Rundschau 1949
E. Müller-Temme: Bemerkungen zur erdkundlichen Lehrwanderung, Geographische Rundschau 1960
J. Wagner: Freiluftunterricht, Erkundungsgänge, Lehrwanderungen, Besichtigungen u. Reisen, in: L. Bauer (Herausg.): Erdkunde im Gymnasium, Darmstadt 1968
F. E. Warnecke: Die geographische Exkursion, Geographische Rundschau 1952
E. F. Warnecke: Die erdkundliche Lehrwanderung, Unsere Schule 1952
R. Krüger: Lernen an der Wirklichkeit, Bad Heilbrunn 1965

19. Gegenwart: Hilfsmittel: Textanalyse und kritisches Denken am Beispiel ausgewählter Werbeanzeigen, Zeitungsartikel und anderer Informationen erdkundlicher Relevanz

Während im vorangegangenen Beispiel die Originale Erdkunde im Mittelpunkt stand, soll im vorliegenden Beispiel ein Hilfsmittel der Erdkunde im Mittelpunkt stehen. Es dürfte schwer sein, aus der Fülle der verschiedenen Hilfsmittel in der Erdkunde eines auszuwählen und damit die anderen zu vernachlässigen. Zwar bietet sich eigentlich die Karte an, da sie das älteste und zugleich das spezifische Hilfsmittel der Erdkunde darstellt. Gerade in der Gegenwart zeigen die neuen Atlanten für Schulzwecke eine erhebliche Zunahme der Karten, weniger der topographischen Karten, die die dingliche Erfüllung eines Erdraums markieren (z. B. Gebirge, Gewässer, Städte...), als vielmehr der thematischen Karten (z. B. Bodenarten, Bevölkerungsdichte, Bruttosozialprodukt...). Die Topographie, die im Zusammenhang mit den topographischen Karten zu sehen ist, wurde im Beispiel 2 abgehandelt. Der didaktische Sinn der Fülle der thematischen Karten bedarf in vielen Fällen erst noch der eingehenden Begründung. Oftmals kann man sich des Eindrucks nicht erwehren, als wenn neue Atlanten eher der Selbstdarstellung von Autoren und Verlagen als der Unterrichtshilfe von Kindern dienen, besonders im schwächeren Volksschulniveau.

Dennoch wird im vorliegenden Fall der Text als Hilfsmittel der Erdkunde ausgewählt. Seine Bedeutung in der älteren Didaktik der Erdkunde war der, daß er mit dem Bild zusammen zumeist zur Veranschaulichung der abstrakten Karte und der abstrakten Zahl diente. Die 4 klassischen Hilfsmittel der Erdkunde, Karte, Bild, Text, Zahl, lassen sich in 2 abstrakte und 2 anschauliche einteilen, die sich gegenseitig ergänzten und ergänzen. Dabei sind Texte in ihrer Eigenart vielgestaltiger als Bilder. Sie können das, was Bilder gleichzeitig aussagen, nur nacheinander beschreiben, dafür aber auch erklären. Sie können weiterhin das Erdkundliche in Handlungen auflösen, damit dynamischer wirken. Sie haben also eher eine Beziehung zum Film. Texte können nüchtern oder erlebnisbetont gestaltet sein, wieder ähnlich wie Filme, Texte können Vorgänge und Zustände, Vergangenes und Gegenwärtiges, Sachliches und Erlebnisbetontes, Beschreibungen und Erklärungen, konkrete Tatsachen und nicht zu verbildlichende Probleme, Sichtbares und andere Sinneseindrücke umfassen. Sie sind insgesamt viel beweglicher und umfassender in ihrer Aussagekraft als Bilder!

An geeignete Texte sind verschiedene Anforderungen zu stellen:
1. Sie sollen sachlich in Ordnung sein. Vor allen Dingen dürfen sie nichts Antiquiertes enthalten, was oft bei älteren Texten der Fall ist, es sei denn, man möchte das Vergangene bewußt herausstellen, um den Unterschied zur Gegenwart zu verdeutlichen.
2. Zum anderen soll der Text sprachlich keine Mängel aufweisen. Es ist darauf zu

achten, daß Allgemeinplätze wie romantische Orte und malerische Täler und reger Verkehr nichtssagend sind, daß Wendungen wie: Hier befindet sich ... Hier ist ... Und dann ... wenig vorbildlich für das Deutsch sind, daß die Sätze oft geistig für Kinder unüberschaubar lang, daß die Begriffe oft für Kinder geistig nicht zu bewältigen sind.

3. Zum dritten soll der Text didaktisch würdig sein, wenn er der im Unterricht verfolgten didaktischen Absicht entsprechen soll. So gesehen können sprachlich vorbildliche oder spannend-abenteuerliche Abhandlungen verworfen werden. Die didaktische Absicht modifiziert sich nach elementaren, pragmatischen, progressiven Zielsetzungen.

4. Schließlich soll der Text kindgemäß sein, weder über- noch unterfordernd, quantitativ wie qualitativ. Gegebenenfalls muß er gekürzt oder in einzelne Abschnitte zerlegt werden, schwierige Passagen oder Begriffe sind zu streichen oder zu erläutern. Ist der Text in den unteren Klassen noch vordergründig – erlebnisbetont, so ist der Text in höheren Klassen mehr hintergründig – sachlich angelegt.

Die didaktische Absicht mit den im vorliegenden Beispiel dargelegten Texten ist aber keine anschauliche Ergänzung von Karte bzw. Zahl. *Das oberste Unterrichtsziel lautet: Kritische Partizipation an den Massenmedien, sofern Themen geographischer Relevanz gegeben sind. Anders und schärfer formuliert: Entlarvung der Manipulation durch Texte erdkundlichen Inhalts. Wieder anders läßt sich sagen: Schulung des kritischen Denkens, ein sehr wichtiges formales (instrumentales) Ziel in der Schule.*

Unter Manipulation soll verstanden werden, daß jemand etwas denkt in der Meinung, er denke es aus eigener Überzeugung, und daß jemand etwas tut in der Meinung, er tue es aus eigener Überzeugung, wiewohl in Wirklichkeit andere Personen oder Instanzen ihm dieses Denken und dieses Handeln durch psychologische (rationale und besonders emotionale) Fakten aufzuzwingen versuchen.

Die Bedeutung der Sprache im allgemeinen und für die Sachkunde im besonderen kann nicht hoch genug eingeschätzt werden. *Jede Sachkundestunde ist zugleich eine Deutschstunde, weil das Medium der geistigen Kommunikation hauptsächlich die Sprache ist. Mehr noch: Sprache ist nicht mehr nur Organon (Werkzeug) für den einzelnen, sondern Ergon (Kraft) des einzelnen.*

M. J. Hillebrand[104] spricht von der »weltaufschließenden Kraft der Sprache«, und B. Weisgerber[105] sieht Sprache und Denken als dialektische Einheit. Auch die moderne Entwicklungspsychologie betont die Bedeutung der Sprache als »höchste Form der Konditionierung« (R. Oerter[106]).

Es ist daher nicht verwunderlich, wenn die Sprache eine solche Bedeutung für das Menschsein gerade auch in der modernen Zeit aufzuweisen hat, daß mit ihr und durch sie versucht wird, auf den Menschen – von dessen Freiheit zugleich auch so viel geredet wird – einen Einfluß zu nehmen, ohne daß er aber spürt, daß andere Personen und Instanzen einen Einfluß auf ihn zu nehmen versuchen. So notwendig und so nützlich Informationen gegenwärtig sind, so problematisch und konfliktträchtig sind aber Manipulationen.

Kritisches Denken muß als didaktisches Korrektiv zur Differenzierung von zahlreichen bis zahllosen öffentlichen wie privaten Informationen und Manipulationen interpretiert werden. Es wird oft und gern in der modernen Didaktik gefordert, wie es zu verwirklichen ist und an welchen Beispielen, dagegen weit weniger. Es ist recht unterschiedlich strukturiert.

a. Zu unterscheiden wäre die Prüfung der *sachlichen Richtigkeit,* ob gewisse Aussagen fachlich exakt oder ob sie vereinseitigt oder gänzlich unrichtig sind. Beispiel: In der Stadt werden Bäume im Interesse des flüssigen Autoverkehrs abgeholzt. Neue Bäume werden nahebei angepflanzt mit dem Hinweis, so sei den Interessen der Umweltschützer und des Individualverkehs gleichermaßen gedient. Im Umweltschutz soll nach dem Verursacherprinzip vorgegangen werden. Wer ist bei Autoabgasen der Verursacher? Der Fahrer, dann sollten die Abgase ins Auto geleitet werden, die Automobilproduzenten, die Mineralölfirmen, der Staat, der keine besseren Gesetze schafft, oder die Gesellschaft, die diese Verhältnisse sich aufbürdet? Oder wer?

b. Ferner besagt kritisches Denken heutzutage aber auch *oft wertendes Denken.* Früher war man der Meinung, Wissenschaft und Schulfach sollten möglichst wertfrei sein. Ob das möglich ist, soll nicht untersucht werden. Schon das Wort Entwicklungsland beinhaltet eine Wertung. Heute soll bewußt be- bzw. gewertet werden. Zentral ist dann die Frage nach den Maßstäben der Wertung. Soll es eine Ideologie sein? Soll es die Humanisierung der Welt (Verbesserung der Lebensqualitäten) sein? Wie unterschiedlich dasselbe Phänomen bewertet werden kann, mag das Beispiel Mezzogiorno in Italien zeigen. Während die eine Seite die positive Auswirkung der Gastarbeiter betont, indem ein großer Teil der ökonomischen Weiterentwicklung dieses Gebiets auf das Geld, das die Gastarbeiter in Norditalien oder anderen Ländern verdient haben, zurückzuführen ist, betont die andere Seite, daß dadurch nur an den Phänomenen und nicht an der Wurzel geändert wird.

c. Eine dritte Art kritischen Denkens ist das *logische Denken,* in dem Widersprüche aufgehellt werden. Beispiel: Bekanntlich wurde eine Kollektivschuld des deutschen Volkes an den Verbrechen des Nationalsozialismus auch von Israel abgelehnt, aber das ganze deutsche Volk mußte für die Opfer des Nationalsozialismus Wiedergutmachung bezahlen, ähnlich bei anderen Völkern.

d. Eine vierte Variante des kritischen Denkens ist das *ambivalente Denken (Denken um Vor- und Nachteile):* Die Fußgängerzonen in den Cities werden gern als Fußgänger- und Einkaufsparadiese hingestellt. Welche ökonomische Machtkonzentration damit parallel läuft, welcher ökonomische Funktionsverlust und welche sozialen Tragöden in den Vorstädten und auf dem Lande damit verbunden sind, das wird gern übersehen. In Entwicklungsländern und Ostblockländern werden gern Devisen von westlichen Touristen angenommen. Aber die Anwesenheit dieser Personen im eigenen Land bedeutet die Veranschaulichung fremder Lebensformen und die Weckung von Konsumbedürfnissen bei der eigenen Bevölkerung.

Möglichkeiten zur Differenzierung von Information und Manipulation finden sich in den Massenmedien der modernen Massengesellschaft in Massen, bei Einzelpersonen und bei staatlichen wie bei privaten Institutionen (Parteien, Ministerien, Behörden, Verwaltungen, Interessenverbänden, Konzernen . . .). Sie finden sich in den Zeitschriften und Zeitungen, sie finden sich in Rundfunk und Fernsehen. Sie finden sich bei der Werbung in Reinkultur und bei der Rechtfertigung von Aktivitäten staatlicher wie privater Stellen. Man kann in diesem Zusammenhang von einer Zeit außerordentlicher und noch zunehmender Selbstgerechtigkeit und Verlogenheit sprechen, wobei der Bewußtseinsgrad für diesen Zustand und diesen Vorgang allerdings bei den einzelnen Bürgern höchst unterschiedlich ausgebildet ist und wobei die Notwendigkeit dieser Bewußtseinserhellung durchaus zu *problematisieren* ist. *Denn wenn auf der einen Seite die Bewußtseinserhellung als der erste Schritt zur Behebung des Mißstands angesehen werden kann, so darf auf der anderen Seite in keiner Weise übersehen werden, mit welchen Schwierigkeiten, mit welcher Frustration, mit welchem eigenen Ohnmachtserleben in den nahezu allmächtigen Suprastrukturen der Gegenwart und Zukunft zu rechnen ist. Daß eine solche kritische Textanalyse enge Querverbindungen zur politischen Bildung zieht, braucht nicht besonders hervorgehoben zu werden, darf aber auch nicht als Mangel, sondern als Möglichkeit moderner Fächerintegration von Erdkunde, Deutsch und politischer Bildung angesehen werden. Universitäten und andere Hochschulen interpretieren sich bisweilen als vierte Gewalt in einem demokratischen Staate neben der Legislative, der Exekutive, der Jurisdikative, nämlich als kritische Instanz der Gesellschaft und des Staates.*

Im einzelnen läßt sich bei der Auswertung solcher Texte wie folgt vorgehen, sofort mündlich oder erst schriftlich, dann mündlich:

1. Kurze Inhaltsangabe mit eigenen Worten
2. Was wird beabsichtigt, welcher Zweck wird verfolgt?
3. Wie wird es getan? Bildlich? Sprachlich? Rational? Irrational? An welche Emotionen wird appelliert? Wie ist es mit dem Satzbau? Welche Reizwörter treten auf?
4. Worin liegt der erdkundliche Bezug?
5. Prüfung der sachlichen Richtigkeit, besonders in Hinsicht auf Halbwahrheiten. Was wird weggelassen? Warum? (Sachliches Denken)
6. Auf wessen Kosten, zu wessen Nachteil kann die Verwirklichung der beabsichtigten Zwecke erfolgen? Wie ist es mit der Gesellschaftsrelevanz? Würde die Verwirklichung der beabsichtigten Zwecke für einzelne Personen bzw. Interessengruppen zwar Vorteile, aber gesamtwirtschaftlich und gesamtgesellschaftlich Nachteile bedeuten? (Wertendes und ambivalentes Denken)
7. Wo stecken Widersprüche und Inkonsequenzen? Inwieweit bestehen zwischen dem plakativen Anspruch einerseits und der Verwirklichung (Realität) andererseits Diskrepanzen? (Logisches Denken)
8. Was fällt sonst noch an dem Textbeispiel auf?
9. Was ist zu tun, damit solche Auswüchse verhindert werden?
10. Aufsuchen ähnlicher Fälle

Nachdem bereits bei den verschiedenen Varianten des kritischen Denkens in der Erdkunde einige einfache Beispiele gebracht wurden, folgen einige Texte zur kritischen Analyse, zur Differenzierung von Information und Manipulation. Aufgabe des Lehrers ist es zu entscheiden, nach der Textanalyse abzuschließen oder den didaktisch initiierten Weg weiterzugehen mit der Fragestellung, was zu tun ist, damit..., welche Schwierigkeiten entgegenstehen, weil..., ob es überhaupt sinnvoll ist, solche Texte in den Unterricht einzubauen, denn... Auch bei genauerer Untersuchung der meisten anderen Beispiele des vorliegenden Buches besteht die Möglichkeit kritischer Textanalyse durch den Leser.

1. Erdkunde-Schulbücher (als Anregung zur Analyse anderer Schulbücher)

Buch 1: »Das polnische Volk hat ein schweres Schicksal zu ertragen gehabt. Im Mittelalter war es in einem mächtigen Königreich vereint, dessen Hauptstadt Krakau war. Später wurde das Land unter seine Nachbarn aufgeteilt. Bis zum Ersten Weltkrieg gehörte der mittlere und östliche Teil zu Rußland, der südliche mit Krakau zu Österreich und der nördliche und westliche mit der Stadt Posen zu Deutschland. Nach dem ersten Weltkrieg erhielten die Polen wieder einen eigenen Staat, in dem alle drei Teile vereinigt waren. Dabei kamen aber im Westen viele Deutsche und im Osten mehrere Millionen Weißrussen, Ukrainer und Litauer unter polnische Herrschaft. Polen wurde dadurch zu einem Vielvölkerstaat. Während des Zweiten Weltkrieges besetzten deutsche Truppen Polen. Es wurde zunächst in ein deutsches und ein sowjetisches Besatzungsgebiet aufgeteilt und später ganz dem Deutschen Reich eingegliedert. Durch den Krieg verloren die Polen über 6 Millionen Menschen. Warschau und viele andere Städte wurden fast vollständig zerstört. 1945 konnten die Polen einen neuen Staat gründen. Den östlichen Teil der ehemaligen polnischen Gebiete behielten die Russen und gliederten ihn der Sowjetunion ein. Zur gleichen Zeit übernahmen die Polen die Verwaltung der deutschen Ostgebiete, die östlich der Oder und Neiße liegen. 8 Millionen Deutsche wurden aus ihrer Heimat vertrieben. Die Polen betrachten diese Gebiete als Teile des polnischen Staates und siedelten dort viele Polen an, die zum Teil aus den an die Sowjetunion abgetretenen Landschaften stammen. Die endgültige deutsch-polnische Grenze soll aber erst durch einen Friedensvertrag festgelegt werden.«

Buch 2: »Polen war im Mittelalter ein bedeutender Staat gewesen, dann aber von den Nachbarn aufgeteilt worden. Nach dem Ersten Weltkrieg erhielt es sowohl im Osten wie auch im Westen große Gebiete, die nicht überwiegend von polnischen Menschen bewohnt waren. So kamen im Osten Litauer, Weißrussen, Ukrainer, im Westen Deutsche unter polnische Oberhoheit. Damals erhielt Polen auch den Polnischen Korridor als Zugang zur Ostsee. Durch ihn wurden Ostpreußen und der Restteil von Westpreußen vom übrigen Reich abgetrennt. Danzig wurde ein Freistaat. 1932 gab es in der Republik Polen, die etwa 30 Millionen Einwohner hatte, mehr als 8 Millionen Nichtpolen. Diese Menschen anderer Nationalität hatte man in den neu gegründeten Staat hineingezwungen. Polen war also ein Nationalitätenstaat, dessen Bewohner sich stark unterschieden in Sprache, Kultur, Religion und Geschichte. 1939 schlossen Stalin und Hitler einen Geheimvertrag über Polen. Der polnische Staat wurde noch im gleichen Jahre überfallen, zerschlagen und aufgeteilt. Polnische Industrielle und Großgrundbesitzer wurden enteignet, viele Polen zwangsweise umgesiedelt. Nachdem Hitler 1945 besiegt worden war, erstand Polen aufs neue. Dabei behielt die Sowjetunion aber im Osten einen großen Teil des ehemaligen polnischen Staatsgebiets. Im Westen nahm Polen die deuschen Gebiete bis an die Oder-Neiße-Linie unter seine Verwaltung ... Die Polen setzten mit sowjetischer Unterstützung alles daran, diese deutschen Ostgebiete in polnisches Land zu verwandeln. Neun Millionen Deutsche sind aus ihrer Heimat vertrieben worden oder geflüchtet. Die Polen richten sich selbst in den deutschen Gebieten so ein, als ob es ihr eigenes Staatsgebiet wäre. Die deutsch-polnische Grenze soll jedoch erst durch einen Friedensvertrag festgelegt werden.«

2. Zahlen, Statistiken

Wenn von der Manipulation mit Zahlen geredet wird, dann meint diese Aussage aber in Wirklichkeit, unter der Voraussetzung, die Zahlen seien statistisch korrekt zustande gekommen, gar nicht die Manipulation mit Zahlen, sondern die Manipulation mit der Auswahl von Zahlen und mit ihrem Einbau in einen entsprechenden Text. So gesehen erweist sich auch wieder die Manipulation mit der Zahl in Wirklichkeit als eine Manipulation mit dem Wort unter Zuhilfenahme der Zahl.

A. Beispiel: Absolute und relative Zahlen

Die erste Statistik der 1960 auf verschiedenen deutschen Flughäfen gestarteten Flugzeuge zeigt einen Spitzenwert für Bremen noch vor Frankfurt, nämlich über $1/10$ aller Starts. Für sich allein wirkt diese Statistik absoluter Zahlen faszinierend für den Lokal-Patrioten, befremdend für den Außenstehenden. Schon anders sieht sie aus, wenn man die absoluten Zahlen der eingestiegenen Fluggäste ansieht. Bremen nimmt noch nicht einmal $1/100$ der Gesamtsumme ein. Der Vergleich ähnlich strukturierter Statistiken (Flughafen-Frequenz mit gestarteten Flugzeugen bzw. gestarteten Passagieren) kann also nützlich sein. Sieht man nun obendrein gestartete Flugzeuge in Relation zu gestarteten Fluggästen, so ergibt sich bei Bremen ein besonders ungünstiger Quotient und bei Frankfurt ein besonders günstiger Quotient. Deutung: Die meisten Flugzeuge in der Bremer Statistik haben mit dem Passagier-Verkehr nichts zu tun, sondern sind auf eine Flugschule und eine Flugzeug-Fabrik zurückzuführen.

B. Beispiel: Absolute und relative Trends

Beim Vergleich der beiden Statistiken von 1966 und 1973 ergibt sich,

1) daß bei allen genannten Flughäfen, ausgenommen Nürnberg, die absoluten Zahlen der gestarteten Flugzeuge gestiegen sind, ferner (einschließlich Nürnberg) die absoluten Zahlen der eingestiegenen Passagiere, und zwar um beachtliche Werte

2) daß bei allen benannten Flughäfen aber der Anteil der gestarteten Flugzeuge am Gesamtaufkommen der Flughäfen in der BRD abgenommen hat, wenn auch unterschiedlich, teilweise um über 100%, wie in Nürnberg.

Mit Hilfe der ersten Statistik läßt sich also ein Wachstum in der Frequenz der fraglichen Flughäfen konstatieren, mit Hilfe der zweiten aber eine Rückentwicklung, quasi eine paradoxe Aussage.

Frequenz auf ausgewählten Flughäfen der BRD[107]

1960

	gestartete Flugzeuge in 1000	eingestiegene Fluggäste in 1000
Hamburg	26,7	427
Hannover	17,8	241
Bremen	55,8	28
Frankfurt	43,1	933
Nürnberg	21,0	53
Gesamtsumme in der BRD	535,6	3520

1966

Hamburg	41,2	4%	916	10,8%
Hannover	28,4	2,7%	525	6%
Bremen	21,3	2%	104	1,2%
Frankfurt	73,5	7%	2584	30,4%
Nürnberg	26,6	2,5%	147	1,7%
Gesamtsumme in der BRD	1053	100%	8494	100%

1972

Hamburg	48	2,2%	1697	9,7%
Hannover	38	1,8%	914	5,1%
Bremen	26	1,2%	248	1,4%
Frankfurt	105	4,9%	5689	32,2%
Nürnberg	26	1,2%	303	1,7%
Gesamtsumme in der BRD	2159	100%	17.593	100%

Beide Folgerungen dürften aber fragwürdig sein, weil die technische Entwicklung zum größeren Flugzeug geht, damit die Zahl der Starts in Relation zu den Passagieren zwangsläufig abnimmt.

Von besonderem Interesse aber ist (unter der Voraussetzung, daß der Vergleich der beiden Statistiken 1966/1973 auch wirklich eine Trend-Aussage erlaubt),

1. daß der Trend des Passagierverkehrs in allen fraglichen Flughäfen zwar absolut gestiegen ist

2. daß in Relation zum Gesamtvolumen dieser Trend unterschiedlich verlaufen ist, nämlich daß in Hamburg minus 1,1%, in Hannover minus 0,9%, in Bremen plus 0,2%, in Nürnberg 0%, in Frankfurt plus 1,8% des Anteils am Gesamtvolumen zu verzeichnen ist (negative und positive Trends),

3. daß unter Zugrundelegung der Zuwachs-Quote von Frankfurt als Bezugspunkt aber alle benannten Flughäfen, auch Nürnberg und Bremen, relativ abgenommen haben, daß sich also eine Monopolisierung des Frankfurter Flughafens vollzieht,

4. daß aber diese Aussage auch nur bedingt anzuerkennen ist, weil nicht alle Flughäfen berücksichtigt wurden und weil willkürlich 1966/1973 als Stichjahre gewählt wurden.

So zeigt sich, daß eine absolute Zunahme eine relative Abnahme oder eine absolute Abnahme eine relative Zunahme bedeuten kann, je nachdem, im welchem Zusammenhang die Zahlen gesehen werden (Strukturierung im Sinne der Gestalt-Psychologie).

5. Eine Ausdeutung und Bewertung von Zahlen ist also sehr schwierig. Man kann mit ihnen je nach Intention jonglieren, und auf diesem Gebiet des Einbaus in einen bestimmten (textlichen) Zusammenhang dürfte der Einsatz der Zahl zum Zwecke einer bestimmten Meinungsbildung nicht selten erfolgen, ob es sich um Lokal-Patrioten, Parteien, Behörden, Firmen handelt. Dieses sollte schulisch an solchen ausgewählten Beispielen verdeutlicht werden, zumal die Zahl leicht den Ornat der Objektivität und Wissenschaftlichkeit verleiht.

Zur weiteren Aufbereitung wird die 1. Statistik der Flughäfen wie folgt ergänzt[107].

	gestartete Flugzeuge in 1000	eingestiegene Fluggäste in 1000
1960		
Düsseldorf	28,9	385
Köln	12,5	100
Stuttgart	30,0	121
München	24,8	345
Berlin	18,1	843
1966		
Düsseldorf	40,6	940
Köln	20,8	320
Stuttgart	40,4	383
München	36,8	860
Berlin	35,7	1675
1973		
Hamburg	45	1.552
Hannover	38	913
Bremen	21	217
Düsseldorf	56	2.204
Köln	32	791
Frankfurt	100	5.305
Stuttgart	41	939
Nürnberg	28	276
München	55	1.986
Berlin	39	2.393
Gesamtsumme der BRD	2.188	16.874

3. Fernsehen
Im Fernsehen erfolgt eine Kombination von Bild und Wort. Durch das begleitende Wort können die gezeigten Bilder erst strukturiert (in einen bestimmten Zusammenhang) gebracht werden. Das begleitende Wort determiniert oft erst den Sinn der gezeigten Bilder. Anders formuliert: So wie die Zahlen erst durch ihren Einbau in einen bestimmten Text-Zusammenhang ihren Sinn gewinnen, so beim Fernsehen die Bilder.

Beispiel: In der Sendung über die Welt von Morgen wurde zum geographisch relevanten Thema Verstädterung auf der Erde Bombay als abschreckender Fall gezeigt. Dann folgte München im Bild mit der Kaufinger Straße als Fußgängerzone, mit Blumen, Bänken und Menschen, und mit dem begleitenden Text, München sei eine wohnliche Stadt.

Kritik: Ob München eine solche ist, soll nicht untersucht werden, denn dafür ist die Frage wohl nicht so leicht zu beantworten. Aber ob es lediglich durch die Darstellung der Kaufinger Straße zu belegen ist, dürfte wohl etwas sehr zweifelhaft sein. Da sollte man wohl die betroffenen Bürger befragen, nicht nur jene, die dort wohnen, sondern auch jene, die dort weggezogen sind.

4. Tagespresse[108]

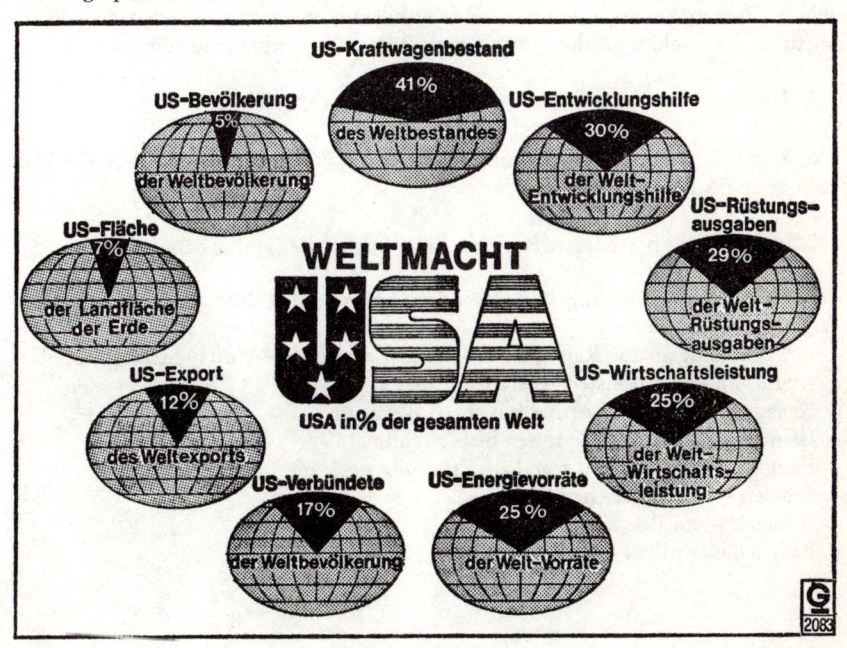

Abb. 22

Den Titel »größtes Autoland der Welt« würden die Amerikaner, bei aller Liebe zu Superlativen, am 200. Geburtstag ihres Landes vielleicht nicht gerade an die erste Stelle rücken. Und doch drückt sich in der Tatsache, daß knapp 5 Prozent der Weltbevölkerung 41 Prozent des Weltbestandes an Automobilen besitzen, Bezeichnendes über die USA aus. So beispielsweise, daß die Amerikaner früher und konsequenter die Massenproduktion vorantrieben als andere Industrieländer. Henry Ford demonstrierte mit seiner Tin-Lizzy einer staunenden Welt, wie aus einem Luxusgut binnen weniger Jahre ein Massenartikel werden kann. Und nicht von ungefähr gelang diese Demonstration gerade mit dem Auto: Die Amerikaner lieben die Ungebundenheit, und ihr Land ist weit. Freilich, nicht wegen seiner vielen Autos ist Amerika zur Weltmacht geworden. Auch nicht wegen seiner 215 Mill. Einwohner, die die Amerikaner nach den Chinesen, Indern und Sowjetrussen zum viertgrößten Volk der Welt machen. Vielmehr wegen seiner gigantischen Wirtschaftskraft, die sich auf eine gutausgebildete Bevölkerung sowie auf ein rohstoffreiches und fruchtbares Land gründet. In den USA wird ein Viertel aller Güter und Leistungen der gesamten Welt erzeugt. Erst diese Wirtschaftsleistung erlaubt die Finanzierung von Rüstungsausgaben, die die USA zur militärischen Supermacht machen; auf die Amerikaner entfallen 29 Prozent der Weltrüstungsausgaben. Aber, und das wird oft nicht gewürdigt, sie tragen auch 30 Prozent zur gesamten Entwicklungshilfe bei, ein Satz, neben dem sich die sowjetische Entwicklungshilfe – weniger als 2 Prozent – winzig ausnimmt.

5. Werbung eines lautstarken Interessenverbandes[109] (Abb. 23)

6. Rechtfertigung eines Großunternehmens zur Verlagerung eines Teils der Produktion ins Ausland[110] (Abb. 24)

7. Image-Pflege bestimmter Regionen oder Städte, die es nötig haben[112] (Abb. 25)

8. Investitions-Anregung[112] im In- oder Ausland (Abb. 26)

9. Werbe-Slogans für Reisegebiete in einem einzigen Nachrichten-Magazin[113]
a. Komm zu den schönsten Küsten Europas (FKK)
b. Kanada – die Freiheit ist noch nicht ausverkauft
c. Island – der Urlaub, der Ihnen bisher fehlte
d. Finnland – so spannend war Ihre Erholung noch nie
e. Spanien – Alltag ade, fiesta olé
f. Bahamas – ein Paradies für Sie
g. Baden-Baden: Ihr Niveau

DIE RENTABELSTE BAHN FÜR STÜCKGUT IST DIE AUTOBAHN.

Die meisten Versandleiter werden jetzt verständnisvoll nicken.

Und sich verständnislos fragen, warum wir für diese Binsenweisheit eine Anzeige opfern.

Nun, eine andere Bahn hat kürzlich 47 neue, vorteilhafte, schnelle, zuverlässige und sichere Stückgut-Verbindungen vorgestellt.

Und wir möchten Ihnen nur sagen, daß wir ganz und gar nichts dagegen haben. Außer unseren schönen guten alten Vorteilen: die Vorteile der Kraftwagenspediteure und Transportunternehmer.

Niemand organisiert besser, niemand fährt günstiger für Sie.

Wir übernehmen Ihre Ware vor der Tür. Und bringen sie vor die Tür des Empfängers.

Wir fahren nicht ab, bevor auch die letzte Kiste aufgeladen ist. Unser Fahrplan richtet sich nach Ihnen. Und nicht nach der Uhr.

Wir haben ein Auge auf Ihre Ware. Von Start bis Ziel. Wir wissen immer, wo sie ist (im Zweifelsfall schon angekommen).

Und: Wir begnügen uns nicht mit wenigen Orten. Wir fahren überallhin. Wir fahren für alle. So schnell, so rentabel, so zuverlässig, wie es keiner besser kann als der LKW.

Deshalb unser Grundsatz: Wir bevorzugen keinen, aber stellen alle zufrieden.

Wenn Sie also wieder einmal vor der Frage stehen, wem Sie Ihr Stückgut anvertrauen, denken Sie an die rentabelste Bahn: die Autobahn.

Die selbständigen Kraftwagenspediteure und Transportunternehmer im Güterfernverkehr, Bundesverband des Deutschen Güterfernverkehrs (BDF) e.V.

Abb. 23a

Bahn-Expreß. Der Unterschied.

Wir picken uns nicht nur die Rosinen aus dem Kuchen im Expreßgut-Verkehr. Wir garantieren, daß Bahn-Expreß alle Güter befördert und nicht allein die lukrativen Güter. Für jedermann. Mit Sicherheit. Und mit Schnelligkeit; denn Bahn-Expreß fährt so expreß wie es heißt.

Bahn-Expreß unterscheidet sich von anderen Angeboten. Bietet die Möglichkeit der Selbstauflieferung und der Selbstabholung und macht Sie freier in Ihren Dispositionen. Bahn-Expreß ist großzügig in der Gewichtsbegrenzung, berechnet die Fracht nicht nach dem Einzelstück, sondern nach dem Gesamtgewicht der Sendung.

Bei Bahn-Expreß können Sie die Fracht zahlen oder der Empfänger. Und Bahn-Expreß heißt last not least gesetzliche Haftung der Bahn, ohne Gebühren, auch bei Lieferfristüberschreitung.

Bahn-Expreß. Denken Sie an den Unterschied.

DB Expreßgut.

Güter gehören auf die Bahn.

Abb. 23b

Fertigung im Ausland – Ausbeutung oder…?

Unternehmen, die einen Teil ihrer Fertigungsstätten im Ausland haben, stehen im Kreuzfeuer der Kritik.

Lassen wir Tatsachen sprechen:

Viele Entwicklungsländer haben erkannt, daß der Weg in eine bessere Zukunft über die Industrialisierung führt. Sie unternehmen große Anstrengungen, ihre eigenen Möglichkeiten besser zu erschließen, und rechnen dabei auf unsere Hilfe.

Dringend benötigte Güter, z.B. elektrotechnische Anlagen und Produkte, wollen sie nicht mehr importieren, sondern im eigenen Land herstellen – in Fabriken, die wir dort bauen.

Wenn wir im Ausland investieren, folgen wir also den berechtigten Wünschen der Gastländer. Niedrige Lohnkosten sind bei unserer material- und maschinenintensiven Fertigung meistens nicht der Grund dafür, daß wir uns im Ausland engagieren. Natürlich orientieren wir uns an den Lohntarifen des Gastlandes, die oft weit unter denen in der Bundesrepublik Deutschland liegen. Trotzdem kostet die Herstellung z.B. eines Elektromotors in unserem indischen Werk Kalwa bedeutend mehr als die des gleichen Motors in Nürnberg.

Die Gründe: Das Marktvolumen in vielen Ländern ist gering. Man kann oft nur in kleinen Stückzahlen, also nicht so kostengünstig produzieren. Die Materialkosten sind meistens wesentlich höher als in der Bundesrepublik Deutschland. Die industrielle Infrastruktur fehlt. Und die Einarbeitung und Ausbildung einheimischer Arbeitskräfte erfordern erheblich höhere Vorleistungen. Der Vorteil niedriger Lohnkosten wird fast immer mehr als ausgeglichen.

Welche Vorteile haben wir also?

Wir erschließen für uns im Ausland ein ungenutztes Reservoir an Arbeitskräften für Fertigung, Entwicklung und Vertrieb.

Wir verbessern unseren Platz im internationalen Wettbewerb und verbreitern unsere Marktbasis. Wir fördern damit die Verbundzulieferungen aus den Fabriken in der Bundesrepublik und sichern so auch Arbeitsplätze im Inland.

Wir produzieren dort, wo unsere Kunden sind, und können uns so ihren Bedürfnissen besser anpassen.

Und welche Vorteile haben die Gastländer?

Neue Arbeitsplätze entstehen, die Verdienstmöglichkeiten werden besser. In allen Ländern liegen die von uns gezahlten Löhne und Gehälter über den nationalen Durchschnittseinkommen.

Einheimische Fachkräfte bilden wir systematisch heran; Führungskräfte aus den Gastländern berufen wir in das Management unserer Landesgesellschaften.

Fabriken waren oft der Anfang einer landeseigenen Elektroindustrie. Sie ist Grundbedingung für den technischen, wirtschaftlichen und sozialen Fortschritt eines Landes.

Ein Beitrag für den sozialen Fortschritt –

Abb. 24

"Bremen? Das hat doch überhaupt keine Zukunft."

„Bremen? Das hat doch überhaupt keine Zukunft. Stimmt, hab' ich gedacht. Vor ungefähr elf Jahren in Kassel.
Ob eine Pädagogin Vorurteile haben darf? Natürlich nicht. Aber Vorurteile sind eben eine Sache des **Nicht-Wissens**. Und ich wußte nichts von Bremen. Doch Bremen hat mir die Vorurteile schnellstens ausgetrieben.
Heute? Gar keine Frage. Ich bin Bremerin.
Das hat viel mit dem zu tun, was ich hier mache: (Kinder auf deren Zukunft vorbereiten.) Und auch wie es meiner Familie hier geht. Und auch wie ich selbst die Zukunft sehe.
Wie? **Für mich ist Zukunft untrennbar mit der Gegenwart verbunden.** Und der Vergangenheit. (Die ja hier in **vielen herrlichen Bauten** noch ganz schön gegenwärtig ist.) Lernen vom Gewesenen. Auch aus den Fehlern. Und mit Phantasie und noch mehr Engagement das Heute so programmieren, daß es für die Morgigen noch gültig ist. Hier in Bremen fällt einem das leichter als anderswo. Denn hier wird Gegenwart gemacht, die in Zukunft nicht Vergangenheit ist.
Konkret? Ich nenne mal **Kindergärten und Schulen.** Bremen ist das kinderreichste Land in Deutschland. Warum? Müßte man mal die Eltern fragen. Hat wohl auch etwas mit dem ‚Vertrauen in die Zukunft' zu tun.
Also wir haben viele Kindergärten hier. Und viele Schulen. Und wir Lehrer sorgen auch ein wenig dafür, daß die meisten Bremer, die hier leben, hier bleiben. Weil sie sich hier wohlfühlen. Schon als Kinder.
Ich bleibe auch."

HIER BIST DU MENSCH.

Bremen
Der 2-Städte-Staat: Die Freie Hansestadt Bremen und die Seestadt Bremerhaven

Sigrid Jordan
2800 Bremen · Ohmstraße 39
Lehrerin an der Wilhelm-Leuschner-Schule

Bremer Firmen:
AG Weser · Beck & Co. · Martin Brinkmann AG · BSF Bremer Silberwarenfabrik · Eduscho · Johann Jacobs & Co. · Kellogg Deutschland · Nordmende · VFW-Fokker · Erno · Roland Marken-Import · Fruchthof Bremen · HAG · Bremer Vulkan · BTF

BBD&R BI 04

Abb. 25

IN AMERIKA INVESTIEREN

WARUM?

Fünf Gründe sprechen heute für eine Anlage in den USA:

- Sie ist die größte Industrienation der Welt – mit langfristigen Wachstumschancen.
- Steigende Unternehmensgewinne und sinkende Arbeitslosenziffern prägen den wirtschaftlichen Aufschwung – bei relativ niedrigen Inflationsraten.
- Die traditionelle politische Stabilität fördert stetiges Wachstum. Freie Kapitalmärkte wirken stimulierend auf die Wirtschaft.
- Der Dollar hat heute eine ausgeglichene Parität zur Deutschen Mark.
- Die USA bieten in Deutschland nicht vorhandene interessante Anlagemöglichkeiten.

Abb. 26

10. Anzeige der Bundesregierung zu den Wahlen 1976[114]
Überschrift: Diese Regierung hat mindestens 100 wichtige Dinge in unserem Leben verbessert

55. Das Umweltbundesamt geschaffen.
Hier laufen die Informationen für den Umweltschutz zusammen.

56. Das Wasser wieder sauberer gemacht.
Mit der Änderung des Wasserhaushaltsgesetzes, durch Einführung einer Abwasserabgabe und durch Förderung von Kläranlagen.

57. Die Waschmittel gereinigt.
Mit dem strengen Waschmittelgesetz, das umweltgefährdende Stoffe auf ein biologisch abbaubares Maß reduziert.

58. Den Himmel wieder etwas blauer gemacht.
Mit dem Immissionsschutz- und dem Benzin-Blei-Gesetz.

59. Die Landschaft entrümpelt.
Das Abfallbeseitigungsgesetz hat mehr und mehr Autowracks und wilde Müllkippen von den Straßenrändern verbannt.

60. Den Schlaf besser behütet.
Mit dem Immissionsschutz- und dem Fluglärmgesetz.

61. Den Wald bundesweit geschützt.
Und zwar in seiner Funktion als Nutzwald, als Erholungsgebiet und als Klimaregler.

62. Das Autobahn-Netz auf 6.600 km erweitert.
Das sind über 2.200 km mehr Autobahnen (und rund 600 km mehr autobahnähnliche Fernstraßen) als 1969.

63. Die Verkehrssicherheit gesteigert.
Mit 6spurigen Autobahnen; Tempo 100 auf Landstraßen; 0,8 Promille-Regelung; Anschnallpflicht. Und Vorschriften für Autohersteller, die Fahrzeuge sicherer zu machen.

64. Die Wasserstraßen ausgebaut.
Jetzt sind z. B. das Ruhrgebiet und die Braunschweiger Industriegegend mit dem Seehafen Hamburg verbunden.

65. Die wirtschaftsschwachen Gebiete gestärkt.
In vielen Randgemeinden und wirtschaftsschwachen Regionen entstanden durch Investitionshilfen mehr Kindergärten, Schwimmbäder, Sport- und Freizeitzentren.

66. Die Altbauten attraktiver gemacht.
Umbauen und Modernisieren ist zu einem Schwerpunkt der Wohnungsbaupolitik geworden.

67. Das Wohngeld erhöht.
Heute erhalten mehr als 1,6 Millionen Haushalte jährlich rund 1,7 Milliarden DM Wohngeld.

68. Den Wohnbesitzbrief gebracht.
Er gibt seit 1976 Familien mit geringem Einkommen neue Chancen, Wohnungseigentum zu erwerben.

69. Die Altstadt-Sanierung erleichtert.
Mit dem Städtebauförderungsgesetz. Seit 1971 haben rund 400 Gemeinden dafür 1,65 Milliarden DM erhalten.

70. Das Bodenrecht geändert.
Um damit eine bessere Bebauungs-Planung und Bürgerbeteiligung zu ermöglichen.

71. Die Verbesserung der Berufsbildung vorbereitet.
Das Gesetz über mehr Ausbildungsplätze, bessere Abstimmung zwischen Betrieb und Schule und die Gleichwertigkeit der beruflichen mit der schulischen Bildung soll der Jugendarbeitslosigkeit an der Wurzel entgegenwirken.

Abb. 27a

CDU-Wahlplakat 1949

Abb. 27b

11. Tätigkeitsbericht des Bundesministeriums für Raumordnung, Bauwesen, Städtebau[115]

Derzeitige Hauptaufgaben der Raumordnungspolitik der Bundesregierung sind:
- für die Bevölkerung in allen Teilräumen des Bundesgebietes die räumlichen Voraussetzungen für gleichwertige Lebensverhältnisse zu schaffen;
- die natürlichen Lebensgrundlagen zu erhalten, zu sichern und, wo nötig, zu verbessern

Die Forderung nach *gleichwertigen Lebensverhältnissen* bedeutet für die Raumordnungspolitik, in allen Teilräumen neben gesunden Umweltbedingungen ein bestimmtes Mindestangebot an Arbeitsplätzen, Wohnungen, Versorgungs-, Bildungs-, Freizeit- und Kommunikationsmöglichkeiten zu erreichen. Dieses Ziel soll ein Beitrag sein, für alle Bürger die Chancengleichheit in der persönlichen Entfaltung zu verbessern, indem im materiellen Bereich ausreichende und vergleichbare Wahlmöglichkeiten innerhalb zumutbarer Entfernung gewährleistet werden. Das Unterschreiten von Mindestwerten in einem der Grundbereiche kann nicht durch überdurchschnittliche Ausstattung in einem anderen ausgeglichen werden. Für die Raumordnungspolitik setzt die Verwirklichung des Ziels »gleichwertige Lebensverhältnisse« voraus, daß politische Entscheidungen über
- die Maßstäbe der Gleichwertigkeit (Quantität und Qualität der Ausstattung),
- die Größe der Räume, auf die die Gleichwertigkeit bezogen werden soll, und

– die Verteilung der Standorte innerhalb dieser Räume zu treffen sind.

Gleichwertigkeit kann nicht als an allen Orten völlige Gleichheit des Angebots an Einrichtungen verstanden werden. Raumordnungspolitik hat weder Nivellierung noch Gleichmacherei zum Ziel. Wohl aber müssen die *Maßstäbe* der *Gleichwertigkeit* auch an dem Angebot an Einrichtungen orientiert werden, das in den stärker besiedelten Gebieten für etwa die Hälfte der Bevölkerung vorhanden ist.

12. Programm der Didaktik der Erdkunde vom Verein der Schulgeographen[116]

Unter Bezug auf die Zielvorstellungen der Gesellschaft hat die geographische Fachdidaktik Entscheidungen über Lernziele zu treffen unter gleichrangiger Berücksichtigung der Struktur der Fachwissenschaft, der Verhaltensdispositionen, der Daseinsbereiche. Dabei sind auch lernpsychologische Erwägungen einzubeziehen.

Folgende Verhaltensdispositionen (generelle Lernziele) sind für den geographischen Unterricht besonders wesentlich:

1. Fähigkeit und Bereitschaft zur rationalen Orientierung in der verwissenschaftlichten Welt,

1.1 Beherrschung kulturell und gesellschaftlich relevanter Fertigkeiten und Grundtechniken,

1.2. Erwerb von Grundkenntnissen und Informationen sowie von Denkfähigkeit, um mit Hypothesen, Theorien, Modellen und elementaren Forschungsmethoden rational umgehen zu können,

1.3. Fähigkeit, auch abstrakte Informationen kritisch zu bewerten und Bereitschaft, sich weiterzubilden und fachlich höher zu qualifizieren,

2. Fähigkeit und Bereitschaft zur rationalen Auseinandersetzung mit der gegenwärtigen und zukünftigen Welt,

2.1. Fähigkeit der Auseinandersetzung mit den von der Natur gegebenen Möglichkeiten für den Menschen,

2.2. Elastizität in einer mobilen Industriegesellschaft, Bereitschaft zum Berufs- und Wohnortwechsel, Fähigkeit zur sinnvollen Freizeitbetätigung,

2.3. Fähigkeit zur Auseinandersetzung mit technischen Fertigungsprozessen und sonstigen Produktionsvorgängen und ihren sozio-ökonomischen Bedingungen (»technische Sensibilität«),

3. Fähigkeit und Bereitschaft zur kritischen Mitarbeit und Gestaltung in der demokratischen Gesellschaft,

3.1. Fähigkeit, sich selbst gegen System- und Sachzwänge behaupten zu können, andererseits bei allem Wertpluralismus Erkennen des Aufeinanderangewiesenseins und der Notwendigkeit des Güteraustausches in einer arbeitsteiligen »einen« Welt,

3.2. Begreifen der Planung von Ver- und Entsorgung in regionalen Bereichen als Konfliktsituation mit Fähigkeit, Ordnungsprobleme im ökonomischen, sozialen und kulturellen Bereich rational zu bewältigen,

3.3. Fähigkeit zur Kooperation und Kommunikation und Bereitschaft zum verantwortlichen sozialen Verhalten und rational begründeten politischen Handeln (»politische Sensibilität«).

Dieses Programm bietet sich besonders in Abschlußklassen der Erdkunde an, um das Verhältnis von Anspruch und Wirklichkeit zu überprüfen.

Ausgewählte Aufgaben

Diskussion der unterschiedlichen Bedeutung des Textes als Hilfsmittel in der Didaktik der Erdkunde

Weitere Beispiele für die verschiedenen Arten des kritischen Denkens in der Erdkunde

Anwendung des Aufgabenkatalogs zur kritischen Textanalyse auf die verschiedenen Beispiele (1–12)

Überprüfung der verschiedenen Beispiele hinsichtlich ihrer didaktischen Würdigkeit, gegebenenfalls Zuordnung zu verschiedenen Klassenstufen

Aufsuchen von weiteren geeigneten Beispielen aus Erdkundebüchern, Statistiken, Fernsehsendungen, Tages- und Wochenpresse, zu den Themen Werbung und Rechtfertigung, von Privatunternehmen, Parteien oder staatlichen Stellen

Diskussion des folgenden Slogan zu Süd-Afrika: Land of Promise

Diskussion der These, daß eine Erdkunde wie im vorliegenden Kapitel mit Erdkunde nichts oder nur noch wenig zu tun habe

Diskussion der These, daß überhaupt eine solche Konzeption pädagogisch höchst fragwürdig ist

Ausgewählte Literatur

K. Stöcker: Die Problematik des Fach- und des Gesamtunterrichts, Handbuch f. Lehrer II, Gütersloh 1961
R. Alschner: Erdkunde im Deutschunterricht, Bonn 1965
M. J. Hillebrand: Kind u. Sprache, München 1965
B. Weisgerber: Beiträge zur Neubegründung der Sprachdidaktik, Weinheim 1964
W. Sturmfels/H. Bischof: Unsere Ortsnamen, Bonn 1961
W. Engelhardt: Geographie – Aus der Presse für die Praxis, Regensburg 1975
G. Fuchs: Zeitung u. Erdkundeunterricht, Geogr. Rundschau 1970
J. Kirschner: Manipulieren – aber richtig, München 1976
H. Fauth: Die Sprache unserer Erdkundebücher, Geographische Rundschau 1953
K. E. Fick: Geographische Reisebeschreibungen im Unterricht der Erdkunde und Gemeinschaftskunde, Stuttgart 1968
E. Heyn: Zur Gestaltung erdkundlicher Lesestoffsammlungen, Geographische Rundschau 1958

N. Wulfert: Unser geogr. Zeitungs- und Ausschnittarchiv, Praxis d. Volksschule 1954
M. F. Wocke: Beschreibung u. Schilderung, in: L. Bauer (Herausg.): Erdkde. im Gymnasium, Darmstadt 1968
R. Geißler: Krit. Bemerkungen zu einer verbreiteten Ansicht über die »Kind- u. Jugendgemäßheit« von Lesestoffen, Päd. Rundschau 1966
W. Hilligen: Zur Didaktik des pol. Unterrichts, Opladen 1975
H. Giesecke: Didaktik der pol. Bildung, München 1976
A. Ulshöfer: Polit. Bildung – ein Auftrag aller Fächer, Freiburg 1975

20. Gegenwart: Vergleich der deutschen Erdkunde (BRD und DDR) mit der anderer Länder (USA und VR China)

Die Methode des Vergleichs spielt in den verschiedenen Wissenschaften, auch in der Geographie und in der Erdkunde, eine wichtige Rolle, weil durch sie Gemeinsamkeiten und Unterschiede besser herausgearbeitet werden können. Man versucht, das eine aus dem anderen besser zu begreifen oder zu verstehen. In der Geographie und Erdkunde lassen sich 2 Arten unterscheiden.

1) Der zeitliche Vergleich, der eine Querverbindung zur Geschichte schlägt. Er kann einen Strukturwandel aufhellen, früher war es so, heute ist es so. Zwar ist Erdkunde ein Fach, das primär auf die Gegenwart bzw. auf die Zukunft ausgerichtet ist, aber ein Rückgriff auf die Vergangenheit im Sinne des Herausarbeitens des Bedingtseins des Gegenwärtigen oder des Kontrastierens der Gegenwart mit der Vergangenheit oder der Überprüfung, was aus dem Vergangenen gegenwärtig oder zukünftig noch aktuell und anregend sein kann, dürfte durchaus günstig sein. So sind auch die ersten 6 Beispiele im vorliegenden Buch zu interpretieren.

2) Der räumliche Vergleich kann zwischen 2 entfernt liegenden Gebieten gezogen werden oder zwischen einem entfernt liegenden Gebiet und dem eigenen Land bzw. dem eigenen Ort. Durch die räumliche Komponente ist er selbstverständlich mehr geographisch und erdkundlich als der zeitliche Vergleich. Im letzten der 20 Kapitel des vorliegenden Buchs sollen beide Möglichkeiten des räumlichen Vergleichs angedeutet werden: Ein Vergleich der Erdkunde in der BRD/DDR mit den USA und der VR China. So mögen ihre Gemeinsamkeiten und ihre Unterschiede verdeutlicht werden und das breite Spektrum didaktischer Möglichkeiten mit der Zielsetzung, aus ihnen für die eigene Arbeit zu lernen.

10 Tendenzen zur Didaktik der Erdkunde in der BRD der Gegenwart

1. Curricularismus: Die Curriculum-Innovation stammt bereits entscheidend aus den USA und wurde auf die BRD transferiert. Curriculum erweist sich als ein schillerndes Zauberwort für letztlich alle didaktischen Aktivitäten, auch in der Erdkunde. Zur weiteren Information und Kritik sei auf das Beispiel 9 hingewiesen.

2. Szientismus (Verwissenschaftlichung): Mit dem Curricularismus eng verbunden ist eine starke Verwissenschaftlichung der Didaktik als Disziplin und des konkreten Unterrichts in der Schule. So notwendig die Verwissenschaftlichung der Didaktik als *eigenständige* Disziplin ist, so problematisch dürfte die Verwissenschaftlichung des Unterrichts in der Schule sein, besonders in niederen Klassenstufen, bestimmt im P-Bereich, aber wohl auch noch im S1-Bereich, sicherlich nicht im S2-Bereich. Stand früher allgemeine Menschenbildung im Mittelpunkt, so heute eine wissenschaftliche Bildung (z. B. raumwissenschaftliche Bildung). Das ist nicht dasselbe.

Mit der Verwissenschaftlichung parallel verläuft eine große Theoretisierung, damit eine einseitige intellektuelle Ausbildung, oftmals auch Überforderung und Deformierung, ferner verbunden damit eine beachtliche Zunahme der Diskrepanz zwischen Theorie und Praxis.

W. Klafki[117] schreibt in diesem Zusammenhang: »Die Fächer bzw. die Bildungsfächer der Schulen sind in keinem Falle verkleinerte Abbilder bestimmter Einzelwissenschaften, am wenigsten in der Volksschule. Sie können es deshalb nicht sein, weil die auf die Forschung gerichteten Fragestellungen der Fachwissenschaften und ihre Methoden hochspezialisierte Ergebnisse der Wissenschaftsgeschichte sind. Der Fachwissenschaftler ist notwendigerweise ein Spezialist ... In den verschiedenen Schularten aber geht es ... um Allgemeinbildung (im guten Sinne des Wortes).«

Im Klartext: Es sollen an der Schule nicht lauter kleine Geographen oder Fachwissenschaftler herangebildet werden, sondern Menschen, die bereit und fähig sind, das Leben kommender Jahrzehnte voller Probleme und voller Konflikte zu bewältigen. Mehr dazu im Beispiel 8 über die futuristische Konzeption der Erdkunde.

3. Essayismus: Auf der einen Seite nimmt der Informationsdruck in futuristischer Perspektive immer mehr zu, korrelativ dazu der Innovationsdruck. Aber was zumeist ediert wird, sind partielle Aspekte einer quantitativ sich vergrößernden und qualitativ sich verkomplizierenden Didaktik. Auf der anderen Seite nimmt die Zahl der Synopsen, ja das Bestreben, überhaupt noch das Gebäude der Didaktik der Erdkunde in Publikationen als eine Einheit zu sehen, immer mehr ab, im Unterschied zu den 20-iger Jahren, wo unverhältnismäßig weniger Aufsätze in der Didaktik der Erdkunde, aber unverhältnismäßig mehr zusammenschauende Lehrbücher der Didaktik der Erdkunde herausgegeben wurden.[118]

Die für die Soziologie geltende Aussage, daß sie Gefahr läuft, zu einer essayistischen, wechselnden Moden und Ideologien anfälligen Disziplin zu werden, gilt analog auch für Geographie und Erdkunde.[119]

4. Soziologismus: Der Begriff Gesellschaft wird wie ein Fetisch[120] in der Didaktik der Erdkunde kultiviert. Dabei erweist er sich ähnlich polymorph wie der der Landschaft, nur mit dem Unterschied, daß der Begriff der Landschaft deshalb in der Geographie und in der Erdkunde verworfen wird, der Begriff der Gesellschaft in der Geographie und Erdkunde aber nicht. Landschaft war immerhin noch etwas Geographisches, Gesellschaft ist es nicht. Mehr im Beispiel 14.

5. Apolitisierung: Soziologisiert sich einerseits die Erdkunde, so apolitisiert sie sich andererseits, ein eindrucksvolles Beispiel von Schizophrenie, denn Staat und Gesellschaft hängen nun einmal eng zusammen. So wird gesagt: »Zielsetzung, Themenstellung und Methodenwahl des Geographieunterrichts müssen sich deutlich von denen des politischen Unterrichts abheben.«[121] Mehr im Beispiel 14.

6. Pluralismus: Der Pluralismus ist ein generelles Phänomen in der Geisteswelt der BRD und vieler anderer westlicher Länder. Die Erdkunde ordnet sich dem ein. Zunächst sind die Themen der Erdkunde im Vergleich zur ersten Hälfte dieses Jahrhunderts divergent. Stand früher die Regionale Geographie (besonders die Länderkunde)

im Mittelpunkt, so dominiert jetzt ein Pluralismus von Länderkunde, Allgemeiner Geographie, Sozialgeographie, Angewandter Geographie. Mehr darüber in den Beispielen 11, 12, 13, 14, 15, 16.

7. Pluralismus: Der Pluralismus offenbart sich weiterhin in regionaler Differenzierung der BRD aufgrund ihrer föderalistischen Struktur. Erdkunde in Bayern ist anders als in den Hansestädten. Ein Vergleich der Lehrpläne bzw. Curricula kann das leicht enthüllen (vgl. Beispiel 9). Nicht nur das. Sogar in einer Stadt (Bremen) divergiert die Erdkunde je nach Schultyp. Das gilt nicht nur für die gängigen Typen wie Haupt-, Realschule und Gymnasium, sondern noch einmal für die neue Gesamtschule bzw. additive Schulzentren.

8. Pluralismus: Der Pluralismus offenbart sich vor allen Dingen aber in den unterschiedlichen Menschenbildern, die verwirklicht werden sollen und die letztlich ideologisch begründet sind. Anders formuliert: Die Zielsetzung des Unterrichts divergiert. Von ihr hängen aber Stoffauswahl, Methoden und Medien entscheidend ab. Die verschiedenen anthropologischen Lösungen der Zielsetzung lassen sich auf den schematischen Nenner Bildung, Quasiwissenschaftlichkeit, Ausbildung (Pragmatismus), Ausbildung (Progressivität) bringen. Mehr darüber im Beispiel 7.

9. Reduktion und Integration. War früher Erdkunde in der Regel ein 2-stündiges Fach, so wurde sie seit der Zeit nach dem Zweiten Weltkrieg nicht selten reduziert. Es kann zu einem 1-stündigem Fach, es kann zum vollständigen Wegfall in bestimmten Klassenstufen kommen, teils offen, teils verschleiert durch Integrationstendenzen. Diese Integration erfolgte in vergangenen Jahren hauptsächlich in Abschlußklassen durch die Gemeinschaftskunde mit Erdkunde, Geschichte, politischer und sozialkundlicher Bildung, neuerdings in der Kreation der Arbeitslehre/Politik für die neue Gesamtschule. Mehr im Beispiel 9.

10. Ökonomisierung: Mehr denn je geht die Didaktik der Unterrichtsfächer und damit auch die der Erdkunde eine interessante Symbiose mit ökonomischen Unternehmen ein. Über die Repräsentanten der Didaktik versuchen diese Unternehmen, an den Schulen ihren Absatz durch neue Lehrbücher, Atlanten, Mediatheken zu vergrößern, obgleich gar nicht selten dazu gar keine Notwendigkeit besteht. Im Klartext: Fortschritt in der Didaktik entlarvt sich bisweilen programmiert und manipuliert durch schulexterne Pressure Groups, und zwar durch immer neue Innovationen (Moden).

11. Modismus: Man kann sich bisweilen des Eindrucks eines Modismus nicht erwehren. Das gilt für die Soziologie, für die Pädagogik, für die Didaktik. In der Erdkunde sind besonders beliebt jene modischen Strömungen, die eine stark fachwissenschaftliche Orientierung betonen, in den 60-iger Jahren das Prinzip des Exemplarischen, in den 70-iger Jahren die Innovation des Curricularismus mit dem Totalitätsanspruch für das gesamte Gebäude der Didaktik, während andererseits Trends, die die Priorität auf das Kind legen, weit weniger berücksichtigt werden.

12. Syndikalismus: Didaktik-Repräsentanten schließen sich (unter Hegemonie der Gymnasialvertreter bzw. der fachwissenschaftlich geographisch orientierten Vertre-

ter) zusammen und ignorieren in elitärer Arroganz zugleich unter Protektion potenter Verlage Innovationen, die sich ihren Clan-Strukturen nicht subordinieren.

Der Vergleich der Erdkunde in der BRD zur DDR zeigt Gemeinsamkeiten und Unterschiede.[122]

Zu den Gemeinsamkeiten zählen

1) Die Erdkunde in der DDR wird wie in der BRD seit etwa 1970 wieder Geographie bezeichnet

2) Wie in der BRD vollzieht sich eine enge Anlehnung an die Soziologie (in der DDR besser als Gesellschaft bezeichnet) und eine enge Anlehnung an die Fachwissenschaft Geographie:

Die Geographie gliedert sich in eine Physikalische und in eine Ökonomische Geographie. Hinzu tritt die Regionale Geographie als wesentlicher Bestandteil.

Es wird von der Einheit der Fachwissenschaft Geographie und der Sozialistischen Ideologie gesprochen. In der Erdkunde spielt die Wechselwirkung Natur und Gesellschaft eine große Rolle. Schon K. Marx sprach vor über 100 Jahren vom Stoffwechsel zwischen Natur und Mensch.

3) Es sind integrative Kräfte zu verzeichnen: So wird von der fächerübergreifenden Koordination zur sozialistischen Allgemeinbildung durch Staatsbürgerkunde, Geographie, Geschichte und produktive Arbeit gesprochen.

Zu den Unterschieden zählen

1) Der Curricularismus als Innovation aus den USA spielt nicht die lärmende Rolle wie in der BRD, was nicht ausschließt, daß der Lehrplan der DDR auch als offen angesehen wird und vor allem sehr detailliert ist.

2) Der Pseudo-Apolitisierung in der BRD steht eine bewußte Politisierung und Ideologisierung gegenüber, wenn von der Einheit von Fachwissenschaft und Sozialistischer Ideologie gesprochen wird, wenn von der Überlegenheit der sozialistischen Wirtschafts- und Gesellschaftsordnung geredet wird, wenn Wissen, Können und sozialistische Grundüberzeugung als Hauptziele des Unterrichts genannt werden. Wissen heißt im curriculären Kauderwelsch kognitive Lernziele, Können heißt instrumentale Lernziele, und die sozialistische Grundüberzeugung kann im Sinne des curriculären Kauderwelschs als eine spezifische Verhaltensdisposition definiert werden

3) Der Monismus in der DDR kontrastiert zum vielfachen Pluralismus der BRD. Herrscht in der DDR Klarheit, so in der BRD Unübersichtlichkeit:

Das anzustrebende und zu verwirklichende Menschenbild ist einheitlich. Es ist der sozialistisch orientierte Staatsbürger der DDR, bei dem die Liebe zum sozialistischen Vaterland eine wichtige Rolle spielt. Emotionale Faktoren und Vaterland spielen in der Didaktik der Erdkunde der BRD kaum eine oder gar keine Rolle.

Die Erdkunde ist im Norden der DDR so wie im Süden, in der Stadt so wie auf dem Lande (Zentralismus).

Im Gebäude der Didaktik der Erdkunde der DDR dominiert nach wie vor die Länderkunde:
5. Klasse: Einführung und die DDR
6. Klasse: BRD und andere kapitalistische Länder Europas
7. Klasse: Sowjetunion, Asien
8. Klasse: Afrika, Amerika
9. Klasse: Allgemeine Physische Geographie
10. Klasse: Ökonomische Geographie der sozialistischen Länder und der DDR

Geographieunterricht beginnt also in der 5. Klasse, baut auf der »Heimatkunde« auf, wo Heimatort, Natur und Wirtschaft des Heimatkreises und Bezirks behandelt werden.

USA

In den USA gibt es seit der Jahrhundertwende kein eigenständiges Fach Erdkunde. Erdkunde ist integriert in den social studies, die auf J. Dewey zurückzuführen sind, wobei in der ersten Hälfte dieses Jahrhunderts quantitativ ein Bedeutungsverlust und qualitativ ein Substanzverlust der Erdkunde im Vergleich zu den anderen in den social studies vertretenen Fächern zu beobachten war. Der Schwerpunkt der Erdkunde in den social studies lag wie bei uns auf der Länderkunde.

Der Sputnik-Schock 1958 brachte nach dem Toynbeeschen Prinzip von Challenge und Response eine Innovation in der Pädagogik im allgemeinen und in der Didaktik der social studies im besonderen in Gang[123]:

Die Bedeutung der social studies nimmt zu. Ähnlich bei uns.
Die Bedeutung der regional concepts nimmt ab. Ähnlich bei uns.
Die Bedeutung von Conceptual Geography in den social studies nimmt zu. Ähnlich bei uns.

Hierzu zählen aktuelle Problemstellungen in räumlicher Relevanz: Verstädterung, internationaler Handel, Bevölkerungsprobleme... Methodisch sind Simulation, Plan- und Rollenspiel wichtige Akzente.

Beispiel: Hier übernimmt ein Schüler die Rolle eines Siedlers um 1880, einer die von 1919–1921, einer die von 1933–1935. Gegeben wird die zu bewirtschaftende Fläche und das Barkapital. Der Schüler muß sich entscheiden über die Nutzung, ob nur Getreideanbau, welche Sorten, ob Grünland, wieviel. Für diese Entscheidungen sind wieder Hilfsmittel nötig, aus denen zu entnehmen sind das Klima und der Boden der jeweiligen Gegend, ferner die Wirtschafts- und Preisbedingungen der entsprechenden Zeit. Auf einem Arbeitsblatt wird vom Schüler eingetragen, wie das Barkapital investiert wird. Dann erhält er Angaben, aus denen die wirklichen Preise der Ernteergebnisse der entsprechenden Zeit und Gegend hervorgehen, und er muß berechnen, wieviel er nach seiner Planung verdient hätte, ob er also richtig geplant hat. Mit anderen Schülern ist ferner zu diskutieren, warum sich nicht alle Erwartungen erfüllt haben könnten. Dabei spielen klimatische Faktoren (zu wenig Regen, Unwetter), Schädlinge und noch vieles andere eine Rolle[124].

Im Kontext mit dem sich entwickelnden amerikanischen Curricularismus entstand das HSGP = High School Geography Project[125], ein großzügig angelegtes Entwicklungsprogramm für die Erdkunde in den social studies der 9. und 10. Klasse der amerikanischen High Schools (1961).

Zuerst wurde ein advisory paper, Empfehlungsschreiben, konzipiert.

Darauf folgte die Umwandlung der Empfehlung in konkrete Unterrichtseinheiten. Die beteiligten Lehrer wurden teilweise beurlaubt. Von privater Seite bzw. staatlichen Quellen wurden Gelder zur Verfügung gestellt.

Es folgte die Evaluation der Entwürfe im Unterricht und die Multiplikation der Entwürfe in einem besonderen Service-System der Fortbildung und Lehrgänge (Workshops).

Das HSGP wurde auf die BRD transferiert. Unter dem Kürzel RCFP (Raumwissenschaftliches Curriculum-Forschungsprojekt) arbeiten verschiedene Gruppen in der BRD, bestehend aus Didaktik-Theoretikern und Lehrern an folgenden Themen[126]: Entwicklungsproblematik-Länder der Dritten Welt, Standorte und Gebietsneuordnung für politisch-administrative und öffentlich-rechtliche Einrichtungen, Entwicklung von Küstenräumen, im Flughafenstreit dreht sich der Wind, Freizeitverhalten und die Beeinflusung durch physisch-geographische Faktoren, innerstädtische Mobilität, Ökosysteme Industriestadt, Agrarstrukturprobleme u. Umweltsicherung, Dorfsanierung ...

Sind die Themen eindeutig, so ist die Zielsetzung nicht so eindeutig, was in einem pluralistischen Konzept nicht sehr verwunderlich ist. Sie determiniert aber wieder die didaktische Relevanz der verschiedenen Themen.

Auch in Israel findet das Konzept der amerikanischen social studies seine Anwendung.

Etwas anders liegen die Verhältnisse in der VR China.[127] Die Erdkunde ist zweigesichtig.

1. Eine vollzieht sich im Unterricht der neun- bzw. zehnjährigen Einheitsschule. Hier kann sie als eine Regionale Geographie in der Variante der Staatenkunde interpretiert werden, die als Hauptunterrichtsziel in der Vermittlung eines politischen Weltbildes einmündet. Der Aufbau ist wie folgt:

Asien: China, Korea, Japan, Südostasien einschließlich Indonesien, Indien, arabische Länder und Israel.

Afrika: nicht alle Länder, besonders Gewicht auf Tansania.

Europa: An erster Stelle Albanien, dann Rumänien, Jugoslawien, Bulgarien, Italien, Großbritannien, Frankreich, Skandinavien, beide Deutschland, Schweiz, Polen, Tschechoslowakai, Ungarn, die letzten drei zusammen, schließlich UdSSR, dagegen fehlen Griechenland, Spanien, Portugal.

Amerika: Zuerst Mexiko, Mittelamerika, Südamerika, dann Nordamerika, USA und Kanada. Australien und Ozeanien.

Atlas und Buch sind nicht getrennt, sondern das Buch enthält jeweils auch Karten, ähnlich wie manche Erdkundebücher in der Sowjet-Union. Die Zahl der Bilder und Graphiken ist im Vergleich zum Text und zur Karte relativ gering.

Beispiel: Im Abschnitt über Europa sind vorhanden: Mt. Blanc, Tirana (Skanderbeg-Denkmal), Bukarest (Luftaufnahme), diese als Fotos, eine Fjord-Landschaft als Skizze, eine Graphik für Albanien: Koordinatenkreuz mit exponentialem Wachstum der Traktoren, der Erzgewinnung, der Energiegewinnung, des Hochofenausstoßes, der Fertigwarenproduktion. Die eine Ordinate ist durch Jahre bestimmt, die andere ist ohne Bestimmung.

2. Zum anderen vollzieht sich Erdkunde in originaler Begegnung (vgl. Beispiel 18). Die Kulturrevolution wirft der vorhergegangenen (revisionistischen) Erziehungslehre die Trennung von der proletarischen Politik, die Trennung von der produktiven Arbeit und die Trennung von den breiten Massen des Volkes (Arbeiter, Bauern und Soldaten) vor. Die neue antirevisionistische Pädagogik versucht, diese politische, ökonomische und soziale Trennung zu beheben, indem sie zur permanenten Revolution beiträgt, d. h. indem sie einen dreifachen Kampf führt, den revolutionären Kampf im Sinne der marxistisch-leninistisch-maoistischen Ideologie, den Klassenkampf im Sinne der Aufhebung der Widersprüche zwischen den Klassen, den experimentellen Kampf im Sinne der Aufhebung des Widerspruchs zwischen Theorie und Praxis. Konkret bedeutet dies nicht nur, daß die erzieherische Theorie in der schulischen Praxis zu überprüfen ist, sondern vor allen Dingen, daß die Schüler während der Schulzeit und nach Beendigung der Schulpflicht aufs Land oder in die Fabrik gehen, um von den Bauern und Arbeitern weiterhin zu lernen und zugleich dort einen entscheidenden Beitrag zum Aufbau des Sozialismus zu leisten. Pragmatische Gesellschaftsrelevanz mit politisch ideologischer Fundierung bedeutet in der chinesischen Pädagogik, daß sie immer wieder bezogen wird auf die breiten Volksmassen, auf Arbeiter, Bauern, Soldaten, indem gefragt wird, ob es ihnen dient.

Erdkundlich gehört dazu:

1) Herstellung von Modellen und anderen Hilfsmitteln in Kombination mit dem Unterrichtsfach Produktive Arbeit, die sich in der Schule vollzieht. Gerade auf Volkskommunen wird nicht ohne Stolz auf die selbsthergestellte Sammlung von unterrichtlichen Hilfsmitteln hingewiesen.

2) Boden-Analysen in den Volkskommunen in Kombination mit dem Physik-, Chemie- und Biologie-Unterricht, um sinnvolle Vorschläge zur Ertragssteigerung machen zu können. Spätere Überprüfung der Erträge an verschiedenen Stellen und unter verschiedenen Bedingungen.

3) Kartierung und Untersuchung von Relief- und Grundwasserverhältnissen in den Volkskommunen, um neue Bewässerungsanlagen entwerfen und anlegen zu können, die auch zur Ertragssteigerung beitragen sollen.

4) Terrassierung von Steilhängen (z. B. in den Löß-Schluchten am Hoang-ho) zum Zwecke der Reduktion der Gefahren der Soil Erosion. Bepflanzung der angelegten Terrassen mit schnellwüchsigen Bäumen, die den Terrassen Dauerhalt verleihen.

5) Planung und Verwirklichung der Anlage einer neuen Eisenbahn (Stichbahn).

Beschaffung der Schotter und Anlage des Dammes (Albanien). In den Pausen bei der harten Arbeit lagert man sich um eine Person, die Worte des Vorsitzenden Mao vorliest.

»Die Richtlinie, hundert Blumen blühen und hundert Schulen miteinander wetteifern zu lassen, soll dem Aufblühen der Künste und dem Fortschritt der Wissenschaft, dem Gedeihen einer sozialistischen Kultur in unserem Lande dienen. Unterschiedliche Formen und Stilarten können sich in der Kunst frei entwickeln, und unterschiedliche wissenschaftliche Schulen können frei miteinander wetteifern. Unserer Meinung nach würde es für die Entfaltung von Kunst und Wissenschaft schädlich sein, wenn durch administrativen Zwang ein bestimmter Kunststil oder eine bestimmte Schule durchgesetzt wird und andere verboten werden. Was in Kunst und Wissenschaft richtig oder falsch ist, soll durch freie Diskussion unter Künstlern und Wissenschaftlern und in der praktischen künstlerischen und wissenschaftlichen Arbeit entschieden werden. Es darf nicht auf simple Weise geregelt werden«.[128]

Ausgewählte Aufgaben

Kritische Analyse der Zusammenfassung zur Didaktik der Erdkunde in der BRD
Kritischer Vergleich der Konzeption der Erdkunde in der BRD/DDR
Kritische Analyse der Ausrichtung der Pädagogik und der Didaktik der Erdkunde der BRD auf die USA
Ein französischer Austauschlehrer sagte 1976, die BRD liege näher zu den USA als Frankreich
Kritische Analyse des HSPG der USA, des RCFP der BRD in ihrem Gesamtkonzept, in ihren inhaltlichen Details
Kritische Analyse des pädagogischen Konzepts und der Erdkunde in der VR China. Was wäre zu transferieren, was nicht? Warum?
Wie würde vor allem der Ansatz aussehen, Erdkunde in originaler Begegnung vor Ort, hier mit den arbeitenden Menschen zum Zwecke der Steigerung der Produktion und des gemeinsamen Kennenlernens durchzuführen?
Wie wäre der Ansatz zu beurteilen, erdkundliche Hilfsmittel wieder selbst herzustellen? Welche, welche nicht?
Beurteilung folgender Fälle:
In Kassel-Baunatal sammeln Schüler Abfälle in der Landschaft als aktiven Beitrag zum Umweltschutz[129], eine neue Variante der Originalen Erdkunde.
In Ghana (Guinea-Küste) sind Schüler einen Tag in der Woche unterwegs, um die Landschaft zu säubern. Z. B. Jungen schneiden mit der Machete Pflanzenteile am Straßenrand, Mädchen sammeln das Material zusammen.[130]

Ausgewählte Literatur

K. Bartling: Geographische Vergleiche u. Studienfragen, Leipzig 1929
N. Krebs: Vergleichende Länderkunde, Stuttgart 1952
O. Jessen: Der Vergleich als ein Mittel geogr. Schilderung u. Forschung, Petermanns Mitteilungen Ergänzungsband 209, 1930
R. Kohlmann: Vergleiche im Geographieunterricht, Berlin (Ost) 1971
Geographieunterricht in der DDR. Auszug aus: Allgemeinbildung, Lehrplanwerk, Unterricht. Eine Interpretation des Lehrplanwerkes der sozialistischen Schule der DDR unter dem Gesichtspunkt der Gestaltung eines wissenschaftlichen und parteilichen Unterrichts, Geogr. Rundschau 1974
L. Barth/W. Schlimme: Methodik Geographie-Unterricht, Berlin (Ost) 1976
H. Binder-Johnsson: Geographie als Sozialkunde an den Schulen der Vereinigten Staaten, Geogr. Rundschau 1963
J. Engel: Das Verhältnis von Social Studies und Erdkunde in den Schulen der USA, Die dtsch. Schule 1969
J. Engel: Grundzüge des amerikanischen High School Geography Project HSGP, in: Der Erdkundeunterricht Sonderheft 1, Stuttgart 1971
J. Engel: Von der Erdkunde zur raumwissenschaftlichen Bildung, Bad Heilbrunn 1976
Raumwissenschaftliches Curriculum – Forschungsprojekt des Zentralverbandes der Deutschen Geographen: Materialien zu einer neuen Didaktik der Geographie, München 1974
W. Taubmann: Bericht des Lenkungsausschusses des Raumwissenschaftlichen Curriculum-Forschungsprojektes der Bundesrepublik Deutschland, in: 40. Dtsch. Geographentag, Wiesbaden 1976
M. Fürstenberg: Zum Entwicklungsstand des Raumwissenschaftlichen Curriculum-Forschungsprojekts, Geogr. Rundschau 1976
R. Wagner: Erdkundl. Reliefarbeiten aus Ytong-Platten, Geogr. Rundschau 1970
H. Joswig: Landschaftsmodelle aus Styropur, Geogr. Rundschau 1970
J. Siegel: Erdkdl. Lehrmittel selbst hergestellt, Bln. (Ost) 1947

Anmerkungen

[1] A. Schmidt: Der Erdkundeunterricht, Bad Heilbrunn 1976
[2] Beispiel 7, 8, 9, 10
[3] Beispiel 2 und 17
[4] Beispiel 7, 8, 13, 15, 18, 19
[5] W. Klafki in H. H. Groothoff: Pädagogik, Frankfurt 1975 p. 320
[6] H. Scharrelmann: Aus meiner Werkstatt, Braunschweig 1920 p. 6
[7] Ch. G. Hauff: Systematisches Lehrbuch über die drei Reiche der Natur zum Gebrauch für Lehrer und Hofmeister bei dem Unterricht der Jugend, Nürnberg 1777 p. 4–5, 8–15, 24–34
[8] W. C. Müller: Versuch einer allgemeinen pragmatischen Elementarschule für Kinder gebildeter Stände im freieren Geiste der Pestalozzischen Methode, Bremen 1809 p. 1–9, 348–359
[9] J. Tischendorf: Präparationen für den geographischen Unterricht an Volksschulen 1. Teil: Das Königreich Sachsen, Leipzig 1895 p. 2
[10] Ebenda p. 2
[11] Ebenda p. 1–2
[12] Ebenda p. 126–132
[13] H. Harms: Vaterländische Erdkunde, Braunschweig 1906 p. 430 f.
[14] Der Spiegel 23, 1976, p. 206
[15] P. Knospe: Erdkunde in der Arbeitsschule, Langensalza 1922 p. 37
[16] Ebenda p. 37
[17] Ebenda p. 33–42
[18] F. Gansberg: Vom Götzendienst in der Geographie, Erdkundlicher Unterricht und Schule, Hannover 1912 p. 44
[19] H. Scharrelmann: Aus meiner Werkstatt, Braunschweig 1920 p. 11
[20] Ebenda p. 10
[21] Ebenda p. 12
[22] Ebenda p. 13
[23] Ebenda p. 15
[24] Ebenda p. 16
[25] Ebenda p. 18
[26] E. Hinrichs: Erdkundliche Lehrbeispiele f. d. 5. u. 6. Schuljahr, Braunschweig 1953 p. 10
[27] W. Grotelüschen: Die Stufen des Heimat- und Erdkundeunterrichts in der Volksschule, Die dtsch. Schule 1965 p. 366 f.
[28] H. Scharrelmann: Berni im Seebad, Braunschweig 1921 p. 104–114
[29] P. Petersen: Die Praxis der Schulen nach dem Jena-Plan, Weimar 1934
[30] Bildungsplan f. d. Volksschulen Baden-Württembergs, Villingen 1958, p. 84
[31] W. Klafki: Die didakt. Prinzipien des Elementaren, Fundamentalen und Exemplarischen, Handbuch f. Lehrer II, Gütersloh 1961 p. 137
[32] M. F. Wocke: Möglichkeiten und Grenzen des Gruppenunterrichts im Erdkundeunterricht, West. Päd. Beiträge 1957

[33] Der Spiegel 23, 1976 p. 49, 41
[34] P. Petersen 1934 p. 273–287
[35] W. Klafki in H. H. Groothoff: Pädagogik, Frankfurt 1975 p. 314
[36] H. Lautensach: Der geogr. Formenwandel, Colloqu. Geographicum 3, Bonn 1952
[37] S. Robinsohn: Bildungsreform als Revision des Curriculum, Neuwied 1967 p. 45
[38] H. Swoboda: Die Qualität des Lebens, Stuttgart 1973 p. 116f.
[39] E. Daddario: Demokratie u. Fortschritt, Der Spiegel 22, 1972 p. 128
[40] M. Bohnet: Das Nord-Süd-Problem, München 1971 p. 50f.
[41] A. Schmidt: Überentwickelte Länder am Beispiel der USA und der BRD, Zschr. f. Wirtschaftsgeographie 1970 p. 133f.
[42] D. Meadows: Die Grenzen des Wachstums, Reinbek 1973 p. 166f.
[43] M. Heidegger: Nur ein Gott kann uns noch retten, Der Spiegel 23, 1976 p. 209
[44] W. Klafki in H. H. Groothoff: Pädagogik, Frankfurt 1975 p. 314
[45] Ebenda p. 325
[46] Ebenda p. 329
[47] Ebenda p. 327
[48] Lehrplan f. d. Grundschule im Lande Bremen, Bremen 1960 p. 20–21
[49] Lehrplanentwürfe Orientierungsstufe 6. Schuljahr: Welt/Umwelt, Bremen 1976
[50] Ministerium f. Volksbildung: Lehrplan f. d. Fach Erdkunde, Kl. 6–10, Berlin 1966 p. 6–14
[51] W. Klafki in H. H. Groothoff: Pädagogik, Frankfurt 1975 p. 332
[51a] Blickpunkt Schulbuch Heft 19, 1976 p. 23
[51b] Ebenda p. 31
[51c] Ebenda p. 33
[52] H. v. Hentig: Zur Psychopathologie der Schule, Merkur 1976
[53] R. Antonoff: Wie man seine Stadt verkauft, Düsseldorf 1971
[54] A. Schmidt: Die Erdkundestunde, Wuppertal 1970 p. 212f.
[55] H. Hendinger in A. Schultze: 30 Texte zur Didaktik der Geographie, Braunschweig 1971 p. 248
[56] E. Schwegler: Eine neue Konzeption f. d. Erdkundeunterricht, Geogr. Rundschau 1968 p. 1f.
[57] J. Birkenhauer: Die Länderkunde ist tot – es lebe die Länderkunde, Geogr. Rundschau 1970 p. 196f.
[58] G. Sandner: Fischer-Länderkunde Latein-Amerika, Frankfurt 1973 p. 11
[59] Der Spiegel 42, 1972
[60] A. Schmidt: Zur didaktischen Analyse des Themas Japan, Neue Wege 1967 p. 202f.
A. Schmidt: Die Erdkundestunde, Wuppertal 1970 p. 186f.
[61] W. Klafki: Studien zur Bildungstheorie und Didaktik, Weinheim 1965 p. 126f.
[62] K. H. Pfeffer: Länder-Lexikon III, Hamburg 1960 p. 662
[63] J. Petersen: Der Hochseefischer, in E. Hinrichs: Lehrbeispiele f. d. erdk. Unterricht im 5. und 6. Schuljahr, Braunschweig 1954 p. 35f.
[64] Sommer 1971
[65] H. Itschner: Lehrproben zur Länderkunde von Europa, Leipzig 1908 p. 18
E. E. Smith: Teaching Geography by Problems, New York 1922
[66] Der Spiegel 30, 1974 p. 21
[67] NDR-Schulfunk: Kohlenpott im Wandel, Jan.–Juli 1970
[68] WAZ 8. 8. 1972

[69] H. Scharrelmann: Berni im Seebad, Braunschweig 1921
[70] A. Schmidt: Die Erdkundestunde, Wuppertal 1970 p. 86f., 94f.
[71] A. Schmidt: Die Erdkundestunde, Ratingen 1965 p. 85f.
[72] NDR-Schulfunk: Energie aus Ebbe u. Flut, Das Gezeitenkraftwerk St. Malo, 1. Halbjahr 1974
[73] N. Hartmann: Neue Wege der Ontologie, Stuttgart 1949 p. 35f., 59f.
[74] A. Schmidt: Fehlentwickelte Länder am Beispiel Ibero-Amerika, Zschr. f. Wirtschaftsgeographie 1971 p. 77f.
[75] A. Schmidt: Espelkamp-Mittwald, ein Flüchtlings- und Vertriebenenstadt in Nord-Westfalen, Hamburg 1956
A. Schmidt: Espelkamp-Mittwald, Berichte zur deutschen Landeskunde 27, 1961
A. Schmidt: Die Vertriebenen- und Flüchtlingsstadt Espelkamp, Geographische Rundschau 14, 1962
[76] K. Ruppert/F. Schaffer: Zur Konzeption der Sozialgeographie, Geogr. Rundschau 1969 p. 205
[77] H. Schrettenbrunner: Sozialgeographie Stadt, In der Gemeinschaft leben, Braunschweig 1970
[78] Ebenda p. 13
[79] Ebenda p. 18
[80] Ebenda p. 20
[81] Ebenda p. 15
[82] Ebenda p. 19
[83] Ebenda p. 14
[84] Ebenda p. 18
[85] Ebenda p. 19
[86] Radio Bremen: Auf Wohnungssuche 14./15. 1. 1974
[87] R. Gildemeister: Landesplanung, Braunschweig 1973 p. 32
[88] D. Meadows: Die Grenzen des Wachstums, Reinbek 1973
[89] F. Vester: Das Überlebensprogramm, München 1972
[90] R. J. Chorley: Models in Geography, London 1971
[90a] Ebenda p. 19f.
[91] Der Spiegel 27, 1973
[92] Der Spiegel 27, 1976
[93] F. Vester: Das Überlebensprogramm, München 1972 p. 76
[94] Ebenda p. 78
[95] H. Tack: Der Fall Bernhold, Examensarbeit zur 1. Lehrerprüfung der PH Bremen 1972
[96] NDR-Schulfunk: Bauer Vogtmann muß sich entscheiden, Jan.-Juli 1969
[97] R. Oerter: Mod. Entwicklungspsychologie, Donauwörth 1968 p. 164f.
[98] Der Spiegel 31, 1971 p. 34f.
[99] H. Roth: Päd. Psychologie des Lehrens u. Lernens, Hannover 1957 p. 116
[100] F. Schnaß: Der Erdkundeunterricht, Bonn 1957 p. 76f.
[101] A. Schmidt: Erdkundl. u. naturkundl. Arbeitsaufgaben im Unterrichtsleben des Schullandheims, in: W. Berger: Unterrichtsleben im Schullandheim, Bremen 1962 p. 33f.
A. Schmidt: Die Erdkundestunde, Wuppertal 1970 p. 28f.
[102] W. Klafki: Die didakt. Prinzipien des Elementaren, Fundamentalen und Exemplarischen, Handbuch f. Lehrer II, Gütersloh 1961 p. 136

103 Meteorol. Amt f. Nordwestdeutschland: Wetterkundl. Lehrmittel, Hamburg o. J.
104 M. J. Hillebrand: Kind u. Sprache, München 1965 p. 52
105 B. Weisgerber: Beiträge zur Neubegründung der Sprachdidaktik, Weinheim 1964 p. 63
106 R. Oerter: Mod. Entwicklungspsychologie, Donauwörth 1968 p. 428
107 Statistisches Jahrbuch der BRD 1961, 1967, 1974
108 WK (Weser-Kurier) 11. 6. 1976
109 Der Spiegel 41, 1974 und 45, 1976
110 Der Spiegel 21, 1974
111 Der Spiegel 8, 1975
112 Der Spiegel 28, 1976
113 Der Spiegel 12, 1976
114 Der Spiegel 26, 1976
115 Raumordnungsbericht 1974 p. 20
116 A. Schultze: 30 Texte zur Didaktik der Geographie, Braunschweig 1971 p. 291
117 W. Klafki: Die didakt. Prinzipien des Elementaren, Fundamentalen, Exemplarischen, Handbuch f. Lehrer II, Gütersloh 1961 p. 129
118 Beispiel für Essayismus in der Geographie (Fachwissenschaft):
W. Benicke: Geographie (Fischer-Kolleg), Frankfurt 1973
Beispiel für Essayismus in der Erdkunde (Didaktik):
A. Schultze: Dreißig Texte zur Didaktik der Geographie, Braunschweig 1971
119 R. Lepsius, in: Der Spiegel 45, 1974 p. 204
120 E. Wirth, in: A. Schultze: 30 Texte zur Didaktik der Geographie, Braunschweig 1971 p. 295
121 E. Kroß: Thesen zur didakt. Konzeption des Lehrwerkes »Geographie« 24. 11. 1974
122 Geographieunterricht in der DDR, Geogr. Rundschau 1974 p. 241 f.
123 J. Engel: Das Verhältnis der Social Studies und Erdkunde in den Schulen der USA, Die dtsch. Schule 1969 p. 294 f.
124 Ebenda p. 301 f.
125 Ebenda p. 299 f.
126 Raumwissenschaftliches Curriculum-Forschungsprojekt: Materialien zu einer neuen Didaktik der Geographie, München 1974 p. 10 f.
127 Ergebnisse einer Studienreise des Autors nach China 1975, nach Albanien 1969
128 Worte des Vorsitzenden Mao, Peking 1972 p. 358–359
129 Der Spiegel 8, 1973 p. 55 f.
130 Beobachtungen einer Studienreise 1971

5. Auflage

Alois Schmidt
Der
Erdkundeunterricht

Erschienen in der Reihe »Didaktische Grundrisse«
5., erweiterte und verbesserte Auflage 1976. 352 Seiten, 15 Abbildungen, kartoniert DM 24,80

Nach wie vor wendet sich diese Fachdidaktik an die Studierenden in beiden Ausbildungsphasen, an Seminarleiter und Lehrkräfte sämtlicher Schularten.

Der Autor möchte den Leser in den Pluralismus der Gesichtspunkte und Meinungen einführen und ihm vielseitige Materialien zur eigenen Meinungsbildung anbieten. Für den Schulpraktiker besonders wertvoll sind die zahlreichen Vorschläge für die Realisierung eines zeitnahen Erdkundeunterrichts, die aus der Verbindung der Fachwissenschaft mit der Schulpraxis entstammen.

Die vorliegende 5. Auflage hat – unter Beibehaltung der Grundkonzeption – von sämtlichen Bearbeitungen die meisten Veränderungen aufzuweisen. Mehrere Kapitel wurden gestrichen, zahlreiche neu hinzugefügt und sämtliche einer gründlichen Überarbeitung unterzogen.

Im Mittelpunkt steht der neue Abschnitt über die Möglichkeiten der Zielsetzung der Erdkunde, wobei die anthropologischen Lösungen (Weltorientierung durch Bildung, Weltanpassung durch Pragmatismus, Weltveränderung durch Progressivität), die futuristische Lösung und die Kritik an bestehenden modischen Trends vor allem zu erwähnen sind.

So wurden die vielfältigen Dimensionen der Geographiedidaktik umrissen und aktualisiert.

Julius Klinkhardt
8173 Bad Heilbrunn